JN045521

Know The Secrets of Your Life
Through Your Birthday

宇宙との
直通電話

誕生日占い

キャメレオン竹田
Chamereon Takeda

三笠書房

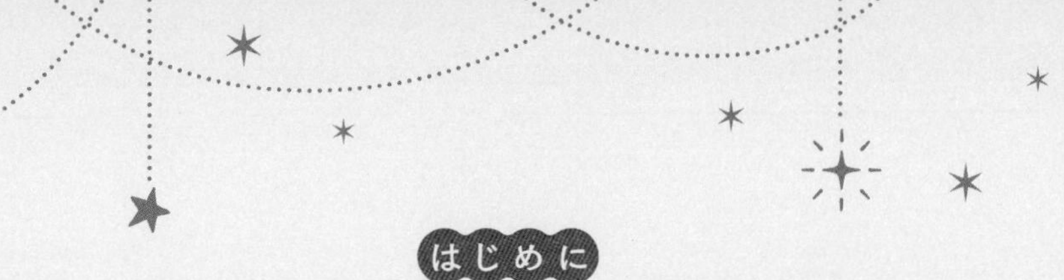

はじめに

あなたの誕生日に秘められたメッセージとは?

実は、あなたはこの地球に生まれてくる前に「あらかじめ生まれる日を決めてきた」と言ったら、驚くでしょうか。
「偶然、この日に生まれてきた」ようで、実は「スケジュール通りに生まれてきていた」のです。ビックリですね。

さらに、「今回は、どんな設定の人生を送ろうか」とか「どんなふうに人生ゲームを楽しもうか」ということも、前もって自分自身で決めてきています。

人によっては、まるでジェットコースターに乗っているかのような刺激的な人生を準備してきたかもしれません。また、のんびり穏やかモードな人生を用意してきた人もいるでしょう。

そして、どんなスケジュールを立てているにせよ、あなたは「秘密の宝箱」を持って生まれてきました。

その宝箱の中には、優しさ、ユーモア、知性、洞察力、独創性……など、あなただけの宝物がギッシリ詰まっているわけですね。

そして不思議なことに、あなたの宝箱の中にどんな宝物がきらめいているのかについては、「誕生日」という情報から解き明かしていくことができるのです。

いわば、**誕生日とは、あなたの宝箱を開ける「秘密の暗号」**といえるでしょう。

ただ、宝箱の存在に気づくも気づかないも、宝箱の中に隠された宝物を使うも使わないも、人生ゲームの主人公であるあなたの自由となっております。

この本は、**あなたの奥深くに眠る素晴らしい宝物を見つけ出す「トレジャー・ハンティングの書」**となっています。

西洋占星術に加え、数字の持つ力を読み解く数秘術の理論などのエッセンスを駆使して見つけ出されたあなたの中に眠る宝物を、３６６日の誕生日ごとに書き記しています。

また、タロットを通じて降りてきた宇宙からのメッセージも掲載しました。その言葉によって直感的に思い浮かんだこと、その言葉から受けたインスピレーションなどはすべて、あなたの潜在意識と**〈宇宙との直通電話〉**によって得られたものです。

「当たっている、当たっていない」に一喜一憂するのではなく……あなたの意識を目覚めさせ、才能をさらに大きく開花させるために本書を活用していただけますと幸いでございます。

あなただけの、素晴らしい人生ゲームを楽しんでください。

✦キャメレオン竹田✦

CONTENTS

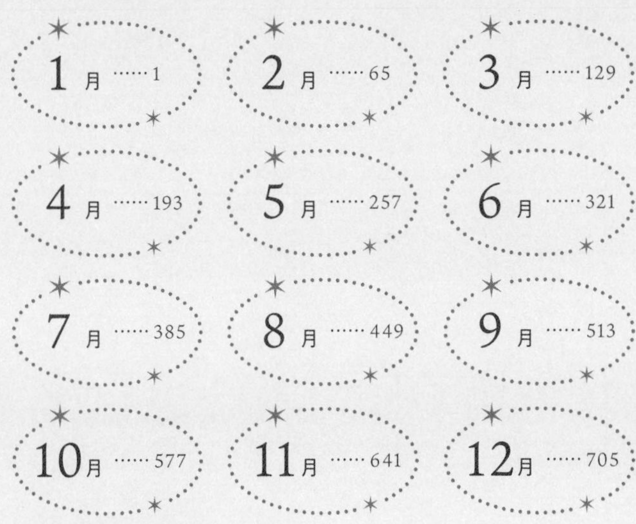

Column

編集協力……荒川千佳子

✦ この本の使い方 ✦

西洋占星術とタロット、数秘術を用いて、その日生まれた人にプログラミングされた性質や潜在能力を解読しました。

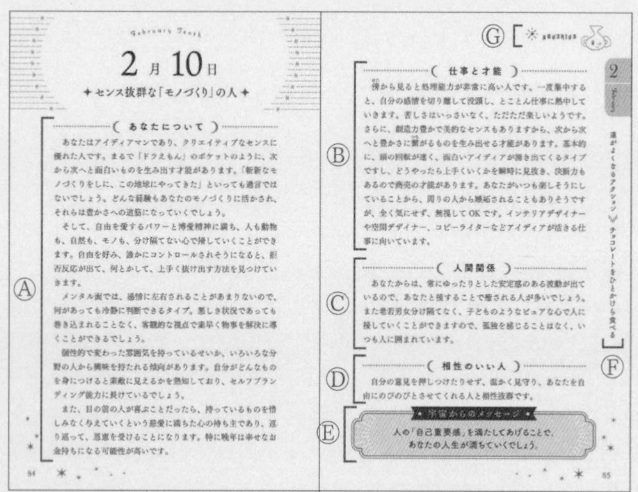

February Tenth

2月10日

✦センス抜群な「モノづくり」の人✦

Ⓐ

(あなたについて)

あなたはアイディアマンであり、クリエイティブなセンスに優れた人です。まるで「ドラえもん」のポケットのように、次から次へと面白いものを生み出す才能があります。「斬新なモノづくりをしに、この地球にやってきた」といっても過言ではないでしょう。どんな経験もあなたのモノづくりに活かされ、それらは豊かさへの道筋になっていくでしょう。

そして、自由を愛するパワーと博愛精神に満ち、人も動物も、自然も、モノも、分け隔てない心で接していくことができます。自由を好み、誰かにコントロールされそうになると、拒否反応が出て、何とかして、上手く抜け出す方法を見つけていきます。

メンタル面では、感情に左右されることがあまりないので、何があっても冷静に判断できるタイプ。悪しき状況であっても巻き込まれることなく、客観的な視点で素早く物事を解決に導くことができるでしょう。

個性的で変わった雰囲気を持っているせいか、いろいろな分野の人から興味を持たれる傾向があります。自分がどんなものを身につけると素敵に見えるかを熟知しており、セルフブランディング能力に長けているでしょう。

また、目の前の人が喜ぶことだったら、持っているものを惜しみなく与えていくという慈愛に満ちた心の持ち主であり、巡り巡って、恩恵を受けることになります。特に晩年は幸せなお金持ちになる可能性が高いです。

84

Ⓖ [aquarius]

2 February

Ⓑ

(仕事と才能)

傍から見ると処理能力が非常に高い人です。一度集中すると、自分の感情を切り離して没頭し、とことん仕事に熱中していきます。苦しさはいっさいなく、ただただ楽しいようです。さらに、創造力豊かで美的なセンスもありますから、次から次へと豊かさに繋がるものを生み出せる才能があります。基本的に、頭の回転が速く、面白いアイディアが湧き出てくるタイプですし、どうやったら上手くいくかを瞬時に見抜き、決断力もあるので商売の才能があります。あなたがいつも楽しそうにしていることから、周りの人から嫉妬されることもありそうですが、全く気にせず、無視してOKです。インテリアデザイナーや空間デザイナー、コピーライターなどアイディアが活きる仕事に向いています。

Ⓒ

(人間関係)

あなたからは、常にゆったりとした安定感のある波動が出ているので、あなたと接することで癒される人が多いでしょう。また老若男女分け隔てなく、子どものようなピュアな心で人に接していくことができますので、孤独を感じることはなく、いつも人に囲まれています。

Ⓓ

(相性のいい人)

自分の意見を押しつけたりせず、温かく見守り、あなたを自由にのびのびとさせてくれる人と相性抜群です。

Ⓔ

宇宙からのメッセージ

人の「自己重要感」を満たしてあげることで、あなたの人生が満ちていくでしょう。

Ⓕ

運がよくなるアクション チョコレートをひとかけら食べる

85

Ⓐあなたについて

本来の性質や、自分でも気づいていない魅力がわかります。

Ⓑ仕事と才能

あなたの才能、仕事を成功させるためのヒントです。

Ⓒ人間関係

人とうまくつき合っていくために必要なことがわかります。

Ⓓ相性のいい人

一緒にいると居心地がよく、運が開けていく相手の特徴です。

Ⓔ宇宙からのメッセージ

キャメレオン竹田が、宇宙にアクセスして聞いた「この誕生日に必要なメッセージ」。また、「宇宙からのメッセージ」はビブリオマンシー（書物占い）のようにも使えます。その日が誕生日でない人も、たまたま開いたページで目にした言葉には、その時のあなたに必要なメッセージが込められています。

Ⓕ運がよくなるアクション

どんな行動を起こすと、運がよくなっていくかがわかります。以下の通り、３つの使い方ができます。

①この誕生日の人の「運がよくなるアクション」。
②その日が誕生日でない人も、その日にこのアクションを実行すると運がよくなります。
③ビブリオマンシーのようにも使用できます。心のままに開いたページのアクションを実行すると運がよくなります。

Ⓖ12星座のイラスト

各誕生日の右ページの右上にあるイラストは、その日に生まれた人の12星座を表わしています。この12星座は、「太陽星座」「黄道（こうどう）十二星座」とも呼ばれ、１年の366日を12分割して、１つずつ星座が割り当てられたものです。

〈黄道十二星座について〉

地球から見た太陽の通り道を「黄道」と呼び、黄道に沿って12分割した領域を「黄道十二宮」、そこに並んだ12の星座を「黄道十二星座」と呼びます。西洋占星術では、地球の赤道の延長線と黄道が交差した２つの交点のうち、黄道が南から北に交わる「春分点」を太陽が通過した時を「牡羊座の０度」とみなします。そこからスタートして、黄道を30度ずつ区切り、各星座を割り当てているのです。星占いでよく用いられる12星座とは、生まれた時に、黄道上で30度ずつ区切られた区分のどこに太陽があったかということから割り出されます。

✦ 12星座一覧 ✦

※各誕生日の右ページの右上に、星座イラストが2つ入っている日があります。この日が誕生日の人は、生まれた年月日や時間によって星座が変わってくるからです。どちらの星座なのか、最近はネットでも調べられるようですが、詳しく知りたい方は信頼できる西洋占星術師に見てもらうといいでしょう。

Know The Secrets of Your Life
Through Your Birthday

January First

1月1日

✦ミステリアスな魅力を放つ人✦

あなたについて

謎に包まれたミステリアスな雰囲気を持つあなたは、周りから見ると「もっと知りたい」「話をしてみたい」と思わせる、不思議な魅力を持っています。

どんな時も効率を重視して、テキパキと行動できるので、何をやるのでもスピーディにこなすことができます。職場でもプライベートでも頼られる存在でしょう。

人間関係は価値観を重視していて、「合わない人とは交流しなくてもいい」という潔さがあり、人間関係のストレスを抱えることはあまり多くありません。

また、自分のテンポや価値観と合った人とだけで濃い話をするのが大好きです。大切な人との時間を大事にしますし、お互いにリスペクトする関係も築けるので、孤独になることなく、人生における幸福感を人一倍、感じることができるタイプです。

そんなあなたが気をつけるべきは、「人」でも「モノ」でも「状況」でも、何かしら執着が伴うことや、あなたの気持ちが重くなるものはなるべく早く手放すこと。パソコンやスマホのアプリをアップデートするように、あなた自身もこまめに“手放してアップデート”を。これを、定期的にくり返すほど幸せ度は右肩上がりに増していくはずです。

また音楽、映画などのエンターテインメントやアートに関わる才能を持っています。仕事にするのも向いていますが、趣味で楽しむのも最高です。あなたの人生を充実させる、とてもいいスパイスになることでしょう。

仕事と才能

あなたは芸術的なセンスとクリエイティブな能力に恵まれています。さらに手先が器用なので、モノづくりの職人に向いています。感性が求められるような、音楽家、映画監督、陶芸家、料理人、フラワーデザイナーなどもよさそうです。謙虚さがあなたの魅力でもあるのですが、実は野心家な一面も。それを表に出すことはほとんどなく、心の奥底でメラメラとした炎を燃やしています。あなたの使命は、「自分と競争すること」でもありますから、常に自分と戦い、勝つことで成長し、それをくり返していくうちに、やがて大きな成功を手にすることでしょう。

人間関係

取り繕(つくろ)うことなくありのままのあなたでいると、価値観の合う人たちに囲まれるようになります。

大人数は少し苦手で、小規模で濃い関係のコミュニティを好みます。また博識な人との出会いが多く、交流するだけで日々学びが得られるでしょう。ただし、少々頑固なところがあるので、似たような人とはぶつかることも。なるべく距離を置いたほうが、お互いのためによさそうです。

相性のいい人

センスを重要視する人との相性が抜群。アートやインテリアの話などで盛り上がりますし、良好な関係が築けます。

宇宙からのメッセージ

**過去を後悔する必要なし。
それはすでに終わっています！**

January Second

1月2日

✦大きなチャンスを確実にキャッチする人✦

あなたについて

あなたはチャンスを掴(つか)むのがとても上手です。それは、失敗しても凹むことなく、その経験を活かしてさらに上を目指していける粘り強さを持ち合わせているからです。たとえ、一筋縄ではいかないことがあったとしても、行動力とセンスで着実に階段を上がり続けられます。

また、ハマったらとことん突き詰めていく研究肌の一面もあります。地道にコツコツ続けていきますから、好きなことに熱中していたら、いつの間にか何かの分野のスペシャリストになっていた、ということもあるでしょう。やたら頼まれごとが増えてきたと感じたら、「その道を進め」というサインです。何事も、はじめのうちはあまり変化がなく、気分が落ちることがあるかもしれませんが、安心してください。知らず知らずのうちに、大きな幸運を手にしていくことができます。

また、あなたの最大の魅力は身近な人だけでなく、目の前の多くの人にも、惜しみなく愛を与えていくところです。些細なことでも褒めたり、自然と癒しを与えたりすることができるので、みんなあなたのことが大好きになります。密かに人気運が高いタイプといえますし、隠れたあなたのファンも存在するはずです。

与えたことは、やがて巡り巡って返ってくるので、あなたは自分の運気を自分で上げることができる人でしょう。味方が多いあなたですから、何かをやろうとした時には、喜んで手伝ってくれる人が必ず現われます。

仕事と才能

好きなこと、面白いと思ったことに集中しているだけで、仕事に繋(つな)げることができるのがあなたの才能。小さい頃に遊んでいたことが仕事のヒントになり、そこからビジネスが発展するなんてこともあり得ます。エンタメ、ファッション、スポーツ業界など、好きなことを仕事にするのがオススメ。また、好きなことに関わるコミュニティで人脈もどんどん広がっていき、いい循環が生まれることも。逆にやりたくないことをやらされると、全く動けなくなり、仕事ができない人と思われてしまうので要注意。「何のためにやるのかがわからない」という仕事は、徹底的に避けるようにしましょう。

人間関係

説得力、話術に長けていてコミュニケーション能力が抜群。人を褒めることも、言いにくいことを伝えるのも非常に上手ですから、どんどん新しい人と接していくといいでしょう。新しい情報が舞い込んでくるのもそうですが、複数のコミュニティを持つことで、相談相手や楽しい遊び相手が増えます。安心感が生まれて、メンタルを安定させることに繋がるでしょう。

相性のいい人

その場の空気を読んで場を和(なご)ませてくれる人。そして、道を外れそうになったらそれに気づいて軌道修正をしてくれる、いわゆる“気配りができる人”が最適。

宇宙からのメッセージ

ワクワクしたら、
それは今すぐGOのサイン！

January Third

1月3日

✦大胆さと慎重さの「ギアチェンジ」が巧み✦

あなたについて

目標に向かってひたすら突き進むことができる人です。信念を貫き通すその姿勢は、周りからも一目置かれる存在。“しっかり者”というイメージが強いのですが、近寄りがたいかと言ったらそうでもなく、きちんと弱いところも見せることができるので、周りの人はあなたに親近感を持っています。

オススメは、意識して「こういうことは苦手なのです」とオープンにさらけ出すこと。そのほうがさらに親しみやすさが湧き、あなたの魅力がよりアップするでしょう。

また、事前準備を怠(おこた)らない上に、かなり慎重なので、失敗することはほとんどありません。事前にマイナス要因を洗い出して排除する決断力があり、それもあなたが周りから頼られる大きな理由。落ち着いていますが、スピードが遅いわけでもなく、ここぞという時は、大胆な決断をし、急にスピードを上げて突き進むこともあります。安全運転の時もあれば、冴えた直感力で急に猛ダッシュをかけることもあり、ギアチェンジが驚くほど見事なのです。

もともと逆境に強く困難を乗り越える力が備わっているので、基本的に大きく道を踏み外すことはありません。ですので、二者択一で迷った時は、あえて大変なほうを選んでもいいでしょう。それがあなたのレベルを引き上げてくれることになります。もちろん、「あなたの気持ちが乗っていて、ワクワクしているものであること」が前提です。

仕事と才能

目の前のことを一つずつ丁寧にこなすことができ、職人気質。粘り強く着実に進んでいけるのが長所で、職場でも重宝されていることでしょう。研究職、商品開発、伝統工芸の職人などに向いています。また、計算も得意で、実務的な計算処理はもちろんですが、先読みする能力にも長けています。そのため、ムダを省きながらスピーディに、円滑に進めていくのは得意中の得意。たとえ困難が訪れても、持ち前のスマートな解決力で乗り越えられるので、新しい挑戦も怖がらなくて大丈夫です。

人間関係

コミュニケーション力が高く、チャーミングな要素も持ち合わせているので、いい友人関係を築けます。さらにバランス感覚が優れていて、人を不快にさせることがないので、家族や兄弟との間でも潤滑油(じゅんかつゆ)的な存在に。みんながあなたを頼りにしていることでしょう。ただ、少し気を遣いすぎて疲れてしまうことがあります。いつも温かく見守ってくれて、あなたが暴走しそうになったらきちんと止めてくれる心強い味方が一人でもいれば、あなたのコンディションは良好に保てるでしょう。

相性のいい人

あなたにだけではなく、あなたの家族や友人などにも優しく接してくれる人が◎。何でも話すオープンマインドでいると意思の疎通がしやすく、絆(きずな)が深まります。

宇宙からのメッセージ

何とかしようとしないほうが、
上手くいくことがあります!

January Fourth

1月 4日

✦多方面で"プロ並みの力"を発揮✦

あなたについて

たくさんのスキルを持つ、才能豊かな人。やりたいと思ったらすぐに行動し、いつの間にかプロになっているため、周りから一目置かれている存在です。

天才肌というよりも、誠実に実直に、自分が掲げた目標を達成することを、何よりも優先する努力家なタイプ。頭の回転が速く、判断力に優れているので、鍛錬を怠(おこた)らなければ次々と目標を達成していくことでしょう。そして目標設定は大きければ大きいほど、頑張ることができるので、夢のリストアップは大胆に大きく。そのほうが叶えやすいはずです。

政治、教育、経済などの様々な分野に興味があり、知識も豊富。いいアイディアがどんどん浮かびやすいですし、説得力のある感動的なトークができるのも特徴です。

野心家で負けず嫌いな性格ではありますが、ユーモアで人を楽しませることも大好き。ですので、成功しても嫉妬されにくく、むしろすごい人たちが、「あなたについていきたい」と集まってきます。

自分の考えには自信を持っていますが、傲慢になることはありません。他人からの声にも耳を傾け、改善したほうがよいと思ったことは素直に聞き入れて、それに向けて努力できる人です。周りから信頼されるカリスマ性があり、人がうらやむほどの才能も環境も持っているので、努力を惜しまず続けていれば、富を蓄えて、満足のいく人生を送ることができるでしょう。

仕事と才能

商才があり、経営者や営業職向きです。どうやったら売り上げが上がるか、契約を取れるか、先読みすることができる上に、プレゼン上手。人を魅了するトークは生まれ持ったものであり、さらにわかりやすくするための努力は惜しまないので、相手はどんどんあなたの話に引き込まれていくでしょう。この手法でビジネスはどんどん大きくなっていきます。

また、トラブルが起こった時ほどあなたの腕の見せどころ。柔軟に対応し、その原因が何だったのかを他人のせいにしないできちんと分析し、解決策を見つけられます。そのため、周りからの信頼も厚いでしょう。

人間関係

あなたは、慈愛に満ちていて、周りを引っ張っていける人です。意見を聞くのが上手で、あなたについていきたいと思う人は次から次へとやってきます。

「何でもできる人」に見えることもあり、あなたを「近寄りがたい」と思ってしまう人も……。そういう人にはなるべくあなたから声をかけて。オープンマインドで接すれば、怖い人ではないことが伝わり、安心して交流してくれます。

相性のいい人

決めたことをきちんとやり遂げる誠実さのある人、ダメなことはダメ、と正直に言ってくれる人がベストです。

宇宙からのメッセージ

もったいぶらないことが、成功の近道！

January Fifth

1月5日

✦強いメンタルで逆境もはね返す✦

あなたについて

逆境にも負けることのない、強いメンタルを備えています。その強さを、自分のためだけではなく、他人にも役立てる優しさを持っているところがあなたの素晴らしさ。これまで、あなたに助けてもらったという人は周りにたくさんいるのではないでしょうか。

どんな逆境の場面でも、まるでゲームを攻略するようにサクサクとこなしたり、面白い部分を発見したり、楽しみながら解決策を見つけていけるところが強み。いつでも深刻になりすぎないこと――それが人の心をとらえて離さない、あなたの最大の魅力でしょう。

また、ある程度ルールや道筋など、「枠」が与えられているほうが動きやすく、心地よいと感じるようです。そのため、何かをはじめる時には、自分なりのルールを設けたり、パターン化したりしていくとやりやすくなるでしょう。

あなたがやり遂げたことは、そのまま周りの人や、社会に役立っていきますので、頑張れば頑張るほど、どんどん依頼が殺到し、世の中から頼られる存在に。

さらに目標は高ければ高いほど本領を発揮します。大変そうな案件ほど燃えるのが、あなたのいいところ。

すべてのことを自分一人でやろうとするのではなく、あなたができないことを得意とする人と組んで、仲間で進めていくようにすると、思ったよりも簡単に、そして早く、素晴らしい結果が得られるでしょう。

仕事と才能

あなたは、人の心を解きほぐしながら、エネルギーを分け与えることができる慈悲深い人。職場でも、プロジェクトチームでも、出向先でも、同じ環境にいる人たちにいいエネルギーを注入でき、成功を収めることができるでしょう。

また、先生のように人をよき方向に導く才能もあります。プロジェクトの軌道修正をし、正しい方向に導いていくという役割が得意です。

専門職でいえば、カウンセラーや看護師、教師などに向いています。

人間関係

あなたは慈愛に満ちた素晴らしい人格者。誰と接する時でも、親が子を慈しみ、可愛がるような、無償の深い愛情を注ぐことができるでしょう。

ただし、時には気を遣いすぎて疲れることもあるので注意を。あなた自身が楽しむことができていないと、他人に愛情を注ぐことはできないので、まずは自分を大切にしましょう。

相性のいい人

空気の読める人。真面目な話の中に絶妙なバランスでジョークを盛り込めるような、機転が利く人が最適です。

宇宙からのメッセージ

あなたはいつでも「方向転換」が可能です！

January Sixth

1月6日

✦誰もが心惹かれる愛らしさ✦

あなたについて

見ているだけで笑顔になれる、なんだか守ってあげたい……と周りの人に思わせる愛らしさがあり、誰もが惹(ひ)きつけられてしまいます。

あなたの言動を一挙手一投足見ていても飽きない！　というファンが、自然と集まってきます。それだけあなたは魅力的なタレント性を持っているのです。

とはいえ、ただ愛らしいだけでなく、「野心」も心に秘めています。お金、権力、名声欲があなたの原動力であり、理想も高く、「成果を残したい」「実績をつくりたい」と望む一面があります。持ち前の愛嬌(あいきょう)が野心をオブラートに包んでくれているので、嫌味にならないのがまた強みでもあります。

しっかりと実力があるのですから、特にビジネス面では、少々大胆と思えるようなことでも、覚悟を持って飛び込んでいって大丈夫です。あなたに魅了された強力なサポーターも助けてくれますので、素晴らしい結果が得られることでしょう。

また、自分を磨くことも喜びに繋(つな)がるタイプなので、自分にたっぷりと投資をするとよいでしょう。

ファッションやヘアスタイル、ボディケアなどの外見的なことから、読書をしたり、美術館に行ったり、映画を観たりなどの内面的なことまで、興味があることは片っ端からやってみることをオススメします。これがあなたの魅力やオーラとなり、ますます周りを魅了する素敵な存在になることでしょう。

仕事と才能

あなたの魅力が人を惹きつけ、気がつけば周りにはあなたにとっても魅力的な人たちばかり……なんてことになりそうです。一人で実現させることが難しい目標の場合は、ためらわずに人の手を借りていきましょう。その時は有能で頼りになる人たちがあなたのもとへ集まってきてくれます。

また「遊びが仕事」という感覚で、楽しく働くことができる環境を自分でつくり出すことができるでしょう。タレント性があるので、タレントやYouTuberなどのファンビジネスで成功しやすいです。また、人を癒す力もあるので、カウンセラーや医療関係も向いています。

人間関係

あなたは子どものような純粋な心を持っています。大人になっても、共同作業やレジャーを通して、子どもの頃のように楽しく遊べる関係性を築くことができるでしょう。また、人と人は「波長」で繋がっています。ですので楽しいことをやり続けていれば、楽しい人が集まりやすくなります。

相性のいい人

あなたは、愛情豊かで一途な人です。相手に尽くすことも苦にならないのですが、それを当たり前と思わずに、感謝の気持ちをきちんと伝えてくれる優しい人が好相性。

宇宙からのメッセージ

あなたが経験することは、
「すべてタイミングばっちり」で起こります。

January Seventh

1月7日

✦「ひらめき力」に秀でた天才肌✦

あなたについて

物事を効率的に進めていくための方法を、オリジナルで編み出す天才です。それは「ひらめき」でできてしまうことなので、あなたは「なぜみんなそんなに時間がかかるんだろう？」「なぜこれが簡単にできないんだろう」と不思議に思うかもしれません。でもそれはあなた独自の、あなただからこそできるやり方。他の人は真似をすることができない、すごい才能の持ち主なのです。

頭の回転が速く、計算もスピーディ。だからこそ人に頼る必要がなく、一人でやるほうが早いと考えているようです。それで完結するなら全く問題ありません。わざわざ人とペースを合わせる必要もありませんし、どんどん先に進んでください。それが天才というものなのですから。当然ですが、人から指図されるのはあまり好きではないので、自分で好きなようにできる自由な環境に身を置くのがベストでしょう。

たとえるならあなたは「孔雀(くじゃく)のオス」のような資質です。孔雀のオスは、メスに求愛する際、美しい翼を思いきり広げてアピールします。それと同じで、のびのびと大きく翼を広げることができる場所があってこそ、あなたはキラキラと輝くのです。小さな枠に収まらず自由でいることが最も大事。そして、その才能をどんどん世の中にアピールしていくといいでしょう。あなたは世の中から注目される資質を持ち合わせていますから、大きく成功する可能性大です。

仕事と才能

頭の回転がとても速く、馬力のあるあなた。まるでブルドーザーのごとく、次から次へといろいろなものをなぎ倒し、キレイに更地にしたかと思えば、田植え機のように、正確に、均等に、そしてスピーディに田植えをしていくようなイメージです。

そのため、職場では一目置かれる存在であり、たくさんの重要な仕事を任されるでしょう。ただ、あなたには自由が大事。あまりがんじがらめにされると、その才能が発揮できなくなることもあるので、意識的に自分が自由に動ける立場をキープするようにしましょう。どちらかといえば起業家やフリーランスのほうが向いているでしょう。

人間関係

人と一緒の時間を過ごすのも楽しめますが、一人の時間は癒しのための大切な時間。

人間関係に気疲れしている時は上手にお誘いを断ったり、距離をとったりして、自分一人の時間を多めにとりましょう。

相性のいい人

自分をしっかり持っていて、マイペースだけど気が利く人が最適。あなたは素（す）の自分を見せるのが苦手なので、外面、内面共にあなたの変化に気づいてくれるような人だと、あなたも心を許せます。

宇宙からのメッセージ

**先にお祝いをすることで、
その願いは叶うことになるでしょう。**

January Eighth

1月8日

✦誰もが憧れるトップリーダー✦

あなたについて

あなたはなぜか目立ってしまい、周りから憧れられる存在。華やかな雰囲気と素晴らしいリーダーシップ力があるので、誰もがあなたの魅力に惹(ひ)きつけられてしまいます。

もともと直感力に優れ、先見の明があり、自分の考えを自分の言葉で述べることができる人。若い頃から自立心も旺盛でしょう。さらにその優れた資質に磨きをかけることで、あなたの可能性は無限に広がっていきます。その才能は世界でも評価を得られるので、ビジネスにおいては日本だけでなく、海外に目を向けて進めていくのもいいでしょう。

誰からもうらやましがられるあなたですが、その心の内側は、意外にも繊細。気にしすぎてしまう自分を責めてしまうことがあるかもしれません。ただ、だからこそ人の心の機微にとても敏感で、弱っている人に寄り添うことができる……。それもあなたの素晴らしいところ。そのままでいいのです。

強さと優しさを兼ね備えたあなただからこそ、周りからの信頼が厚く、年下はもちろん、年上の人からも頼りにされるでしょう。

さらに人を説得する交渉術があります。誰かが交渉しても上手くいかないことでも、あなたがちょっと話をしただけでスムーズにことが進む、ということがよくあるでしょう。明るい笑顔でさらっと交渉する……それもあなたの特別な才能。頼ってくる人が後を絶ちません。そんなあなたは、もはや無敵と言っても過言ではないでしょう。

仕事と才能

あなたは、成し遂げたいことがあれば、しっかりと形にしていくことができる人です。努力を惜しみませんから、周りからは働きすぎと思われることもあるかもしれません。でもあなたはセルフコントロール力に優れ、オンとオフの切り替えが上手。プライベートを充実させることで、仕事運が上がることがわかっているので、遊ぶ時間はしっかりと確保します。

また、あなたは「人と人を結びつけること」がとても上手なので、職業は人事や転職コンサルタント、人材コーディネーターが向いています。

人間関係

人の話をじっくり聞く、内容を整理しながら的確な意見を言う、話の交通整理が得意といった強みがあり、話し合いの場で重宝される人気者。さらに人望が厚いので、チームを組んで物事を進めていくのも得意です。

相性のいい人

あなたとご縁がある人は、自由気ままで、楽しい人が多いでしょう。

「ちょっとわがままかも……」と思うぐらいの人が、実はぴったり。無邪気で自由な人といると刺激を受けて行動力がアップします。

宇宙からのメッセージ

どんどん幸せのお裾分けをしましょう。
最後に受け取るのはあなたになるでしょう。

January Ninth

1月9日

✦挑戦し続けて道を切り拓く人✦

あなたについて

周りから「これはちょっと難しいのでは？」「どうせできっこない」と言われるようなことにも、ひるまずに果敢に挑んで成功させる天賦(てんぷ)の才能があります。

スムーズにいくこともあれば、いろいろな困難にぶつかることもあるでしょう。でも、最終的にはきちんと目的を成し遂げることができる、それがあなたなのです。

一見、無謀とも思えることにも挑戦し続けるあなたを見て、はじめは「どうせムリだろう」と決めつけていた周りの人たちも、あなたが努力する姿に心を打たれ、いつしかあなたを応援するようになっていきます。人の心をも動かすひたむきさがあなたの魅力です。

何か大きなことに挑戦する時は、周りに宣言して自己暗示をかけることで、予想をはるかに超える力を発揮できます。そして、挑戦の過程をツラく苦しいものにしないところがあなたの素晴らしい資質です。大変なことであっても、まるでゲームを攻略するかのように、サクサクと楽しみながら乗り越えていくことでしょう。

また、好奇心が旺盛で、あれもこれもと、やりたいことが尽きません。「人生100年あっても足りない！」と思うくらい充実した毎日です。どんなことでも本気で取り組み、次々と達成していく……。毎日が楽しくて仕方がないあなたは、これからも、挑戦し続け、幸せで豊かな人生を送れることでしょう。

仕事と才能

人生は1回きり、だからやりたいことは何でもやると決意しているところがあるので、常に行動し進化していたいと思っています。ですので、いろいろなことを同時進行でやりたいタイプ。しかも遊びも仕事も、趣味もごちゃ混ぜにして、全てを同時に思いっきり楽しむことができるでしょう。

要領がよく、頭の回転がとても速く行動力があるので、旅行代理店、添乗員向き。

また、明るく華やかな雰囲気があり、接客も得意なので、販売、営業の仕事も向いているでしょう。

人間関係

周りに影響されやすいところがあるので、あなたを否定する人といると、あなたの自尊心はみるみるうちにしぼんでしまいます。批判ばかりする人とは縁を切っていいでしょう。心の底から応援してくれる人となるべく一緒にいることで、あなたのモチベーションが維持できます。

相性のいい人

もともと頑張りやで、努力を惜しまず、少しムリをしてしまうあなたには、安らぎを与えてくれる人が必要です。話を聞くのが上手、マッサージが上手、といった「癒す技」を持っている人が人生のパートナーにオススメです。

宇宙からのメッセージ

**あなたの人生はアートそのものです。
どんなこともあなたを光り輝かせます。**

January Tenth

1月10日

✦天性の敏腕プロデューサー✦

あなたについて

指示が的確で調整力に長けているあなたは、とても優秀なプロデューサータイプです。グループの中で意見を丁寧に聞きつつ、揉めることのないようにバランスをとったり、改善したりする役割があります。

こうするとさらによくなる！　ということが感覚でわかり、上手く調整しながら、全体的なレベルを上げることができる天性の才能の持ち主です。あなたが関わることは、規模に関係なく「いい状態」になっていくので、みんながあなたのことを頼りにし、尊敬の眼差しで見つめていることでしょう。

また、立場が上の人や気難しい性格の人など、表立って指示するのははばかられる……という相手に対しても、いつの間にか陰のフィクサーのように働き、上手に人を動かすことができるのです。

人をまとめる才能があるからこそ、簡単に権力を手にしやすいのですが、傲慢になることはありません。

性格はとても謙虚で、偉そうな態度をとることを恥と思っているフシがあります。ですので、人から妬(ねた)まれることはなく、支持する人がどんどん集まってくることでしょう。

それほど大したことはしていないのに……と思うくらい、あなたにとっては簡単なことですが、救われている人は多いはず。

無意識に徳を積んでいるあなたのことを、神さまはしっかりと見ていますから、ベストなタイミングでビッグラッキーなことが起こるでしょう。

仕事と才能

ダメになりそうなことを立て直す能力に優れています。上手く進まない原因を突き止め、どうすれば改善できるかを分析し、的確に指示を出す、というすべての流れを俯瞰（ふかん）することができ、冷静沈着。周りから見ると救世主のような存在でしょう。これはあなたの持って生まれた才能です。その問題解決の手腕はビジネスで成功しやすいので、金銭面で困ることはないでしょう。コンサルタントやアドバイザーに向いています。

人間関係

人を惹（ひ）きつける魅力があり、親切で面倒見がいいので、多くの人に頼られて愛されます。外交的ですし、いつの間にか自分の周りに人が集まってくるので、どんな時も楽しくコミュニケーションがとれることでしょう。

本当は一人の時間もほしいのですが、人気者がゆえに、周りが放っておくことがなく、なかなか一人になれないという贅沢な悩みも。疲れている時は人と距離をとって、一人の時間も確保するように意識するといいでしょう。

相性のいい人

魅力あふれる人なのでパートナー探しに苦労することはなさそうですが、知的で、ビジネスで成功している人と波長が合いそうです。お互いに刺激し合って、とてもいい相乗効果が生まれることでしょう。

宇宙からのメッセージ

あなたが「あなた自身」を堪能していると、面白い仲間が集まってくるでしょう。

January Eleventh

1月11日

✦「いい空気感」をつくり、周りを導く✦

あなたについて

円滑な人間関係を築いて、優秀なチームをつくる優れた統率力があり、経営者や管理職、店長、監督など、何かの組織の「隊長」になれる資質を持っています。一人ひとりのフォローも抜かりなく面倒見がいいので、あなたがリーダーになることで、和気あいあいとしながらも目に見えていい結果が出せますし、メンバーたちも飛躍的に成長することでしょう。

あなたからのみなぎるエネルギーや明るさが、人の心を救うきっかけになることも。ありのままのあなたで、なぜだか周りの人の気分を上げたり、その場の雰囲気がハッピーになったりすることでしょう。家族を「チーム」と考えれば、あなたがイニシアティブをとることで、家庭内が明るくなったり、会話が増えたりして、いい関係を築くことができます。

また、やると決めたら、努力を惜しまない性格。寝ても覚めても一生懸命に取り組んでいきます。また、ライバルがいると競争心をかき立てられるので、レベルアップしやすいでしょう。

周りから見るとそんなに頑張らなくても……と思われますが、当の本人は「楽しくて仕方がない！」という感じで、とてつもない集中力を発揮して超高速で片づけてしまうことでしょう。

大風呂敷を広げたりせず、でもきちんと成果は出すというかっこよさがあなたのスタイル。この有能ぶりは特に目上の人から頼りにされることでしょう。

仕事と才能

リーダーシップがあり、努力を惜しまない、いわゆる「仕事がデキる人」。あまり人から指図されることは好まず、自由と刺激を求めて、自ら行動できる性格なので、会社勤めよりも自営業向きでしょう。

会社に勤めていても、社内ベンチャーを起こしたり、独自の手法で会社に貢献したりするタイプです。

人望が厚く魅力的なキャラクターなので、政治家、教育者なども適任です。

また、人の気持ちに寄り添うのも得意なのでカウンセラー、占い師など心理学的な職業にも向いています。

人間関係

あなたは愛嬌（あいきょう）があり、社交的でユーモアのセンスも抜群。とにかく人を飽きさせません。

周りの人は、あなたの面白い発想に驚かされることが多いでしょう。コミュニケーションをとればとるほど、その輪の中の人気者になります。

相性のいい人

つき合う相手の影響を受けて、「成長したい」と強く思っているので、自分よりも知識が豊富な尊敬できる人に惹（ひ）かれます。あなたにインスピレーションを与えてくれる、才能豊かな相手と過ごす時間は、宝物のように素敵な時間となることでしょう。

宇宙からのメッセージ

あなたの衝動が止まらない時は、
人生が次のステージに進んでいる時です。

January Twelfth

1月12日

✦独自の世界観で人々を魅了✦

あなたについて

人並み外れた素晴らしいセンスがあり、自分の世界観を構築するのが得意なアーティスト。あなたがつくり出すものは、どれもこれも魅力的で、多くの人たちを虜(とりこ)にすることでしょう。また、人の才能を見抜く、引き出すことにも優れ、指導力も備えています。

アーティスト気質であるがゆえ、集中して自分の世界に入り込むのがとても好きで、時間を忘れるほど没頭することがあります。その時間は楽しくて仕方がないはずなので、ぜひ、思う存分没頭してください。どんどん才能が磨かれていきます。

その際に、うっかり人との約束をすっぽかしてしまうと、信用をなくしてしまうので気をつけて。しかし、それだけ気をつければ、大好きなことに没頭できる毎日で、満ち足りた、とても楽しい人生になることでしょう。

物腰は柔らかく気さくな性格なので、コミュニケーション能力は抜群です。いかにも「アーティスト気質の孤高の人」というわけではなく、きちんと人と協力しながら進めていく、社交性、柔軟性を備えているバランス感覚があるところがあなたの強み。周りの協力を得ながら、着実に自分の目標を達成することができるでしょう。何事にも熱心に取り組むため、周りからの評価も高いタイプです。

几帳面で、一度決めたら最後まできちんとやり抜く性格なので、専門家に向いている人も多いでしょう。

仕事と才能

クリエイティブな力があるので、アイディア勝負の仕事が向いています。自由を奪われるとたちまち動けなくなってしまうので、ぜひ、好きなようにできる仕事を追求してください。

あなたは人を感動させることが大好きなので、そこがゴールになることであれば、いくらでも時間を費やすことができるでしょう。また、新しいことにチャレンジすることにもワクワクするので、人がやらないことをするのが正解。俄然やる気がアップすることでしょう。アニメーターやイベントプランナー、ウエディングプランナーなどに向いています。

ただ、お金が絡む交渉ごとは少し苦手。その場の空気に流されたり、遠慮したりしないように気をつけてください。

人間関係

いつも楽しく過ごせて、信頼できる仲間に囲まれる人徳あり。あなたは思ったことをストレートに相手に伝えてしまう傾向がありますが、それも優しく受け止めてくれたり、優しく注意してくれたりする人ばかり。ですので、あなたはいつも安心してコミュニケーションがとれることでしょう。

相性のいい人

精神的に自立していて、自分の好きなことをしながらも、あなたを温かく見守ってくれる人。お互いの自由を尊重してくれる人がぴったり。

宇宙からのメッセージ

あなたの心に火が灯ると、
いろいろな意味で一気にワープすることができます。

January Thirteenth

1月13日

✦魂がハイレベルな「選ばれし人」✦

あなたについて

まるでスポットライトが当たっているかのように注目を浴びる、生まれつき華やかな人です。何も特別なことをしていなくても、つい周りの視線が奪われてしまうほどの存在感があります。見た目が派手、というわけではなく、内側から輝くようなオーラを放っていて、それが周りの人を魅了し、惹(ひ)きつけてやまないのです。

その理由はいくつか考えられるのですが、人間性が素晴らしい、知的で賢い、そしてセルフイメージが高いなど、ちょっと人とは「魂レベル」で差がついているような、まるで「神さまから選ばれた人なのでは？」と思うような特別感が。いつも周囲からは羨望の眼差しを向けられることでしょう。

一方であなたの視線は、まるで神さまのように達観しています。世間体や勝ち負けなどの俗っぽいことには意識が向かないので、怒ったり、グチをこぼしたりしませんし、感情的にもなりません。

人と会話をする時は、すぐにその人の本質を見抜けるので、人間関係のトラブルが起こることは少ないでしょう。

さらに突き抜けた才能を発揮することができるので、好きなことはとことん突き詰めるといいでしょう。

どんなことでも、極めればプロフェッショナルやスペシャリストになれるもの。社会貢献になることであれば、あなたの知名度は高まり、大きなビジネスに発展していくこともありそうです。

仕事と才能

自己管理能力が高く締め切りを厳守し、大量のタスクをサクサクとこなすタイプ。そのため、キチッとしていることを求められる、弁護士、会計士に向いています。さらに歴史や哲学、教育にも詳しいので、大学教授や教師、塾講師なども適任です。

客観的に自分を分析でき、頭の回転が速いだけでなく、とても謙虚なところがあなたの強みです。

また、ずば抜けた指導力、管理能力もあるので、チームを管理する優秀なリーダーとして手腕を発揮します。

威張ることのないあなたは、特に年下の人から厚い信頼を得ることでしょう。

人間関係

年上、年下関係なく、どんな人とも分け隔てなく接することができる人。裏表もなく、誰に対してもニュートラルな態度で接するので、人気者になることでしょう。

天性のユーモアセンスがあるので、コミュニケーション能力のレベルはかなり高いです。そのため、あなたから声をかければ、誰もが喜び、会話は弾むことでしょう。

相性のいい人

いざという時に動じず、頼りになる人。また、瞳がキレイだと感じるお相手は波長が合い、信頼できる可能性大です。すぐに心を通わせることができます。

宇宙からのメッセージ

準備を整えてからはじめるよりも、
はじめてしまってから調整していくとGOOD！

January Fourteenth

1月14日

✦未知の世界を切り拓く優れたパイオニア✦

あなたについて

あなたはとても好奇心が旺盛で、不思議なことに惹(ひ)かれてしまうようです。例えば、UFO、宇宙人、幽霊、超能力、タイムトラベル……などなど、科学では証明できていない、未知の世界が大好き。常にアンテナを張っているので、妄想の世界に浸るだけでなく、最先端の情報収集も得意です。

また直感でどんどん行動ができる、「開拓者」な一面も。とはいえ闇雲に突き進むのではなく、論理的な思考力と知識を備えているので、事前準備は抜かりなし。しっかりと用意をしながら、動く時は大胆という、優れたパイオニアとして手腕を発揮します。

理想を掲げ、歩み続けている時にテンションが最高に上がります。自分も周りの人も信頼することで、まるで奇跡のような素晴らしい結果をもたらすでしょう。

とはいえ、常に自信満々というわけでもなく、心は意外と繊細で、時には優柔不断になってしまうことも。

でもこの不安な気持ちが、大きな失敗を防ぐ「リスクヘッジ」に大事なこと。そのことをあなたはよくわかっているので、メンタルが不安定になることはないでしょう。

見えない力を信じているあなたは、迷った時は、占いやおみくじなどに頼る時もあるでしょう。何といってもスピリチュアルな才能と直感力が冴えているので、この手でジャッジしたことは、いい方向に進んでいくことが多いはず。まさに神さまが守って味方している稀有(けう)な存在……それがあなたなのです。

仕事と才能

誰にでも寛大な心で接するあなたは指導者や管理職向き。少し承認欲求が強いのですが、周りの人はあなたのことを多才で面白く、信頼できる人と認めていますから安心してください。

何か一つでも成し遂げるたびに「すごい！」「よくできますね！」「頼りになります」という称賛の声が聞こえてくるはずです。

また、あなた自身も褒め上手なので、職場の人もあなたと仕事がしたい、と思っているはずですよ。さらに、手先が器用で芸術的センスがあるので、アーティストにも向いているでしょう。

人間関係

物事を一つひとつじっくり掘り下げていくことが好きなので、深い話ができる人と一緒にいると心が落ち着いてきます。ただし、純粋で素直なので、話術が巧みな人にコントロールされやすいところも。「なんだか違う……」と思った人は波動が合わない証拠。きちんと距離を置けば大丈夫です。

相性のいい人

あなたの独特な感性をわかってくれる柔軟性のある人と相性抜群。または趣味、笑いのツボ、楽しいと感じることが似ている人といると幸せになれます。

宇宙からのメッセージ

**明るいカラーを取り入れるだけで、
あなたの魅力が倍増します。**

January Fifteenth

1月15日

✦知識とアイディアで“化学反応”を起こす人✦

あなたについて

自分自身が身につけ、そして深めた知識で新風を送り込み、まるで化学反応のような刺激を仲間やビジネスにもたらすことができる、特別な才能の持ち主。

たとえるなら料理のスパイスです。既存のレシピに加えると、味に深みが出たり、時にはガラッと味が変わってとびきりおいしくなったり……。つまり、あなたの存在は周りの人に、とてもいい影響を与えているのです。

情報を常にアップデートしたり、トレンドをいち早く押さえたりするので、昔からの友人は定期的にあなたに会いたがります。それはあなたから刺激をもらいたいからです。

最先端の情報をキャッチするアンテナを持っているため、「こんなものがあったら便利かも」というひらめきは頻繁(ひんぱん)にあり、常にアイディアにあふれています。

しかも、いくらいいアイディアを思いついても、「思っているだけ」では意味がないことをよくわかっている賢さがあります。とにかくそれを形にするまで必死で努力するので、ベンチャー起業家にも向いています。

知識と行動力のあるあなたは、プレゼン力もピカイチです。たとえ今は「経験がないから自信がない」という場合でも、鍛えればすぐに身につきます。プレゼン力を鍛えることで、起業する時もたくさんのお金が集まりやすいはず。クラウドファンディングで資金を集めるのも得意でしょう。

仕事と才能

新しいものや、斬新で便利な仕組みをつくり出すことができる天才です。イチからつくり上げることに喜びを感じますし、形にするためには努力を惜しまないあなたは、まさに起業家向き。

起業まではしなくても、資格取得の勉強、語学の勉強など、はっきりとした目標があれば頑張ることができ、投げ出すことなく目標達成ができるタイプです。

弁護士、会計士など、資格が必要な職業にも向いています。

人間関係

自分の理想をみんなに知ってほしい、そして協力してくれたら嬉しいという思いがあるので、集まりの場で熱弁を振るうことが多々あります。これがとてもウケて、感動の嵐を巻き起こすでしょう。

当然、協力したいという人がたくさん現われます。それはあなたのプレゼン力と人徳がなせる業。そして信頼を裏切らないように努力し続けるので、協力者とはいつまでもいい関係を築けるでしょう。

相性のいい人

カリスマ性を持つあなたには、承認欲求を満たしてくれる褒め上手な人がぴったりです。あなたに大きな自信をもたらしてくれるので、行動力がさらにアップします。お互いにいい刺激を与え合う最高のパートナーになるでしょう。

宇宙からのメッセージ

安心してください。結局、全部大丈夫です！

January Sixteenth

1月16日

✦妥協せずに高みを目指す人✦

あなたについて

コツコツと長い時間をかけて創作し、完成間近……ところが少しでも気になるところがあれば、壊してもう一度つくり直すなんてことがあるほど美意識が高く、強いこだわりの持ち主です。

それは、決して悪いことではなく、クオリティを上げたい、もっと美しく仕上げたいという前向きで純粋な思いからの行動です。とても素晴らしいことですので、ぜひ貫いてください。わがままな人と思われてしまうかも、と気に病むことはありません。誰に言われるでもなく、手を抜くことなく、自らブラッシュアップする努力ができるのは、強い精神と勤勉さがあるからこそ。それを周りの人はしっかり見ていますし、そんな努力家のあなたのことを尊敬していることでしょう。

あなたの価値観はとても明確で、それを言語化する能力にも長けています。思ったままの率直な発言をしてしまうところもあるのですが、それは揺るぎない強い意志の表われですから、「人からどう思われるか」といったことはあまり気にしなくて大丈夫です。

特に家族や友人はあなたの理解者ですから、あなたがはっきりものを言うのはいつものこと、とスルーしてくれるはずなので、自由に発言しても問題ありません。さらにあなたが理想としていること、どんな目標を持って生きているのかを理解してくれているので、そのための協力は惜しまない強力なサポーターになってくれるでしょう。

仕事と才能

トレンドを敏感にキャッチする能力に長けていて、常に時代の最先端のものを取り入れ、自分のものにしていくのが得意です。

さらにオリジナリティをとことん追求していく猪突猛進なところがありますが、それがあなたの素晴らしい個性です。迷わず突き進みましょう。自己表現をすることが喜びに繋(つな)がるので、芸術や音楽のアーティストなどの芸能系や、作家、漫画家にも向いています。

また、自分の思いを言語化することに長けているので、営業職も天職でしょう。トップセールスマンの素質があります。

人間関係

行動力があり、社交的で自己アピールも得意なので、どこへ行っても人気者です。

直感力が高く、ひと目で自分に合う・合わないをジャッジできるので、好き嫌いもはっきりしています。合わない人とムリにつき合うことはいっさいしないので、人間関係はノンストレスでいられるでしょう。

相性のいい人

些細な嘘にも敏感に反応してしまう真面目な一面があるので、あなたが人に求めるのは誠実さ。また、ちょっとひとクセあるくらいの人のほうが楽しく会話が弾みます。

宇宙からのメッセージ

それは誰のせいでもありません。

January Seventeenth

1月17日

常に変化を求める冒険家

あなたについて

目標が大きければ大きいほど、喜びを感じて果敢に取り組む、根っからの冒険家です。

人一倍好奇心があり、困難は必ず乗り越えられるという強い自信があるので、じっとしていることがありません。次から次へと新しいことに挑戦していくことでしょう。

主導権を握って改革するのがとても得意なので、ビジネスや政治的なことで、世の中に大きな変化を与える影響力を持つ可能性もありそうです。

また、判断力に長けていて、機敏に対応する能力があるあなたは、部下などの年下の人に対して厳しい要求をしてしまうことがあります。ですが、それは悪いことではありません。言い方さえ気をつければ、言いたいことをストレートに伝えても大丈夫です。結果的にはその人の成長に繋(つな)がるので、遠慮することなく、こまめにフィードバックしてください。

他人から見たら無謀だと思われることでも、ずば抜けた行動力で、いつの間にか達成してしまうあなた。誰からも一目置かれる特別な存在でしょう。それは、人の話に耳を傾け、たとえ間違った方向へ進んだとしてもすぐに軌道修正する柔軟さと冷静な判断ができる知性を持ち合わせているからこそできること。

これからも、冒険家の精神で、次々と新しいことにチャレンジして、自分も周りの人も、よりよい方向へと導いていくことでしょう。

仕事と才能

自分の力を信じていて、ほしいものは必ず勝ち取る、という強い意志を持っています。意義があると思えることなら、大抵のことは成し遂げることができますので、政治家、起業家に向いています。

また公務員も適していて、例えば地域のために大活躍する職員として、脚光を浴びることでしょう。公務員らしからぬ大胆な行動ができるので、マスコミからも注目されるかもしれません。もしくは内面、外見ともにスマートで知的な特性を活かし、ラグジュアリーなホテル、レストランでの仕事も適職です。早い段階で、重要なポジションにつけることでしょう。

人間関係

独自の道を突き進んでいるので、フィーリングが合う人と、そうでない人の区別はなく、相性もあまり気にしません。自分についてきてくれるか、そうでないか、ただそれだけ。人のことを悪く言うこともないので、特別なことをしなくてもあらゆる人から信頼されます。

相性のいい人

あなたの突拍子もない行動や発言に対して、否定せず温かく見守ってくれる人がベスト。そういう人の存在があなたの自信を育み、大きなことを成し遂げるための助けになることでしょう。

宇宙からのメッセージ

**どんどん楽に、どんどん簡単にしていくと、
どんどん人生が豊かになっていくでしょう。**

January Eighteenth

1月18日

✦先を見通す天才コンサルタント✦

あなたについて

先見の明があり、冷静なジャッジができるあなたは、アドバイスがとても的確。頭脳明晰で、「会議の途中で結論や解決策が見えてくる」なんてことが、頻繁(ひんぱん)にあるのではないでしょうか。しかも、リスク回避のためのアイディアが次々と出てくるので、目上の人からも相談を持ちかけられることも多いでしょう。

情報収集が得意で、研究論文や世界のニュースなどを頻繁にチェックし、あらゆる側面から分析して考えるクリティカルシンキングができる人。それを努力とも思わずに、習慣化しているので、日々成長し続けています。

さらに、新しい知識を得たら、周りの人へ提供する……それもまた素晴らしいことです。周りの人に有益になることを伝えるのが自分の責務であること、また影響力があることも自覚しているせいか、発言には意外と慎重です。言葉を選んで話すクセがついているので、失言することはほとんどなさそうです。あなたのパーフェクトな発言によってカリスマ性が生まれるので、組織を統率したり、人を集めたりするのに、とても役立つことでしょう。

さらにリサーチ力が高いのは、好奇心が旺盛だからこそ。常に新しいものを求めていますし、多少大変であっても、変化の多い人生であるほうが充実感を味わえて楽しい人生になることでしょう。

仕事と才能

複雑なものをわかりやすく説明することに優れていて、ディスカッションやプレゼンテーションの場面では、その手腕を発揮します。

営業ではトップクラスであったり、社内ではリーダー的な存在になったりすることでしょう。お金の計算が得意なので、銀行や証券会社、または投資家も向いています。

また情報収集、クリティカルシンキングも得意なので、経営コンサルタント、もしくは経済の研究者になるのもいいでしょう。

人間関係

一つの目標に向かって突っ走ると周りが見えなくなるので、人づき合いはシャットアウトしてしまう時期と、「遊んでほしい！」と思う時期が交互にやってくるでしょう。そのため、傍(はた)から見ると、気まぐれに見えてしまうかも。

でもあなたの中で整合性が取れているのであれば問題ありません。ムリに気を遣ったり、愛想笑いをしたりすれば、自分自身に嘘をつくことになりますから、しなくてOKです。あなたにとってノンストレスのコミュニケーションがベストです。

相性のいい人

監視されたり、縛られたりするのが苦手なので、一人になりたい時は放っておいてくれる、依存しない人が最適。

宇宙からのメッセージ

**迷っていたら両方やってみましょう。
すごい発見があるかもしれません。**

January Nineteenth

1月19日

✦本質を見抜く審美眼の持ち主✦

あなたについて

あなたは動く&試すという実行力が高い分、知識と経験が人よりも豊富。物事の本質を見抜く審美眼を持っています。

そのため、相手が嘘をついたり、ごまかそうとしたりするのはすぐに見抜くことができるでしょう。

また、大きな買いものをする時は、必ず比較検討し、相見積もりは欠かさないなど、いわゆるぼったくりにだまされないように、念には念を入れる慎重派。だまされて損をすることは少ないでしょう。

博識で語彙力が高く、優れた文才の持ち主でもあるので、これを仕事に活かすといいでしょう。また、人に何か伝える時は、口頭よりもメールなど文面で伝えるほうが得意ですし、人を感動させる文章を書くことができるでしょう。

また、自分が培ってきた知識をもとに、掲げた目標に向かって突き進んでいく意志の強さがあります。誰が何と言おうとこれはやり遂げる、と決めて行動するので、高い確率で達成できてしまうでしょう。その過程での振る舞いがあなたの個性として認知され、とても魅力的に映ります。

基本的には余計なものは削ぎ落として要領よくテキパキと進めたいのですが、仲間とともに何か成し遂げる時は協調性のある自分にシフトチェンジする柔軟さも。その場合はあなたが先頭に立って仕切り、チーム全体のスピードアップを図るといいでしょう。

仕事と才能

知識の豊富さと実行力は、積み重ねた努力の賜物。任されたことは確実に成果を出すので、重要なポジションを任されることが多いでしょう。リーダーや役職に大抜擢されたり、クライアントからヘッドハンティングがあったり、経営を任されたり……。責任感の強いあなたは、大きなプロジェクトであっても一度任されたら最後まで必ずやり遂げます。

達成するたびに、周囲から絶大な信頼を得ますし、あなたの意見が聞きたい、と人が集まってきます。そんなあなたは当然、キャリアアップして、重要なポジションにつき、稼ぐ力も右肩上がりです。小さな会社より大企業で活躍できるタイプ。起業家にも向いています。

人間関係

あなたは、一見、誰とでも仲よくなれるような、オープンマインドとも思える雰囲気を醸し出していますが、実は相手を自分のテリトリーに入れるか、入れないかを厳しく判断します。けれども「この人は仲間」と判断したらとても大事にしますし、深い絆で結ばれることでしょう。

相性のいい人

客観的な視点を持ち、トラブルや課題に対して、自分なりの見解を示せる人が最適。あなたが窮地に陥った時、一緒に乗り越えようとサポートしてくれるでしょう。

宇宙からのメッセージ

なかなか進まない時は、
単なる「宇宙からの時間調整」。焦らなくて大丈夫！

January Twentieth

1月20日

✦思いついたら「即行動」で理想を叶える✦

あなたについて

頭に描いた理想を現実化できる……それがあなたの才能です。宣言したことを次々と叶えていくので、周りの人からは「引き寄せ力がすごすぎる！」と賞賛されるほど、スムーズ&スピーディ。

でも実際はあなたがモットーとしている「思いついたら即動く」という行動力があってこそ。周りの目を気にせず、迷わず、トライ&エラーをくり返すことで、着実に叶えていく、それがあなたのやり方です。

周りからは簡単に実現させているように誤解されてしまいますが、陰ではたくさん努力をし、失敗しているあなた。でも、それはあえて言わないのが美学。だからとってもスマートな天才に見えることでしょう。

完璧主義のあなたには理想の家族像があり、家族と一緒に幸せに過ごすための努力は欠かしません。パートナーとしては最高の人でしょう。これは仕事のチームでも同様で、一緒に働く人たちがストレスなく、成果を出して評価されるようにサポートすることに集中します。

また、スピリチュアルな才能もあるので、夢が正夢になる、シンクロニシティ（偶然の一致）を体験しやすいなど、不思議な体験をしてきた人も多いでしょう。運が味方してくれていることを実感できる出来事が、頻繁（ひんぱん）に起こる強運体質。神社を巡ると、さらにその力がパワーアップすることでしょう。

1 January

運がよくなるアクション　家族と美味しいものを食べる

仕事と才能

クリエイティブ力にあふれていて、あなたがオリジナルでつくったものは飛ぶように売れそうです。他の人にはない独特のセンスがあり、手先も器用なのでハンドメイドしたものを販売するのもよさそうです。工芸職人やネイリスト、パティシエなども向いています。

また、評価されるとモチベーションがアップし、より創造力を働かせることができるタイプ。認めてもらえると、多少ネガティブな評価があっても気にならなくなります。ですので、あなたの個性を貫いて、たくさんいい評価をもらうようにしましょう。また、チームで仕事をする際も、あなたが主役となって独自の方法で進めたほうが上手くいくはずです。

人間関係

あなたは、ルールや規則など、「枠」の中にいると疲れてしまう傾向にあります。それは人間関係でも同じこと。定期開催の集まりで強制参加を強いられると、ストレスになることも。できるだけ決まりごとは断って、あなたのペースでつき合ったほうが良好な関係が築けますよ。

相性のいい人

親友のように何でも本音を話し合える、心の広い人が◎。言ってもいいことと、悪いことの区別をつけなくてもいいという状態はノンストレスで、安心して過ごせます。

宇宙からのメッセージ

簡単なことのほうが、難しいことよりも、すさまじいパワーがあります！

January Twenty-first

1月21日

✦トラブルも楽しみながら力に変える人✦

あなたについて

何事もなく進んでいくよりも、刺激や変化があるほうがワクワクしてしまうところがあります。

ベーシックなものにはアレンジを加えてみたくなり、台本があってもアドリブを挟みたくなるタイプ。大抵の人が困惑するようなことでも、あなたは機転を利かせ、それを楽しみながら次々とクリアしていくことでしょう。ゲームにたとえるなら、最終ステージまでサクサクッとクリアし、ラスボスも一発でしとめてしまう……そんなイメージです。

それは、トラブルが起きてもそれをすぐに学びや糧に転換するポジティブさ、障害があればあるほど燃えるという性格も功を奏しているのかもしれません。逆に簡単に乗り越えられそうなものにはあまり興味が湧かないでしょう。

また冷静で器用なので、仕事とプライベート、本業と副業など、二つのことを同時にできるのも才能の一つ。収入源となるキャッシュポイントも多い傾向があります。これからも得意なことはどんどん増えていくことでしょう。

また博愛精神を持つあなたは、どんな人に対しても平等に、愛を持って自然に接します。困っている人がいたら寄り添い、理不尽な目にあっている人のために戦うことも厭(いと)わないタイプ。

そんなあなたに誰もが惹(ひ)かれて恩恵を受けたいと思うので、あなたの周りにはいつも多くの人がいて、寂しくなることはないでしょう。

仕事と才能

センスがよくアーティスト気質です。美術、音楽、舞踊などに関することを仕事にすると、本領を発揮して、次々と成功を収めていくでしょう。壁にぶつかることがあっても、臨機応変に軌道修正をして、難なく乗り越えることができます。

また、司法関係、精神科医、カウンセラー、事業に融資する金融関係など、機転を利かせ、トラブルを抱えている人をサポートする仕事にも向いています。

人間関係

あなたは、トーク力がありサービス精神旺盛。

生まれつき人づき合いがよく、どんな人とも分け隔てなく接して仲よくなれるので、どんどん人が集まり、カリスマ的な人気者になるでしょう。

SNSで発信すればフォロワーもたくさんついて、ビジネスに繋(つな)がることもありそうです。

相性のいい人

あなたのセルフイメージをぐんと高めてくれる、褒め上手な人が相性ぴったりです。

どんな状況でもプラスの言葉を発してくれる人が理想。そういう人がそばにいれば、幸せな気持ちになれますし、揺るぎない自己肯定感が生まれて、ますます活発に活動することができるでしょう。

宇宙からのメッセージ

疲れた時はしっかり充電しましょう。
ある意味、1年くらい休んでもいいんです。

January Twenty-second

1月22日

✦何にも縛られず人生を楽しむ人✦

あなたについて

人から指示されて動くよりも、自分で考え、自分の意志で動いてこそ、本領が発揮できるタイプです。ルーティンワークが苦手ですし、動くことが大好き。大きな変化には恐れることなく、転勤や引っ越しなど、大胆な変化に富んだ人生のほうが楽しめるでしょう。そのため、何にも縛られずに自由に動ける環境であることが、あなたが成功するための大きなカギになります。

ただ、たとえ窮屈(きゅうくつ)な環境であっても、持って生まれた実行力でガラリと自由な空気に変えることも可能。もしも居心地の悪さを感じたら、周りを巻き込んで居心地のいい環境に変えるか、それともそこから離れて、新天地へ行くか……。どちらを選択しても、変化があなたをレベルアップさせてくれますから、心がよりワクワクするほうを選ぶようにすれば、理想の環境へと導かれていくでしょう。

もともと直感力が優れているので、迷うことは少ないですが、迷った時は、ぐっと心が引き寄せられるほうを選ぶことが正解です。

集中力があり、飲み込みが早く、記憶力もよく、何事もテキパキとこなせますので、周りから見たら「何でもできてしまうすごい人」と尊敬されていることでしょう。でも実は天才肌というよりも努力の人。頑張っている人の気持ちもきちんとわかるので、偉ぶるわけでもなく、気さくです。友達からも同僚、後輩からも慕われる人気者でしょう。

仕事と才能

独創性や斬新さがありながらも、計画性、着実さも併せ持っているビジネスセンスがある人。

ただ、自由を奪われると、ストレス過多になってしまい本領発揮できなくなるので、会社員は不向きかもしれません。環境も時間もフリーな状態をキープしておくことを心がけましょう。

そして、ゼロからつくり出すようなクリエイティブ能力もあり、営業力もあり、堅実な面もあり……オールマイティにできる自営業やフリーランス向きでしょう。

人間関係

人間関係も変化し続けることがポイントです。いつも同じ人たちと交流するのではなく、たまに関わる人を替えたり、波長が合わないと感じる人がいたらムリに固執せずに距離を置いたりして、軽やかに、常に風通しをよくするのが快適でしょう。そのためにはたくさんのコミュニティを持つというのが最善策。人間関係の風通しがよくなると、気の循環もよくなって、運気が上昇します。

相性のいい人

落ち着きがあり、冷静に対処してくれる人がぴったり。

また「いい悪い」「好き嫌い」で判断するのではなく、臨機応変に対応してくれる柔軟性がある人だとなおよいでしょう。

宇宙からのメッセージ

苦手なことは、それが得意な人に頼めばいいだけ。シンプル！

January Twenty-third

1月23日

✦価値を生み出すスーパークリエイター✦

あなたについて

クリエイティブ能力が高く、シンプルなものに少し手を加えて価値あるものに変えていく才能があります。

想像力、分析力があり、どうやったらもっと素敵になるか、人の心を惹(ひ)きつけられるかなどが、瞬時にわかってしまいます。作品、企画書など、イチからつくる時もそうですが、テコ入れをしなくてはならない時も、あっと驚かせるようなアイディアを投入して、魅力的なものにつくり替えてしまいます。

人の意見や作品に振り回されることなく、オリジナルを突き通す強さがあります。その自信は、現状に満足することなく、研究したり、学んだりし続けているからなのです。

手先が器用で美意識が高いので、細かいところまで手を抜くことはありません。そんなあなたには、センスを問われる案件が殺到することでしょう。生涯に渡り素晴らしい作品をたくさん生み出していくことができます。

性格的には明るく、マイナスをプラスに転じる魔法のようなエネルギーの持ち主。周りを元気にさせるパワーがあります。人を喜ばせることが大好きで、面白い情報をゲットしたら、惜しみなく周りの人にシェアしていきます。

さらに正義感が強く、理不尽な対応をする人、人を貶めるような行動をする人にはストレートに非難する強さも。弱い人のために成敗してくれるので、周りから見たら頼れる存在です。

仕事と才能

重責のある仕事であればあるほど、投げ出すことなく熱心に取り組み、責任を果たすので大きな役割を任されることが多いでしょう。上司や取り引き先から言われたことをただこなすのではなく、自分流にアレンジして、まるでゲームを攻略するかのように楽しめるのがあなたの強み。

観察力に優れ、相手が今、何を求めているかを即座に察知する洞察力があるので、営業でも大活躍。あなたが担当するお客さまは、会社やお店ではなく、あなたにつきます。ですので、あなたは、どこに行っても、どんな仕事をしても優秀な成績を収めるでしょう。当然、集客力に優れているので、サービス業や接客業も天職でしょう。

人間関係

あなたは人を喜ばせることが大好き。自分が役立てることなら惜しみなく提供し、どんな人とでも素敵な関係を築くことが上手です。あなた目当てに人が集まってくるので、コミュニティの代表に適任。仕事でもプライベートでも周りの人を楽しく幸せにすることでしょう。

相性のいい人

アートや音楽関係など感性が豊かな人との相性抜群です。あなたとは少し異なる感性の人とのつき合いで、あなたのパワーはもっと強くなっていきます。

宇宙からのメッセージ

なあなあにしていることは、ありませんか？
それを整えるだけで、あなたの運は整います。

January Twenty-fourth

1月24日

✦天才的なアイディアを次々くり出す人✦

あなたについて

アイディアがほしいと思った時は、「ビビビッ!」と何かが降りてきて、名案が思いつく……そんな才能を持っています。しかもそれは、まるで宇宙の誰かと交信しているかのように、具体的なヒントが脳内に送られてくる不思議な感覚。

テレビを見たり、本を読んだり、映画を観たり、音楽を聴いたりしている時に、ふと気になるフレーズや文章が頭に飛び込んできて、そこからアイディアが湧いてくる……といった具合です。

また、リラックスしている時にインスピレーションが降りてくる、というケースも。アロマオイルを焚いている時や、美味しいものを食べている時など、心地いい、楽しいと感じている時にも、情報を受信しやすい人もいるでしょう。

ただアイディアを思いつくだけ……という人はたくさんいるのですが、その後、具体的に形にしていくことができるのは少数派。あなたはアイディアを実現する行動力があるので、少し時間はかかっても必ず形にすることでしょう。特に金銭的な悩みを解決するのが得意で、お金を集めるアイディアは秀逸。周りからも求められる機会が多くありそうです。

ちなみに脳内に受信したアイディアはこまめに書きとめておくと、潜在意識に刷り込まれるので、スピーディに叶うこと間違いなし。斬新なアイディアを一つひとつ叶えていくことで、自分も周りも幸せにして、あなたの人生はどんどん豊かになっていくでしょう。

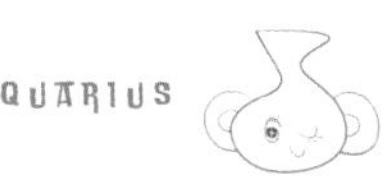

仕事と才能

常識にとらわれない、自由な発想力と豊かな感性が強み。周りからは、最初は「ちょっと変わっている人」と思われますが、アイディアを提案して有意義なものを生み出していくと一目置かれる存在になれます。ただ、人に理解してもらうための説明は大事。どんな目的で、何を実現させたいか、ということを何度もくり返し伝えていくことで、周りの人が協力してくれる態勢になるでしょう。自分の知識を人に伝えたい気持ちも強いので、職業としてはアイディアを活用できるエンターテインメント関係、作家などがオススメです。

人間関係

解決策がポンと降りてきやすいあなたは、悩み相談を受けることが多いでしょう。的確な答えをもらうことができた人は、あなたに感謝して褒めまくり、なんてことが多くあります。そういう時は「そんなことはありませんよ〜」と謙遜しないで、素直にお礼を言いましょう。謙遜は相手の言葉を否定することになるので、それよりも、「ありがとう」と言ってポジティブな言葉の交換を。いい循環が生まれて、さらに良好な人間関係が築けるようになります。

相性のいい人

あなたの斬新なアイディアを否定しない人。そして、面白いことを一緒に楽しんでくれる人がぴったりです。

宇宙からのメッセージ

成功している人・そうでない人の違いは、
「成功するまでやったかどうか」だけです！

January Twenty-fifth

1月25日

✦多彩な顔を巧みに使い分ける人✦

あなたについて

あなたは、器用にたくさんの顔を使い分けられる才能あり。「この人にはこのキャラでいこう」「今日のプレゼンテーションはこのキャラにしてみると説得力が増す」といった具合で、その場の空気を読んで大胆にキャラ変することができる人です。これは、「人によって態度を変える」というマイナスなものではなく、相手を喜ばせるため、説得力を高めるためなど、動機がポジティブ。周りの人は変化に富んだあなたに感心することはあっても、嫌うことはありません。

コミカルなキャラ、ビジネスライクな冷静キャラ、癒しキャラなど、巧みに使い分けていますが、どれもこれもあなたがもともと持っているものを、ただ使い分けているだけ。ムリやりつくり出して演じた"顔"ではないので、全く疲れることはないでしょう。

また不屈の精神を持つ野心家な一面も。忍耐力があるので一度決めた目標は、どんなことがあっても達成しようと懸命に努力し、投げ出しません。達成するために戦略を立てて、キャラを演じ分けることもあるでしょう。それは傍(はた)から見ても実に自然なので、悪い印象にはなりません。

個性的なあなたですが、一匹狼になることはないでしょう。器用なあなたを真似したい、という人が集まってきますし、あなたが達成したいと思っていることは、実は周りも幸せにすることだったりするので、協力したいという仲間がどんどん増えていくことでしょう。

仕事と才能

独創性やクリエイティブ力に加えて、客観的に見る目も優れています。そのため、相手の長所や得意分野、苦手なものなど、いろいろなものを見極めることができ、キャスティング能力にも長けています。

「デザインを頼むならＤ社」「プレゼン資料を作成するならＥさん」というように、適材適所の采配が素晴らしいので、人をまとめるチームリーダーの素質あり。この能力はビジネスにおいては強みなので、あなたが担当するプロジェクトは次々と成功を収めそうです。職業ではキャスティングディレクター、プロデューサー、人事担当などに向いています。

人間関係

先輩、後輩などの上下関係を強いられるのが苦手なので、フラットな関係性を築ける人と一緒にいるのが居心地がよいでしょう。

また、干渉されるのは苦手なので、あなたのテリトリーを超えてあれこれ指図する人とは適度な距離を置くほうがよさそうです。

相性のいい人

自立していて、あなたのことを放置するくらい、自由に生きている人がベスト。お互いに干渉せずに、ムリやり合わせようとせず、ほどよい距離感を保つといいでしょう。

宇宙からのメッセージ

常識に合わせる必要なし！
あなたの人生はあなたの好きに選んでいいんです。

January Twenty-sixth

1月26日

✦「手放し上手」な自由人✦

あなたについて

自由闊達（かったつ）、同じところにはとどまっていられない性格。まるで寅さんやスナフキンのような自由人で、ケセラセラ（なるようになるさ）の精神の持ち主。

行きたいところへフワフワッと飛んで行きたくなってしまいますし、常に何とかなると考えるタイプです。少しでも煩わしさやマイナスな波動を感じたら、サッとかわして離れるのでノンストレスな人生を送っていることでしょう。土地や人に執着することもあまりありません。長年、大事にしていたものをパッと手放して、新たなものにチェンジする……なんてことも多々あります。周りからしたら、「えっ⁉　なんで急に⁉」と思うかもしれませんが、あなたには直感で「手放す理由」が降りてきているのです。掴（つか）みどころがないと思われるのがデメリットと感じるなら、周りには「こんな理由でやめることにした」などときちんと説明すれば問題ありません。人はわからないものに対して、勝手に噂をしてしまうものなので、きちんと伝えればわかってくれます。

また、客観的、かつ冷静なので、相手が感情的になってもつられることはなく、ケンカになりにくいのもあなたのいいところ。感情を表に出さないので、周りからはクールで冷めていると思われがちですが、実は水面下でいろいろ考えたり、悩んだりしていることでしょう。時間はかかるかもしれませんが、あなたの温かさや誠実さが周りに伝わる時が必ずやってきます。

仕事と才能

フットワークの軽さによって、膨大な量の知識や人脈を得ることができます。自由に動くのにも勇気が必要ですが、あなたは難なくこなせますし、この手の才能には突出しています。

クリエイティブな職業があなたの天職。ファッションデザイナー、アートディレクター、作家など、イチから生み出すことも得意です。

活動的になればなるほど発想が広がったり、創造力が豊かになったりして、ひいてはそれが仕事の成果へと繋（つな）がります。その行動力で新しい世界へ飛び込んでいくことをくり返せば、あなたのビジネスは、飛躍的にレベルアップしていきます。

人間関係

先入観にとらわれず、相手の本質を理解し、気遣いができる人です。行動すればするほど出会いが広がり、あなたのファンは増える一方！　年齢を重ねるごとに、コミュニケーションがどんどん楽しくなっていくでしょう。

相性のいい人

隠しごとをせず、何でも話してくれる人がぴったり。あなたはあまり感情を表に出すのが得意ではありませんが、オープンマインドで話してくれる人ならば、あなたもつられて、感情を素直に表わせるようになります。

★ 宇宙からのメッセージ ★

誰かを人生の主人公にする必要はありません。
あなたの人生はあなたのものなのです。

January Twenty-seventh

1月27日

✦冷静で優秀な秘書タイプ✦

あなたについて

あなたは、「主観」と「客観」の両方の視点を持っていて、常に冷静な判断ができる人。相手はどう考えているのか、なぜそのような行動をとるのか、即座に分析ができるので、感情的になることはありません。

例えば、夢の中で「これは夢である」と自覚をするケースがありますが、現実世界でもそれに近い形で、物事を俯瞰（ふかん）することができるのがあなたの特性です。

その冷静な判断力によって、物事の本質が見極められるようになり、正しいジャッジができます。そして、なぜその判断をしたのかをきちんと伝えることができる説得力も高まります。この才能は、仕事にも人間関係にも大いに役立つでしょう。

例えば、意見が食い違って口論になっている人たちの意見をまとめ、争わないように鎮めたり、優柔不断で迷っている人に役立つヒントを与えたりできるので、周りの人にとってあなたは欠かせない存在。困った時はついついあなたに頼ってしまうのです。

しかもあなたはそれにおごることなく、献身的に人に尽くすところがあり、それを負担とも思っていない天性の「与える人」なのです。

そんなあなたは優秀な秘書タイプ。カリスマ的なリーダーの右腕となり、陰の立役者として、存在感を発揮することでしょう。経営者や政治家から見たら、喉から手が出るほどほしいと思われる、とても優秀な存在なのです。

仕事と才能

何かに固執するという概念もないので、ムリなく、どの場でもフラットな立場でいることができるのもあなたの魅力です。

会社内や仲間内で何かトラブルが起きた時、誰かに肩入れすることはなく、人の意見に左右されず、正しく判断し、問題の解決策を提示することができます。ですので、自分の判断に自信を持って大丈夫です。困っている人たちを助けてあげてください。そんなふうに徳を積んでいるあなたは、周りからの信頼が厚く、特にトップの人たちから重宝がられることでしょう。分析力を活かせるデータサイエンティストやマーケティングの仕事に向いています。

人間関係

あなたはえこひいきをすることなく、誰とでも気さくにつき合うことができますし、円滑な人間関係を築くことができます。ただし、身軽さがあなたの運気を上げるので、依頼心の強い重苦しい人が現われたら、気をつけて。精神的に寄りかかられるとストレスになるので、距離をとるようにしましょう。

相性のいい人

あなたが船なら、港のような存在の人がベスト。

いつも安定していて、揺るぎない信頼感のある人といると安心感、癒しを与えてくれます。

宇宙からのメッセージ

周りに合わせると人生は難しくなっていきます。
「自分」に合わせましょう。

January Twenty-eighth

1月28日

✦「リスクヘッジはお任せ」の知的で実直な人✦

あなたについて

任されたことはきっちりと期限内に最後までやり遂げる、責任感のある人。そのために事前準備を入念に行ない、リスクヘッジを図ります。

真面目、実直、知的というのが、あなたを表現するワード。信頼が厚く、多くの人から尊敬され、慕われています。

とはいえ、団体行動、チームでプロジェクトを敢行するなどの大人数での行動は少し苦手で、自分一人でやってしまったほうがスムーズで早いと判断しがちな天才肌。実際そう感じた時は、一匹狼でOK。どんどん進めてしまったほうが結果は出やすいでしょう。

「周りの人と合わせなくてはならない」と制限されると、あなたの天才的な発想と能力が途端に発揮できなくなってしまうので、なるべく自由に、好きなように行動しましょう。

また、人の心に敏感で、相手の性格や考えていることを汲(く)み取り、気遣いができる一面も。発言はストレートなタイプですが、言葉選びに優れているので、はっきり伝えながらも傷つけることはありません。ですので、例えば、相手が個性的で気難しいアーティスト気質の人であっても、上手に対応できますし、そんな人たちを束ねてネットワークをつくることも得意なのです。

スケールの大きな夢を持っていますが、それを叶えるために、積極的に学びや行動を起こすことを惜しみません。ビジネスの勘も冴えていて、お金を稼ぐ才能にも長けています。

仕事と才能

機転が利きますし、コミュニケーション能力が高いため、ビジネスを成功させる素質十分です。

天性の「まとめる力」もあるので、会社の役員、経営者に適任でしょう。もともと人気者の星の下(もと)に生まれているので、周りを巻き込んで、大きくレベルアップしていくことでしょう。

また言葉のセンスがあり、伝える能力に優れているので、マスコミ関係、作家などにも向いています。

言葉選びによって説得力が増すカウンセラーとしても、悩める人を癒すことができることでしょう。

人間関係

あなたは素直で親切。得意なことに関しては、苦手な人に手を差し延べ、あなたが苦手なところは素直に助けを求めるという、相互扶助の精神で、誰とでもよい関係を築きやすい性格。

日々、助け合いの精神で人と接していくので、コミュニケーションが苦手な内向的な人にも人気があり、深い信頼関係が築けることでしょう。

相性のいい人

フットワークが軽い、行動力がある人が最適。

おつき合いすると、あなたをいろいろなところに連れ出してくれるので、世界が広がります。

宇宙からのメッセージ

どんどん新しいことに挑戦しましょう。
新しいあなたに出会うことができます！

January Twenty-ninth

1月29日

✦要領よく「人生の波乗り」を楽しむ人✦

あなたについて

力を入れるべきところとそうでないところを判断し、要領よくこなせる頭のいい人。キャパオーバーになって焦る……なんてことはありません。いつもで涼しい顔でさらりとこなすかっこよさは、周りから羨望の眼差しで見られています。

観察眼に優れていて、周りで起こっている出来事から、学びや解決のヒントを見出していきます。たとえトラブルが起きても、こう考えればいいのか、とまるで謎解きのように、人生を楽しめる天性のポジティブさを持ち合わせています。そのため、失敗を恐れず、次々に新しいことにトライし続けるパワーで、周りの人を魅了します。

また、直感力にも優れているので、計算しなくとも、何かにつけていいタイミングを見計らうことができる人。ツキを掴(つか)みやすいタイプです。ビジネスセンスに優れているので、商売で大成功しやすいですし、幸運に恵まれて素敵な人生を送ることでしょう。妬(ねた)まれて、足を引っ張られることもありますが、天性のポジティブさで「気づかない」という、いい意味で天然な一面も。難なくかわすことができるので心配無用です。

センスのよいものに囲まれていたいという美意識の高いタイプ。お部屋のインテリアにもこだわりがあり、引っ越しも大好き。次はどんな雰囲気にしようかなとイメージして、自分の空間をアップデートすることを楽しむでしょう。

仕事と才能

独特の美的センスがあり、オリジナリティを大事にするタイプ。そのため、クリエイティブな職業に向いています。洋服やジュエリーのデザイナー、Webデザイナー、カメラマンなど、センスが問われる仕事が適しています。ホテルやカフェなどの空間プロデュース業もいいでしょう。柔軟性があるので、組織で働くこともできるのですが、独自のセンスを活かして起業したほうが、あなたの本領を発揮できるはず。

また、アートな才能もあるので、あなたが感じたことを伝えていく画家や絵本作家にも向いています。

人間関係

上っ面の話をするのは苦手なので、本音で話してくれる人と上手くつき合えます。あなたは頼りがいがあるので、何かあったら人から助言を求められる存在。そういう時は、惜しみなくあなたの知識を与えるとより深い信頼関係を築けます。

また、落ち着いて深い話ができる真面目なタイプと話が合うことでしょう。

相性のいい人

感情のアップダウンが少なく、セルフコントロールできる人がぴったり。じっくりと向き合ってクリエイティブな話ができる人なら、なお相性よしです。

宇宙からのメッセージ

自分自身にどんどん「許可」を出しましょう。
そうすると、人生の可能性が広くなります。

January Thirtieth

1月30日

✦“ひらめき”を形にする達人✦

あなたについて

あなたは必要な時にアイディアや発見がパッと降りてきやすい天才。人より何倍も「ひらめき」が起こるので、アイディアを思いついたらどんどんメモをとっておくといいでしょう。「こんなこと実現するわけがない」と思うものでもとにかくメモをしておきましょう。後から見返すと、とてもいいヒントになることが多いのです。

なんだか気になる……と思ったことは、実現できるかどうか、いろいろと試してみると意外とトントン拍子に進んでいくことが多いでしょう。失敗は恐れず、トライ＆エラーが大事。いくつでもいいので、楽しそうと思ったことをセレクトして、片っ端からどんどん試していくことをオススメします。その中で大ヒットや大成功するものが生まれるはずです。

突然ビビビッと宇宙から信号が脳内に送られてくるように、アイディアや答えが降りてくるということが多いあなた。常日頃から脳を活性化しておくといいでしょう。それには歩いたり、運動したりと、動くことが大事。もともとフットワークが軽いので、動くことは苦にならないはずですし、本能的に動いていたほうがいいということも知っています。

先読みができる天才なので、人にも「こうしたほうがいい」とついアドバイスしたくなります。そういう時はどんどんアドバイスしてOK。聞くか聞かないかは相手次第なので、あなたは思ったことをどんどん口に出したほうがスッキリします。

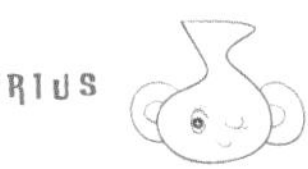

仕事と才能

事前準備に抜かりなく、しっかりと時間をかけるので、ミスや遅れがないところが信頼されているポイント。

できることはすべてやっておいて、本番はテキパキ、流れるような作業で進めていくので、周りから見ると「この人すごい！」となるのです。

あなたは陰で努力している姿を見せないので、とてもスマートな演出ができる人。後輩や仲間からは羨望の的(まと)になり、尊敬できる存在として認知されているでしょう。持ち前の段取り力が活かせる芸能マネージャーや秘書などに向いています。

人間関係

どのコミュニティに入っても、すぐに溶け込んで円滑に人脈を築き上げていけるでしょう。

好き嫌いははっきりしていますが、それを表に出しても不思議と嫌われることがなく、受け入れられる「愛され力」があります。特別なことをしなくても、次第に好きな人だけに囲まれていくという、人徳があるタイプでしょう。

相性のいい人

あなたの大胆なアイディアを理解して、形にしてくれる人がベストパートナー。

営業力やリーダーシップに優れている人があなたとマッチすることでしょう。

宇宙からのメッセージ

動けないと思っているのは思い込みです。
動いてみるといろいろな謎が解けていきます。

January Thirty-first

1月31日

✦人間観察力に優れた勘のいい人✦

あなたについて

人間観察力に優れ、周りの意見に惑わされることなく、人の本性を見極める才能があります。たとえ、多くの人が「この人はすごい人」と称賛しても、その人はまぐれで成功したのではなく、本当に才能があるのかどうか、見極める審美眼を持っています。さらに肩書きや学歴、家柄など、情報だけで判断することもないでしょう。

そのため、だまされたり、利用されたりするようなこともありません。感情の起伏も少なく、淡々と冷静。アドバイスも的確で、そんなあなたは目上の人からも、後輩からも慕われることでしょう。

特に人生の後半で、強いリーダーシップを発揮することになりそうです。新しいビジネスを立ち上げたり、政治に携わったり、何か大きなことをはじめそうな予感。独創的なアイディアを次々に発表し、信頼できる仲間のサポートを得ながら、大きな目標を達成することでしょう。

また、1カ所でじっとしているのは耐えられない性格で、定期的に旅に出かけたい衝動に駆られるタイプ。世界中のあちこちに旅に出かけているという人も多いでしょう。将来は旅とビジネスを絡めて活動するかもしれません。

あなたの特技を伸ばすためにも、時代を先取りするためにも、海外進出するというのは、大きなメリットがあります。少しずつでもいいので、海外の人とコミュニケーションをとりましょう。将来、素晴らしい成果に繋(つな)がります。

仕事と才能

相手の長所・短所、得手・不得手、素直か・邪(よこしま)な考えを持っているのかなど、人の本質を見極めるのが得意で、採用面接にはうってつけの人。ですので人事担当に向いています。

また、誰に何を頼むのか、誰と一緒にやれば成し遂げられるのか、はたまたこの人と仕事をしたらよくないことが起こりそう……など、天性の勘のよさですぐに見極めることできる、プロデューサーとしての才能もありです。

また客観的に全体像を把握(はあく)できるため、マネジメントを行なうリーダー、管理職などにも向いています。

人間関係

あなたは、自分の周りをお気に入りのメンバーで固めたがる傾向にあります。

それはそれで悪くないのですが、たまには空気の入れ替えも必要かもしれません。新しいメンバーを受け入れたり、新しいコミュニティに参加したりすることを意識すると、とてもいい刺激が得られます。今までとは違った、新たないい発想が生まれるようになるでしょう。

相性のいい人

人の心が理解できる頭脳明晰なタイプ。誰にでもわかりやすく説明できる能力があり、相手に寄り添った対応ができる人。

宇宙からのメッセージ

我慢するのではなく、すべてをいちいち楽しむようにすれば、万事上手くいきます。

✦ Column ✦

12星座とエレメント

12星座は、火・地・風・水の4つの元素（エレメント）に分けられます。同じエレメントの星座は、特徴が似ています。

西洋占星術の「エレメント」とは？

12星座はそれぞれバラバラの性質を持っているわけではなく、いくつかの方法でグループ分けすることができます。そのうちの1つが4つのエレメントに分類する方法です。これは、古代ギリシャで生まれた「すべてのものは火・地・風・水の4つの基本元素（エレメント）の結合からできている」という考えに基づいたもの。それぞれのエレメントに該当する星座とその特徴は次の通りです。

火のエレメント

牡羊座　獅子座
射手座

特徴：向上心があり情熱的。
周りにエネルギーを与える。

地のエレメント

牡牛座　乙女座
山羊座

特徴：堅実性、安定感。
五感で物事をとらえる。

風のエレメント

双子座　天秤座
水瓶座

特徴：外交的、情報通。
形にとらわれずに考える。

水のエレメント

蟹座　蠍座
魚座

特徴：思いやり、共感力。
感受性が強く心優しい。

Know The Secrets of Your Life
Through Your Birthday

February First

2月1日

✦深く、広く物事をとらえる研究者✦

あなたについて

なぜか周りが放っておかない不思議な魅力を持っています。まるでふざけているかのように見えるほど、ユーモアととびっきりの明るさがありながら、いざという時はテキパキと問題を解決する頼もしさを持ち合わせているあなた。「一緒にいて楽しい！　頼りになる！」と、多くの人が集まってくる人気者でしょう。

時間をかけてじっくりと話す機会を与えられると、得意分野に関してはかなり饒舌（じょうぜつ）に語ります。物事を深く、多角的にとらえていて、語り口調は研究者そのもの。特にビジネスに役立つことに関しては、「あなたの意見が聞きたい」という人が続出します。

また、自然や大地の神さまにとても愛されている人なので、あなたにとって必要である場所に導かれることが多くあります。自分が「行きたい」と思った場所、友人に誘われて出かける場所は、その土地に「呼ばれている」と思っていいでしょう。必要な情報やいいアイディアがもらえるので、なるべく出かけてください。ただし、どうしてもタイミングが合わない場合は、「行かなくてもいい」というメッセージなので、ムリは禁物です。

さらに、出かけた時はその土地の神社に寄ってご挨拶するのがベスト。一人で行くのもいいですが、仲のいい人たちを連れていくと、神さまはとても喜んで、あなたの人生をどんどん応援してくれるはずです。

仕事と才能

自分の中でGOサインが出た時には、誰に何を言われようと、すごい勢いで進んでいく行動力があります。自分自身でも思いついたら情熱が冷めないうちに動いたほうがいい、鉄は熱いうちに打て、ということを知っているので、躊躇(ちゅうちょ)なく突き進んでいく性格。また、あなたが実現したいことを情熱的に伝えていきます。強い影響力があり、次々と仲間をあなたのチームに巻き込んでいくでしょう。チームで仕事をするホテルスタッフや航空会社のスタッフ、医療や福祉業界が向いています。

さらに、ご先祖さまなのか、守護霊さまなのか、不思議といつも見えない存在に守られている安心感が。ピンチな状況でも不思議と落ち着いていて、難なく乗り切れるでしょう。

人間関係

あなたの周りには、優れた才能の持ち主が集まります。いざ、力を合わせると、何でもできてしまう無敵感があります。まるで、「いつものメンバー」で困難を乗り越えていく、ゲームや漫画の世界のようなイメージです。

相性のいい人

あなたは、行動は大胆ですが、破天荒ではなく、地道に積み重ねていく人。真面目な優等生タイプのお相手と波長が合います。

宇宙からのメッセージ

あなたの影響力は素晴らしいものがあります。
あなたの登場をみんな心待ちにしています。

February Second

2月2日

✦リスクを回避しつつ「時流」に乗れる人✦

あなたについて

あなたは、どちらの方向に舵(かじ)を切ればリスク回避できるのか、直感でわかる危機管理能力が高い人。そのため大きな失敗やミスはしにくいタイプです。また、自分自身のお金の管理も完璧で、老後までの人生設計をきちんと立てるなど、マネーリテラシーが高い人が多いでしょう。

その能力は一朝一夕で身につけたものでなく、学習し続けて身につけた賜物(たまもの)。不安な気持ちを一掃するために、子どもの頃から起こっていた小さな危機を通して学び続け、同じことはくり返さないようにしているから。「そのためにはどうしたらいいのか」と改良を重ね続けていく性分なのです。

そして、無意識に時流を読むクセがついていて「ここは抑え気味のほうがいい」もしくは「今はどんどん進めるべき」といった判断力が的確です。

そんなあなたは周りの人からすれば、ガンガン推し進める、何事にも恐れない挑戦者に見えるようです。でも、当の本人の意識ではかなり慎重に進めているつもり。何度も熟考を重ねて判断しているのですが、その時間がとても短いので、スピードジャッジに見えるだけなのです。

そんなふうに頭の回転が速いあなたは、モノづくりに関する作業も、とても早いです。設計図なしにイメージしながらテキパキとつくってしまう、アーティストな一面も。誰もが想像しなかったような、斬新なプロダクトをつくっていく才能があります。

仕事と才能

あなたの判断で仕事の方向性を大きく変更したり、価値観をガラリと変えたりするパワーがあります。周りから見たらすごい！　こんなことをやってしまうんだ！　とドキドキさせてくれる存在でしょう。そんなあなたの集中力はすさまじく、判断力に優れているので、スピード感はかなりのもの。前例のないことや大きな事業であっても、即リサーチ。大丈夫と判断したら、すぐにスタートして推し進めていきます。才能を活かせる防災や防犯に関わる仕事、リサーチャーなどが向いています。

人間関係

あなたにはカリスマ性があり、男女問わず、常にあなたのそばにいたいと思っている人は多いでしょう。あなたの周りにはものすごく個性的な濃いキャラクターの人と、おっとりとしたおとなしいキャラクターの人が混在します。個性的なキャラクターの人は、いつも想定外の言動をしてくるので、あなたの好奇心を満たし、刺激を与えてくれるでしょう。おとなしい人はただ話をするだけで癒されます。あなたにはこの両方のキャラクターの人が、必要不可欠ですよ。

相性のいい人

ガツガツせずにリラックスしていて、楽しそうな雰囲気を醸(かも)し出している人がぴったり。あなたの突飛な行動も優しく見守ってくれるでしょう。

宇宙からのメッセージ

あなたには「復活力」があります。
何度でもチャレンジしましょう！

February Third

2月 3日

✦「最短距離」をあっさり見つけ出す名人✦

あなたについて

あなたはとても要領がよく、最短距離を見つけ出すことが得意。他の人は見つけることができない「近道」を発見できてしまうので、たとえスタートラインであなたが一番後ろにいたとしても、気がつくと先頭を走っているということもあるでしょう。あなたが最初は「すごい！」と思っている人がいたとしても、すぐに追いつき、そして追い越してしまいます。そんなふうに所属する集団の中では、頻繁(ひんぱん)に下克上を起こしていることでしょう。

なぜそれができてしまうかといえば、あなたは最小の力で最大のパフォーマンスを発揮できる人だからです。それは持って生まれた才能でもあるのですが、能力の上にあぐらをかくことなく、目の前のやるべきことを真面目にコツコツと取り組んでいるから。特別なことをしているわけではなく、当たり前のことを確実にこなしているからこそ、ベストなタイミングで力を発揮することができるのです。

また、目標を明確にしていることもかなり有利。自分はどの方向へ進むか、そしてどこまでいけばいいのかをどんな時でも把握(はあく)しているので、ブレることがありません。そのため、成功するまでの期間がとても短いのです。

あなたはやると決めたら、しっかり形にするまで諦めないパワーや精神を持っています。ただし、自分に厳しすぎるところも。たまには肩の力を抜くことも忘れないようにしましょう。

仕事と才能

物事をいい方向に改良していく才能に長けたあなた。どうすれば上手くいくのかを見出すのが早く、すぐに解決策を導き出します。

どんなビジネスも問題解決が大きなテーマ。問題を細かく分解して、一つひとつ解決していくあなたのやり方は、まるでこんがらがった糸をスルスルと解いていくかのよう。あなたの手にかかれば、解決できないことはないのかもしれません。職業を挙げるとすれば、人の悩みや問題を解決するカウンセラーや社会福祉士、生活相談員などに向いています。

人間関係

意外にもセルフイメージが低いようです。周りの人はすごい人ばかり……と思ってしまいがちですが、あなたの実力は相当なもの。自分の能力を認めたほうが、さらに周りに面白いスペシャリストが集まってくることでしょう。ディスカッションする機会を多く持つと、たくさんの学びがあり、人間性もより高まっていきます。一人で完結せずに、「誰かと一緒に」ということを心がけると楽しく建設的な時間を過ごせます。

相性のいい人

一緒になって、歌ったり、踊ったり、思いっきりはしゃぐことができる人と相性ぴったり。ありのままの状態でも恥ずかしさを感じず遊べるお相手がいいでしょう。

宇宙からのメッセージ

あなたが楽しむことが
全てを救うことになります！

February Fourth

2月4日

✦広い視野でチャンスを掴む人✦

あなたについて

物事の全体像を把握する能力が優れています。目の前の小さなことにつまずいていたり、些細なことに一喜一憂したり、混乱したりしている人を見ると、つい声をかけたくなってしまうでしょう。なぜなら、そこから簡単に抜け出す方法があなたにはわかるからです。

また、物事を俯瞰することができる視界の広さがあり、人よりも多くのチャンスを掴みやすいでしょう。フットワークを軽くしておけば、どんどんチャンスがあなたに向かってやってくる感覚を味わえます。

周りからは、感情の起伏がほとんどなく、クールでひょうひょうとしているように見えています。何を考えているのかわからない、と言われることもありそうですが、それはそれでミステリアスな雰囲気を醸し出していて、魅力的です。

あなたのことをもっと知りたい！　と思う人が多く現われますが、あなたは基本的に人と深く関わりたがらないタイプ。あなたのパーソナルスペースにズカズカ入ってくる人は苦手なので、一定の距離をとります。

人間嫌いなわけではないのですが、人と密にコミュニケーションをとるよりも、「遠くから観察しているほうが楽しい」と思うでしょう。とはいえ、相性が合う人も少なからずいるので、交流はその人たちとだけで十分と考えがち。それが快適ならばそれでOKです。ムリに人とつき合うのはかなりストレスなので、居心地のいい状態をキープしてください。

仕事と才能

細かいことをやるよりも、全体を把握してメンバーをまとめたり、指示を出したりする役割が適任です。トラブルが起きた時にも、まるで、「三国志」で有名な諸葛孔明のように、上手にメンバーを動かす聡明さと話術を持っているところがあなたの強みです。的確に指示を出せるので管理職に向いている他、教師や塾講師にも適しています。また、その場にいなくても、仕事が回るような仕組みをつくり出す才能もあり。最初はややこしいこともあるかもしれませんが、いったん上手く回り出すと安泰な仕事人生が用意されていることでしょう。

人間関係

基本的に自立しており、人を頼らないタイプです。それなのに、周りが放っておかないところがあり、やたらと世話を焼かれたり、手助けをしてくれたりする人が登場することも。

お節介な人があまり好きではないので、スルーする技術を身につけ、上手くかわすことができます。つかず離れずくらいの距離感の人とは合いやすく、そういう人とは時間を追うごとに距離が縮まることも。意気投合すれば、楽しい関係を築くことができるでしょう。

相性のいい人

アートなセンスのある自立している人が◎。絶妙な距離感が図れ、一緒にいると感性が刺激されます。

宇宙からのメッセージ

**手放したくないものほど手放すことで
運の流れがよくなります。**

February Fifth

2月 5日

✦「選び取る力」が抜群に長けた人✦

あなたについて

自分の中に揺るぎない軸がある人。その軸は単なる頑固さではなく、日々、学び続けていることによって培ってきた「ポリシー」のようなもの。

見るもの、聞くもの、自分にとって重要なことをピックアップする能力を備えているので、本を読めば、大事な部分が目に入ってきたり、人の話を聞けば、重要なポイントが耳に入ってきたりすることでしょう。

それは取捨選択する力でもあり、自然とあなたが答えを選び取っているのです。何か大きなことを成し遂げる時は、自分の心の声に従って進めていくのが正解。たとえハードルが高いことでも、かなりいい線まで進めていくことができるでしょう。

また、困っている人がいたら、明確な回答をしてあげたり、その人にとっての正しい道筋をナビゲートしてあげたりすることができます。人の心を読む力に長けているので、コミュニケーションをとる際にはきちんと気遣いができて空気が読める人です。「自分がどう思われるか」を気にしてしまいますが、心配しなくても、あなたは周りから求められている存在。発する言葉にも力を持っている人ですから、変に周りに気を遣う必要はありません。周りの人も、あなたという人をより理解して、知ろうとし、そして、尊敬してくれるはずです。まずは、思ったことをそのままの意見として伝えればいい方向に展開していくことでしょう。

仕事と才能

あなたは自分が好きなことを仕事にし、周りに提供することができる才能があります。まだ自信がないと思っていても、未完成であっても、とにかくスタートさせると、いい方向に転がりはじめます。さらに顧客ニーズを掴み、すぐに自分の商品や技術に反映させるので、ビジネスはどんどん拡大していくことでしょう。特に商品企画や販売の仕事で手腕を活かせます。

また、人を上手に育てていくことができる人です。未熟な人も指導力で上手に導いていけますし、相手が成長していくことにあなたも喜びを感じることでしょう。加えて、人を引っ張っていくパワーもあり。ちょっとした言葉が名言になり、周りの人の心に火をつけることができるでしょう。

人間関係

あなたは少し近づきがたく、「何を考えているのか掴めない」と思われがち。ですが、話すことでとても親しみがある人であることをわかってもらえます。ですので、積極的に話しかけましょう。あなたと話すことで喜ぶ人は多いはず。上下関係なく、誰とでもニュートラルに接するので、みんなあなたのことを尊敬していますよ。それがあなたの魅力なのです。

相性のいい人

どんな状態の時でも、いつもと変わらないテンションで、常に近くで見守ってくれる人です。

宇宙からのメッセージ

**今この瞬間を全力で生きれば、
無敵モードに突入できます!**

February Sixth

2月6日

✦日常を「アート」に変える芸術家✦

あなたについて

創造力豊かで、クリエイティブな人。常識にとらわれることなく、独自の世界観を持っていて、不思議なオーラがいつの間にか人を魅了していくところがあります。また、自分が好きなことにはすぐに没頭でき、楽しく集中して時間を費やすことができます。

芸術的な才能がありますから、日常の些細な出来事さえも、あなたの手にかかれば、すべてが「アート」になっていくようです。しかも、かなりレベルの高いものなので、見る人を感動させることでしょう。

一見、マイペースで、ゆったりしているように思われるのですが、見た目に反してあなたはとても頭の回転が速いですし、行動力、決断力、判断力、また霊的な直感力があり、チャンスを見逃すことはありません。チャンスを人より先に掴(つか)むほどの勢いがあるでしょう。また、自分の作品を売る営業力もあり、実はビジネスの面でも大活躍できる運の強さも持ち合わせています。

一方でとても繊細かつ完璧主義なところがあり、些細なことがずっと気になってしまうアーティスト気質。それにとらわれていると先に進めないので、思い詰めてしまった時や迷った時はいったん忘れて逃避し「環境を変えてリラックスする」と決めましょう。楽しいことをしたり、一人でボ〜ッとしたりする時間を大切にしていけば、すぐに苦しさから解放されていきます。

仕事と才能

あなたはとても器用なので、楽しく感じる仕事であれば、早い段階で花を開かせることができます。さらにビジネスで必要とする人やモノを磁石のように引きつけて集める不思議な力が！　あなたの仕事を手伝ってくれる人や、技術を高め合う人、広めてくれる人など、有能な人があなたを強くサポートしてくれることでしょう。それはまるで、あなたが前世によいことをしていたことのご利益のように思えるほどです。ですので、あなたは臆することなく、自由に思う存分楽しみましょう。それに比例してお金が巡ってくることになりますよ。職業を挙げるなら人材コンサルタントやイベントプランナーなど人の力を集める仕事がぴったり。

人間関係

あなたは家族や仲間など、身近なところが安定していることで心の居場所ができ、精神的な満足が得られるタイプ。安心できる場所があるからこそ、面白くて刺激的な人と交流することも楽しめます。あなたにとっては新しい次の次元へと連れて行ってくれるナビゲーター的存在も必要です。素敵な情報をゲットできたり、ワクワクする経験ができたりするでしょう。

相性のいい人

どんと構えている安心感のある人が◎。その人のそばにいれば、不思議と心が落ち着き、不安が消え去るでしょう。

宇宙からのメッセージ

**少しだけ頭を使うと、
みんなよりちょっと先の領域に行くことができます。**

February Seventh

2月7日

✦追い込まれるほど燃えるタフな人✦

あなたについて

あなたは、追い込まれれば追い込まれるほど、普段の何倍もの力を発揮するタイプ。いわゆる「火事場の馬鹿力」というものを発動しやすいのですが、それは、もともと潜在的な能力が高いということでもあります。
「大変」とか、「ツラい」といったことをいっさい感じることなく、そんな自分のとてつもないパワーを出せるシーンに喜びを感じているようです。無意識のうちに心のどこかで、ハラハラするようなトラブルやピンチを望んでいるところがあるかもしれません。平和で何も起きない日常に安堵をしつつも、ちょっと物足りない感じもしていて「何かないかな……？」と常に何かを期待しているところも。それは大きなトラブルが起こっても解決できる自信があるからなのかもしれません。

ですので、あなたは逃げることが大嫌い。少々の傷は気にせず、どんどん新しい道を切り拓いていきます。そんな勇気のあるあなたのことを、「見えない何か」がしっかりと守ってくれます。そのため、大胆な行動をとっても、意外と大きなダメージを受けることはなさそうです。

何か刺激的なことがあるとワクワクし、生きている実感が得られるのがあなたの性分。恐れを知らないヒーローや困っている人がいたら迷わず手を差し延べる救世主のように、周りの人を驚かせたり、感動させたり……。とてつもなく素晴らしい功績を残すことができるでしょう。

仕事と才能

刺激的なことが大好きなあなた。仕事面でも同じで、ピンチやトラブルを待ち望んでいるところがあります。アイディアに優れ、どうやったらゲームのように攻略できるか常日頃から考えています。例えば、クレーム対応を任されたり、期限ギリギリの業務が降ってきたり……。人が嫌がる面倒なこともクリアすることを楽しみます。普通は逃げ出したくなるようなことでも、あなたはいつもよりテンション高く、積極的に取り組んでくれるので、その姿を尊敬の念を持って見つめている人は多いことでしょう。出版やマスコミ関係、旅行関係などスピード感が大切な仕事に向いています。

人間関係

嘘がない、まっすぐなあなたは人から信用されますし、あなたと親しくなりたいと思う人は多いでしょう。

けれども自分の胸の内は、なかなか周りの人に明かさないところがあります。人を信用していないわけではないのですが、精神的に強いので、人に話を聞いてもらったり、頼ったりする必要がないと考えているからです。

相性のいい人

知的で、物知り、頭の回転が速い人に惹(ひ)かれます。そういうお相手なら、頼ることができて心をさらけ出せるでしょう。

宇宙からのメッセージ

ちょっとでもやりたくないことは、
キッパリ断るほうが、全員のためになります。

February Eighth

2月8日

✦シンクロが起こりやすい"感性"の人✦

あなたについて

あなたはとても感性が鋭く、目に見えるわかりやすい情報だけではなく"目に見えない何か"からの情報をキャッチする才能があります。宇宙からのメッセージを受け取りやすい、スピリチュアルな才能があるなど、不思議なパワーを持っています。ですので、日々の些細なことまで自分の直感を信じて進んでみてください。

また、イメージしていたことが、そのまま目の前で展開したり、日常で偶然の一致が起こったりすることが多いでしょう。それは意味のある偶然、「シンクロニシティ」が頻繁(ひんぱん)に起こっているのです。これらの感覚をスルーせずに意識していると、チャンスがどんどん舞い込んできます。これこそ、宇宙からのメッセージであり、従うことで理想とする目的地にたどり着くことができるでしょう。

また、主導権を握るのは好きであり得意でしょう。つまり人から指図されることは大の苦手で、命令されるのを嫌がり「自分の生きたいように生きること」をモットーとしています。そんなあなたの、誰にも臆することなく、信念を貫き通す姿はとても魅力的。多くの人を惹(ひ)きつけるでしょう。その力が「リーダーシップ」として発揮されることもありそうです。

シンクロニシティを意識して活用しつつ、さらにあなたの強い意志の力で道をどんどん切り拓いていく——。このくり返しで素晴らしい個性と実力を磨き上げていくことでしょう。

仕事と才能

やりたい仕事を自分自身で生み出すことができるタイプ。命令されるのを嫌がりますから、経営者、管理職、自営業、フリーランスなどが適しています。

また、実力次第でギャランティがアップしやすい、営業、マスコミ関係、作家、ライターなどもいいですし、演劇のセンス、トーク力もあることから、俳優、声優、タレントも向いています。

人間関係

ちょっと変わった不思議な魅力があり、周りの人はついついあなたのことをかまいたくなります。そして、あなたはその場の空気を敏感に察知しますし、人を楽しませるのが好き。心温かく優しいあなたを慕う人は多いはずです。

また、周りに役立つサポートや知恵を提供することも好きなので、あなたを頼り、支持する仲間はどんどん増えていくことでしょう。

相性のいい人

あなたに教養を与えてくれる、知識が豊富な学者肌の人がぴったり。あなたの視野を広げて、一緒に大きな夢を叶えようと強くサポートしてくれることでしょう。公私ともに実り豊かな人生を築くことができます。

宇宙からのメッセージ

**未来の自分をイメージして“先行投資”すると、
開運の波に乗ることができます。**

February Ninth

2月9日

✦人生を謳歌する楽観主義者✦

あなたについて

情報処理能力に長けていて、人の役に立ちそうな情報をわかりやすく解説するのが大得意。知識欲があり、いつでも面白い情報、素敵な情報がないかリサーチするのがクセになっています。読書も大好きでしょう。ネットでは、たくさんの情報から自分なりに取捨選択をして、いいとこ取りをしていくのが日常です。

とにかく新しいことが大好きで、普通の人は躊躇（ちゅうちょ）するようなことでも、あまり深く考えずに、サクサクと進んでいくところがあります。誰よりも先に、新しい世界に突き進んでいくことを望んでいます。

そしてクリエイティブで発想力豊かな一面も。モノづくりをはじめると熱中して、でき上がるまで何度も試作をくり返し、自分を極限状態にまで追い込むことに快感を抱くアーティトに！　作品のクオリティはハイレベルで、高い評価を得られるでしょう。

性格は楽観的で、寝ても覚めても、ゲームのように目の前のことを楽しむことができる人。自由を求め、知的な刺激を求め、趣味もたくさん持つことでしょう。

そんなあなたは年齢を重ねるほどに、知識と教養を身につけて、人生が面白くなる工夫が自然とできる人。まるで「この地球に遊びにやってきた」かのような新鮮な感覚で、学ぶことを楽しみ、旅も大好き。死ぬまで思う存分、人生を楽しむことでしょう。

仕事と才能

あなたは、頭と手を休めることなく、動かし続けることが好きなようです。そのため、指示出しをするリーダーや管理職よりも、現場で動くプレイヤーが向いています。コンスタントに結果を出せるので、戦力としてとても重宝されるタイプです。致命的なミスもなく、パフォーマンスにも優れているので、どこに行っても期待される人気者です。

また、観察眼、洞察力があり、特に人が困っている時に、的確なアドバイスが得意。アドバイザーや、コンサルタント、カウンセラーなどにも向いています。

人間関係

社交的で人を惹(ひ)きつけるタイプなので、友人が多いでしょう。知らない国や土地へ旅に出かけたとしても、現地の人とすぐに仲よくなれるタイプです。

日常から離れた場所で知り合った人と語り合うことが、とてもいい刺激に。あなたの夢やロマンを駆り立ててくれることでしょう。ですので、世界中にコミュニティを持つのが理想的です。

相性のいい人

周りの情報に流されることなく、自分で判断ができる精神的に自立している人が最適です。

宇宙からのメッセージ

面倒なことこそ、先にやることで、
人生がスムーズになります。

February Tenth

2月10日

✦センス抜群な「モノづくり」の人✦

あなたについて

あなたはアイディアマンであり、クリエイティブなセンスに優れた人です。まるで「ドラえもん」のポケットのように、次から次へと面白いものを生み出す才能があります。「斬新なモノづくりをしに、この地球にやってきた」といっても過言ではないでしょう。どんな経験もあなたのモノづくりに活かされ、それらは豊かさへの道筋になっていくでしょう。

そして、自由を愛するパワーと博愛精神に満ち、人も動物も、自然も、モノも、分け隔てない心で接していくことができます。自由を好み、誰かにコントロールされそうになると、拒否反応が出て、何とかして、上手く抜け出す方法を見つけていきます。

メンタル面では、感情に左右されることがあまりないので、何があっても冷静に判断できるタイプ。悪しき状況であっても巻き込まれることなく、客観的な視点で素早く物事を解決に導くことができるでしょう。

個性的で変わった雰囲気を持っているせいか、いろいろな分野の人から興味を持たれる傾向があります。自分がどんなものを身につけると素敵に見えるかを熟知しており、セルフブランディング能力に長けているでしょう。

また、目の前の人が喜ぶことだったら、持っているものを惜しみなく与えていくという慈愛に満ちた心の持ち主であり、巡り巡って、恩恵を受けることになります。特に晩年は幸せなお金持ちになる可能性が高いです。

仕事と才能

傍（はた）から見ると処理能力が非常に高い人です。一度集中すると、自分の感情を切り離して没頭し、とことん仕事に熱中していきます。苦しさはいっさいなく、ただただ楽しいようです。さらに、創造力豊かで美的なセンスもありますから、次から次へと豊かさに繋（つな）がるものを生み出せる才能があります。基本的に、頭の回転が速く、面白いアイディアが湧き出てくるタイプですし、どうやったら上手くいくかを瞬時に見抜き、決断力もあるので商売の才能があります。あなたがいつも楽しそうにしていることから、周りの人から嫉妬されることもありそうですが、全く気にせず、無視して OK です。インテリアデザイナーや空間デザイナー、コピーライターなどアイディアが活きる仕事に向いています。

人間関係

あなたからは、常にゆったりとした安定感のある波動が出ているので、あなたと接することで癒される人が多いでしょう。また老若男女分け隔てなく、子どものようなピュアな心で人に接していくことができますので、孤独を感じることはなく、いつも人に囲まれています。

相性のいい人

自分の意見を押しつけたりせず、温かく見守り、あなたを自由にのびのびとさせてくれる人と相性抜群です。

宇宙からのメッセージ

人の「自己重要感」を満たしてあげることで、あなたの人生が満ちていくでしょう。

February Eleventh

2月11日

✦「優しさ」で人の心を解きほぐす✦

あなたについて

あなたは、人を安心させる優しい空気感を持っています。一緒にいるだけで、穏やかな気持ちにさせる不思議なパワーを秘めているのです。ツラい時にあなたの顔を思い浮かべる人も少なくないでしょう。

人に翻弄されることなく、安定感があり、それがオーラとなって表われています。日々の楽しいことも、大変なことも、学びとしてとらえることができ、あらゆる出来事を自分の糧にしていきます。ですので、年齢を重ねるたびに、魅力が増していくのです。

のんびりとマイペースな自由人であるにもかかわらず、知識豊かで、大人っぽく洗練された雰囲気があります。あなたの何気ない言葉の一つひとつに思いやりがあり、それを感じ取った人は、固く乾いてしまった心がほぐれるような感覚になることでしょう。

また、あなたは自分にとって快適な居場所をつくることが得意。無意識だとしても、自分の居心地がよくなる環境を選んでいますし、もし快適でなければ、快適になるようにどんどん改良していくことができます。

そんなあなただからこそ、自身が「パワースポット」のようになり、あなたを中心とした半径5メートルくらいは、「癒しの空間」に！　あなたに関わる人をすべて癒してしまう……そんな不思議で魅力的なパワーの持ち主なのです。

仕事と才能

周りを癒すパワーがありますので、カウンセラー、エステティシャン、占い師、また医療従事者にも向いているでしょう。また、教師、塾講師、セミナー講師など、人に何かを教える仕事も適任。

美的なセンスと創造性もあるので、デザインをしたり、商品開発をしたりする能力も長けているでしょう。

また、あなたは失敗するたびに、工夫改良をして、さらにグレードアップをしていくタイプ。失敗も喜んで受け入れて成長の糧にしていくことでしょう。

人間関係

場の空気を読んで、誰が今、何を求めているのかを察知する能力があります。

また、相手が求めていること、知りたいことを引き出して刺激していく、人の人生を好転させるのも得意です。

そんなあなたとずっと話していたい、という人はとても多いですし、しかもあなたはきちんと聞き役に徹します。ですので、交友関係は幅広くなっていくことでしょう。

相性のいい人

マイペースなあなたを受け入れてくれて、批判せずに、常に共感してくれる人がぴったり。

宇宙からのメッセージ

人との比較をやめるだけで、
あなたは幸せになっていきます。

February Twelfth

2月12日

✦天才的に要領がいい活動的な人✦

あなたについて

ムリして頑張っているわけではなく、自然の流れに従って、粛々と進めているだけなのに、驚くような結果を導き出すのがあなたです。しかも自分では当たり前のことすぎて気づいていないのですが、周りからは「天才的に要領がいい人」と思われています。

あなた自身は、ただ淡々と目の前のことをこなしていくのがとにかく楽しいだけ。そしてやればやるほど、自分なりに面白さを見つけて勝手にレベルが上がっていく、そんな性質です。それで忙しくなるのは全く苦ではなく、仕事でもプライベートでも、「やることがたくさんあるほうが楽しい」と思えるタイプです。

テキパキと活動的なあなたはオンとオフの「自動切り替え」がとても上手。ビジネススイッチが入った時には、並々ならぬ集中力を発揮し、オフモードの時は、思いっきりリラックスをして、遊んで楽しむことができます。どんな時でもめいっぱいフルパワーで生きていくあなたは、いつでも人生を謳歌(おうか)しているといえるでしょう。

そんなパワフルなあなたは、自分のためだけでなく、周りにも素晴らしいエネルギーを提供していくことができる特別な人。あなたと一緒にいるだけで人は元気になっていきますし、何をやるのにも楽しさが倍になっていきます！　あなたと共に行動したいという人が、周りに集まってくることでしょう。

仕事と才能

人と違うことをしたいという欲求が強いので、発想がオリジナル。プロデューサー的な仕事やクリエイティブな仕事が適しています。自由な環境でないと息苦しくなってしまうので、正社員よりも派遣社員やフリーランスのほうが合っています。例えば自分の店を持つ、ブランドを立ち上げるなど。遊びが仕事で、仕事が遊びというような、楽しみながら、豊かになっていくというループを生み出せます。ただ、あれもこれも、楽しそうだからと引き受けてしまうと、ワーカホリックになっていくことがあるので、注意してください。

人間関係

あなたはいつも冷静で、何か質問をされたら、自分の経験をもとにわかりやすく教えてあげることができる人。見返りを期待せずにいろいろと世話をしてくれる人徳のある人なので、孤独とは無縁。いつも誰かに囲まれています。

面倒見がよくさっぱりとした性格で、頼もしいあなたに居心地のよさを感じる人は多いはず。関わった人はみんなあなたを慕うことでしょう。

相性のいい人

ちょっとしたことでも楽しく盛り上がれる、ノリのいい人が◎。あなたとスピード感も合う人だとなおよしです。

宇宙からのメッセージ

何事もやりすぎないほうが上手くいきます!

February Thirteenth

2月13日

✦冷静で「交渉」が得意な人✦

あなたについて

精神的に自立していて、メンタルコントロールが上手。だからといって、面白みがないわけではなく、個性が際立っていて美的なセンスもかなりのもの。アーティスト気質な一面もあり、素敵なものを生み出せる能力が高いです。特にリラックスしていて、楽しい状態でいると宇宙とチューニングしやすく、大胆で自由な発想ができ、新しいものを生み出すことができるでしょう。

性格的には、感情が落ち着いていて、どんな時もあたふたすることはなく、冷静に対処していくタイプ。あなたの言葉や表現力は地に足がついていて、周りの人は、自然に安心感を覚えることでしょう。世の中に流れる情報に翻弄されることはなく、本当に必要な情報だけをピックアップして、取り入れることができます。いろいろな人の立場から物事を見ていくことも得意とします。

また、あなたの社交性と判断力はハイレベル。中でも「交渉」の場面は得意中の得意。あなたの魅力はすぐに相手に伝わります。相手とリアルで顔を合わせ、笑顔を交えながら直接交渉するようなシチュエーションは、あなたがイキイキと輝くステージでもありますよ。

美意識を備えつつ、社交性はピカイチ。そんな稀有(けう)な存在のあなたのようになりたいと、密かに憧れている人は周りにたくさんいることでしょう。

仕事と才能

ハマると、とことん没頭して追究し、最高のものをつくり出せる才能あり。協調性はあるので共同作業はできるものの、人に指図される立場にいると強い束縛を感じてしまい、ストレスがたまるでしょう。ですので一人で進めるほうが向いています。自分で主導権を握れるポジションを目指し、自分のペースで働ける場を選びましょう。交渉力を活かせる営業職やコンサルにも向いています。

人間関係

あなたは才能を「表現したい」という思いが強いので、その力を最大限に引き出してくれる人と仲よくしたいと思っています。あなたが注ぐ愛情は、対象となる範囲が広く、目の前の大事な人だけに限らず、あらゆる命あるものに対して向けられます。その愛情深さは、あなたの魅力となって人に伝わるでしょう。

また、コミュニケーションが上手く、交渉上手。正論でズバッということができるので、何事も展開がスピーディ。すぐに親密になるのが得意で、最初の段階で、盛り上がることができるのもあなたの特技です。

相性のいい人

自分の本心を打ち明けるのが苦手なので、何でも話せるような安心&安定感のある人がいいでしょう。実はあなたの身近に存在する可能性大です。

宇宙からのメッセージ

人生は長い旅。ですので、時には勢いに任せることで面白い展開が期待できます。

February Fourteenth

2月14日

✦「折れない心」を持つ努力家✦

あなたについて

どんなことが起きても、どんなことに振り回されても、粘り強く変化に耐えていく精神力があり、努力家です。人生経験を積むたびに、あなたの才能にはどんどん磨きがかかり、あなたの魅力はさらに増していきます。不安や心配、寂しさなどに襲われそうになったとしても、目の前の出来事に一喜一憂することはありません。どうすればベストな状態を維持できるのか、分析して改善に努めます。

また、動物的な勘に優れ、「虫の知らせ」のようなものを察知する能力が高いです。実際に「その場所」に行くと判断力が上がるので、なるべく現地に出向くと判断がより正確になります。

流行にも敏感で、新しいものをキャッチする能力にも優れています。「誰よりも早く知りたい」という欲もあり、真っ先に調べたり、行動に移したりするため、簡単に時流に乗ることができるでしょう。

年下の人でも年上の人でも、年齢に関わらず分け隔てなく関わりたいあなたは、交友関係がかなり広いでしょう。「人」と一緒に楽しいことがやってくるので、交友関係が広がるほど何倍も面白さが増していきます。あなたの中には有り余るエネルギーがあり、それは出せば出すほど周りに伝わって循環します。そのため、あなたに会う人は誰もが幸せな気持ちになるでしょう。さらに、教えることもあなたの才能。あなたが学んだり、経験したりしたことを周りの人だけでなく、SNSで広めていくのもいいでしょう。

仕事と才能

ハマりやすいあなたは、意外と早い段階で好きなもののスペシャリストになれるタイプ。頭であれこれ考えるよりも、体験で学んでいく人なので、やりながらアイディアを降ろしていくほうが向いています。ですので、迷ったらとりあえずやってみること。流行をキャッチする能力を活かせるファッションスタイリストやバイヤー、美容師、雑誌編集者、ライターなどに向いています。

仕事での人との関わりは、相手の肩書きではなく、あなたが受け取る「感覚」を優先していくと間違いがありません。つまり失敗しにくくなるので、この直感はあなたの仕事人生に大きく影響するはず。いつもアンテナは張っておきましょう。

人間関係

あなたが楽しそうにすればするほど、キラキラと輝き、周りの人はあなたと一緒に楽しみたい！　仲間になりたい！　と思うようになります。

隠しごとはせずにオープンマインドでいれば、たくさんの人が集まってくるでしょう。自分の気持ちは正直に、そしてストレートに伝えることで、大事にしたい人との絆(きずな)が深まります。

相性のいい人

あなたのやりたいことを邪魔せずに、自由を尊重しながらも、しっかり寄り添ってくれる人がぴったりです。

宇宙からのメッセージ

「○○しなければいけない」は幻です。
本当はしなくてもいいし、誰かに頼んでもいいのです！

February Fifteenth

2月15日

✦知識に裏づけされた「判断力」の人✦

あなたについて

向上心が高く、好奇心も旺盛。学ぶことに貪欲なので、知識が豊富。何をすれば上手くいくか、直感的にわかる能力があります。周りの人はあなたの優れた判断を知りたくて「どう思う？」などと聞いてくることが多いでしょう。トークスキルの高いあなたは論理的に解説することができます。

もともとコミュニケーション能力が高く、初対面の人でもスムーズに仲よくなれるタイプ。人当たりがよく、争いを好まない博愛主義者。そのため、自然と幅広い人脈を築くことができますし、ケンカの仲裁が得意です。加えてマネジメント力があり、リーダー的な存在感も。あなたについていきたい人や、ファンがとても多いでしょう。

性格は少々シャイなので、自分の本当の気持ちをストレートに表わすことに抵抗があります。本音を話す時は、普段の論理的な話し方とは違ってオブラートに包んで伝えることが多いでしょう。そのため、勘違いされてしまうことも。本当に伝えたいことこそ、ストレートに言ったほうがいいかもしれません。あなたの言葉選びは秀逸で、相手の心にとても響きますから、ぜひ率直に伝えてみてください。

好きなことがあると、寝る間を惜しんで没頭してしまうところがあります。「こんなに頑張っている」という多少の自己犠牲にも快感を覚えることがあるようです。でも、体調管理も実力のうち。十分な睡眠をとってからやったほうが、いいものを生み出すことができます。

仕事と才能

頭の回転が速く、独創的なタイプ。人とは違った発想をして周りを驚かせることが多くあります。好奇心が旺盛で、一つの道を極めるより、様々な物事を知りたいと思うタイプです。多くの知識を取り入れ、ここぞという場面で活かしていくことができます。わかりやすく説明する能力に優れているので、セミナー講師などの教える職業に向いています。美的センスもあるので、人やモノの魅力を最大限に活かすことができたり、美しく演出したりすることができるでしょう。例えば、アンティークのものを再利用してアレンジし、素敵なプロダクトに仕上げるなど。ファッションデザイナーやインテリアコーディネーター、Web ライターなどにも向いています。

人間関係

あなたは優しいので、相手の気持ちを汲(く)み取りすぎるところがあります。そのため、自分の気持ちをしっかり伝えられないことも。それをクリアし、心を開けば、良好なコミュニケーションがとれるでしょう。複雑に感じていた人間関係がシンプルになり、ストレスなく交流できる友人が増えていきます。

相性のいい人

自然体で自由をこよなく愛し、ワクワクする方向へ突き進む人がいいでしょう。あなたはその人に感化されて、より生きやすい人生を手にすることができます。

宇宙からのメッセージ

思いきってみましょう。
あなたの人生を丸ごと変えることができます！

February Sixteenth

2月16日

✦凛とした美しさがある人✦

あなたについて

あなたは、一人でじっくり考えることが好きな人。鋭い洞察力に恵まれた、哲学者タイプです。静かに考えることで、宇宙と繋(つな)がって、これからどう行動していくか、未来はどうなるかを自動的に受け取れる人なのです。そして、準備が整うと、あなたは自分だけの世界を構築していきます。

凛とした美しい佇(たたず)まいが印象的。神々しい観音像のような雰囲気を湛(たた)えています。

あなたがイキイキと輝くためには、精神的に自立できていることが欠かせません。自立心が強く、自分がいる環境でしっかりと根を伸ばし、自分に必要な要素を取り込んでいきます。加えて先見の明があり、物事の価値判断を正しくできるため、優れた批評家の一面も。独自の視点とユーモアのある言語センスも魅力となり、周りはあなたの意見を素直に聞き入れてくれるはず。あなたの人生の歩み方は、周りの人のお手本となり希望の星になるでしょう。

ですので、自分の考えはSNSなどで、どんどん表現していきましょう。あなたの言葉によって、悩みがクリアになる人がいるはずです。

あなた自身は、偏った考え方にとらわれたくないと思っています。心身ともに自由でいられることが健やかでいられる秘訣。国内だけでなく世界に羽ばたきたいと感じています。意識してグローバルな環境を選んでくださいね。

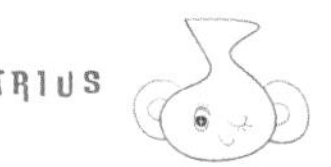

仕事と才能

自分のペース、世界観を貫き通す人で、個性を思う存分活かした仕事ができるのがあなたのすごいところ。

さらに考え方が先進的で自己表現が巧みなので、編集者、ジャーナリストなどのマスコミ関係か、画家、漫画家など創作する仕事が向いているでしょう。

他にも管理能力に優れているので、金融関係、経理なども適任。集めたデータを分析、考察していくような仕事や研究にも向いています。

人間関係

向上心が高い人ですから、一緒にいてお互いに高め合う会話や行動ができる人を好んで関係性を構築していきます。とはいえ、自分一人の時間が重要だとも感じているので、定期的にその時間を確保することがマスト。そうすれば、メンタルは安定するので、どんな人とでもコミュニケーションをとっていけます。

相性のいい人

共通の趣味を持っていて、穏やかで心が広い人がベスト。あなたのメンタルが不安定な時でも、広い心で受け止めてくれる懐(ふところ)の深い相手がオススメです。

あなたをいつも客観的に見守って、アドバイスをくれる人をパートナーに選びましょう。

宇宙からのメッセージ

似たようなものや、代わりのものではなく、あなたにとっての「ど真ん中」で生きましょう。

February Seventeenth

2月17日

✦独特なアイディアで周囲を魅了するリーダー✦

あなたについて

あなたは自立心が強く、単独行動が苦にはなりません。一人で突っ走り、どんどん切り拓いていくパワーがありますが、一方で価値観が同じ仲間と一緒に走ればその成果は何倍にもなることもよく知っています。リーダーシップを発揮し、楽しみながら成し遂げていくことができるでしょう。

人の気持ちを理解して汲み取ることができるため、あの人にもこの人にも、と気配りをします。それはとてもいいこと。それがあなたの評価を上げますから、惜しみなく親切にしてあげましょう。誰彼かまわず、いい顔をしていいのです。

興味のあることには人一倍熱心になり、真面目にマイペースにやりたいことを貫いていく性格。独特なアイディアで周りの人を魅了するので、組織を束ねるリーダー向き。また、壮大な目標であっても、「絵に描いた餅」で終わらせることはありません。ただ理想を語るだけでなく、持って生まれたビジネスセンス、持続力、耐久力を兼ね備えているので、実現させる可能性が高いのです。

一度決めた自分の意志は必ず貫く、という思いがとにかく強いあなたは、成功者の条件を満たしています。目標さえ定まれば積極的で大胆になり、情熱的にアクションを起こすことでしょう。

あなたの真摯に向き合う姿は、どこに行っても多くの信頼を集めることでしょう。

仕事と才能

深く掘り下げたいタイプなので、研究職、弁護士、法律家などが向いています。

文才と想像力を活かせば、作家や作詞家、脚本家といった仕事でも活躍できるでしょう。

また自分の意見がきちんと反映される場所であるのがベスト。古い価値観にとらわれた環境では、あなたの力を発揮できないので、常に新しいことへアップデートされる環境に身を置くようにしましょう。年齢を重ねるごとに行動力がアップしていき、主導権を握る機会が多くなります。新たな事業や目標に向かってチャレンジしやすくなっていきます。

人間関係

エネルギッシュで誰とでも分け隔てなく簡単に仲よくなれるタイプ。

あなたはいつでも自分に自信を持っていたい人。人からの思いやりを求めています。ですので、あなたを褒めてくれる、認めてくれる優しい人と一緒にいると、寂しさを感じることなく、自尊心を維持することができるでしょう。

相性のいい人

あなたと一緒に楽しんでくれる人。単なる作業でさえも、遊びを取り入れてエンタメにしてしまう才能がある人があなたにぴったりです。

宇宙からのメッセージ

あなたはいつでも宇宙から祝福されていることを忘れないでください。

February Eighteenth

2月18日

✦目のつけどころがハイレベルな人✦

あなたについて

あなたは面白いことを生み出す力に長けています。それは、まだ、誰も気づいていない頃から、面白さの原石を発見する能力があるということ。目のつけどころや気になるポイントが人とは違うし、ちょっとハイレベルなのです。

まるで、他の星から地球にやってきた宇宙人かのように、視点がユニーク。研究や発明などで独自の新しい文化や価値観をつくり出し、磨き上げてダイヤモンドのように輝くものに仕上げていく技術を持っているのです。

また、非常にこだわりが強く、「これ！」と思うことに関しては、何度もトライします。いつもエネルギッシュで情熱的なのですが、その反面、ある転換点を迎えると、悟りを開くように、達観するようになるでしょう。

そういう時は、人生が大きく変化する前兆ですので、体の力を抜いて新しい自分との出会いに備えてください。来るべき時が来たら、あなたのすべてがバージョンアップしていきますので楽しみにしていてください。

また、あなたはマルチタスクに向いていない代わりに、要らないものを削ぎ落とす決断力があります。ですので、余計なことがどんどん省かれて、最短コースで最良のものを生み出していきます。時間にも余裕が生まれますし、その余白をプライベートな時間として当てて思いっきり楽しむことであなたの人生は、より豊かになっていくでしょう。

仕事と才能

自分の独特な視点に自信を持ってください。あなたが面白いと感じることは、たいてい「キャッシュポイント（収益を得る機会）」に繋（つな）がっています。目上の人やお客さまに気に入られやすいところがありますので、紹介で仕事が広がっていくことが多いでしょう。

また、得意なことを突き詰めれば突き詰めるほど、スポットライトが当たることに。あなたが開発したノウハウやリサーチのデータは惜しまず、周りの人とシェアすると、何倍にも大きなチャンスとして返ってくるでしょう。

人間関係

あなたに冷静なアドバイスをしてくれる人が集まってくれます。その人たちの忠告に耳を傾けることができれば、失敗を避けることが可能。あなたのプライドを傷つけず的確なアドバイスをくれる人がいいでしょう。

また、人と人とを繋ぐことで、幸運を手にします。相手ばかり得してしまうような気がしても、実は、繋いだあなたが一番徳を積み、素敵なご縁が後から用意されていきます。

相性のいい人

様々な人生経験を通して、ブレない精神を構築してきた人がぴったり。一緒にいることで心から安心でき、お互いに精神が向上していくでしょう。

宇宙からのメッセージ

はじめる前に完璧にする必要はありません。
後からいくらでも変更や調整をしていいんです。

February Nineteenth

2月19日

✦才能豊かなスーパーマン✦

あなたについて

あなたは、考えていることが非常に面白く、アイディアが豊富な人です。どんなことでも興味を持ち、工夫することに楽しみを見出していくことができる人でしょう。また、とても多才で、どんなこともこなせてしまうスーパーマンのようなところがあります。あなたのそれらの才能を使って、様々な人にいい影響を与え、そして人生に潤いを与えていくことが使命となるしょう。

あなたが思っている以上に、あなたには人徳があり、人気運が備わっていますから、あなたに会ったり、話をしたりしたいと密かに思っている人はたくさんいます。その中には、あなたが憧れているような人も含まれているかもしれません。

あなたは、何かを話さなくても、人を見ただけで、その人の心理や本質を見抜くサイキックな能力があります。ですので、人生の方向性などを迷っている人に、あなたの直感的な一言が響いて、スパッと解決に導いてあげることができます。それはとても感謝されることでしょう。

また、いつもどこか楽しそうにしていて、親しみやすさがあふれ出ているあなたですが、実はとっても真面目で繊細なところがあります。責任感が強いせいか、時々、「あ～でもない、こ～でもない」と、深刻になりすぎて眠れぬ夜を過ごすことがあるかもしれません。しかし、それらは取り越し苦労であることがほとんどでしょう。深刻な時こそ、お気軽モードにシフトするといいでしょう。

仕事と才能

頭の回転が速く、物事の本質を瞬時に見抜く才能がありますから、1を聞いて10を知る天才性があります。また、リーダーシップ力とカリスマ性があり、多くの人を巻き込んで大業を成し遂げていくことができる人です。変な競争に巻き込まれることはなく、共存共栄を図りながら、あなたらしい素敵なビジネスを展開してくことができるでしょう。それは、あなたも周りの人たちも笑顔になることに繋(つな)がります。システムエンジニアやプログラマー、トレーダー、経営コンサルタントなどに向いています。

人間関係

あなたはとてもクリエイティブで面白い人ですから、周りにも同じように変わっている人が集まってくるでしょう。また、あなたは、まるで宇宙人のように、地球の誰といても面白がることができる人。自分が知らない価値観を持っている人に出会うとワクワクするようです。さらに、人がマイナスと思い込んでいる部分に、光を当てて長所に変えてあげることができるでしょう。また、ちょっぴり寂しがりやな性格が可愛いところ。自分の隙を上手に表現できるので、人から好かれます。

相性のいい人

感情表現が上手で、何を考えているのかわかりやすい人がぴったりでしょう。

宇宙からのメッセージ

枠を越えることは勇気がいりますが、
越えたところに本当の居場所があります!

February Twentieth

2月20日

✦優れた直感でチャンスを掴む人✦

あなたについて

何となくの直感で、未来予測ができる……あなたにはそんな才能があります。これは、誰よりも先に行動し、いち早くいい波に乗ることができ、ビッグチャンスを掴(つか)みやすいことを意味します。あなたのアイディアは天からのギフトですが、斬新であるがゆえに時にはリスクを背負うことも。でも致命的なことはしっかりと避ける賢さを持ち合わせているので、ピンチになってもかすり傷程度で済むはずです。大胆に見えて、実は慎重派。成功しやすい王道タイプといえるでしょう。

成功体験により、年齢を重ねるごとに自信が深まり、自己主張が強くなりそう。積極的に新しいことに挑戦したり、主導権を握ったり、リーダーシップを発揮します。さらに周りの人を巻き込んで、熱くさせるような情熱を飛び火させるパワーの持ち主です。

あなたの才能を活かすには、誰からも縛られない自由な立場であること、ひらめきを実現できる仕事、変化や移動が多い環境であることがポイントです。

またいい加減なこと、手を抜くことが嫌いなので、真面目で自分自身にも他人にも厳しいところがあります。正しさばかりにこだわると、ストレスになることもあるので、ほどほどに。パーフェクトにこだわらず「80％できていたらOK」くらいにしておくともっと楽になりますよ。後は楽しいかどうかを選択基準にするとなおいいでしょう。より自由に、より素敵に、あなたの人生を創造していくことができるでしょう。

仕事と才能

どのような変化にも対応できるあなたですが、ルールに合わせて自分を曲げなければいけない、という状況は苦手。「自由でいること」にこだわるといいでしょう。

先見の明があるので、仕事をどのタイミングで広げていくか、もしくは引き際などのジャッジが正確。ですので、経営者に向いています。あなたの面白い発想は様々なプロジェクトに活かすことができるでしょう。社交的なので広報や営業などの仕事でも成功します。指導力もあるのでスポーツの道に進めば、名選手やコーチになれる可能性も。

人間関係

頭の回転が速く、調和したムードや人間関係を好みますし、おおらかで人づき合いは上手。どのような立場の人とも分け隔てなくつき合えるタイプです。

「共感力がある」という長所がありますが、共感しすぎて疲れてしまうという悩みも。すべての人の気持ちに共感する必要はありませんので、ある程度、スルーする練習をするといいでしょう。

相性のいい人

いいことに目を向けて無邪気に自分の人生を楽しんでいる人が◎。細かいことにとらわれず、その時のノリとテンションで、一緒にはしゃぐことができる人といると幸せを感じます。

宇宙からのメッセージ

どんなことにも遊び心を忘れなければ、
結果は後からついてきます。

February Twenty-first

2月21日

✦「表舞台」が似合う華やかな人✦

あなたについて

美しいものに惹(ひ)かれ、その魅力に触れることで美意識を高めていきます。しかも本物を見極める力もあり、美術館や芸術的な建物に出かけて、美しいものをどんどん吸収することでしょう。

空想力や想像力がとても豊かで、感受性が強く芸術的センスが抜群。リズム感もあるので、音楽の分野でも才能を発揮します。クリエイティブで、自己表現をしたい願望が強いので、表舞台に立つアーティストになる可能性も！

感情の豊かさや心の繊細さは、人に惜しみなく愛を与えることができる証拠。人と争うことを好まず、一見、物静かに見えるのですが、内面は熱い思いを抱えています。弱い人を助け、理不尽なことには少々攻撃的になるほど正論を投げかける正義感が強い一面もあります。

さらに社交的な性格で、年齢を重ねれば重ねるほど友人同士の集まりや社会的な活動を好むようになります。加えて、人を見る目もあり、「金の卵」の可能性を見出して、スポットライトを当てる才能も。プロデュース力にも優れているので、特に年下の人があなたを慕って集まってくることでしょう。

あなたの魅力は周りの人を巻き込んで、楽しいことを仕掛けていくこと。周りを気にして何かをするのではなく、自分が楽しいことを追求していくだけでOKです。

仕事と才能

あなたが、「本当に素晴らしい！」とか、「みんなに知ってもらいたい！」という思いを投入すれば、それは豊かさに直結します。ですので、仕事に関しては、「本当にいいと思っているものを提供できているか」を判断基準にしましょう。軌道に乗せるまでは試行錯誤がありますが、それも楽しめるはずです。一度軌道に乗せると、安定した収入を得ることができます。価値あるモノを探し出したり、付加価値をつけたりする才能があります。また、賢い平和主義者なので、クレーム対応なども、お客さまの心を優しく解かすことができるでしょう。サービス業や広報、PRの仕事などで力を発揮します。

人間関係

あなたは自分が思っている以上に、人から好かれる性質を持っています。ただ、ちょっと恥ずかしがりやなため、自分の心をフルオープンにしないところがあります。包み隠さず、すべて見せてしまいましょう。より一層あなたの魅力が爆発して、人気が出るでしょう。

相性のいい人

会話をしていて心が軽くなる人。過去よりも未来の話が多く、ネガティブなことよりもポジティブに視点を合わせている人がいいでしょう。掴(つか)みどころはないかもしれませんが、なぜか一緒にいてワクワクします。

宇宙からのメッセージ

どうしても……という執着がなくなった時に、幸運が思いもよらない形でやってきます。

February Twenty-second

2月22日

✦宇宙との繋がりが深い芸術的な人✦

あなたについて

とても感受性が豊かで、全身でいろいろなことを感じ取っていくことができる人です。いい予感、悪い予感というのを一瞬で察知します。ですので、なるべく、自分自身を快適な環境に置くように心がけましょう。あなたは植物のように、周りの環境から受ける影響がとても強いからです。あなたが心地いいと感じる人、モノ、場所に囲まれていれば、あなたは自ずと、イキイキとした光を放ち、自分も幸せになれますし、周りの人も元気にすることができます。

芸術的な才能に満ちあふれています。あなたが体験することは、すべて芸術に繋(つな)げることができます。日記を書くなど、感じたことを書きとめておきましょう。それらはいずれ、素晴らしい作品に変わっていきますし、あなただけでなく、たくさんの人の心を癒したり元気にしたりすることができるでしょう。また、無意識のうちにその時々で自動的に宇宙と交信しています。そのため、周りにとっては結構重要な言葉が出てくるのですが、当の本人はすっかり忘れてしまうということも多いでしょう。あなたの言ったワンフレーズで、人生が変わったり、救われたりする人もたくさんいるはずです。

あなたは「何が何でもこれ！」という、心の底から惹(ひ)かれたものに関しては、必ず自分のもとに引き寄せる不思議なパワーを持っています。また、人生において普通の人よりも、多くチャンスが巡ってくる人です。目標を明確にしておくことがポイントになります。楽しみにしていましょう。

仕事と才能

あなたは、並外れたイメージ力を持っていますので、それを仕事に活かすことができます。芸術や音楽、スピリチュアルなどの仕事を通して、あらゆる人の心にアクセスしていくことが使命です。ただ、完璧主義なところがあり、スイッチが入るととことん頑張ってしまい、本当の自分の心を犠牲にしてしまうことがあります。疲れたらしっかり休み、一人で何でもやろうとしないこと。人を頼ったりして、心のバランスをこまめにとるといいでしょう。あなたが楽しめることが豊かさに繋がっています。ムリをするのではなく、楽しむことを重点にやっていくといいでしょう。

人間関係

あなたはもともと人から好かれるタイプで、モテる人です。ですので、チヤホヤされているあなたを見て、嫉妬する人がいるかもしれません。あなたはとても優しく、人の気持ちを自分のことのように感じ取ることができます。嫉妬する人の気持ちもいちいち自分に置き換え、ぐったりしてしまうことも……。そのような時は、旅行に出かけたり、ドライブをしたり、気の合う友人と会ったりすると楽になります。

相性のいい人

存在自体が癒しの人、あるいは、何か専門的に秀でている人と相性が抜群です。

宇宙からのメッセージ

あなたがものすごく楽しむことができるならば、
それは上手くいきます！

February Twenty-third

2月23日

✦人の心を動かす「言葉の魔法使い」✦

あなたについて

あなたはとてもワードセンスに優れている人。トーク術もそうですが、SNS投稿も面白く楽しいので、登録者数もぐんぐん伸びて、人気者に！　言葉の魔法使いといったところです。また、どこに行き、何をすれば自分自身が一番輝けるのかを把握（はあく）しています。強くアピールしなくても注目されますし、どこにいても目立つ存在に。スポットライトが当たりやすいといえるでしょう。

さらに動けば動くほど、あなたの輝きは増しますので、運動を習慣化するのはとてもいいこと。体を動かしている時に、宇宙と繋（つな）がりやすくなりますし、特にストレッチやヨガをしながら、知りたいことを宇宙に問いかけるとベストな答えを導き出せるでしょう。

活発でアクティブ。学生時代は人気者タイプだったことでしょう。その場を明るいエネルギーで癒す能力に優れています。周りの人を楽しませることに喜びを感じるので、あなたがいる場には笑い声が絶えず、多くの人の注目を集めるでしょう。何ごともエネルギッシュに明るく楽しく取り組むあなたには、誰もが心を開きますし、いい仲間が自然と集まります。

来るもの拒（こば）まず、去るもの追わずといった、少しドライなところがありますが、それがむしろいい方向に働き、人間関係で揉めることはないですし、敵も少ないでしょう。

弱点といえば実は孤独に弱いところが……。人に囲まれていることで幸せを感じるタイプです。

仕事と才能

言葉を使った仕事が向いています。話すことを生業（なりわい）にするのもいいですし、文章を書く仕事でもいいでしょう。話が上手な人は文章を書くのも上手なので、どちらでもOKです。またスピリチュアルな力を持ち、宇宙と繋がりやすいので、占い師、カウンセラーにも向いています。

あなたには、人を癒す力がありますので、人気キャラクターのような、そこにいるだけで愛される存在になることでしょう。

人間関係

個性的に見られがちですが、とても落ち着いた大人の雰囲気を持った人です。あなたといると、ついリラックスしてしまう人も多いのではないでしょうか。

また、あなたは、とても責任感があり、頼まれたことはきちんとやる人。周りから信頼されているでしょう。時にはユーモアを交えながらトークをくり広げるので、注目を浴びますし、人にとても好かれます。

相性のいい人

器が大きい人がよさそうです。その人と話をしていると、何でも素直に受け入れてくれるので、不安な気持ちになることがなく、精神的に安定することでしょう。

宇宙からのメッセージ

**覚悟が決まれば、
潜在能力を最大限に発揮できます。**

February Twenty-fourth

2月24日

✦愛にあふれる正義のヒーロー✦

あなたについて

あなたは、冒険心と奉仕の心を備えた愛のパワーにあふれる人です。人の喜ぶ顔が見たい気持ちが強く、少々の苦難を乗り越えるのはお手のもの、何が何でもやり抜いていきます。いわば、正義のヒーローになりたい願望があり、それを楽しんでいるフシがあります。

人を励まし、人を喜ばせているうちに、自分自身もパワーアップしていく好循環をつくり出していきます。一方で周りから期待していた通りの反応が返ってこないと、テンションが下がることがあるかもしれません。人に期待しすぎずに自分にとって楽しいことに集中しましょう。無敵な幸せ者になれますよ。

理想が高く、物事をまとめる力があり、独立心が旺盛。自発性があり決断力に優れたリーダー気質です。それに加えて、想像力に富んだ知識人でもあり、理想を追い求めるために努力は怠(おこた)りません。

強気な性格の反面、繊細で感傷に浸りやすいところがあり、何か凹むことがあった時に、必要以上に心配したり、不安になったり……。ついつい人に弱音やグチを吐いてしまうこともあるでしょう。けれども実はそんな自分を客観的に見て、自分の弱い一面を楽しんでいるところもあるようです。ですので、さほど深刻になる必要はありません。実際はあなたが不安に思っていることは、それほど大したことがなく、傍(はた)から見れば、順調そのもの。それに気がつくと、前向きに軽やかに生きることができるでしょう。

仕事と才能

目標が決まれば、それに向かってわき目もふらずに突き進む人です。ハードルが高くても何とか頑張れてしまい、クリアすれば、かなりレベルアップすることでしょう。成果がわかりやすい営業や販売などが合っています。

また、仕事ができる上に、人がいいので、仕事を安請け合いしてしまうところが……。ですので、「いつの間にかボランティアをしていた！」なんてこともありそうです。

それが結果的に徳を積むこととなり、思わぬ形で大きくなって巡ってくることも。努力はムダにはなりません。職人気質なので仕事は丁寧。顧客はリピーター率が高いでしょう。

人間関係

気がつくと誰かのために動いてしまう性質があります。それはいいことなのですが、まずは、自分のためにエネルギーを使いましょう。それから周りの人のケアをすること。自己犠牲にならなければ、あなたの人間関係は良好なものになりますよ。

相性のいい人

あなたとご縁がある人は、周りの人を上手くまとめて引っ張っていくカリスマ性のある人。一緒にいるだけで気分が盛り上がったり、やる気になったりします。真っ赤な色が似合う情熱的な人がぴったりですよ。

宇宙からのメッセージ

人との繋（つな）がりをつくることで、あなたの人生の充実度が増します。

February Twenty-fifth

2月25日

✦ピュアで向上心にあふれる革命家✦

あなたについて

あなたは効率がいいことが大好き。まとまっていないことの交通整理をし、やりやすく改良したり、大きく進化させたりしていくことが得意な人です。そのためには、今までのセオリーを壊して、大胆な改革をしていくことが必要。変化を嫌う人にはなかなかできないことです。あなたは、もっとよくしたいという願望が強いので、覚悟を決めて大胆な改革を推し進めていくことに躊躇(ちゅうちょ)することがありません。

みんなが驚くほどの、すごい決断力を発揮します。その姿はまるでスティーブ・ジョブズやイーロン・マスクのような大胆さ。その行動力に惚(ほ)れて、あなたについていきたくなる人も多いようです。向上心が強く、常にレベルアップを図っていくので、あなたが思うライバルは他の誰かではなく、過去の自分。とにかく上へ上へとレベルアップしていくことに喜びを感じることでしょう。

まるで天からの啓示のようなひらめきが降りてくる人。いい意味で人に合わせず、自分を持っている人といえるでしょう。一方でまるで子どものようなピュアな心も持っているので、多くの人に愛されます。ピンチな時は助けの手が差し延べられるでしょう。大きなことを成し遂げたい時は、協力してもらうことが大事。あなたが苦手なことは、あなた以外の人が得意なことなのです。自分の得意なことと誰かの得意なことを融合することによって、早く、そして大きく、楽しく、いろいろなことを成し遂げていくことができます。

仕事と才能

芸術的でクリエイティブな才能があるので、Webデザイナーやイラストレーター、文筆業などの創作する仕事向き。楽しく何かを制作していると、それがお金の流れを生み出します。直感力に優れ、こうするといい、これは違うなど、パッパッとジャッジしていけるタイプです。これから伸びること、人気が出るものがわかるので、大きなチャンスを掴(つか)めることもありますし、もしくは早めの軌道修正を図ることができるでしょう。

また、わざと刺激するような発言をすることで、やる気を引き出す状況をつくりだすのが上手です。自分も周りも、モチベーションがアップするので、どんどん仕事が片づいていきます。

人間関係

自分の意図をはっきり伝えるので、キツい印象に思われてしまいがち。でも、人を裏切らない誠実さ、寄り添うような思いやりを見せるので、長くつき合えばつき合うほど、みんなあなたに憧れを抱くことでしょう。そして、年齢を重ねるごとに、本当に信頼できる仲間が周りに残っていくでしょう。

相性のいい人

どんな失敗も、ネタや笑いに変えてしまう素質がある愉快な人が◎。あなたを楽しませて、心を開いて人とコミュニケーションをとる素晴らしさを教えてくれる人が合うでしょう。

宇宙からのメッセージ

何かを理由にして自分を制限する必要なし。制限を全解除してみましょう!

February Twenty-sixth

2月26日

✦楽しいことをキャッチする雑学王✦

あなたについて

とても面白くチャーミング。周りに幸せオーラを撒き散らします。あなたがいるだけで、まるでお祭りのような騒ぎ！　みんなのテンションが高くなり、楽しいことを巻き起こしていきます。当然のごとく、誰かについていくタイプではなく、みんなを先導するリーダー的な役割を持っています。でも、それはあれこれ考えて引っ張っていくというのではなく、「あなたがめいっぱい楽しく生きている！」――ただそれだけで、周りの人に影響を与えて、本当の自分に目覚めさせることができるパワーを持っています。

とにかく面白いことが大好き。少しでも興味のあることがあれば、スピーディに、情熱的にチャレンジをするフットワークの軽さを備えています。

また、幅広く学ぶことを好み、一つのことを深掘りすることは好まないようです。熱しやすく冷めやすい性格で、継続して何年も同じことをするのは飽きてしまうでしょう。周りからも飽きっぽい人と思われていますが、でもそのおかげで好奇心が旺盛ということなので悪いことではありません。気にしなくて大丈夫です。

次々と新しいものをキャッチして取り入れるので、知識はかなり豊富です。「雑学王」といっていいでしょう。ですので、あなたと話すのは誰もが楽しいはず。雑学王だからこそ、よく人から質問を受けることがありますが、誰に対しても公平で、丁寧に説明するのがあなたの素晴らしさです。

仕事と才能

ドキドキワクワクしながら、荒波を乗り越えて、自分を成長させていくことに生きがいを感じています。どんな状況になっても、視野を広く持ち、工夫をしていい方向にシフトさせていくポテンシャルがあります。ピンチをチャンスに変えることができる人でしょう。また、新しいアイディアを次から次へと思いつく、クリエイティブな才能のある人。ちょっと神がかりなほど、大胆なことを思いつくので、人には真似できない発想で、周囲を驚かせることでしょう。

広報やマーケティング、営業など、情報を発信したり、外部の人と交流するような職種も向いています。

人間関係

人たらしなところがあり、あなたのファンはとても多いでしょう。あなたの人生は山あり谷ありで、見ているだけでワクワクするから、そばにいたくなるのでしょう。ひたすら楽しいことをしているだけで、素晴らしい人間関係を構築することでしょう。

相性のいい人

自分が得た知識を共有したいあなたは、話を聞いてくれる人に癒されます。一見物静かに見えるのですが、話をすると、ユーモアがあり深い話もできる人がいいでしょう。

宇宙からのメッセージ

あなたにとって優先順位の低いことは、どんどん後回しにしてOK！

February Twenty-seventh

2月27日

✦ あらゆることを吸収しながら成長する人 ✦

あなたについて

あなたは、インプットする力に優れています。知りたい！と強く思うことは、人の倍の速度で吸収していける人。さらに、自分の中に取り入れたことは、周りに対しても、わかりやすく教えたり説明したりすることが上手。ですので、インプットとアウトプットのくり返しでレベルアップを図り、一目置かれる存在になっていくでしょう。

集中力もずば抜けていて、一度ハマると、とことんのめり込んでしまうことも多いでしょう。たくさんのことを深く体験し、吸収することで、魅力ある人物へと成長していきます。歳を重ねるごとにあなたの力は増していくでしょう。

直感力と想像力に優れており、常に志を高く持っています。さらに、自分の感情には常に正直であろうとしますので、意外と大胆な行動を起こすことができるタイプです。

一方であなたには大きな愛で包み込むような、癒しのパワーがあります。あなたといると安心したり、なぜだかわからないけれど、楽しくなる……そんな不思議な魅力を持っています。だからなのか、人間関係で疲れ果てた人が、あなたに会ったり、会話をしたりすることで、知らず知らずのうちに、元気になってしまうことが頻繁（ひんぱん）に起こります。

自然と人が集まってきますが、ネガティブなエネルギーを受けすぎるとあなたの心まで疲れ果ててしまうことがあるので、ある程度の線引きははっきりしておきましょう。

仕事と才能

あなたは、未来がどうなっていくのか、どのように進めたら上手く風に乗れるのかを素早く察知する能力があり、特別なことをしなくても感覚で上手くいってしまうことが多いでしょう。また、あなたが面白そう！　と思ったことをひたすらやっているだけで仲間が増えていき、気がつくと、大きなことを成し遂げていく流れをつくり出すことができるでしょう。あなたが楽しく感じることは、上手くいく流れになるので、とにかく楽しいことを優先していきましょう。流行の先取りができるので、マーケティングやファッション、美容に関する仕事が向いています。

人間関係

精神的な繫(つな)がりを大切にしているあなたは、気配りが人並み以上に優れているので、どんどん仲間が増えていきます。しかもあなたが成長する上で必要な人が、ベストタイミングで登場することでしょう。それは、あなたの運気が上昇する直前！　転換期に出会うことが多く、新しい出会いがあなたの人生に大きな影響を与えるので、ぜひ注目していてください。

相性のいい人

堂々としていて、何も包み隠さず、自分を表現してくれる人と相性抜群です。表裏がなく、嘘もなし。とてもわかりやすいので、一緒にいてとても心地いい存在でしょう。

宇宙からのメッセージ

あなたが好きなことは、
必ず人に喜ばれることになっています。

February Twenty-eighth

2月28日

✦癒しをもたらす天性のセラピスト✦

あなたについて

ワクワクした方向に突き進んでいくことが大好きなあなた。頭の回転も速いので、情報を瞬時に判断して、テキパキと決断していく才能も持ち合わせています。そして目標を決めたら最後まで継続的な努力を怠（おこた）りません。

続けるために楽しいポイントを見つけて、ムリせず継続するのが大得意。そこが、周囲からすると、まるで神がかったような実現力でとても魅力的に映ります。だから、あなたについていきたくなってしまうのです。

偏見を持たずに、フラットに人を観察していくことができる人。特に年下の人から好かれますし、あなたを頼って、どんどん集まってくるようです。

安定した人生を好みませんし、刺激的な環境を好む傾向があります。わざわざ自ら、厳しい道へと足を踏み入れていくタイプでしょう。本能的に、迷ったら大変なほうを選びたくなるようです。

また、人を癒すパワーがあり、あなたと向き合うと、誰もがついつい打ち明け話をしたくなる天性のセラピスト。あなたと話をしているだけで、スッキリしたり、癒されたり、気持ちが豊かになったりするようです。

とても気さくで、困っている人がいると助けたくなる、優しさと包容力が魅力。ですが、少しデリケートなところもあるので、自己犠牲がすぎて負担が大きくならないように気をつけてください。

仕事と才能

直感に優れているので、じっくりと考えて何かをしていくというよりも、その時々の感覚と感性で物事を進めていくほうが上手くいきます。そして、あなたのペースで自由に、かつ、楽しく働くことが成功の秘訣。たくさんの出会いや、経験、そして多少の失敗もありますが、それがあなたの貴重な財産になっていきます。ゴールより、その過程のほうがあなたにとっては重要な体験。宝探しをしながら進んでいくあなたの仕事人生はとても楽しいものになるでしょう。人との出会いが多い受付スタッフや空港スタッフ、ツアーガイド、バーテンダーなどに向いています。

人間関係

あなたは、まるで「猛獣使い」のように、個性的な人とのつき合いがとても上手。例えば、自己中心的で爆弾発言をしてしまう人、気難しいアーティスト気質の人など、大抵の人が苦手とする人も、なぜか、あなたのことは一目置いて、大好きになるようです。あなたもその手の人たちとは気が合うので、素敵な友好関係を続けることができるでしょう。

相性のいい人

知的でどこかセクシー、ミステリアスな雰囲気を持っている人に惹かれることでしょう。アートな才能の持ち主とも相性ばっちりです。

宇宙からのメッセージ

やりたくてもできないことがある場合は、
考える前に動いてしまえばいいだけです。

February Twenty-ninth

2月29日

✦生まれつき強運に守られた人✦

あなたについて

うるう日の生まれという特殊な星に生まれているからこそ、大ピンチの時でもどこからともなく救世主が現われるなど、かなりの強運の持ち主。さらに独特の世界観を持っていて、いろいろなアイディアを生み出しながら、前に進んでいきます。

周りと同じことをするのは好きではなく、人とは少し違うオリジナルなやり方を編み出すのが好きなのです。人とは違う視点を持つことで、目的への近道を最も簡単に、見つけ出すことも。オリジナルとはいえ、ズレたことをするわけではなく、スピードアップを図るためにどうすればいいか、ということを常に考える人。若い頃には自信のなさから失敗することもありますが、年齢を重ねるごとに安定していくので安心してください。

瞬時に物事を把握(はあく)する能力が高く、それだけに要領がいいのですが、人と見ているポイントが違うため、話が噛み合わなかったり、話が先をいきすぎていたりして、理解してもらえないことも出てくるかもしれません。

でも気にしなくて大丈夫。あなたは周りの人を楽しい未来へ導くためのヒントを伝える役目を担(にな)っています。わかりやすく伝えようとする気持ちを持ち続けることで、後々、周りの人に感謝されることでしょう。結果、知る人ぞ知る特殊なナビゲーターとなり、まるで占い師のような役割をしていくことになるかもしれませんよ。

仕事と才能

あなたはフリーランス向き。自立して自由に仕事をしていくことができる人です。好きなことに関しては、とてつもない集中力を発揮し、誰も追いつけないくらいのスピード感を保ちながら、展開し続けることができるでしょう。エンタメ、マスコミ、料理、ファッション……好きなことなら何でも極められます。

また、仕組みづくりも得意。あなたがその場にいなくても、ビジネスを上手く回していけるシステムを構築していくことができるので、稼ぐ力もかなりのもの。カリスマ性があり、一緒に仕事をする人から一目置かれることでしょう。

人間関係

妄想するのが好きで、一人でも楽しめるところがあり、ムリに人に媚(こ)びて仲よくしなくてもいいと思っているところがあります。でもそんなあなたに興味を持って近づいてくる人がいるでしょう。その人はあなたにとって必要な人。積極的に甘えたり頼んだりしてみてください。それがきっかけで親しくなっていくことでしょう。

相性のいい人

あなたをひたすら応援してくれる人。そして、一緒になってあなたがやることにワクワクしてくれる人がいいでしょう。わがままを受け止めてくれる包容力があることも重要ポイント。

宇宙からのメッセージ

誰にも邪魔されない時間や場所があると、あなたはニュートラルになれるでしょう。

✦ Column ✦

12星座別
もっと開運できる「誕生日の過ごし方」

誕生日は「運の種植えの日」です。誕生日の過ごし方で、その１年を大きく開運させることができます。

♈ 牡羊座

霊感に似た、優れた直感力があります。その直感は、「宇宙からのお告げ」みたいなものですから、誕生日は、より特別なメッセージを受け取ることができます。「あっ、これしたい！」とか、「あっ、これが気になる！」などと何かインスピレーションが降りてきたら、後回しにせず、すかさず行動に移しましょう。必ず、あなたに必要な人やモノ、場所に導かれていきます。そして、誕生日からの１年がよりよい流れになる重要なヒントが得られるでしょう。

♉ 牡牛座

12星座のうちで一番「五感」が優れています。触り心地のよいものに触れたり、大好きな香りを楽しんだり、美味しいものを食べたり、美しいものを見たり、心地のいい音楽を聴いたり……と、一つでもいいので五感を通して自分自身を満たしてあげましょう。そうすることで新しいアイディアがどんどん湧いてきたり、面白いビジョンが見えてきたりと、新しいバージョンのあなたにアップデートされ、素敵な１年のサイクルがはじまります。

♊ 双子座

とっても好奇心が旺盛な星座です。誕生日にはぜひ、興味があることを何でもやってみましょう。いくら気になる人がいたり、気になるコトやモノがあったり、気になる場所があったりしても、実際に会って話をしたり、行ってみたりしないとわからないものです。軽い感じでちょっとやってみる（行ってみる）だけでもいいので、何かしらのアクションを起こしましょう。意外にも大きなチャンスを掴(つか)んだり、次なるステージが用意されていたりと面白い「きっかけ」をつくることができます。

♋ 蟹 座

泉のように愛情が湧き出る星座です。いつも、知らず知らずのうちに、周りに愛を与えていたりします。ですので、誕生日にはぜひ、自分自身に愛を注ぎ込んであげましょう。大好きな人に会うのでもいいでしょうし、アロママッサージなどで心身ともに癒されるのもいいでしょう。あるいは、ほしいものがある場合は、自分に買ってあげましょう。誕生日は「運の種植えの日」ですから、あなたの愛によってあなたの運は大きく育ち、大輪の花を咲かせることができます。

♌ 獅 子 座

とても創造力が豊かな星座です。誕生日にはぜひ、ＳＮＳ上でもどこでもいいので、あなた自身、あるいは、あなたが創作する何かを表現してみましょう。すると、そこから「生み出す力」、そしてそれに伴う「豊かさ」がどんどん育っていきます。また、あなたの心が上がるものを身に着けるのも、すごく運気が上昇します。ですので、お気に入りのジュエリーを身に着けたり、あるいは買ったり、もらったりすると、とてもGOOD！ちなみに、「一点豪華主義」が開運のキーワードです。

♍ 乙女座

自分の中が整うと、周りの状況もすべて整っていく傾向にあります。ですので、あなたの心身が整って気持ちがいいと感じられることをしましょう。サウナ、温泉、アロマトリートメントなどいろいろありますが、あなたがピンとくるものを探しましょう。また、あなたにとって余分なものを手放すと、これからの１年が、よりスムーズに送れるでしょう。売ったり、譲ったり、捨てたり、断ったりと、思いきって手放して、身軽になることが大事です。

♎ 天秤座

人と繋(つな)がることで着実に開運していく星座です。ですので、特に誕生日には、人と会ったり話したりといった、「コミュニケーション」を意識しましょう。普段はあまり話をしない人に勇気をもって声をかけてみたり、あるいは、昔の知り合いにＳＮＳで連絡を入れてみたりなど、こちらから何かしらのアクションを起こして「運の種植え」をすることがポイントです。その時は何も起きないかもしれませんし、直接的ではないかもしれませんが、必ず巡り巡って大きなチャンスの波がやってきて、運が開けていくでしょう。

♏ 蠍座

好きな人、モノ、コトに夢中になると誰にも負けません。ですので、特に誕生日には、あなたが一番好きなことをして過ごしましょう。好きな人がいるなら、その人と共に過ごすのもいいでしょう。好きなモノがあるのなら、それを見たり、身に着けたり、ゲットしたりしましょう。好きな場所があるなら、そこに行きましょう。好きなコトがあるなら、それをとことんしましょう。誕生日に、とことん「好き！」に没頭することで、好きなモノやコトがどんどんやってくる１年になっていきます。

♐ 射手座

目標を高く掲げれば掲げるほど、そこに近づいていけます。ですので、特に誕生日は「これから１年で到達したいゴール」を明確にすることをオススメします。そして、それは自分の中だけにしまっておかず、周りの人にもどんどん公表しましょう。自分の目標を周りの人にオープンにすることで、あなたにとって必要な情報をタイミングよくゲットできたり、必要な人が登場したりすることになるでしょう。また、余裕があったら小高い丘や山に登ってみましょう。さらに開運スイッチが起動します。

♑ 山羊座

いる・いらないを明確にすることが他の星座よりも得意です。ですので、特に誕生日には、人、モノ、コトなど、すべてにおいて「自分にとって必要なもの」と「必要でないもの」を明確にして、何かしらのアクションを起こすといいでしょう。ここでスッキリさせておくと、１年の流れが特段によくなっていきます。また、誕生日付近でいいのですが、歯のメンテナンスや整体、ストレッチなど骨や筋肉を整えることが、開運と金運上昇に繋がりますのでオススメです。

♒ 水瓶座

枠超えをすればするほど開運していく星座です。ですので、特に誕生日は非日常体験など、「今までにやったことがないこと」にチャレンジすることがポイントです。行ったことがない地域や国へ行くのでもいいでしょうし、ずっとやりたかったことに挑戦する、思いきった誕生日プレゼントを自分に贈るなどでもいいでしょう。とにかく、「行動するのに思いっきり覚悟がいる感じ」なことをするのがベストです。誕生日に枠を超えてしまえば、あらゆる運の許容範囲を大幅に広げることができます。つまり、大開運するのです。

魚　座

感性がとても豊かで、また、環境に染まりやすい星座です。ですので、特に誕生日は、「自分が一番、心地がよく感じる人」と一緒に過ごすなど、心が穏やかになる環境に身を置くことが大事になってきます。大自然の中で過ごしたり、あるいは、素敵なホテルでゆっくりしたりと、心身ともにリラックスできることがポイントです。すると、あなたは宇宙としっかり繋がって、「これから自分はどうしていくといいのか」がビジョンで見えたり、ひらめきという形で明確に降りてきたりするでしょう。それが、素敵な１年のはじまりです。

Know The Secrets of Your Life
Through Your Birthday

March First

3月1日

✦強い「引き寄せ力」で望みを次々叶える人✦

あなたについて

あなたはとても引き寄せ力が強く「こうなったらいいな」「あれをやってみたい！」「あの人に会いたい」など、常に考え、次々と実現していけるタイプ。ですので、自分が望む将来のことや、今すぐ叶えたいことはどんどん妄想を膨(ふく)らませるといいでしょう。

ただし、ネガティブな感情や思考を持ち続けると、もれなくそれらも引き寄せてしまうので要注意。例えば、遠慮して言いたいことが言えなかったり、イヤなことがあっても表に出せなかったりすることが続くと、気づかぬうちにフラストレーションがたまって、それがネガティブなものを引き寄せることに。対策は、こまめにストレスを解消しておけば大丈夫です。思いきり体を動かしてリフレッシュしたり、マッサージに行って癒されたり、美味しいものを食べてエネルギーをチャージしたりと、自分のご機嫌をとるように心がけてください。そういう些細な幸せが、ポジティブなものを引き寄せるためのコツ。そしてそのポジティブさは周囲の人にもいい影響を与えることでしょう。

性格は無邪気で、大胆な行動をしても嫌われることはなく、周囲の人も温かい目で見てサポートしてくれることが多いようです。また、エネルギーが強く、自分から進んで物事を達成していく人。反射神経がよく、変化していく状況でも素早く対応できる要領のよさがあり、スピーディに望みを叶えていくことでしょう。

仕事と才能

遊びと仕事の境目がなく、「どこからどこまで」というくくりもありません。仕事がどんどん無限に広がっていくタイプ。趣味の延長が仕事になることもあるでしょう。

また共感力が高く、献身的なので、介護士や看護師、カウンセラーなどに向いています。人から受け入れられる才能がトップクラスで、老若男女問わず大人気！　幅広い年代と接する仕事は、まさに天職といえます。ただ、頼まれると断れない性格なので引き受けすぎに注意。スケジュールがタイトになりやすいので、限界になる前に周りの人に助けを求めてください。

人間関係

あなたの“状態”によって関わる人が変わってきます。あなたが魅力的になればなるほど魅力的な人が、あなたがネガティブになればなるほどネガティブな人が集まってきます。イメージしたものや感情などで引き寄せる力が強い人なので、まずは自分がどういう人と関わりたいかをイメージし、その人に近づく努力をしていくといいでしょう。

相性のいい人

駆け引きは厳禁です！　途中で気疲れして上手くいきません。嘘がなくストレートに気持ちを伝えてくれる人がベスト。そういうお相手といると、あなたはとても素直になれます。

宇宙からのメッセージ

もっとあなたの心の扉をオープンにしてください。
あなたと仲よくなりたい人が並んでいます。

March Second

3月 2日

✦誰からも好かれるスター性の持ち主✦

あなたについて

あなたはとても魅力的で、多くの人から注目されるスター性の持ち主です。人を惹(ひ)きつけてやまない、あなたの最大の魅力は、「癒し系」であること。共感性が人一倍高く、相手のことを「自分ごと」としてとらえるのがとても上手。人は、「自分のことをわかってもらえている！」「自分のことを理解してもらえた」と思えると、その相手に惹かれやすい傾向にあります。もっと一緒にいたい、もっと話していたいという人がどんどん集まってきます。あなたのパワーで心がみるみる軽くなり、浄化され、癒されていく人続出です。

それは、あなたの心根がとても優しいという証拠。誰に対しても愛情深いからなのです。しかもその好かれっぷりは、人だけではなく、動物にも同じなので、道を歩いていたら猫が後をついてきたり、散歩中の犬がしっぽを振って寄ってきたり、ということが多いのではないでしょうか。

また、天性の人気者気質におごらずに、日々努力し続けていくと、さらに多くの人たちが集まってきて、いつの間にか、あなたを取り巻く大きな輪ができ上がっています。あなたが周りの人たちを幸せにすることで、またあなた自身も幸せを感じ、素敵なスパイラルが生み出されていきますよ。

いつも愛にあふれ、繊細で面倒見がよく、家族や友人、周囲の人まで広く大切にする精神を持っています。また、直感力と想像力に恵まれており、その才能を活かして人の役に立つことができるでしょう。

仕事と才能

もともとの性格から、周りの人が喜んでいるのを見るのが好きなあなた。周りを盛り立てるのが得意ですし、上手に人をサポートしつつ、よいパートナーシップを築くのも得意です。

そして、逆に周りからサポートを受けることも多く、トラブルが起こりにくいので、仕事は常に順調。一見、温厚でおっとりしていそうに見られがちですが、頭の回転が速く、視点も鋭いので、コンサルタントや弁護士など、人を説得させるような仕事が向いています。

人間関係

あなたは、社交的で優しく、人に合わせることもとても上手。家族や友人、同僚など、周りの人たちに恵まれる運勢です。楽しそうなお誘いを受けたら、基本的に断ることはしません。ただし、人とつるみすぎると、エネルギーの消費量も増えて、バテてしまうことも……。一人の時間も大切にしましょう。

相性のいい人

好きな人ができると、ものすごく影響を受けやすいようです。悪いことではないですが、自分の意志は主張するようにしましょう。自立したあなたを素敵だと思う人が続出します。そんなあなたを立ててくれる人と相性が◎。

宇宙からのメッセージ

好きでずっと続けられることは、
それがあなたの「使命」だったりします。

3月3日

✦鋭い観察力と意欲で「何か」を極める人✦

あなたについて

あなたは「極めること」ができる人です。観察力も鋭く、物事をよく見極めたり、人の内面を探ったりするのも得意です。

ビジネス、趣味、習い事、スポーツなど、ジャンルは実に様々ですが、「これ！」と夢中になって極めたものが、ビジネスになり、周りからのニーズもかなりのものに。やると決めたことを続けて極める意欲と精神力は、周りの人から見ても驚くほどです。その一方、極めてしまうとスッとやめてしまう飽きっぽい一面も。でも技術はきっちりマスターしているので、何でもできる器用な人だと一目置かれるようになりそう。また、学んだことは、惜しみなく周りの人たちに分け与える性質も持っています。どんどんチャレンジし、そこで得た経験や知識を周りにも与えていくことで、より大きな「何か」を手に入れることができます。

自由で自分流を追求する生き方に憧れますが、周りの影響を受けやすいので、出会う人によって理想の自分や夢が変化します。つき合う人が上昇志向の強い人だと、その影響で社会的成功を収めることもできる人です。特に夢を追いかけている間は、バイタリティがあり、積極的に動けますから、運気もそれについてきます。自分の夢や創造性を大切にする気持ちが強く、周囲から理解されないこともありますが、年齢を重ねるうちに徐々に周りに認められ、成果を出せそうです。そのままコツコツ続けていれば、アップダウンも少なく、老後も安定した幸せな人生が送れる大器晩成型です。

仕事と才能

頭の回転が速く、とても器用なあなた。何もないところから、何かを生み出すのも得意です。作家やゲームクリエイター、デザイナーなどクリエイティブな仕事が向いています。会社勤めをしている人は、企画や広報関係の分野でも活躍できることでしょう。またいつも明るくユーモアを持って場を和(なご)ませるので、上司からの受けもよく、出世しやすく収入面でも期待できます。

人間関係

あなたは精神的に大人なので、些細なことはいい感じに受け流せます。基本的に波風を立てずに、穏やかに過ごすことを好みます。ただ、たまに完全にあなたが悪かったとしても、プライドが邪魔して、素直に謝れないこともあるようです。素直に謝ることで絆(きずな)が深まりますから、潔く「ごめんなさい」と伝えましょう。そうすれば気も楽になりますし、心の毒素が抜けて、あなたの運気も上がりますよ！

相性のいい人

ロマンティストなあなたは夢や妄想が膨(ふく)らんで現実を見たがらない傾向があります。ですので、お金や健康などをきちんと管理できているしっかり者の人がオススメ。夢見がちでふわふわしているあなたをきっちりとサポートしてくれますよ。

宇宙からのメッセージ

心地がいいということは、その人やモノやコトが、あなたにしっくりきている証拠！

March Fourth

3月4日

✦周りがつい目で追ってしまう人気者✦

あなたについて

あなたは、周りの人たちから見て、「気になってついつい見てしまう」存在です。例えば、子どもの頃、学校の先生やクラスメイト、はたまた遠足のバスガイドさんに対して「あの先生がよかった」「あの子のとなりの席になりたい」「あのバスガイドさんだったら、旅行がもっと楽しくなりそう」などと思ったことがある人もいると思います。そんな人たちと同じです。あなたは華やかで人を魅了するところがあり、すぐに人の心を掴(つか)んでしまう才能があるのです。

それは外見や雰囲気だけではなく、内面からにじみ出るもの。あなた自身は気づいていないかもしれませんが、純粋で、真面目で、思いやりにあふれているので、それが外にあふれ出していて、キラリと輝いているのです。

どんなに人気者になっても、チャラチャラするところがいっさいなく、コツコツと地道な努力を続けられるのもあなたの魅力。目上の人を敬う心を忘れず、謙虚な姿勢で学ぼうとします。ある程度の知識や技術が身についても、さらなる向上を目指していっそう頑張ることでしょう。

ただ、真面目すぎて時々人から心配されるほどのまっすぐさがあるので、ちょっとは羽目を外してみてもいいかもしれません。完璧すぎると周りにいる人たちが疲れてしまうこともあるので、「ゆるさ」も必要です。あなたの中にあるちょっと天然な部分を出すと、親近感が生まれてあなたの魅力はさらに倍増するでしょう。

仕事と才能

自分に対して厳しい面があります。今の実績に満足せず、一層努力するタイプ。また家業を継ぐ運が強く、もし代々続いている伝統的なものがあれば、それを引き継ぐと上手くいくタイプです。寺や神社に関わる仕事、博物館や美術館の学芸員、図書館司書、もしくは日本の伝統的な芸能に関する仕事など、歴史や文化を後世に伝えていくような仕事にも向いているようです。きめ細やかに気配りができるので、役員の秘書や、広報、人事、総務なども適任です。

人間関係

優れた社交性を持っていて初対面の相手の懐（ふところ）にもすっと入り込みますし、協調性もあるので誰からも好かれるタイプです。ですので、人間関係を広げるのは得意。でも本音はどちらかというと一人でいることが好き。他人との距離を上手く保ちたいと思っているので、ムリすることなく、疲れない程度に人と交流するようにしましょう。

相性のいい人

あなたは憧れている人、大好きな人に対しては、シャイになってしまうようです。控えめな感じもあなたのチャームポイントですよ。そして、相性がいいのは好奇心が旺盛な人。あなたにたくさん質問してくれるので、会話が弾みます。

宇宙からのメッセージ

**あなたの人生で起こることはすべて必然です。
だから安心して今を生きればいいのです。**

March Fifth

3月5日

✦愛を形にするパワフルなクリエイター✦

あなたについて

常識では不可能だと思うことを、平気でやってのけてしまうあなた。時間や空間にとらわれない、枠ナシ、無制限……という傍（はた）から見たら、超人レベルのパワーを持っています。とはいえゼロからつくり出すよりも、もともとあるものを全く違うものにアレンジしたり、漠然としたものを具体化して価値のあるものに変えたりして“工夫しながらパワーを注入する”ということに、とても長けています。アイディアをただ投げかけるのではなく、しっかり形にして、世に生み出そうと努力するのもあなたのいいところ。そして、その生み出されたものは、受け取った人、購入してくれた人、使ってくれた人など、多くの人たちの役に立ち、愛されます。

それは、あなたの根底に、「どうにかして人の役に立ちたい」という思いがあるから。だから愛のあるものを生み出すことができるのです。自分のためだけでなく、他人のためだからこそ超人的なパワーを発揮して成し遂げることができる、それがあなたの素晴らしい才能。根っからのギバー（与える人）体質なのかもしれませんね。また、おしゃべりが好きで頭の回転も速く、周囲への気配りがきちんとできる人です。

その場を盛り上げてくれるムードメーカー的な存在なので、あなたがいるとその場がパッと明るくなります。そのため、食事やイベントごとのお誘いがたくさんくることでしょう。それはあなたが人気者の証拠。全部に参加するのは大変なので、あなたが心の底から楽しめるものだけに参加するのでOKですよ。

仕事と才能

あなたは、仲間のために一生懸命働くことで、才能を発揮するタイプ。これまでも、誰かのためにやったことが、素晴らしい成果を生み出した経験があるのではないでしょうか。そのため、チームワークが必要な仕事が向いています。大人数が参加するプロジェクトやイベント系の仕事も向いていますし、リーダーとしても手腕を発揮します。あなたは創造力豊かで、さらに発想を形にする力も持っています。特に、周りが「ちょっとそれはムリじゃない？」と思うようなこともやりきる能力があります。映画や音楽、雑誌など、芸能関係、アーティストなど、個性的な人々を束ねるのも得意です。

人間関係

枠にとらわれない、発想力豊かなあなたを、周りの人たちはうらやましく思い、あなたのようになりたいと思っています。あなたの真似をする人が続出しそうですが、それは人気者であるバロメーターのようなもの。素直に喜びましょう。あなたはきっとさらに新しく、もっといいものを見つけて、素敵に進化していくはずです。

相性のいい人

あなたと相性がいいのは、爽やかで、あなたと同じように枠にとらわれない自由な人。お互い、広い心で絆（きずな）を深めていくことができそうです。

宇宙からのメッセージ

常識にとらわれすぎないように。
あなたの世界はあなたのルールでいいのです。

March Sixth

3月6日

✦人のやる気に火を灯す聖火ランナー✦

あなたについて

あなたと話している相手は、だんだん目の色や表情が変わってくる……と感じることはありませんか？　人をやる気にさせたり、希望や勇気を与えたり、本当の自分に気づかせるきっかけをつくったり……。あなたには人の深層心理に働きかけて、目覚めさせるという才能があります。そのため、一度あなたと交流を持った人は話を聞いてほしい、相談に乗ってほしい、と集まってきます。リピーターが続出しますので、あなたの人気はずっと止まらない状態になるのです。もともと愛情深く、「人のために役に立ちたい」という思いが強い人ですから、頼られれば断れない性格。でも、一番大事にしなければいけないのはあなた自身なので、「疲れない程度にお役に立つ」というくらいにしましょう。人のために時間を使って忙しさに追われてしまうのは、人のために生きることになってしまい、自分ための人生ではなくなってしまうから。もちろん、頼られ、期待に応えて、役に立つ……というのは素晴らしいことですし、自分の成長にも繋（つな）がります。でも、「いつもご機嫌の自分」でいないと、相談されたとしても、適切なアドバイスができなくなる可能性も！

人の心にやる気の火を灯す、聖火ランナーとして動ける体が必要。自己管理能力に優れた人ですから、さほど心配することはなさそうですが、もう少し休息をとるなど、余裕を持って時間管理することを心がけて。それだけでベストな状態をキープでき、あなた自身もハッピーに過ごせるでしょう。

仕事と才能

あなたは、人のやる気スイッチを押したり、勇気や希望を与えたりする才能があるので、コンサルタントやカウンセラー、学校や塾の先生、予備校講師など、人を導くような仕事が向いています。社内の研修講師や、後輩を育成するといった業務に携わるのもいいでしょう。

取りまとめが上手ですし、海外との取引もスムーズにできます。貿易の知識が必要なものや、石油、ガソリンなどのエネルギーに関係した仕事もよさそうです。

人間関係

あなたは、とても面倒見がよく、人を楽しませるサービス精神の持ち主。誰からも好かれ、慕われることが多いでしょう。その分、常に忙しく、自分とゆっくり対話できていないのではないでしょうか。自分との対話で、多くのものが見えてきますし、もっと人を楽しませられるようにもなりますので、まずは一人時間をしっかり確保しましょう。

相性のいい人

なかなか自分から好きになることがないようですが、猛烈なアタックをされると、好きになってしまう傾向に。勢いに流されないように注意しましょう。地に足がついたしっかり者で、誠実な人とは価値観が合うので、将来を見据えたおつき合いができますよ。

宇宙からのメッセージ

**会いたい人にはどんどん会いに行きましょう。
面白い"化学変化"が起こります。**

March Seventh

3月7日

✦グループの「センター」で輝く存在✦

あなたについて

その場にいるだけで、空気をガラリと変えて華やかにしてまう――あなたは、そんな稀有（けう）な存在です。アイドルでたとえるなら、大所帯のグループのセンターに立ち、グループ全体を支える……そんな頼もしさがあります。一人で活躍できる資質も十分あるのですが、あなたは仲間と一緒に成し遂げていくことがとても好きなので、大勢の人とともに動くと力を発揮することでしょう。圧倒的なパフォーマンス力で周囲を楽しませたり、感動させたりすることができます。さらに、"共感性"が高いため、人と何かを一緒にするほうが実は成功しやすいといえます。例えば、同僚と二人で営業に行ったら受注に繋（つな）がるなど、あなたといると、いい影響を受けてエネルギーが倍増、なんてことも。それによって好循環が起こるのです。

また、あなたは人の心の微妙な変化を読み取る能力に長けていますし、誰にでも親切に接する人です。面倒見がよくて思いやりもあり、たとえ自分が困難な状況でも、助けを求めてくる人には支えになろうとします。

そんな強さとは裏腹にちょっと疲れやすい繊細な一面も。なるべくその日ごとにストレスを解消することを心がければ、頼りがいのある強く華やかなあなたでいられるでしょう。心配性な一面もありますが、恐れなどの余計なことを考えずに、目標に対し集中するようにすれば、成功を収めることができるでしょう。人の意見に惑わされないように意識し続ければ、恐れる気持ちなどなくなるはずです。

仕事と才能

持ち前のパワフルな行動力と新しいアイディアで、どんどん新しい道を切り拓いていくことでしょう。特に自己表現することが成功するカギに。あなたの豊かな感性をどんどん発信していきましょう。あなたのパフォーマンス力は、パワフルで活気があり、場の空気をガラリと変えます。仕事としては、イベント企画やセールスプロモーション、CM・広告制作、ブライダルコーディネーターなどが向いています。アイディアがどんどん湧き出てくるのがあなたの才能。新しいアイディアを常に生み出せるように、インスピレーションが得られるようなものを見たり、体験したりするように心がけるといいでしょう。

人間関係

一人でも平気なタイプですが、温厚で物腰が柔らかく、不思議な癒し系の魅力があります。そんなあなたのもとに、人がどんどん集まってくるでしょう。基本的に、いい仲間に恵まれ、良好な人間関係を築くことができます。

相性のいい人

愛想がいいあなたは、親しみやすく多くの人のアプローチを受けるでしょう。一方で、ストライクゾーンが狭い一面も。理想通りの人に出会うまでに時間がかかりそうです。そんなあなたと相性がいいのは、ノリがよくて、話題が豊富な人。楽しい時間を重ねるうちに、心の距離が縮まるでしょう。

宇宙からのメッセージ

どうにもこうにもできない時は、
それはあなたがやることではなかったりします。

March Eighth

3月8日

✦人を夢中にさせる「トーク力」の持ち主✦

あなたについて

話術で人を惹(ひ)きつける才能があります。ちょっとしたハプニングを面白おかしく伝えることができるので、聞いている相手は、あなたの話に夢中になり、いつの間にかあなたの虜(とりこ)になってしまいます。話を順序立てて、わかりやすく説明をするのが上手ですし、相手が飽きてきたと感じたら、話題をサッと変えて相手が興味のある話題を振っていく……といった、トークの天才なのです。

もしあなたが、まだ人前で話すことや表現することの経験が少ないならば、訓練次第で才能が開花しますから、話す機会を増やして訓練しましょう。その才能を活かしていけば、人脈も広がりますし、仕事もプライベートもさらに充実することでしょう。

もともと努力家で知識欲が旺盛。そして豊富な知識を駆使して、独創的な発想ができるので、周りを驚かせることがあるでしょう。目標に向かってひたすら前に進みますが、しっかりと周囲にも気を配るので、自分勝手に突き進んでいるようには見えないでしょう。

また計画を立てるのが得意なので、効率よく進めることが得意。そのため、グループ内ではリーダー的存在に。一人で突き進むこともできるのですが、周囲と力を合わせてやるほうが好きなので、周りに合わせるようにしたいと思っています。周囲からはとても頼りがいのある人と思われていますし、いつも人に囲まれていることでしょう。

仕事と才能

「話す」才能に長けていますから、向いているのは、教師、講師、アナウンサー、リポーター、営業、弁護士など、人前で話す機会の多い仕事です。何かのプロジェクトを立ち上げる時でも、プレゼンテーションを積極的に担当しましょう。

才能にあふれているので一人で仕事をする時でもそれなりの成果を出すことができますが、人と共同作業をするほうがやる気がアップ。さらに実力を発揮するでしょう。営業力にも優れていて、金融関係、コンサルタントの仕事につくと大きな成果をあげられそうです。天性の才能で、外交術も優秀。交渉をする仕事にも向いていますよ。

人間関係

基本的に平和主義。争いごとが苦手で、常に和気あいあいとした雰囲気を好むので、楽しい関係を築いていきます。特にアウトドアで遊んだり、旅行に行ったり、楽しい時間を共有することで親密度が格段にアップ。仲間とは積極的に出かけましょう。あなたには調和を生み出せる才能があるので、あなたからみんなに声をかけてみて。喜んで集まってきますよ。

相性のいい人

相性がいいのは、芯がしっかりあって、地に足がついている人。あなたが相手に対して気遣いを忘れずにいれば、安定したおつき合いが続くでしょう。

宇宙からのメッセージ

何かを終わらせる時は、対象の"幸せ"を願えば上手くいくようになっています。

March Ninth

3月9日

✦心からの「おもてなし」ができる人✦

あなたについて

あなたは、人を喜ばせることが大好きな人です。人を喜ばせることがいかに嬉しくて、楽しくて、自分にとって喜びになるかをよく知っている人。しかも「やってあげた」というような押しつけがましさはなく、さりげないサポート上手。そこがあなたの最大の魅力です。また、自分が提供したことで相手が笑顔になると、それがあなたの得になると潜在意識で信じているところがありますね。ですので、それがあなたの心の栄養になり、また生きている実感にも繋(つな)がります。そして、もっとたくさんの人を喜ばせたいという思いが強くなり、素敵なプラスのスパイラルが生まれることでしょう。

ホスピタリティにあふれるあなたは、人の気持ちの動きに敏感に反応できる人です。常に相手の立場で物事を考えているので、その人の心が見えてきて、今何を求めているのか、何に困っているのかなどをすぐに察知することができるのです。例えば、世界レベルで評価が高いホテルのスタッフは、いつもかゆいところに手が届く感じで、宿泊客への気配り、心配りが素晴らしいですよね。あなたもそれと同じ。あなたが与えたことは、まるで口コミサイトのごとく、人づてにどんどん伝わっていきそうですよ。おそらく、あなたの評価は、星が5点満点だとしたら、星5つ！　幸福とは人が連れてやってくる、幸せは良好な人間関係でしか感じることができない、と言われていますが、あなたはそのことをとても大事にしている人なのです。

仕事と才能

向いている職業は、ホテルのスタッフ、看護師、介護士、幼稚園・保育園の先生、ツアーコンダクター、バスガイド、キャビンアテンダント、芸能マネージャーなど、ホスピタリティが求められるものです。

人の心の動きに敏感になるというのは、訓練してもなかなか身につきません。かなりの努力と時間を要するので、あなたのように、もともと「人を笑顔にしたい」「喜んでもらえることが私の喜び」という思いがベースにある人のほうが、明らかに向いています。あなたの場合は、もはや天職といえるでしょう。

人間関係

聞き上手なので、あなたと話していると、つい長話になってしまう人が続出しているようです。きっと、あなたの中ではムリしているわけではなく、純粋に楽しいから聞いているだけなのでしょう。ただ、自分と向き合う時間がないと成長速度が遅くなるため、一人の時間も大切にして。

相性のいい人

一瞬で盛り上がる相手よりも、気がついたらそばにいてくれた……という空気のような存在の人との相性がいいでしょう。タイプとしては、穏やかで口うるさくない人、そしてあなたと同じように、相手を喜ばせることが好きな人が◎。

宇宙からのメッセージ

時には、潔く終わりにすることも大事！

March Tenth

3月10日

✦不思議な力を受けて道を切り拓く人✦

あなたについて

何か見えない力にサポートされていて、気づいたらいい結果や成果に結びついた、なんてことが多いのがあなた。持って生まれた強運体質の持ち主で、ツキに恵まれているのです。

ふっと思いついた言葉などがあなたの運気を向上させるキーワードになる可能性が。ひらめきがあったら、ノートや手帳に書きとめるなどして、こまめに見返すといいでしょう。とても大切なヒントになることでしょう。宇宙神なのか、龍神さまなのか、はたまた守護霊なのかは人によって異なりますが、何かのお告げであることが多そう。特に、あなたが何かに一生懸命取り組んでいる時に、そのメッセージはやってきますので、頑張り続けることに意味がありますよ。

メッセージの受け取り上手になるためには、感じやすい環境に身を置くことを心がけるといいですね。感じたことを手や体を動かして表現していくと、次々とメッセージがやってきます！　特に絵画、ダンス、音楽、書道、陶芸など、芸術に関することがオススメです。ただひたすら思いついたことをノートに書くのでも OK です。

さらに、あなたの気持ちを表現できるものであれば、一段と輝きを増しますし、その「お告げ」の頻度も多くなります。ため込んでばかりいては、入れる隙間がなくなりますが、外にどんどん放出していけば、そこにスペースができ、いろいろなものが入ってきやすくなりますからね！

仕事と才能

芸術関連の仕事に携わるのが向いているでしょう。例えばピアニストやピアノの先生以外に、楽器メーカー、芸術ホールのスタッフなど。創造性にも秀でていて、作家や芸術家、ショービジネスの世界で輝く才能もあります。興味があることをとことん追求する楽しさを感じられそう。周りの人たちにまでその楽しい波動が届き、いい空気が生まれていきます。協調性はあるのですが、上から指示される環境では能力が半減することも。自ら起業したり、組織の中で指示を出す立場についたりするほうが向いています。

人間関係

あなたは優しさにあふれている人です。ですが、自己主張の強い人がいると、その人の言いなりになってしまい、あなた自身が苦しくなるので注意しましょう。その状況を打破するためには、自分の意見をしっかり伝える習慣をつくること。意見したところで、あなたは柔らかい雰囲気の持ち主ですから、相手にキツい印象を与えることはないので、安心してください。

相性のいい人

可愛らしい雰囲気があり、男女問わずモテるタイプのあなた。アンニュイな感じが、相手の心を掴(つか)みます。相性がいいのは、あなたと対照的に現実的な人。互いにない魅力を持っていて、楽しい時間を過ごせます。

宇宙からのメッセージ

**あなたの人生は、
あなたが好きなように決めていいのです！**

March Eleventh

3月11日

✦優れた"感性と直感力"で華麗にジャンプ✦

あなたについて

あなたは得意なことであれば、スキージャンプの選手のように、ものすごいスピードで、ダイナミックに、華麗に飛んでいくことができる人です。ただし、これは得意なことに限ります。苦手なこと、納得いかないことなどネガティブな要素があると途端に動かなくなってしまうでしょう。

自分のこだわりがしっかりあるので、そこからズレたものに関しては、心がモヤモヤしてきます。ですので、好きで得意なことにこだわることが大事。

ここで、もう一度、スキーのジャンプを想像してみましょう。少しでも、ジャンプの飛び出す方向がズレたり、踏み切りのタイミングがズレたり、風向きが大きく変わったりしたら、当然違うところに飛んでしまいますよね。下手すると大ケガをする可能性もあります。でも、正しい位置で踏み切り、タイミングもばっちりで、風もよければ、大ジャンプに繋(つな)がります。つまり、判断が大事ということ。努力をはじめる前に、いい方向に進むという、正しい判断が必要なのです。

あなたは感性に優れ、直感力もあり、判断する能力も高いので大丈夫。さらに芸術的センスが抜群なので、迷わずに自分の才能を信じて突き進んでいけば、素敵な世界に着地することができますよ！　理想も高く、常に前を見ていて、率先して新しいことをはじめる実践力がありますから、大きな失敗はしないでしょう。真面目で粘り強いあなたは、自分が選んだことを成功へ導く力があります。

仕事と才能

自分を信じてまっすぐに突き進む強さはかなりのもの。ですので、ついつい一人で突っ走ってしまいがち。人の意見や助言の中には、もっとよくするためのヒントがたくさん詰まっていますから、上手に取り入れていくと、あなたの進む道がより素晴らしいものになっていくはずです。向いている仕事は変化が多い仕事。ルーティンになりがちな事務的な仕事は向いていないといえるでしょう。教師や薬剤師、デザイナー、クリエイターなどその時々の判断力が必要になる仕事が合っています。

人間関係

本音の話や深い話ができる人を好みます。気の置けない仲間に囲まれている時は、ムリすることなく、リラックスできて楽しい時間を過ごせるでしょう。一方、上辺だけでつき合っている人や、いちいちうるさい人といると強いストレスを感じるよう。その手の人とはたとえ家族でもムリしてつき合う必要はありません。あなたがいいと感じる環境に身を置きましょう。

相性のいい人

あなたは、恋によって感性や才能が磨かれていくタイプ。ただ穏やかな人、優しい人では物足りないでしょう。お互いに刺激し合い、成長していけるお相手がベストです。最高にハッピーなつき合いができそう。

宇宙からのメッセージ

**自分で自分にダメ出しをするのをやめましょう。
あなたの一番の味方はあなたなのです！**

March Twelfth

3月12日

✦創作意欲が泉のように湧いてくる人✦

あなたについて

あなたは、他の人とは違う考え方やもののとらえ方をするユニークなところがあります。発想がとても独創的。だからといって、社会になじまないわけではなく「ちょっと変わっていて面白い！」と重宝されることが多いでしょう。優れた才能を持つ芸術肌で、創作意欲が次々と湧き上がってきている状態。あれもやりたい、これもやりたいといった感じで、毎日楽しく過ごすことができるでしょう。周りの人たちも、そんなあなたと一緒にいると、ポジティブな気持ちに。あなたのアイディアに便乗して、一緒に楽しんでくれることでしょう。

やりたいと思っていることがなかなか現実化しない……そんなピンチの時に救ってくれるのが、あなたのアイディアに便乗した仲間たち。なかなか進まない、どうしたらいいんだろう、という時は一人で悩んでいないで周りの人たちに相談したり、手伝ってもらったりしましょう。あなたは愛情深く、ボランティア精神が旺盛。今までたくさんの人を助けてきたのですから、「助けてもらえませんか？」と呼びかけたら、「あの時助けてもらった○○さんのためなら！」と名乗りを上げてくれる人が続出することでしょう。

また、あなたがやりたいと思っていることは、無意識のうちに、誰かのために役立つことが多いので、再び感謝されて、素敵なプラスの循環が生まれていくでしょう。

仕事と才能

あなたは感性が豊かで、アイディアの宝庫。データ入力や計算などのルーティンワークや単純作業をコツコツと行なうよりは、想像力を発揮できる仕事のほうが向いています。映像関係、雑誌製作、音楽、振付師など……何か自分を表現できるようなものが向いています。また、動画配信もいいかもしれません。SNSを使って何か発信していったら、そこから素敵なご縁も生まれそうです。

人間関係

あなたが面白いことを考えていると、あなただけでなく、周りの人たちも楽しくなってきます。それだけ影響力があるということ。あなたには繊細で傷つきやすいところもあるのですが、それをカバーしてくれるパートナーや親友さえいれば、たとえツラいことや困難なことがあっても、乗り越えることができるでしょう。身近にいる人ほど大切にしてください。

相性のいい人

愛されるよりも、愛することに重きを置きましょう。あなたは、他人に愛情を深く注げるタイプなので、そのほうが円満な関係を築けます。相性がいいのは、あなたをしっかりサポートしてくれる大人な人です。

宇宙からのメッセージ

気になることはやってみればいいんです!
実にシンプル!

March Thirteenth

3月13日

✦知的でユーモアのセンスもある楽しい人✦

あなたについて

洞察力に優れていて知的なあなた。他人の心を察知する能力が高いので、周りの人に対して、人一倍気を遣ったり、みんなが居心地よくいられるために常に気を配ります。サービス精神が旺盛なのですが、そこには人に好かれたいとか、よく思われたいといった計算はなく、あなたが心からしたいと思っている気持ちがあるだけ。あなたみたいになれたらいいな、と思っている人も多いでしょう。だからといってムリは禁物です。疲れを感じたら、一人の時間を確保したり、温泉や海に行ってリラックスしたり、意識的に自分を癒せばOKです。

また、あなたにはユーモアのセンスがあるので、周りの人は一緒にいて楽しいと思っています。多趣味で才能にあふれており、いつも自分を表現したいと思っています。芸達者でもあるのでそれをみんなに披露しましょう。

また先見の明もあり。強い精神力も備わっているので、ちょっとしたきっかけで大きく人生の舵(かじ)を切ることができます。やりたいことがあるならば、自分の信じた方向に全集中するといいでしょう。

金銭面では大きく稼げるタイプですが、貯め込むより、人のために使ったほうが、大きな幸福を手に入れることでしょう。社交的でコミュニケーション能力もあるあなたはプレゼントをしたり、人への手助けのために使ったりすると交友関係が深まり、人生が豊かになりますよ。

仕事と才能

あなたの洞察力はビジネスシーンでも存分に武器となるでしょう。例えば商談をする際に、相手のニーズを読み取りながら、相手が求める以上の提案ができます。プレゼンを行なう時も、参加者の顔を見ながら適宜、軌道修正ができる才能があります。

理想主義者であると同時にハツラツとしたリーダーシップを備えているため、例えば開発や企画などの仕事で、プロジェクトチームを引っ張っていくパワーを備えています。

人間関係

あなたには、その場にいるだけで雰囲気をよくする、天性のオーラがあります。周りにいる人たちをご機嫌にするので相当な人気者。あなたがいるのといないのとでは全然違うのです。さらにいつも刺激やときめきを与えたいと思っているので、何か新しいことがないかとワクワクしながら探し続けています。そんなあなたは周りの人と楽しい人間関係をつくることでしょう。

相性のいい人

奥手なあなたは特に本命に対しては、本領を発揮できないようです。もっとフランクに接してみましょう。相性のいいお相手は、頼れて甘えられる人。本音が言いやすく、あなたにとって居心地のいい存在です。

宇宙からのメッセージ

守るものが少なければ少ないほど、
人生は楽チンになります。

March Fourteenth

3月14日

✦謎めいた魅力でモテる人✦

あなたについて

あなたの魅力は、何といっても、ミステリアスな雰囲気です。自分の中では、言動に一貫性があり、理屈もはっきりしていて、不思議なところはいっさいないつもりなのですが、思いのほか、自分の考えや思いを周りには伝えきれていないことが多く、そこがミステリアスさに繋(つな)がっているようです。あなたは、「私の話に興味なんてないだろうな」と謙虚な気持ちを持ち続けているので、多くを語ることはありません。さらにアンニュイな雰囲気があり、「何を考えているのかわからない」という感じで、ミステリアスさが増長されるようです。

あなたは責任感が強く、何をするのにも確実に成果をあげる人。真面目で、どんなことにも手を抜かずにやり遂げる人なので、課題をいくつも抱えてしまうこともよくあるようです。頼まれたことは嫌とは言えないところがあります。

また器が大きく受け入れ力もあるので、あなたのことをよく知る身近な人から頼られたり、相談されたりすることも多いでしょう。

そんな親身になってサポートする一面と、ミステリアスさとのギャップが魅力的で、周りの人はあなたから目を離せなくなっています。職場でも学校でもプライベートのコミュニティでも、あなたはモテモテです。密かにお近づきになりたい、と思っているファンが多く存在することでしょう。あなたの交友関係はかなりバラ色ですよ。

仕事と才能

オンとオフの線引きもはっきりしていて、滅多にブレることはありません。仕事面では自分に厳しく、自己管理能力はかなりのもの。責任感があり、時間管理もばっちりできるので、職場で重宝されるでしょう。どんな仕事でもコツコツと真面目に取り組み、手を抜きません。そのため上司からも高く評価され、可愛がられることでしょう。妥協しないところ、人間関係を大切にするところも、ビジネスに有効です。経理担当や行政書士、校正・校閲の仕事などが向いています。

人間関係

先入観なく、誰に対しても平等に接することができるタイプです。懐(ふところ)が深いので、基本的にはどんな人とでもコミュニケーションをとることができます。ただ、あなたは気ままな自由人の一面も。ふだんと違い、気ままに振る舞うこともあるので戸惑う人もいますが、意外と周りに受け入れられています。わがままとは違うので、気ままな態度が原因で人が離れてしまうことはないですし、むしろ面白がられることでしょう。

相性のいい人

相性がいいのは、ズバリ、ノリのいい、笑顔が素敵な人！ちょっととっつきにくく見られることがあるあなたとは、いいバランスに。慌てずにゆっくり仲を深めていくと、揺るがない関係性を育めるでしょう。

宇宙からのメッセージ

不安や心配がゼロになるよりも、
少しあったほうが、あなたはイキイキします！

March Fifteenth

3月15日

✦ピュアな心を持つ愛されキャラ✦

あなたについて

子どものような純真無垢さ、そして天真爛漫なところがあなたの魅力です。愛嬌があり、特別に努力をしなくても、自然と周りからチヤホヤされてしまいます。共感力、強調性も高いのでたくさんの人から受け入れられるでしょう。

ピュアなあなたは、周りからの影響を受けやすいので、いい環境に身を置くことを心がけましょう。というのも、人に合わせすぎるところがあるので、若いうちは少し違和感があっても目をつぶってやり過ごしてしまい、本来の自分を見失ってしまったこともあるのではないでしょうか。だんだんコントロールできるようになってきてはいますが、もし少しでも居心地の悪さを感じたり、心がモヤモヤして違和感があったりした場合は、勇気を出して、そこから離れてみましょう。

基本的に、多くの人から愛されますし、敵をつくることも少ないので、環境を変えたり、人間関係を構築し直したりしても、なんら心配はいりません。すぐにいい関係を築けることでしょう。あなたには持って生まれた「愛されるオーラ」が備わっているのですから。平和主義ですし、協調と安定を大事にしているので、急激な変化はあまり好みません。周りの人の気持ちを汲み取ることが上手で、自分勝手な行動はしないタイプ。また困っている人は放っておけず、世話を焼きたくなってしまいます。それに感謝する人は多く、気づけば大勢の仲間に囲まれる人生です。老後も仲間と楽しく過ごすことができますよ。

仕事と才能

あなたは、基本的に誰からも好かれる、職場のアイドル的存在。みんなが親切にサポートしてくれることでしょう。共感性が高く、多くのことに気づけるので、職場や取引先の人たちへの配慮も欠かしません。コミュニケーションが大切な案件は、あなたに任せれば大丈夫、と思っている人も多いようです。接客や販売、営業の仕事で、持ち前の愛嬌が発揮されます。唯一気をつけたいのは、遠慮しすぎるところ。相手の要望のままに動いてしまうことがありますが、それはあなたにとってストレスになることも。もし違和感を抱いた時には、あなたが信じる道へとすぐに切り替えれば問題ありません。

人間関係

老若男女問わず、人気者になれる素質があります。ややシャイなところがあるようですが、素(す)のままのあなたを出すようにしましょう。そのほうが楽しいコミュニケーションがとれることでしょう。たまに、あなたの優しさにつけ込んで利用しようとする人が現われますが、違和感への嗅覚(きゅうかく)は敏感なのであなたの直感に従ってジャッジすれば大丈夫ですよ。

相性のいい人

相性がいいのは、家庭的でリラックスできる人。あなたはピュアで、人に合わせる才能にも長けているのですが、あなたがムリをせずいられる人を選ぶと幸せになれます。

宇宙からのメッセージ

あなたが幸せでいることで、
周りにいい影響を与えることができるのです。

March Sixteenth

3月16日

✦逆境に強く慈愛に満ちた挑戦者✦

あなたについて

あなたは、責任感が人一倍強く、粘り強く進めていくタイプです。ゴールにたどり着くまでには、悪戦苦闘することも多くあるようですが、信念を貫き、最終的に思い描いていた通りの形に完成させられる力があります。

いろいろな分野で活躍し経験を積んでいくことで、人徳のある存在に。人当たりもよく、誠実なので、多くの人に信頼されます。責任感がとても強く、やりかけたことは必ず最後までやり通します。逆境にも強く、困難にぶつかっても諦めることなくチャレンジを続け、必ず乗り越えて大きく成長できる人です。

もともと鋭い洞察力と慈愛心があるため、「成長していける」「誰かの役に立つ」と思った時は、どんどん突き進んでいきます。

ただ、あなたの中で目的が見出せなくなった時は、潔くやめるという決断をすることも大切です。「やめるなんて自分勝手だと思われてしまうかも……」と思い悩むかもしれませんが、人間は誰しも自分のために生きているのですから、気に病む必要は全くありません。普段から、周りに気を配り、気遣っているあなたのことを、誰も責めたり、悪く言ったりしないはず。心がざわついて違和感を覚えたり、どうしてもテンションが上がらないと感じたりしたら、たとえ途中であっても手放してしまいましょう。その決断力があなたの人生を大きくステップアップさせるいいきっかけとなりますよ。

仕事と才能

あれこれ考えるより、思いきりよく直感に従って、新しいことをスタートさせるのが得意。そのため、新規ビジネスの立ち上げ、ベンチャー企業で働く、といったことに向いています。販売やサービス業で働くなら、新規オープンの店や施設を選ぶと◎。新しいことが大好きなあなたは、ワクワクしながら楽しく仕事をしていけるでしょう。どんな時も慌てずに冷静に対処する才能あり。新規のことでもドタバタすることなく、スムーズに進めることができるでしょう。

人間関係

とても気遣い屋さんのあなた。だからこそ、気分が乗らない時は、ムリに人づき合いをしなくてもいいでしょう。気疲れによってあなたのエネルギーは大幅にダウン。それに伴い運気も下降してしまいます。

あなたのエネルギーがチャージできるような、褒めてくれる人、ひたすら明るく楽しい話をしてくれる人と一緒にいるほうが運気も上昇しますよ。

相性のいい人

自分の能力を高めることに注力すると、恋愛運が向上。語学の勉強、資格取得などがいい出会いに繋（つな）がります。言葉を大切にする、言動に気遣いができる人に魅力を感じますし、相性もいいでしょう。

宇宙からのメッセージ

身動きがとれないというのは思い込みです。
動いてしまえばいいんです。

March Seventeenth

3月17日

✦フレッシュな感性とセンスが光る人✦

あなたについて

あなたは、芸術的な感性を持っていて、それを素敵に表現していくことに長けています。ファッション、インテリア分野ではセンス抜群！　自分がいい気分になる、心地いいと思う空間をつくり出すだけではなく、周りにいる人たちの感性も刺激し、いい影響を与えていくでしょう。普段はきっちりしていて、とても真面目ですが、純粋でフレッシュな感性を持ち続けていきます。

また相手の心を癒したり、ハッピーにしたりするコミュニケーションができるので、あなたと一緒にいるだけで、人は気分が高揚したり、思考がポジティブになったりするでしょう。周りの人たちが幸せになれば、いい気の流れが生まれ、やがてそれはあなたのもとへ、いろいろな形に変わってやってきます。それだけでも「徳を積んでいる」といえるでしょう。

チャレンジ精神が旺盛で、経験したことがないことにワクワクし、独創的なアイディアがどんどん生み出せます。他の人が思いつかないような発想で、世の中に新しい流れをつくる可能性も。また、目標が定まると、脇目もふらず、ゴールを目指して走り続けるタイプ。集中力もかなりのもので、途中で決して諦めません。その実行力は尊敬に値するので、周りの人を惹(ひ)きつけることでしょう。

さらに金運はかなりのもの。稼ぐことも、稼いだお金を上手に増やすこともできる人です。貯め込むことなく上手に循環させることで、さらに大きな富を得ることができるでしょう。

仕事と才能

アート系、音楽系、映像系など、センスがものをいう業界が向いているでしょう。特に、デザイナーやディレクター、ライターなどの何かを直接クリエイトする職種や華やかな仕事、プロデューサーやタレント、インフルエンサーなどにも向いています。営業としても手腕を発揮するでしょう。

好きなものの近くにいる、もしくは間接的に携わるだけでも、あなたの五感は刺激され、楽しく働くことができます。だから好きなことを追求してください。周りへの影響力も絶大なので、あなたが幸せそうに笑顔で働いていると、仕事仲間や職場の雰囲気もものすごくよくなっていくでしょう。

人間関係

あなたはサービス精神の旺盛な人。誰にでも優しくて、自然と気を遣える人でしょう。ただ、それが八方美人に見えてしまうことがあるかもしれませんが、気にすることはありません。あなたは天才的に人を心地よくさせる才能があるのですから。周りの人はあなたと話すだけで、癒されたり、テンションが上がったり、とても楽しめるようです。あなたは多くの人に影響を与えることができる、愛されキャラなのです。

相性のいい人

地に足がついている真面目な人と相性抜群。ドキドキというよりも安心感や安定感が得られる人がいいでしょう。

宇宙からのメッセージ

**人と意見が食い違うことは当たり前です。
ただ単に価値観が違うだけ！**

March Eighteenth

3月18日

✦好奇心が旺盛で「打ち手」が多彩な人✦

あなたについて

あなたは、知識も知恵も豊富。ありとあらゆる手段を持っていて、ことあるごとに上手に活用しています。ですので、どんな困難に出合ったとしても、冷静にその時その時に応じた一手を投じることができます。そして、困難が起きるたびにステージアップしていくので、壁が高ければ高いほど、ゲームを攻略するかのように、どんどん楽しくなっていくことでしょう。

また自分のことだけでなく、困っている人がいたら手を差し延べて助けていくことができるのもあなたの才能。ただし、依存されるのは苦手なので、何でもやってあげるのではなく、知恵を授けたり、ヒントを出したりするといいでしょう。

好奇心が旺盛なので、わからないことや知らないことに対しても果敢に挑戦していきますが、冷静沈着な面も。可能な限りの情報を集めて、戦略をしっかりと練ることでしょう。周囲からはどんなことにも対応できる優秀な人と思われています。

そして、他人の意見に惑わされることなく、着実に進化していきますし、周りの人にももっとよくなってほしいと願い、手助けします。そうやって、環境や人との繋(つな)がりをより潤わせる才能があるのです。

仲間に声をかけてイベントを企画したり、楽しいことを発見したりするなど、優れたリーダーシップもあり。あなたは普通に行動しているだけなのですが、あなたの心の豊かさが、波紋となって、周りに素晴らしい影響を及ぼしていきます。

仕事と才能

自由な環境の中にいれば、あなたは才能をいかんなく発揮します。業界や職種をムリに絞る必要はなく、あなたがやりたいこと、いいと思うものに向かって、そのまま突き進めばいいだけです。

あなたは負けず嫌いな要素も持っていますが、実はそれが成功の秘訣。悔しさをバネにすることで、とてつもないパワーを生み出すからです。ライバルもいたほうがいいですよ。ライバルはあなたを成長させてくれるために神さまが遣わせた"使徒"なので、むしろウェルカムな気持ちで面白がりましょう。

人間関係

人間関係の構築の前に、あなたが重要視すべきはメンタルの安定。まずは自分の心を整えてから、新しい人と交流するようにしましょう。

また、元気になったり楽しくなったりするお相手と、一緒にいるのが正解です。疲れる人は波動が合っていない証拠なので、ムリに合わせることはせず、何かが違うと思ったら、上手く断りましょう。

相性のいい人

偽りのない素（す）のあなたを見せても、違和感のないお相手がいいでしょう。そしてあなたの自尊心を満たしてくれる、誠実で素直な人がぴったりです。

宇宙からのメッセージ

ビクビクしなくていいのです。内心どうであろうと、堂々としていれば、堂々としている人に見えます。

March Nineteenth

3月19日

✦エネルギッシュかつ素敵なオーラを放つ人✦

あなたについて

周囲に強烈なインパクトを与える、いわゆる目立つ存在。

それは、あなたの言動やファッションからくるものかもしれませんが、素(す)のあなたも素敵なオーラを放っています。つい目がいってしまうほど、圧倒的な存在感があるのです。

エネルギッシュで情熱的ですが、協調性もあり、誰かの役に立つことに喜びを感じます。さらに洞察力があり、その場の空気を読むのもとても上手。明るいムードを演出するのも得意でしょう。

人をぐいぐいと引っ張っていく情熱と、物事を的確に見極めることができる冷静さの両面を持っている人なので、指導者向き。相手が誰であっても上手に導いていくコーチのような役割も得意です。

一方で自己主張は強め。言いたいことは口に出して伝えたい気持ちが強く、自分の意見はしっかりと主張します。その上で、周囲のアドバイスも聞き入れるタイプなので、わがままには見えないところもあなたの魅力。そもそも争うことが好きではないので、気まずい空気になることを避けたがります。

意見を通したい時以外は自分のことは話さない、秘密主義。自分の気持ちを他人には見せようとしないところがあります。

金運はいいほうですし、もともとムダ遣いもしないので、とても堅実。また稼ぐ力もあるので、中年期頃までには十分な貯蓄ができるでしょう。投資でお金を増やすのも得意です。

仕事と才能

あなたは、絶対に成し遂げようとする負けず嫌いな情熱と、状況を分析する冷静さを併せ持っているので、経営者などのリーダー向き。この相反する利点は、ビジネスをかなり有利にすることができます。自ら進んで学ぶ努力をするので、社会的地位と名誉を手にしていくことでしょう。ただ、求められることに喜びを感じるので、自己肯定感を満たされるものを追い求める傾向が。「自分の価値をさらに高めてくれる」と感じるものに出合った時は、現在の地位と名誉をサッと手放して次のステージに行くことでしょう。これはあなたがこだわる美徳なのです。また、わかりやすく伝えることが上手なので、教師、文筆業、広報といった職業も向いています。

人間関係

あなたは、知的な会話が好きなので、博識な人や頭の回転が速い人を好む傾向にあります。そして哲学的なところがあり、一つのテーマについて、長い時間をかけて、お互いに深く掘り下げていくような会話がくり広げられると、充実感を得られるようです。

相性のいい人

あなたの足りない部分をさりげなくフォローしてくれ、博識な人が◎。一緒にいると安心でき、心地よさを感じられます。

宇宙からのメッセージ

**やる気が出ない時は、
やらなくていい時なのです。**

March Twentieth

3月20日

✦誰からも好かれる縁の下の力持ち✦

あなたについて

無邪気で飾らないあなたは誰からも好かれます。そしてとっても真面目。日々勉強を怠(おこた)らないので、知識が豊富で頭の回転が速く、状況判断が的確です。どんな場でもとても重宝されていることでしょう。

優しく受け入れる寛容な心と、どんな時も慌てずブレない強い心を併せ持っていて、精神的には自立して安定しています。また、おおらかで優しく温かく包み込んでくれるような安心感もあり、あなたにはついつい甘えたくなる、という人も多いでしょう。

そんなあなたは目立つことがあまり好きではなく、縁の下の力持ちのような立場であるほうが力を発揮できます。優しい雰囲気から、おとなしくて優柔不断に見えますが、「自分が何をしたいか」という意志は強く持っているタイプ。ですので、若いうちから人生設計はパーフェクトに立てているしっかり者。石橋を叩いて渡るタイプなので、大きな失敗はしにくく、堅実に人生を歩んでいきます。

一方で、変わることを拒否しているわけではありません。変化の波に乗るのも上手で、人生の転機には上手に舵(かじ)を切り、幸運な流れへと変えることができるでしょう。一つの場所にとらわれるよりも、自由に動けるスタンスのほうが喜びを感じるようです。必要以上に着飾ったり、ムリに背伸びしたりすることなく、ありのままの自分で楽しく動き回る人生に幸せを感じるようです。

仕事と才能

仕事も遊びも活動的です。自立心が強く、率先して物事に取り組みますが、リーダーというよりも陰の立役者という存在に。またお互いに切磋琢磨し合えるライバルがいたほうが実力を発揮しやすいでしょう。

押しつけがましくなく、相手を上手に説得する力を持っているので営業向き。接客業も向いています。そして几帳面さがあるので、総務や法律事務、行政書士も向いています。あなたは常に向上心を持ち、変化を求めます。前向きに取り組む姿勢は周りの人を魅了して巻き込むので、大きなことを成し遂げられるでしょう。

人間関係

もともと穏やかさや寛大な心を持っているので、トラブルは少ないでしょう。あなたの優しいオーラは周囲に安心感を与えるので、第一印象が素晴らしいでしょう。声をかけやすい印象なので、どこに行ってもなじむことできます。

相性のいい人

躊躇せずに、自分らしさをどんどんアピールしていきましょう。あなたに惹きつけられる人が次々と出てきます。相性がいいのは、あなたをよく理解しようとしてくれて、自由を奪わない人です。

★ 宇宙からのメッセージ ★

「与えるもの」が「受け取るもの」になります。
あなたは何を受け取りたいですか？

March Twenty-first

3月21日

✦「未知のステージ」に勇敢に挑む人✦

あなたについて

自由を愛していて放浪の旅をし続けているようなところがあります。孤独に旅をする、という感じではなく、あなたの魅力により「行く先々でどんどん仲間が増えていく」というイメージです。基本的にポテンシャルが高く、行動力もあり、その自信の根拠となるものが、知識欲です。学ぶことが苦にならないタイプでもあります。

また勇敢なチャレンジャーでもあり、ことあるごとに新しい世界に飛び込もうとします。衝動が湧き上がったら、止まりません！　ためらうことなく未知のステージに駆け上がっていきます。

後のことはあまり考えないので、時には後悔することもありそうです。それでも止まることなく、前へ前へと進んでいきます。なぜなら、新しいチャレンジによって、新しい自分を発見することが、自分の生きる目的だと感じているから。

あなたにとって大事なのはプロセスであり、結果にこだわる必要はありません。その個性的で勇敢な姿勢が、魅力的に映ることでしょう。強いリーダーシップを取れる素質も充分に持ち合わせています。

とはいえ、自分勝手に進めるのではなく、協調性や共感能力も備わっている、バランス感覚に優れているところもあなたの利点。誤解を招くことのないよう、人の気持ちにも気を配るように心がければ、人望の厚いリーダーになることでしょう。

仕事と才能

たくさんの人と交流しながら、様々なことに積極的に取り組んでいけるタイプ。チャレンジ精神と行動力があるので、一緒に走る仲間に恵まれると大きな成功を手にする可能性が高いです。組織に属したとしてもリーダー格に。ぐいぐい引っ張っていくというよりも、足りないところを補うようにサポートするタイプのリーダーになります。あなたのその姿勢を見て、周りの人は率先して力になりたいと思うはず。楽しくビジネスを進めていくことができるでしょう。チームで動くことの多い商社や大手メーカーの社員、広告関係などが向いています。

人間関係

弱気な自分を見せたくない気持ちが強く、若干強がってしまうところがあるようです。周りから「この人は一人で大丈夫なんだ」と思われてしまいがちですが、弱い面も見せる素直さがあれば、もともと人望が厚いあなたは人気者に。オープンマインドを心がけましょう。

相性のいい人

あなたは明るく温かな雰囲気が漂っていて、それに惹(ひ)かれて多くの人が集まるでしょう。ですので、交友関係は広く、たくさんの出会いあり。多くの魅力的な人と出会いますが、特に明るく前向きで、活発な人に惹かれるでしょう。一緒にアクティブに行動でき、楽しむことができる相手がベストのようです。

宇宙からのメッセージ

話が通じない時は、
伝え方を工夫するといいでしょう。

March Twenty-second

3月22日

✦先読み力がピカイチの天才✦

あなたについて

流行に敏感で、行動力があり、何ごとにおいても人より一歩先にいるのがあなた。周りから少し浮いてしまっているかもしれませんが、気にする必要はありません。一流の人は突出してこそ評価されるもの。「普通の人の感覚」が、掴(つか)めていなくても、問題ありません。

あなたが理想としていることや熱意が、周りの人たちからなかなか理解されない時もありますが、わかってもらうまでにちょっと時間がかかるだけ。自分の思った通りに突き進んでください。

あなたの先見の明、先読みする力はピカイチです。これは天性のものなので、努力して真似できるものではありません。周りに合わせてこの才能を埋もれさせてしまうのは、とってももったないこと。少しだけ、あなたが周りに歩み寄ればいいのです。「ほんの少し歩み寄る」、その精神で信じた道を進んでいきましょう。

常にエネルギーにあふれており、目標に対してまっすぐに情熱を注ぎます。多少の失敗にもめげることなく、すぐに気持ちを切り替えて立ち上がることでしょう。そのチャレンジする姿勢は、周りの人に勇気を与えますし、実現不可能と言われていたことでもどんどん成し遂げていきます。

次々と夢を叶えるあなたの姿勢を、周りの人は羨望の眼差しで見ています。勢いに乗ってどんどん夢を叶えていきましょう。それはあなたの使命でもあるのです。

仕事と才能

頭の回転が速く行動力が抜群なので、何でもテキパキこなしていきます。そのため、自分の仕事の速度と、周りの人の速度が異なることがありますが、「スピードは人それぞれ違う」ということを知っておきましょう。それだけで、コミュニケーションが円滑になります。また、ルーティンワークのようなものは、すぐに飽きてしまうので適度に刺激があるものがいいでしょう。日々、小さな変化でもいいので、自らつくり出すようにすると、楽しく働けるでしょう。自分の力でどんどん進めていけるプログラマーやデザイナー、ファイナンシャルプランナーなどに向いています。

人間関係

あなたは、情熱的でエネルギッシュな人です。おおむね長所として発揮できるのですが、時々、話に夢中になりすぎて、周りが見えなくなってしまうことも……。意識的に間(ま)をつくって、相手にツッコむ隙を与えると、伝える力に磨きがかかり、あなたの話を面白い！　という人が続出するでしょう。

相性のいい人

好奇心が旺盛で、あなたにいろいろな刺激を与えてくれる、経験豊富な人となら、良好な関係を築くことができるでしょう。あなたは無意識にフィーリングを大切にしているところがあるので、居心地のよさもポイント。

宇宙からのメッセージ

一人で悩まずどんどん周りを頼ってよし。
頼られると嬉しいのが人間です！

March Twenty-third

3月23日

✦高みを目指し果敢に挑戦する「不死鳥」✦

あなたについて

あなたは、困難や障害があればあるほど、自分の力を試したくなってしまう、チャレンジャーです。波乱万丈であることを、実はちょっぴり楽しんでいるフシがあります。挑戦が楽しくて仕方ないのです。周りからは「本当に大丈夫？」と心配されることもあるようですが、気にしなくて大丈夫です。どんどん飛び込んでいきましょう。

その無謀とも思われる挑戦が、成長の糧になることも事実です。そして、難易度の高いことに挑んだからこそ、得られるものもあります。

ドキドキ、ワクワク、やりがい……が大好きなキーワード。「平凡な人生なんて退屈で生きられない」という考えが根底にあり、とにかく刺激を求めて、まっしぐら！　一度やると決めたら、とことん突き進んでいきます。突破力、実行力にも優れているため、途中で挫折しかかったり、「もうだめかも……」と思ったりしても、不死鳥のように蘇り、最終的にはどうにかこうにかして、成し遂げてしまう強運の持ち主でもあります。そして本気で夢中になれることに出会うと、世の中を変えるような大きな事を成し遂げる可能性を秘めている人です。

さらに周りを驚かせることが大好き。サプライズを仕掛けたり、周りを笑わせたり、いつも注目の的（まと）に。いわゆる「クラスの人気者」タイプで、あなたがいるだけでその場が明るくなります。誰に対してもオープンにつき合うことでしょう。

仕事と才能

行動力は人並み以上。そして、高みを目指せば目指すほど、力を発揮していきます。傍（はた）から見たら、猪突猛進なところが目立つようですが、あなたは現状に甘んじて停滞しているのに耐えられないだけなのです。その実行力はあなたに備わった特別な才能。特に新規開拓、スケールの大きな仕事に携われることにやりがいを感じます。海外との交渉ごとが多い商社や、大きな金額が動く不動産や広告、海外出店を狙うアパレルや飲食店なども、あなたのやる気に火をつけることでしょう。

人間関係

何事にも一生懸命に取り組む姿に、みんな心を打たれるでしょう。時々、勝気な部分がむくっと出てきて、人によっては生意気ととらえられてしまう可能性もありますが、言いすぎないように意識しながら、コミュニケーションをとるといいでしょう。裏表がなく、嘘をつけない人なので、素直な心で接するだけで、多くの人から信頼を得ていきます。

相性のいい人

恋は駆け引きするより、直球で勝負しましょう。もともとあなたは計算するよりも、素（す）のままが魅力的な人。相性がいいのは、あなたにいつも寄り添ってくれて、小動物のような可愛らしさがある人です。

宇宙からのメッセージ

呼びかけられるのを待つだけでなく、
こちらから呼びかけてみると、人生が楽しくなります。

March Twenty-fourth

3月24日

✦存在感が際立つ「生まれながらのアイドル」✦

あなたについて

サービス精神旺盛で、周囲に求められるままに応えようとするあなた。自分がどうしたいのかということよりも、人が喜んでいるかどうかが気になります。

また生まれながらにして華やかなオーラを持っているので、集団の中にいても自然と目立っていますし、たとえるならグループアイドルのセンターのような存在です。自ら好んで集団の中にいるだけあり、人が大好きで、コミュニケーションをとることに大きな喜びを感じます。そして、その環境であなたは磨かれていきます。集団の中にいなければ学べないこと、味わえないことを全力で吸収することでしょう。また一度スイッチが入ると、すごいスピードで成長していきます。そして集団から頭一つ抜け、あなたは最高に輝き、稀有(けう)な存在になっていくのです。

自分を信じる力が強く、集団にいても自分をうまく出していけます。迷うことが少なく出世しやすいタイプといえるでしょう。

人と争うことが嫌いな性格で、トラブルはなるべく避けるところがあります。とはいえ、どうしても避けられない時には立ち向かえる強さのある人でしょう。

あなたの運を最大限活かすためのカギは「人」。人脈づくりが非常に大切なポイントになります。金運も人が運んでくれるので、普段から良質な人間関係を大切にするようにしましょう。

仕事と才能

華やかで存在感のあるあなたは、チームの中では比較的重要なポジションの仕事を任されやすいです。また、あなたは空気をよく読み、バランス感覚に優れているため、どこで出て、どこは控えるか、ということをよくわかっています。目上の人から好感を持たれやすいので、接客業やVIP対応が必要な秘書やホテルのスタッフなどにも適任です。

人間関係

相手に合わせることが多いため、人によっては、あなたのことをお調子者とか、八方美人ととることもあるようです。サービス精神旺盛なところから生じる誤解なので、わかる人だけにわかってもらえればいいと割り切ることも必要。ただ、あなたは素(す)のままで十分に魅力的なので、相手に合わせずに媚(こ)びることなくさらりと接するほうが、クールで知的な印象に映ることでしょう。

相性のいい人

幅広い交友関係を持てるので、出会いに苦労することはないでしょう。平和主義で優しい性格は、そのまま恋愛でも発揮されます。パートナーに思いやりを持って尽くしていくタイプ。時間をかけて愛をじっくり育んでくれるような人といることで、あなたは幸せを感じられます。

宇宙からのメッセージ

**いろいろな場所に出向いてみましょう。
その場その場で面白い経験が待っています。**

March Twenty-fifth

3月25日

✦一つのことを極めるカリスマ✦

あなたについて

勇敢で行動力があり、活発なタイプ。負けず嫌いな人が多いでしょう。まるで竹を割ったような性格で、「かっこいい」と、周りの人からは憧れの眼差しで見られることがよくあります。また、エネルギーに満ちあふれ、新しいことが大好き。まだ誰も踏み入れていない分野であっても勇気を持って突き進んでいける人です。

もともと人生を思いきり楽しみたい、常に前進していたいと強く望んでいるので、そのための努力は惜しまない、頑張りやです。「これ」と決めたことに向かって一直線に進み、深くのめりこみます。その道のエキスパートや開拓者になることも多く、極めればカリスマ性も備えるようになるでしょう。イキイキとした生命力を感じさせるあなたは、いくつになっても年齢を感じさせない人。その若々しさは、内面の好奇心や情熱からくるもので、人を惹(ひ)きつける不思議な魅力があります。

また、我慢することが苦手。本能のままに生きたいと熱望しています。思いついたら即行動するので、失敗することもあります。それでも失敗を恐れることなく、ポジティブに変換できるところは、最大の長所でしょう。実は困難なことがあればあるほど、エネルギーがあふれ出る人なのかもしれません。人づき合いはそれほど深めたいとは思っていません。プライベートに立ち入られることも、立ち入ることも好まずに、深入りしない浅く広い交友関係を望んでいます。

仕事と才能

自分が好きなもの、こだわっていることなどに対してはストイックに突き詰めていくタイプ。途中で窮地(きゅうち)に陥ったり、ピンチに直面してもやり遂げる強さを持っていたりします。独特の感性を持っているのでアーティスト系、もしくは斬新なビジネスの経営者など、何かを表現することで活躍することでしょう。自由を愛するあなたが持っている資質をフルに活かすのならば、フリーランスになったり、独立したりするのがよいでしょう。縛られることなく、思うままに行動することができる環境がベスト。あなたが最も輝けるでしょう。

人間関係

どちらかというと一人でいるのが好きですが、どんな人ともコミュニケーションをとれる器用な人。でも深く立ち入ることは苦手で、仲間とつるんだり、団体行動をしたりすることは避けたいと思っています。深くつき合うなら、同じ価値観を持つ少人数にとどめたいようです。

相性のいい人

あなたは理想が高く、なかなか心を開かないのでつき合うまでに時間がかかりそうです。普段から理想のタイプを周りに話しておくと最適な人を紹介してくれますよ。ぴったりなのは信頼できる人。そんな相手に出会えれば、仕事にも大きく影響して、公私ともに充実していくでしょう。

★ 宇宙からのメッセージ ★

**土台さえ固めておけば、
後は何をやっても大丈夫でしょう。**

March Twenty-sixth

3月26日

✦いつもポジティブな愛され キャラ✦

あなたについて

エネルギッシュで周りを明るく照らすパワーの持ち主。それは持って生まれた要素もありますが、後天的にポジティブになる技術を積極的に身につけた結果です。どんなことにもプラスの要素を探し出すことができ、周りの人をも明るい気持ちにさせます。たとえ、イヤなことがあっても、あまり引きずらずに、一度寝て起きれば、次の日にはまたいつも通りの元気に戻るでしょう。見た目も素敵なあなたは、存在自体がみんなの心を癒していきます。

頭の回転が非常に速く、少し説明を受けただけでも大体を把握(はあく)できる賢さがあります。また並外れた行動力の持ち主でもあるので、好奇心が刺激される場所を見つけたら、すぐに動き出すでしょう。そんなあなたは当然、自由を制限されるのが好きではないので、コントロールされたり、人から指図されたりするのは苦手。自分で決めて行動しますし、知っている人がいない、はじめての場所でも臆することなく、現地の人と楽しくコミュニケーションをとることができるでしょう。

好奇心の赴(おもむ)くままに、自分を自分で誘導していくと、満足した人生が送れます。悔いが残ることを恐れるあなたは、誰に言われなくてもしたいことはすべてやり尽くすことができるでしょう。また、どこにいてもあなたは愛されるキャラクターですから人にも恵まれます。ここぞというポイントで、素晴らしい人が登場し、あなたをサポートしてくれるでしょう。

仕事と才能

基本的にはとても働き者ですが、自分が得意とすることをきちんとわかっているので、苦手なことには手を出しません。得意分野では物覚えが早く、一度やり方をマスターした後は、要領よくこなせるように自分なりにカスタマイズして、サクサクと仕事をこなしていく頭のよさがあります。

判断力にも優れているため、間違った方向に進みそうになったら、方向転換、もしくは早めに撤退するなど、危機回避能力も優れています。その点から考えると経営者に向いているのですが、愛されるキャラクターを存分に活かすのも手。営業職など、人と深く関わる仕事もオススメです。

人間関係

マイペースで我が道を行くあなたは、人に合わせてムリをするということはあまりなく、自分がのびのび生きられる人間関係を好みます。また、人に対して、素直に甘えることができるので、年上の人にとても可愛がられます。もともと人たらしなところがあるあなたには、たくさんの人が集まってきます。様々な業界の人とも繋(つな)がることができるでしょう。

相性のいい人

華やかな世界に生きている人や、スピリチュアルなことに関心がある人と相性がいいでしょう。

宇宙からのメッセージ

素敵な人に出会う時は、
あなたの素敵度がアップしている印です。

March Twenty-seventh

3月27日

✦流行を先読みできるリーダー✦

あなたについて

あなたは、先読みする力があり、リーダーシップもとれる人。ゼロからイチにする力があり、新しく素敵なものをどんどん生み出していきます。

とてもセンスがよく、特に何かのプロダクトを生み出す時は美しさにこだわりますし、納得がいくまで妥協せずに根気よく取り組んでいきます。仕事に限らず、例えば、ホームパーティーをする時のテーブルコーディネートだったり、玄関に飾るお花のアレンジメントであったり、退職する同僚の送迎会の出し物であったり、何においてもその才能を発揮します。

ただ、あなたは人に何かを頼んだり任せたりするのがあまり得意ではないようです。器用なので、一人で何でもできてしまうのですが、大きなことを成し遂げるためには、いろいろな人の協力が必要である、ということも頭に入れておきましょう。あなた一人で完結させるものだけで満足できればいいのですが、それでは限界があります。せっかくハイレベルのセンスと才能を持ち合わせているのですから、大きなことに挑戦しないともったいない！　あなた自身をさらに成長させられますし、達成感や喜びを得られるはずですよ。

そして、世の中の多くの人たちが、あなたの作品を待ちわびているのですから、人に素直に頼り、サポートしてもらうことも視野に入れ、ビッグなことにも挑戦してみましょう。

仕事と才能

本来、あなたはリーダーシップを発揮できる才能を秘めています。ただ、こだわりが強く、「この程度なら自分でやってしまったほうがいい」と、一人で業務を進めてしまうところがあります。いろいろな人の力を借りると、それだけアイディアの数も増え、よりよいものを生み出すチャンスになる——。そう発想を転換すると、マネジメントにも興味が湧いてきませんか？　与えられた才能はマルチに使ってこそ、最大の効力を発揮しますよ！　先読み力を活かせるアプリの開発者、経営コンサルタント、トレーダーなども合っているでしょう。

人間関係

センスがずば抜けていいせいか、クールに見えて隙のない印象を与えます。クールであることは悪いことではないのですが、誤解されやすく、コミュニケーションがとりづらいと思われないように気をつけて。かっこつけずに愛想よく、笑顔で、なるべくオープンマインドな姿勢で話すようにするだけで、仲間はどんどん増えていきますよ。

相性のいい人

ひたすら明るく面白いキャラクターの人と一緒にいるとあなたも同様に明るい人に映ります。それが周りの人とコミュニケーションをとりやすくすることに繋(つな)がり、幸福度が増していきますよ。

宇宙からのメッセージ

もっと人生に娯楽を取り入れましょう。
娯楽はあなたの必須科目です！

March Twenty-eighth

3月28日

✦場を盛り上げ、いつも輪の中心にいる人✦

あなたについて

生まれながらにして強運の持ち主。大きな波風はなく、望み通りの人生を歩んでいくことができる人が多いでしょう。冷静に考えてから行動を起こすため、大きな失敗をすることは滅多にないでしょう。

そして目立ちたがりやで、自己主張も強め。イベントがあれば、率先して舵(かじ)とりを買って出るような、輪の中心にいたい人。周りを盛り上げながら、一緒に何かをつくり上げていきたいと思っています。明るい性格で、場を盛り上げるユーモアあり。だからいつもあなたの周りには人がたくさん集まっています。人を喜ばせたり、楽しませたりすることが得意ですが、しゃべりすぎに注意。人の話も聞くようにするとパワーバランスがとれるでしょう。

さらに仲間愛が強いあなたは、身近で困っている人や悩んでいる人を見ると、放っておけません。そんなあなたは多くの人から信用され、頼られますし、特に年下の後輩的な存在の人が、あなたを頼って集まってきます。ただ、自分の意見を強く押しつけてしまうところがあるのでその点は注意しましょう。

また、上手くいかないと感じても上手に軌道修正ができる器用さがあります。それは、日頃の学びによる賜物(たまもの)。何もない時でも新しいことを学び続けるアンテナを張っているので、いざという時は迷いがなく、大胆で勇気のある行動をとることができるのです。

仕事と才能

チームワークが得意。そしてリーダーとして、指導者としての手腕も発揮します。コミュニケーション能力も高いので、接客業や営業にも適しています。

直感力や創造力に優れており、エンターテインメントの世界で活躍する人もいるでしょう。またイラストレーター、デザイナー、映像関係など、形のないものを表現していく職業にも向いています。人をまとめることや、導くことも得意なのでトレーナーや教師などの指導者の道に進んでも成功するでしょう。

人間関係

あなたはとても器用でいろいろな人の間を渡り歩いていくのも上手。素(す)のままでいると、好き嫌いやその時の感情が表に出やすいようです。ただ、基本的に裏表がなく、話せば話すほど、あなたのよさは伝わるので、第一印象で相手が薄い反応でも気にしないでOK。

相性のいい人

好きな人の前だと急におとなしくなってしまうようなシャイな一面も。普段は何事もエネルギッシュに取り組みますが、恋愛においては臆病になりがち。時間をかけて愛を育むのがいいでしょう。自己主張が強く自立心があるので、控えめで自分のサポートをしてくれるような人と相性がいいでしょう。

宇宙からのメッセージ

好きなこと、心地いいこと、嬉しいことの中に、「あなたの道」が用意されています。

March Twenty-ninth

3月29日

✦人を惹きつける華やかなオーラをまとう人✦

あなたについて

自分が好きなことをしているだけで、「素敵！」「真似したい！」と評価されたり、話題になったりする、まるで人気ブロガーやインフルエンサーのような要素があります。あなたには、人にどう思われたいとか、目立ちたいとかいう思いは特になく、普通に思うがままに行動していたら、よくも悪くも反響を集めてしまっているという感じでしょう。

人を惹(ひ)きつけて目立つ、その華やかなオーラは人とのコミュニケーションやビジネスに活用すると、さらに満たされて幸福を感じることでしょう。ただし、注目されてしまうだけに、身だしなみには注意を払いましょう。姿勢、所作、ファッション、メイク、ヘアスタイル……外見面もブラッシュアップするといいでしょう。注目されることが、徐々に快感になってきますから、自分を磨くのも楽しくなっていきますよ。

その一方であなたは直感力に優れていて、スピリチュアルなものを引き寄せる才能もあります。予知夢を見る、もしくはシンクロニシティ（偶然の一致）が起こりやすい、という経験があるのではないでしょうか。また、洞察力にもとても優れているので、周りが必要としていることをいち早く察し、理解することができますし、ご意見番的な立場で、人から相談されることが多いことでしょう。多くの人と接すれば接するほど、洞察力が磨かれて、人の嘘もすぐに見抜けるようになるので、人間関係では失敗することは少なそうです。

仕事と才能

注目されやすいあなたの場合、それをSNSに活用してビジネスを発展させていくのがよさそうです。ブロガー、YouTuberなど、集客を必要とする職業に向いているでしょう。

そんな天性の惹きつけ力を持ったあなたは、広報、PR、受付、婚礼司会者、アナウンサー、ラジオDJなど、人前に出るチャンスの多い仕事も向いています。またスピリチュアルな才能もあるので占い師や巫女、神主、僧侶などの仕事も適しているかもしれません。

人間関係

あなたが放つ言葉には影響力があり、何気ないひと言が相手の心に響くことでしょう。本音で話すあなたの言葉には、核心をついていることもあり、繊細な人にはダメージを与えることも。相手によってはオブラートに包んで話す、ということも忘れずに。それさえ気をつけていれば、あなたの魅力が伝わり、多くの人とよいコミュニケーションがとれるでしょう。

相性のいい人

器用でコミュニケーション能力が高い分、友達止まりになりやすいかもしれません。ですので、好きな人に対してははじめが肝心。あなたの発言のセンスを褒めてくれて、気兼ねなく本音を話し合える人がぴったりです。

宇宙からのメッセージ

**生み出すことを楽しんでください。
あなたは何でも生み出すことができます！**

March Thirtieth

3月30日

✦愛嬌にあふれる「新しい価値観」の提供者✦

あなたについて

人を楽しませることが大好きなエンターテイナーです。

そして変化のない毎日が苦痛で刺激的な生活をしたい、と望んでいます。興味のあることを積極的に学んでいるので、スピーディにステップアップしていきます。その変化が大きく、久しぶりに会った人はあなたの変貌ぶりに驚くこともあるかもしれません。

常に頭の中がフル回転しており、様々なアイディアと計画が詰まっています。他人が考えつかないような新しいことを思いつくので、周りからは「ちょっと変わった人」と思われるかもしれません。ですが、周囲の人たちに新しい価値観を提供したり、ハッとするようなことを言ったりするので人気者になれます。変わっているけれど面白い、愛嬌のあるあなたは、仲間もどんどん増え、あなたと同じように面白い人たちとたくさんの刺激的な経験ができるでしょう。

人の意見に惑わされず、自分を貫くあなたは、生まれながらにして自分の意見をはっきり人に伝えることができます。

そして性格的に媚びることもないので、自信たっぷりの人だと思われることが多いでしょう。人とのつき合い方はかなりマイペース。すべての人に好かれようとは思っていないので、人間関係に悩むことはあまりなさそうです。

多少、エキセントリックなタイプではありますが、少しだけ周りに気を配る態度を示せば、多くの人から慕われて楽しい人生を歩んでいくことができるでしょう。

仕事と才能

あなたは、どんな状況でも動じない、強靭(きょうじん)なメンタルの持ち主。いつも冷静で落ち着いているので、よほどのことがない限り、あわてふためくようなことはありません。

ですので、瞬発力を求められるような仕事がとても得意。急な案件にも柔軟に対応できるタイプでしょう。反対に、コツコツ取り組む作業はすぐに飽きてしまうので苦手。そのため、変化に富んだ仕事を選ぶ傾向にあります。

そんな性格ですから、当然、仕事にやりがいや楽しさを求め、お金よりも自分が楽しんで仕事ができるかどうかを重要視します。ライターやデザイナー、ジャーナリストなどのクリエイティブな仕事が向いているでしょう。

人間関係

それほど多くの友人を必要とせず、本当に信頼できる人と深くおつき合いするほうが幸せを感じます。特定の人以外とはある程度、距離をとって接するところがありますが、誰彼かまわず媚(こび)を売らない、というあなたの毅然とした態度は、実は好感度大。信頼を得ることが大いにありますよ。

相性のいい人

恋愛では基本的に受け身の姿勢がよさそう。あなたがガツガツしていくとかえって逆効果！　相手の話を聞いてあげるだけで OK。相性がいいのは、あなたを信用して頼ってくれる人。

宇宙からのメッセージ

あなたの周りにいる人は、
今のあなたにちょうどいい人なのです。

March Thirty-first

3月31日

✦何でも「カスタマイズ」する天才✦

あなたについて

発想力があり、モノづくりが得意で、いろいろなものを生み出すことができます。しかも予算やスタッフの人数など「この範囲内で」という制限があるほうが燃えるので、オーダーする側にとっては魅力的な存在。今あるものを大胆にセンスよくリメイクするのも得意で、洋服でも、インテリアでも、それこそ自宅をリノベーションするなんていうのにも向いています。「こんなのがあったら便利だな」「こうすればもっとオシャレになる」と、持ち前のセンスのよさを発揮して、劇的に変化させるということも得意としています。いうなれば、「カスタマイズのプロフェッショナル」ですね。

また、その才能は、形のあるものにはとどまらず、人間関係や、それこそキャンプや旅などの遊びの企画、仕事のプロセスなど、改善できるものすべてにおいて発揮されます。

あなたのその能力は、自分のために使うというよりも、人のために使ってこそ、最大限に発揮されるようです。あなた自身、あれこれクリエイトする際に、提供する相手の顔を思い浮かべながらつくっていることが多いのではないでしょうか。今までも感謝されることがたくさんあったはずです。そして、それが次への原動力になり……と、素敵なスパイラルが生まれていきます。あなたはそのスパイラルをつくり出せる、稀有(けう)な人なのです。できればこの先も、カスタマイズの天才的能力を発揮し、もっと大きな舞台へ羽ばたいていってください。多くの人があなたを待っています。

仕事と才能

あなたは、「カスタマイズの天才」なので、あらゆるところで重宝されます。ビジネスでは常に改善することが求められますよね。あなたの「こうしたら便利になるのに」という発想は、すぐに戦力になるため優秀な経営者なら喉から手が出るほどほしい存在。新商品の開発や新たな発明に関われば、大ヒットしたり、特許を取れたりするかもしれません。組織に属すのもいいのですが、フリーランスや起業にも向いているでしょう。まずは副業からはじめてみてもよさそうです。あなたの「誰かの役に立ちたい」という気持ちがあれば、どのフィールドを選んでも活躍できますよ。

人間関係

何でも器用にこなすあなたは、できない人の気持ちがわかりにくいところがありますが、解決策を導き出すのが得意。「気の利いたセリフが言えない」と思うかもしれませんが、理論的な話が上手で、説得力があるので、大いに役立つはずです。冷静で的確なアドバイスが支持されることでしょう。

相性のいい人

大勢の場よりも少人数での集まりのほうが出会いがあります。じっくり話すことで、あなたの魅力が伝わるからです。気になるお相手には、一途さをアピールしてみましょう。また、あなたを尊敬している人だとより上手くいくでしょう。

宇宙からのメッセージ

こっそり隠していないで、
全部見せちゃったほうが楽になります！

✦ Column ✦

12星座と支配星

西洋占星術で扱う太陽や月、水星や金星などの10の天体は、12星座それぞれの「支配星」という役割も持っています。

支配星について

「支配星」は「ルーラー」「守護惑星」とも呼ばれ、12星座それぞれに1つ割り当てられています。「支配」と言っても、押さえつけるように支配するのではなく、「ガイド役」のようなもの。私たち一人ひとりの持つ性質と繋(つな)がっていて、「自分らしさ」を高めてくれるのです。

支配星	星座	影響
太陽	獅子座	生命力、個性、活力
月	蟹　座	繊細、感受性、直感
水星	双子座、乙女座	知性、思考力、対話力
金星	牡牛座、天秤座	美、芸術、社交性
火星	牡羊座	勇気、活力、行動力
木星	射手座	寛大さ、広げる、信望
土星	山羊座	規律、秩序、忍耐
天王星	水瓶座	自由、客観性、最先端
海王星	魚　座	敏感、幻想、ひらめき
冥王星	蠍　座	力強さ、神秘性、死と再生

Know The Secrets of Your Life
Through Your Birthday

4月1日

✦非凡な才能を持つ「英雄」✦

あなたについて

ずっと燃え続けていたい気持ちが強く、いつもドキドキ、ワクワクしていたい人。とても「エネルギッシュ」で、常にアドレナリンが出ているような勢いのよさがあります。

もともと負けず嫌いの野心家であり、また、質の高いものや、贅沢なものにも強い憧れを持っているようです。

自分が何をしたいのかという目標を早く決めることができれば、それだけ早く成功に向かって進めます。そして、いざという時の勝負に強く、周りに尊敬される「英雄」タイプです。行動力と突破力に加え、人を惹(ひ)きつけてやまない明るさもあるところがあなたの魅力。強さだけでなく、スムーズに進める器用さがあり、成果を出し続けられるので、周りの人からの評価も高いですし、及ぼす影響もかなり大きいでしょう。

どんなに大変でも決して弱音を吐かずに頑張りますし、目標を成し遂げた時の達成感こそが人生の喜びと思っているようですね。加えて、正義感が強く、自分が間違っていないと思うと、とことん自己主張し、誰が何と言おうと意志を貫けるところもあります。

そんなあなたの強さや人を惹きつける資質は、弱い者を守るためにこそ、使うように与えられたもの。あなたの運の強さやパワーは、使い方次第では、多くの人を助け、信頼を得て、揺るぎない地位を手にすることに繋(つな)がります。天から与えられた才能を弱い人のために使いましょう。そうすれば、運勢もどんどんいい方向に向かっていきますよ！

仕事と才能

頭の回転も速くバイタリティのある人。起業をしたり、ビジネスの中心人物になったりすることが多いようです。何もないところから大きなものをつくり上げていくのも得意です。あなたは勝負に強いこだわりがあるので、ものすごい勢いで、突き進んでいきます。周りの意見に左右されることもなく、掲げた目標をたやすく達成することができてしまいます。つまり、思ったことは何でも叶えられる、そんな幸運に恵まれているのがあなたなのです。勝ち負けや数字がはっきり出るような、営業職やスポーツ関係、マーケティングの仕事などに向いています。

人間関係

太陽のような明るさを持っていて、周囲を盛り上げるのが上手なあなた。その輝くような明るさに惹かれて、周りには多くの人が集まってきます。あなたは誠実なので、周りからは信頼されて評価も高いです。また、親しみやすく、ユーモアもあるので、充実した人間関係を築けます。

相性のいい人

あなたのファンで援助を惜しまない人、もしくは経験豊かでいざという時に手を差し延べてくれる人がぴったりです。「あなたを支えている」という気持ちが、相手をさらに夢中にさせるでしょう。

宇宙からのメッセージ

「正しいこと」より「楽しいこと」が、あなたにとっての正解です！

April Second

4月2日

✦恐れ知らずの強靭なハートの持ち主✦

あなたについて

子どものように純粋な心を持ち、その夢や理想を仲間と語り合うことが大好き。好奇心が旺盛で少年少女のような無邪気さと大胆さを兼ね備えたタイプです。

また、人を見抜く審美眼があり、信頼できる人、そうでない人の線引きがはっきりとしています。

そして、感性の赴（おもむ）くままに行動する——そんな野性味あふれるところがあなたの最大の魅力です。大抵の人は自分の中にストッパーがあり、「やりたいけれど、失敗するのが怖い」「周りからどう思われるかが気になる」と考えすぎて挑戦を諦めがちですが、あなたは失敗を恐れず、我が道を進んでいくという軸のようなものをしっかり持っています。その強靭（きょうじん）すぎるハートは周りの人からうらやましがられるほど！

そして、あなたは裏表のないストレートな人なので、嘘をついたり、オブラートに包んだりするような発言はしないタイプ。“空気を読む”ことを求められる社会人としては、少々生きにくい時があるかもしれません。けれども、その分、あなたには強い意志に加えて、天性の直感力や感性が備わっています。芸術的センスに優れているという特徴があり、その素晴らしい個性はあらゆる面で大きな武器になるでしょう。

本質を見失うことがなく、その直感力や感性だけで生き抜いていける強さがあるので「あるがまま」で大丈夫。得意分野で誰よりも突き抜けることができるでしょう。

仕事と才能

天性の優れた感性と直感力、センスを持っているので、何かを生み出すような仕事が向いています。作家、デザイナー、画家、陶芸家、料理人、建築家……などです。このような専門的な職種でなくとも、例えば、プレゼン資料をつくる、ホームページのキャッチコピーをつくる、カフェで調理を担当する、ショップのMD（マーチャンダイジング）をするなど、センスを活かせることやものはたくさんあります。どんなに小さなことでも、あなたのセンスを全力で注入していきましょう。すると、素晴らしいものができ上がり、周囲の評価もどんどん上がっていきます。

人間関係

あなたは自由人でありながら、とても面倒見がいい人です。ラブ&ピースな人なので、周りの人にも幸せになってほしいという思いが強くあります。それはとても素晴らしいことで、多くの人から感謝されます。ただ、まれに「おしつけがましい」と思われてしまうことも。相手によっては「温かく見守る」くらいがちょうどいいかもしれません。

相性のいい人

ストライクゾーンが狭めなので、まずは枠を広げてみるといいでしょう。相性としては、強さのあるあなたとは真逆の繊細できめ細やかな人。あなたを優しくフォローしてくれる人です。

宇宙からのメッセージ

「清水の舞台から飛び降りる」ようなことも、
人生に一度や二度必要です！

4月3日

✦瞬発力に優れた無邪気な行動派✦

あなたについて

瞬発力が高く、スタートダッシュに優れているのがあなたの才能。ややせっかちなところも、真剣に効率のよさを考えているからなので、欠点ではありません。ピンとひらめいたと同時に体が動いてしまい、時には思考が追いついていかないことも。何であんな行動がとれたのだろう、と後から自分でも不思議になることがあるくらいです。

世の中には、「早い者勝ちが得をする」という場面が多々あります。「私のほうが先に考えていたのに……」「やろうと思っていたら先を越された！」など。でも、あなたの瞬発力をもってすれば、そこで負けるようなことはほとんど起こらないでしょう。誰よりも先に行動するので、時には失敗することもあるでしょう。誰でも失敗するのはツラいですし、できれば失敗したくありません。でも、失敗なくして成功もなし。やらないで後悔するより、やって後悔したほうが、学ぶことも、得ることも格段に大きく、そして、人はそのほうが成長していけます。あなたは突っ走って失敗したとしても、リカバリー能力がありますし、必ず何かを学んで前を向いて進んでいける人なので、その行動力を大切にしてください。

性格的には、子どものような無邪気さを持って生まれた人なので、恥ずかしさを人よりも感じにくいかもしれません。エンターテイナー的な素質もあり、常に場を盛り上げるムードメーカー。誰からも愛される人気者でしょう。

仕事と才能

瞬発力に優れたあなたは、普通の人が尻込みしそうな飛び込み営業のような仕事も、ササッとたやすくできてしまいます。人の輪の中でも、海外の異文化の中にでもすぐに飛び込んでいけるので、大人数の中で仕事をしたり、商社や外資系企業で外国人相手に仕事をしたりするのにも向いています。

情熱も大事ですが、事前に、「この人とはこの話をする」「今日はここまでやる」など具体的なTODOを設定し、慎重に物事を進める意識が大事。気配りも重視すれば、ビジネスはかなり上手くいくようになりますよ。

人間関係

ユーモアあふれる会話が得意なあなた。意識しなくても、相手に面白いと感じさせられる魅力があります。

ただ普段は瞬発力に優れているのに、意気込みすぎると、相手のリアクションを気にしてオーバーリアクションをとったり、気を遣いすぎたりするところも。取り繕（つくろ）う必要はありません。ありのままで接するだけで魅力的ですよ。

相性のいい人

恋愛面では焦って自爆しがちなところが……。押したら引く、相手に合わせるということが必要になりそうです。そんなあなたには、一歩前を行くタイプで、仕事ができる、スポーツ好きな人が合うでしょう。

宇宙からのメッセージ

ずっと迷っているなら、やってしまいましょう。後からどうにでもなります！

4月 4日

✦長期的な視野を持つ大器晩成型✦

あなたについて

勢いで行動できるのですが、動いた後にこれでよかったのだろうか、とモヤモヤと悩む繊細なところもあります。メンタルが不安定にならないように、リセットする方法を持っておくといいでしょう。例えば、森林の中を散歩する、自然があるところに旅に出る、遠出ができなければ、落ち着ける昔ながらの喫茶店に行くなどがオススメです。心をニュートラルにできるので、前向きな気持ちを取り戻せますよ。本来は、明るくてポジティブな資質を持っているので、一度リセットすることで、ネガティブな気持ちや不安が消え、今以上に輝きを放てるようになるでしょう。

性格は真面目で、日常のルーティンを大事にする人。さらに革小物、食器や寝具にこだわりがあり、上質なものを長く使い、丁寧な毎日を送るタイプです。日々のスケジュールもしっかりと管理し、約束や期日も厳守します。目上の人や取引先からの信頼も厚く、地道な努力を続けて、壮大なプロジェクトを達成できるので、出世しやすいのもこの日生まれの性質。忍耐強く努力家なので、多くの人から信頼され、尊敬されるでしょう。

加えて、日頃から丁寧に生きているだけあり、チャンスの見極めも得意。クリエイティブの分野でも才能を発揮することでしょう。大器晩成型であり、人生の後半へいくにつれて充実感で満たされていきますし、金銭管理にも長けているので、堅実に貯蓄したり、投資したりするのが得意。豊かな老後を送ることができるでしょう。

仕事と才能

仕事においては、きめ細やかにチェックするのでミスは少ないタイプです。一方で、ここぞという時、あなたは「火事場の馬鹿力」を出せることもあり、ヒットを飛ばすこともあるでしょう。基本的にはリスクヘッジをとり、慎重ですが、いざという時にはアクセルを全開にするというバランスのよさで、どんどん業績を伸ばしていくことができます。次々と新しい世界を切り拓いていくはずです。正確さが大切なシステムエンジニア、経理、公務員などに向いています。

人間関係

自分の気持ちを伝えるのが苦手で、人間関係に気を遣いすぎるところがあります。とても優しいので、あなたと一緒にいると安心する、という人は多いはず。ですので、特に何もしなくても、たくさん仲間がいて、何かあった時は彼らに助けられるでしょう。ムリに人に合わせるのではなく、素(す)のあなたで接してみましょう。そうすることで、互いに気持ちを伝えやすくなり、より良好な関係を築いていけます。

相性のいい人

育ちがよく、おっとりしていて、芯が強い人と相性が合います。また、あなたがなかなか本音を伝えられないので、悩みに対して親身になって相談に乗ってくれる、聞き上手な人がオススメです。

宇宙からのメッセージ

何か一つ変えるだけで、
運の流れが変わります。

4月5日

✦「謙虚な心根」で人気も好感度も抜群✦

あなたについて

目立つのが苦手で、どちらかというと裏方に徹したいあなた。でも仕切り上手ですし、特に目上の人とのコミュニケーション力に優れているので、表舞台に引っ張り出されることが多くあります。「目立ちすぎると妬(ねた)まれてしまう」という気持ちが強く、とても謙虚。そんな控えめな態度も好感度に繋(つな)がり、ますます人気が高まる……というのがあなたです。

加えて、あなたに注目が集まる理由は、一目置かれるほどのセンスのよさです。あなたに憧れ、真似したいと思っている人は実は多く、あなたの一挙手一投足をチェックしたいと集まってくることでしょう。

また、何事にも根気強く努力できる資質も持っていますので、目的や目標を達成することができます。そのゴールに向かっていく過程で、少し軌道がズレてきたな、と感じた時に、すぐに修正できる冷静さがあります。少し時間がかかるものの、試行錯誤しながら最終的に目標までたどり着けます。控えめな性格ではありますが、日々コツコツ積み重ねている努力によって、本当は自分に自信がありますし、どんな時もブレずに堂々としている人。ですので、多くの人が相談ごとや悩みを明かして頼りにしてくるでしょう。また、人との繋がりを大切にしているので誰に対しても謙虚で、コミュニケーションは慎重。人の立場に立って深く考えることができるので、困っている人を見過ごせません。そのため、多くの人が慕ってくるでしょう。

仕事と才能

トラブルを上手に避けながら、物事を着実に成功させたいと常に思っています。そのために、根気強く取り組み、努力することも厭（いと）いません。きっと、上司や先輩、後輩、部下など、周りの人たちからの信頼は厚いでしょう。医療事務や秘書、公務員などが向いています。

また、出すぎないため、敵をつくることもありません。平和に過ごすのもよいのですが、ビジネスを発展させるために、自分を少しでも変えたければもっとアピールしましょう。普段から謙虚なあなたの場合、多少自己主張しても嫌がられないのでご安心を！

人間関係

どちらかというと、時間をかけて関係性を深めていきたいと思う人です。慎重すぎて、とっつきにくいと思われてしまうこともありますが、誤解が起きにくいというメリットも。その丁寧さで徳を積んでいける部分もあるので、ちょっとだけテンポよく話すよう心がければ、問題ありませんよ。今のまま、慎重に見極めておつき合いするのが正解です。

相性のいい人

オシャレでバランス感覚がよく、どんな時も感情的にならない、冷静な人がぴったりです。友人からスタートして、じっくり信頼関係を築いていくと、いいおつき合いができます。

宇宙からのメッセージ

過去や未来にとらわれず、今この瞬間だけを見れば、何の問題もないことがわかるでしょう。

4月6日

✦直感力が光りスピード感に富んだ人✦

あなたについて

あなたは、楽しいことや好きなことを積極的に見つけ出し、とてつもないパワーを発揮することができる人。直感力とスピード感に富んでいて、「これ！」と決めたら、次々にアクションを起こしていきます。迷いがなく、どんどん進んでいくので、大きなことを成し遂げる可能性大です。

一方、苦手なこと、イヤなことにはすぐに逃げ腰になるところが。最優先が「面白いかどうか」なので、趣味や遊びを優先できる環境を好みます。イヤだと思ったら、あっさり会社を辞めてしまうなど、決断力と思いきりのよさには目を見張るものがあります。

困難なことほど燃える性質があり、イヤなことから逃げる性格と矛盾しているように思われますが、好きなこと、興味があることのための困難は、全く苦ではないようです。忍耐力があるのか、ないのか、周りの人たちからすると不思議で、一貫性がないように見えますが、誰が何と言おうと好きなことには一直線。自分の考えをしっかりと貫きますし、それがあなたのスペシャルな才能でもあります。

とてもパワフルな人ですが、ずっと走り続けていては限界があるので、疲れが蓄積しないように気をつけましょう。突然倒れたりしないよう、意識的に休みをとるようにすると、集中力が持続して、頑張り続けることができますよ。

仕事と才能

楽しいこと、興味のあることになると、ずば抜けた集中力を発揮して誰よりも頑張ります。また、スピード、直感力に秀でているので、まさに経営者向き。リーダーシップに優れ、周りからも尊敬されて一目置かれる存在です。とはいえ、地位を築きたいという野心はなく、リーダーになりたいわけではないようです。一生懸命取り組んでいただけで管理職に抜擢(ばってき)されるなど、いつの間にか出世するタイプ。また、常に刺激がないと飽きてしまう性格。そのため、日々変化をもたらすように工夫するといいでしょう。スピード感を活かせるIT系やWeb系の仕事も向いています。

人間関係

持ち前の話術で、人を楽しませることができるムードメーカー的な役割を担(にな)います。ただし、話術が巧みすぎて、お調子者だと思われてしまうことも……。時には、頭であまり考えずに、心の赴(おもむ)くままに話すと誠意が伝わり、相手との距離がぐっと縮まりそうです。照れずに、素(す)の自分をどんどん見せていきましょう！

相性のいい人

恋愛は、趣味や遊びを通じて広がっていくことが多いようです。相性がいいのはあなたの趣味や楽しみをよく理解してくれて、静かに見守ってくれる人です。

宇宙からのメッセージ

運は伝染します。運がいい人と一緒にいると運がよくなっていきます。

運がよくなるアクション
球技をする、または球技系のスポーツを観戦する

April Seventh

4月7日

✦エネルギーの「素敵な循環」を起こせる人✦

あなたについて

大抵の人は、好きなことや面白いことに対してはパワーを注げても、それ以外のことはつい後回しにしたり、手抜きをしたりして、バランスをとろうとするもの。

けれども、あなたはどんなことでも均等にパワーをかけることができる、エネルギッシュな人。自分だけでなく、他の人たちにも惜しみなく持ち前のパワーを使い、日常的に人助けをしていることでしょう。

周りが疲れている時でも一生懸命に盛り上げて、明るい雰囲気をつくったり、人が困っている時に全力でサポートしたり……。一緒にいる仲間を放ってはおけない性格です。

あなたの優しい気持ちによって振りまかれたエネルギーは、いつかあなたのもとへ、より大きくなって返ってきます。エネルギーの素敵な循環は、気の流れもよくし、運気を高めてくれるので、周りの人たちにどんどん与えていきましょう。

あなたが楽しいうちは問題ないのですが、気の遣いすぎでストレスがたまるようになったら要注意。メンタルをすり減らすので、気をつけてください。いくらパワフルなあなたでも、疲れが抜けにくくなります。疲労困憊の状態が続くと、エネルギーの循環も滞ってしまうので、過度な気遣いはやめましょう。自分が元気でなければ人を助けることができないので、自分のケアを第一優先することを忘れずに。

仕事と才能

困っている人がいたら真っ先に手を差し延べたり、みんなが疲れて職場の空気がよどんできたら、自分が疲れていてもテンション高く盛り上げたりできる人。そんなあなたは、誰からも慕われ、頼りにされることでしょう。パワフルなサポーター役で、冷静に判断ができるあなたはどこに行っても重宝されるはず。感情を上手くコントロールしながら、仕事をこなしていきます。さらに、いざとなると「火事場の馬鹿力」を発揮するので、責任重大な案件も難なくこなすことでしょう。人をサポートするキャリアアドバイザーや教師、カウンセラーなどに向いています。

人間関係

あなたがいるだけで、その場の空気がガラッと変わる、そんな存在。緊張感のある凍りついた場でも、一瞬にして和やかな雰囲気に変える能力あり。また、頭の回転が速く理解力が高いので、会話のキャッチボールもスムーズで、人を心地よくさせます。そのため、相談を持ちかけられたり、アドバイスを求められたりすることも多いようです。

相性のいい人

あなたにとって、恋愛は癒し。リラックスできる関係が理想です。相性がいいのは、あなたのリズムに合わせてくれる、落ち着いた人。せっかちな人は避けたほうがよさそうです。

宇宙からのメッセージ

人から介入されすぎない、人に介入しすぎない。
人のことはある意味、放っておいていいのです。

April Eighth

4月 8日

✦「自己肯定感」が高く邪気のない人✦

あなたについて

あなたは、自分が面白いと感じたことや、「なるほど！」と興味関心を持ったこと、感動したことなどについて、「みんなに伝えたい！」という思いが強い人。まれにその思いが先走ってしまい、話を大きく表現してしまうところがあるようです。後で、周りの人たちから、「ちょっと大げさなのでは？」とツッコミが入ることも……。

無意識に話が大きくなってしまうのは、ひとえに、あなたがサービス精神旺盛だから。周りが驚いたりしてくれると、ついつい尾ひれをつけすぎてしまい、さらに話が大きくなってしまうのでしょう。嘘はよくないですが、話を盛り上げることができるのは、あなたの素晴らしい話術によるもの。決して悪いわけではなく、時には元気のない人の心に火を灯し、時には無気力な人のやる気スイッチを入れたり、いいことも大いにあるのです。あなたに勇気づけられた、元気づけられたと思っている人はたくさんいることでしょう。

周りにいい影響を与えることができるのは、あなたがポジティブで、自己肯定感が高いからでもあります。さらに、いつも目がキラキラ輝いていて、邪気がいっさいないので、相手が警戒せずに、心の扉をパカーッと開いてくれるのです。これこそがあなたの魅力。そして愛嬌（あいきょう）のあるあなたは、旅先や飲み屋さんなどで、初対面でも意気投合して仲よくなれちゃう人も多いでしょう。まさに、「人たらし」なタイプなのです。

仕事と才能

夢に向かってひたむきに行動しているあなたに、周りの人たちも引き込まれていき、つい応援したくなります。これまでも助けてもらったり、サポートしてもらったりすることが多かったのではないでしょうか？　あなたの武器は、まさに「人徳」です。仕事をしていく上で、人徳はとても大事です。やりたいことを実現できるかどうか、成果をあげられるかどうか、出世できるかどうか、多くのことに影響してきます。また人を惹(ひ)きつけるトークが魅力なので、営業やプレゼンなど、話す機会が多い仕事が向いています。

人間関係

コミュニケーションをとる際には、あなたの聞き上手な面もどんどんアピールしていくとよさそうです。リアクションが抜群なので、話している相手はとても気分がいいはず。あなたは話術も巧みなので、多くの人が集まってくるのですが、興奮すると暴走気味になるので、そこだけ注意しましょう。

相性のいい人

あなたはとても褒め上手なのですが、あまり褒めすぎると、「誰に対してもそうなのでは？」と思われるので、意識的にほどほどに。相性がいいのは、現実的で物事を客観的に把握(はあく)できる人です。

宇宙からのメッセージ

今すぐ完了できるものは保留にしておかないほうが、運の流れがよくなります。

April Ninth

4月9日

✦誰とでも仲よくなる愛嬌のある人✦

あなたについて

あなたがただ面白いと思ったことを次々に実行していくと、周りの人を幸せにする……そんな力があります。いつも笑顔で愛嬌があるので、老若男女、動物からも好かれるあなた。さらに言うなら、神さまからも好かれているような、ラッキーなことが頻繁に起こるのがあなたの特性です。

特に勉強をしなくても、得意なことはできてしまうという、天賦の才能を持っていますし、そこには必ず、「豊かさ」という幸運が待っていることでしょう。加えてあなたは聞き上手な才能があり、人の話を聞いてあげるだけで癒したり、楽しくさせたりすることも。人の話を聞いてあげることで徳を積むことができますから、人生を通して、ぜひ継続してください。

また、アクティブに移動するのが大好きで、動けば動くほど運気が上がっていきます。日本各地にとどまらず、生きている間に行けるところは、どんどん足を運んでいきましょう。そこから素晴らしいご縁が繋がったり、仕事に繋がったり、人生での面白いことが何倍にも広がります。ユニークで遊び心があり、頭の切り替えが速いあなたは、イヤなことがあっても立ち直りが早いでしょう。

好奇心が旺盛であり、知的。ハマるととことんやる、オタクな気質の人が多いでしょう。ただ、関心のある対象がコロコロと変化していくこともあり、気まぐれな人と思われてしまうことも。とはいえ、あまり気にせずにいろいろなことを試していくことが幸福に繋がります。

仕事と才能

あなたは、オリジナルで何かをつくり出す仕事が合っています。職人になるのもオススメですし、何かの創始者にも向いています。また、人の心を癒したり、様々な問題解決のお手伝いをしたりすることも得意。さらに、タレント性がありますから、接客業も適任です。あなたの魅力に惹(ひ)きつけられて、お客さまが集まってきますし、幸せと豊かさのいい循環が起こりそうな予感。あなたの素晴らしい能力に加え、神さまからのサポートもあり。あなたの人生には、ミラクルが起こりやすいので、ぜひそれを楽しんでください。

人間関係

あなたはとても楽しい人なので、あなたのことが好きな人が周りに集まり、楽しい人間関係を築くことができます。ただ、あなたは周りの波動に影響を受けやすいので、違和感を覚える人からはムリせず離れましょう。また、誤解が生じた時は、きちんと向き合うことで、絆(きずな)が深まり、さらに仲よくなれます。気を遣いすぎることなく、ありのままのあなたで、のびのびと人づき合いをすれば人生はもっと楽しくなるでしょう。

相性のいい人

あなたの言動にいいリアクションをしてくれて、よく笑う人が◎。さらによく褒めてくれる人ならば最高です。

宇宙からのメッセージ

あなたの「次元」が上昇すると、
滞っていたことが次々に動き出します。

4月10日

✦強い正義感で困難に立ち向かうヒーロー✦

あなたについて

あなたは、とても強い闘争心と正義感を備えています。そのため、目の前に立ちはだかる壁を乗り越えることが大好き。負けることを恐れず、「当たって砕けても本望！」という感じで、戦いに挑みます。たとえ砕け散ったとしても、そこから何かを学び得て、次に活かすことができる才能もあります。「当たって砕けろ」をくり返していくうちに、天井なしに、どんどんレベルアップしていくことでしょう。

また、チームを組んで戦うことはあまりせず、常に孤高の戦いを続けていくことを好みます。そのため、もし、あなたが、誰かに依存したくなったら、疲れているか、心が弱っている証拠。そんな時は、ムリは禁物。人を頼ることは決して悪いことではないので、周りの人たちに助けを求めましょう。あなたの情熱ややる気は、傍(はた)から見ても一目瞭然なので、ひと声かければ、いろいろな人たちが協力してくれるはずですよ。

強いヒーローには、必ずよい仲間がいますから。乗り越える壁がかなり高い時は、仲間と共に戦うことをオススメいたします。

あなたはこうと決めたら、ハードルが高くても最後までやり遂げる人ですし、自分の考えに自信とこだわりをもって突き進んでいきます。常に冷静で自信に満ちあふれているので、トラブルが発生した時の判断は的確。リーダーシップをとるのにふさわしい能力を備えています。

仕事と才能

仕事においても、真っ向勝負で、失敗を恐れずに、どんどん挑んでいきます。逃げたり、妥協したりもしません。そのため、多くの人たちから信頼を得るでしょう。いざとなった時に守ってくれるヒーローのようなあなたは、部下や後輩からとても慕われます。逃げたり、妥協したりすることが嫌いで、生まれ持った闘争心や正義感をまっすぐに表現すると幸運をたぐり寄せることができるのです。向いている仕事は、チームワークを活かせるもの。イベントやプロジェクトのリーダーになるのも向いています。

人間関係

感情表現がストレートなあなた。裏表がいっさいなく、さっぱりした性格なので、多くの人に受け入れられます。ちょっぴり天然で可愛げがあるので「なんだか憎めない！」と思われて、敵をつくることはあまりありません。ただ、売られたケンカは、正義感の強さから、買う傾向が……。不毛な戦いなら逃げたほうが賢明です。

相性のいい人

ガンガン攻めるよりも、相手に合わせるほうが実を結びそうです。相性がいいのは、穏やかで、聞き上手な人。互いに気を遣えて、相手の話を聞く姿勢があると、居心地のよい時間を過ごすことができるでしょう。

★ 宇宙からのメッセージ ★

“二兎(にと)追うものは一兎(いっと)をも得ず”ではなく、
あなたの場合「二兎追うものは三兎も得る」です。

April Eleventh

4月11日

✦運を味方につける「引き寄せ」の天才✦

あなたについて

あなたは生まれながらにして、「ほしいものが手に入りやすい」という幸運の持ち主です。それは、あなたには、「引き寄せの法則」を上手く使える才能が備わっているから。要領がよく、運も味方につけやすいので、知らず知らずのうちに願いが叶っていることも多いのではないでしょうか。

イヤなことはせずに、好きなことに集中する、どんな状況でも自分をコントロールしてテンションを上げられるなど、たとえ困難な状況でも楽しんでしまう、ポジティブ全開なあなた。「引き寄せの法則」とは、簡単にいうと、イメージしたものがそのまま現実に起こりやすくなること。あなたの場合は、常に楽しいことやテンションが上がることを考えているわけですから、それらが現実になりやすいのです。また、ネガティブな状況をポジティブに変える天才でもあり、「困難があったほうが、余計にやる気になる」「ライバルがいると燃える」というタイプ。これもポジティブなものだけを引き寄せることができる大きな要素でもあります。

もし、「そうはいっても、私はそこまでポジティブじゃないし、引き寄せの法則も働いていない」と感じているなら、疲れる人間関係、やりたくない仕事など、気持ちが沈んでしまうものをどんどん排除していきましょう。できることから実行することで、引き寄せの天才に変われるはずですよ。

仕事と才能

仕事においても、願ったことを実現させやすい運に恵まれています。「運」というと、何も努力していないかのようにとらえられることがありますが、あなたは、「失敗しても必ず何か学べることがある」「これが起きたのは自分にも原因がある。次からはしっかり改善しよう！」という感じで、人のせいにせず、ネガティブにならず、ポジティブに変換できる才能があるのです。この考えが、ビジネスが上手くいく秘訣でもあります。いいものを引き寄せて、いつの間にか大きな成功を手に入れることができるでしょう。人の役に立っていることを実感しやすい医療系や介護系、カスタマーサポートなどの仕事が向いています。

人間関係

あなたの引き寄せ体質は人間関係でも発揮されます。自分の思考によって引き寄せる人が変わってくるので、ストレスがなく、笑顔でいられる環境に身を置くことが大事。意識的に自分を癒し、常にメンタルをベストな状態にしておきましょう。

相性のいい人

ポジティブなあなたには、たくさんの人が寄ってきやすいですが、相性がいいのは、大人の落ち着きがあり、深い話ができる人。きちんとあなたと向き合ってくれる人を選びましょう。

宇宙からのメッセージ

未来のことは決めちゃっていいのです。
先に決めちゃえば、未来はそうなるのです。

April Twelfth

4月12日

✦絶妙な判断力が光る楽天家✦

あなたについて

判断力と直感力に優れていて、かつ、冷静。攻める時は攻め、引く時は引く、そのバランスが絶妙。自分のことを客観視できるので、人からどう映っているか常に考えることができるでしょう。

だからこそ、人と接する時は、距離感を誤ることはありません。常に自然体で心地よさを感じるため、会う人みんながあなたに魅了されてしまいます。

基本的には楽天家。明るく元気で、怖いもの知らずですし、どこに行っても物怖じせずに、誰とでもすぐに仲よくなってしまいます。あなたの最大の長所といえるでしょう。

一つのところにとどまることが苦手で、あちこち動き回るタイプ。常に進化していたいと考えていますし、興味があることには全力で挑みます。そんなあなたを見ていると、周りの人は勇気をもらえるようです。「次にどんなことをするんだろう」と、あなたのことが気になって仕方ないでしょう。

また、現実的に可能である目標を立てて、着実に成功させていきます。先に周りに宣言して、実行していくタイプです。自分を客観視できるだけあって、自分のキャパをしっかり理解していますから、できないことはできないと素直に言えるタイプでもあります。

頭の回転も速く、勝負ごとにも強いため、大きな失敗はしにくいでしょう。

仕事と才能

仕事においても、駆け引き上手な才能は、いかんなく発揮されます。商談や交渉ごとなどにおいて、契約が決まるだけでなく、いい条件で話がまとまりそうですよ。ここぞという時が、あなたの出番です。また、あなたは、高揚感を覚えるような業務や状況が、原動力になる人です。特に、新鮮なことにワクワク、ドキドキするので、新しいことに挑戦したり、常にアレンジを加えて変化させたりすると、仕事へのやる気をキープできます。商社や不動産、政治家など、大きなお金が動く仕事や、大勢の人に関わる仕事が向いています。

人間関係

「この人、ちょっと違うかも……」「考え方が真逆！」と感じると、たいていの人は距離を置きたがりますが、あなたの場合は、積極的に関わったほうがよさそうです。一瞬、「受け入れられない」という感情が芽生えるのですが、お互いに理解し合えた時に、面白い化学反応が起きるかも……。そして、二人揃って次元上昇できそうですよ。

相性のいい人

乗り越えるべき壁があるほど、恋愛スイッチが入りやすくなります。ただ、乗り越えた後は、共同作業をすることを重視すると絆(きずな)が深まります。相性がいいのは、常に新鮮さを求めて、エキサイティングなことが好きな人。

宇宙からのメッセージ

どんなところであっても心地よければ、そこがあなたの「パワースポット」です。

April Thirteenth

4月13日

✦社交的で「自分の気持ち」に素直な人✦

あなたについて

誰に対しても優しく笑顔で接する社交的なタイプで、人から注目されることが大好き。あなたはとても純粋なところが魅力でしょう。自分の気持ちを出さずにはいられません。思ったことがそのまま表情にも言葉にもストレートに出てしまうタイプなので、裏表がなく、傍(はた)から見てもわかりやすい性格です。人に対しては誠実な態度で接するので、誰からも信頼を得られるでしょう。

さらに愛情が豊かで世話好き。人望が厚く、相談を持ちかけられることも多いでしょう。その相談に一生懸命向き合う真面目さもありますし、話をしていてとても楽しく、関わった人たちから親しまれるでしょう。

性格的には常に明るく元気でいたい、と思っているので、人に自分の弱いところは見せたくないでしょう。

また、人に頼るのも苦手で、なるべく自分でやり切ろうとする責任感があり、完璧主義な一面も。自分にルールを課して、忠実にそれを守ろうとするところがあります。その姿勢が周りにいい影響を与えて素晴らしい作品やチームをつくっていきます。この時、あなたはとても楽しいはず。特に芸術的な才能があるので、素晴らしいモノづくりができます。ですので、少しでも興味があることは、チャレンジしていきましょう。楽しそうにしているあなたを見て、周りは喜んでついてきてくれるでしょう。

仕事と才能

自分の気持ちに正直で、常に一生懸命――。そんなあなたを見ていたり、話をしたりすると、明るい気持ちになるので、心が癒される人が続出します。あなたは、存在しているだけで周りの人を強くサポートしている結果に。

また、コミュニケーション能力が高く、あなたがリーダーになっている職場は、楽しくてずっと同じメンバーで働いてしまう、ということもあるでしょう。人をサポートする仕事や、販売、受付、営業など、多くの人と顔を合わせる仕事が向いています。

人間関係

基本的に自分に正直に生きているのですが、人を喜ばせるために頑張るところがあり、ずっとグループ行動をしていると疲れてしまいます。ほどよい距離感を保つよう意識しましょう。また、あなたは本当に心が許せる人が一人いるだけでも満たされます。それは友人でなくても、家族でもパートナーでもいいでしょう。そこでエネルギーがチャージされ、その他の人間関係を円滑にすることができます。

相性のいい人

あなたの弱いところを理解し、丸ごと受け入れてくれる人がベストです。また、基本的に、面白い人がいいでしょう。

宇宙からのメッセージ

大丈夫です。あなたに起こる全てのことは、ベストタイミングになっているのです。

April Fourteenth

4月14日

✦「同時進行」が得意な器用さのある人✦

あなたについて

あなたは二つ以上のことを難なくこなせる器用さがあります。例えば、音楽を聴きながら勉強する、仕事をしながら料理をする、といった具合です。営業をしながら商品開発をするというような、全く違う仕事をする人もいるかもしれません。“二つ以上のこと”というのは、作業に限らず、自分の居場所についても同じことがいえます。仕事をしながら大学院に通う、仕事を二つ以上掛け持ちする、高校に通いながら予備校に行く、学校の部活動をしながら外部のクラブチームに所属する……といった感じです。もちろん、二つにとどまらず、もっとたくさんのことを並行して行なう人もいるでしょう。

並行して行なうものは、全く毛色の違うことをするのがオススメです。医師をしながらミュージシャンをやる、公務員をしながら画家をするなど、意外性のあるものが◎。というのも、あなたは常に新しい刺激を求めたくなるタイプ。全然違うことを並行していくと、どんどんインスパイアされて、頭がフル稼働します。すると、自分でも驚くようなパワーを発揮することも！　非常に個性が強く、芸術的センスにも優れているので、クリエイティブな分野で活躍する人も多いでしょう。

また怖いもの知らずな一面もあり、恐れずに飛び込んでいける性格。無茶苦茶なようにも見えますが、大胆な決断を下せるということは、大きく成功しやすい、ということなので、失敗を恐れず、どんどん新しいことにチャレンジしましょう。

仕事と才能

あなたは普通の人が並行してできない仕事を、平気でやってのけます。中途半端になることなく、完璧にやり遂げることができる才能あり。むしろ二つ以上のことをすることで、力を発揮しやすくなります。そして、まっすぐで一生懸命なので、脇目もふらずに全力投球。二、三人分の仕事をこなしてしまいます。すると、さらに仕事を頼まれるようになりますが、あなたの体は一つなので、オーバーワークになっていないか、振り返るよう心がけましょう。複数の案件をこなすマネジメントやプロデュースの仕事で力を発揮します。

人間関係

自分の好きな話題、ジャンルについつい夢中になりやすいので、同じ趣味を持っているなど価値観が近い人とは、時間も忘れるくらい楽しい時間を過ごせるでしょう。基本的に、あなたは性格も人づき合いもさっぱりしています。相手の変わった個性もすんなり受け入れ、程よい距離感を保つため、ストレスはたまりにくいようです。

相性のいい人

自分から告白するタイプではなく、言い寄られた人の中から相手を選ぶ傾向にあります。でも、あなたは本来、積極的な人なので、自らアプローチしたほうが、相性の合う人といいおつき合いができます。

宇宙からのメッセージ

すべて上手くいく秘訣は、「どっちでもOK」「どっちでも問題なし！」の精神です。

4月15日

✦無限のインスピレーションが湧く人✦

あなたについて

あなたは、思いついたことを片っ端から全部やってしまいたいと思う人。猪突猛進、走り出したら止まらない！　というくらい、行動力あり。いろいろなことに興味を持ち、インスピレーション湧きまくりで、常にアイディアが泉のように湧き出ています。さらに、アクションを起こすのも早いので、様々な方向に突っ走っているうちに、気がつくと、自分でも驚くほどたくさんのものを得ていた……なんてことが、これまでも多かったのではないでしょうか。

そんなあなたのエネルギーは底知れず、常に車のガソリンが“ハイオク満タン”状態で、どんな長距離でも突っ走れます。しかし、車に積み荷や定員以上の人が乗っていたり、エアコンをガンガンつけてずっとフルスピードで走り続けたりしたら、故障する可能性もあります。あなた自身もムリに走り続けてしまうことには注意です。ケアレスミスや、人との約束を忘れてしまうということが続いたら、エンストを起こす直前だと思って、今の自分を見直したり、休む時間をとったりしましょう。それだけ気をつければ、エネルギッシュなあなたは頼りがいがあるので、周りから喜ばれますよ。

また、失敗してもいつまでも思い悩んだりしません。転んでもただでは起きないバイタリティがあります。

正義感もかなり強く、常に弱い立場にいる人の味方です。その姿勢は多くの人から慕われて、あなたのファンになる人が続出することでしょう。

仕事と才能

とても要領がよく、片っ端から器用に何でもこなしていきます。特に興味のあることには、夢中になって取り組みます。スピード感もあるので、次々と成果を出していくことでしょう。ただ、熱しやすく冷めやすいところがあり、興味が失せると、一気にモチベーションがダウン。やり遂げる力があり、最後まで完成させるのですが、途中からただこなすだけという状態に陥ることも。ですので、自分なりの工夫をして継続する努力をしてみてください。モチベーションのコントロールができるようになると、あなたは最強です！　最新情報や流行を追うようなマスコミや出版、Web 関係が向いています。

人間関係

ワクワク、ドキドキ、刺激的なことが好きなあなたは、新しく出会った人と対話することが大好きです。いつも変わらない顔ぶれだと飽きやすいので、長年親しくしている人たちとは別に、新たな出会いの場へ出かけることも大事。いろいろなところに積極的に顔を出しましょう。

相性のいい人

面白くて優しいあなたは常にモテモテ。そのため、一人に絞れないようですが、あなたの魅力は一つのことに向かって突き進むところなので、本命を絞ると恋愛運が上昇します。相性がいいのは、落ち着いてあなたの話を聞いてくれる人。

宇宙からのメッセージ

人の意見は参考程度で、
最終的な判断は自分でしましょう。

April Sixteenth

4月16日

✦どんなことも「プラスに変換」するカリスマ✦

あなたについて

あなたは、過去のよくなかった出来事や失敗したことへの後悔を、プラスに転換できる天才。独特な感性でポジティブに変換していくあなたは、多くのファンをつくるというカリスマ性も備えています。多くの人から支持されて持ち上げられるシーンが多くありそうです。また、判断能力が優れていますので、ビジネスにおいても人を惹(ひ)きつけていくことでしょう。自分の信念がしっかりしていて、大きな目標に向かって挑戦していく度胸があるところも、まさにカリスマなのです。

たとえ失敗してもすぐに立ち直り、今まで以上に努力を惜しみません。そのため、失敗するごとに大きく成長していくというのが4月16日生まれの人の特徴。精神的にも落ち着いていて、周りに流されることはまずありません。

雰囲気も大人びた人が多いので、独特のオーラもあります。そこがミステリアスな魅力となって、人々を魅了し続けていくでしょう。

また、物事を俯瞰(ふかん)することができます。「何が起こっても、単なる事実にすぎない」というとらえ方で、いいも悪いもない、というのが信条。ミスや失敗をしても、動揺することなくそこから何かを学び取ろうとする姿勢で、きっちりと完成させます。そんな姿勢で周りからは一目置かれる存在に。いつもピンチをチャンスに変えることができ、頼りがいのあるあなたは、人から頼まれることも多いでしょう。そして、できる限り引き受け助けていく優しさもあります。

仕事と才能

仕事でも、様々なことをプラスに転換し、吸収していきます。失敗しても落ち込むことなく、そこから何を学び、次はどうすれば上手くできるのかという方向に、すぐに気持ちを切り替えられて、成長が早いのがあなたの強みでもあります。自分でも成長している手ごたえが掴(つか)めてくるので、いろいろなことに果敢に挑戦していきます。いつも違った刺激を受けられるイベント関係や旅行関係が合いそう。社内のジョブローテーションで、様々な仕事を経験していくのもいいですし、スキルアップのための転職もいいでしょう。違う環境に身を置いて学びを得ていくことで、どんどんレベルアップしていきます。

人間関係

“類友(るいとも)”という言葉があるように、あなたの周囲にいる人は、あなたと似ている人が多いでしょう。さらに努力しレベルアップしていけば、あなたの周りの人たちが入れ替わり、どんどん進化すること間違いなしです。

相性のいい人

偶然の出会いで、理想の人と巡り会える、映画のような出来事がありそうです。それは引き寄せ上手なあなただからこそ実現することです。具体的に、理想のタイプを細かくイメージしておくとチャンスは多く訪れますよ。

宇宙からのメッセージ

情熱や衝動の感情を大切にしましょう。
「宇宙からの応援」が入っている印です。

April Seventeenth

4月17日

✦ブレない軸を持つ独創的な人✦

あなたについて

自分の軸が全くブレないこと、これがあなたの強みであり、才能です。そして、その強さを知る人が、どんどんあなたの支持者になっていく――そんな星の下（もと）に生まれています。

他人からいくら「どうせやってもムダだよ」と陰口を言われても平気なほど、外野の反応は、いっさいおかまいなし。また、あなたは周りの人たちとは違う独特な感性を持っていて、独自のものの見方、独創的な発想ができます。

その才能を存分に発揮するには、周りの意見に左右されない、というのが正解。自分の道を突き進むことがカギになります。

さらにあなたのいいところは、ひたむきに努力し続けて、何事にも本気で取り組むことができる誠実さを持っていること。他人が手を抜きがちな面倒なことでも、全力で取り組みます。その姿勢は周囲の人からの信頼を集めるので、「この人に任せておけば安心」と思われていますよ。職場では上司から重宝され、同僚や部下からは頼りにされる存在となりそうです。

性格は冷静沈着。とても思慮深く、重要な判断を即決するようなことはありません。感情ではなく、データや周囲の意向を通して判断する傾向にありますので、ジャッジが正確。さらにどんどん前へ進んでいくので勢いがあります。ただし、休憩をとらないとメンタルに影響を及ぼすこともあるので、その点だけ気をつけてください。

仕事と才能

ブレない軸の強さを武器に、「これだ！」と決めたことに向かって、ガンガン進んでいけるあなた。周囲の声もなんのその、最後まで突っ走っていき、目標を達成する力があります。最初は、人の意見になかなか耳を傾けないあなたの姿勢に驚く人もいるかもしれません。でも、最終的にでき上がった成果物を見て、誰もが納得してしまうでしょう。軸がブレない人に、人はついて行こうとするもの。何かのリーダーや管理職など、道を示すポジションが、あなたには向いているでしょう。教師や塾講師、インストラクターなども適任です。

人間関係

自分の力でみんなを幸せにしたいという気持ちが強いあなた。人から頼りにされるとさらにパワーがあふれ、自分のことのように相手に尽くしまくるので、多くの人に慕われるでしょう。仕事関係の仲間の時は、仕事モードでアグレッシブな雰囲気にスイッチが切り替わり、「デキる人」といった印象で一目置かれるでしょう。

相性のいい人

ガツガツ積極的にいくよりも、一歩引いて、聞き役に回るといいでしょう。相性がいいのは、あなたを頼ってくれる人。ただし、対等な関係でないと長続きしないので、ギブ&テイクな関係を心がけましょう。

宇宙からのメッセージ

あなたが何を考え、何を感じるかは完全に自由。
誰にも影響されなくていいんです。

April Eighteenth

4月18日

✦いつでも「直感でサクサク」行動する人✦

あなたについて

あなたは、ルールやノウハウには縛られません。大抵のことは自分の直感とその場の空気でサクサクと決めていきます。もちろん失敗もありますが、行き当たりばったりではなく、体験から得た知識を活用して、直感を働かせています。そのため、スピードに乗って大きな成功を掴(つか)んでいくことができます。

「失敗するかもしれない」けれど、直感で決めるというあなたのプロセスは他の人にはなかなかできないこと。でも、それがあなたの強みです。トラブルの耐性が強いのもあなたの才能ですから、どんなに失敗してもまた立ち直れるのです。

独創的でクリエイティブな才能を持っているので、「ちょっとクセがある変わった人」と思われそうですが、実はのんびりしている親しみやすさもあり、人に好かれる不思議な魅力の持ち主です。人と争うのは好きではなく、どちらかというと自分の感情をあまり外には出さないようです。

また、楽しいところを見て回りたい、という好奇心が旺盛なので、旅行に出かけることが大好き。旅先でエネルギーを吸収し自分のクリエイティブ力に磨きをかけていくことでしょう。

加えて、神秘的な世界にも興味があり、スピリチュアルなことも好きでしょう。ただ、それに傾倒しすぎることはありません。自分の独特な感性は人生を楽しくするために、上手に使っていくタイプなのです。

仕事と才能

仕事においても、マイルールをベースに取り組んでいきます。それが、他の人にはない独創性や斬新さを生み、クリエイティブ力に富んだアウトプットに繋(つな)がっています。商品開発や企画、イベント関連など、新しいものを生み出す仕事が向いています。職場の仲間がアイディアや方法に行き詰まった時には、意見を求められることも多いでしょう。しかし、ルールやノウハウに縛られてしまうと、その才能が影を潜(ひそ)めてしまうので注意。あなたには自由な発想ができる環境がマストなので、アドバイスする時も「自由な感覚」を忘れずに。

人間関係

直感が冴えわたっているので、初対面で、「この人、何だか好きかも」「この人は何となくイヤな感じがする……」と、すぐに察知して、人を判断することが多いようです。あなたの場合、第一印象が当たっていることがほとんどなのですが、疲労がたまっていると感覚が鈍るので、自分の今の状態を踏まえながら判断することをオススメいたします。

相性のいい人

気づいたらつき合っていた……ということが多いタイプです。意中の人とは、会う回数と時間を増やしていくといいでしょう。相性がいいのは、かっこつけずに話せる人。本音でつき合える人を選びましょう。

宇宙からのメッセージ

**いろいろなことがガラッと変化する時は、
一気にステージアップします。**

April Nineteenth

4月19日

✦高い美意識を持つ頑張りやさん✦

あなたについて

マネジメントが得意。周りの人たちからは、落ち着いていて、冷静に采配できる人という印象です。じっくり考えてから慎重に行動するタイプで、失敗しにくいため、周りからの信頼も厚いでしょう。

仕事もプライベートも、やるべきことはしっかりと責任を持ち、精魂込めて頑張ります。周囲の人が「そこまでやらなくても……」と心配になるくらい、健気(けなげ)に取り組んでいきます。頑張りやのあなたと、末永くおつき合いしていきたいと思う人がたくさん現われるでしょう。

「量より質」を大切にし、美意識が高いのもあなたの特質。頭がよく、芸術的センスに恵まれていますし、想像力も豊かでしょう。

その一方で、人を説得したり、引っ張っていったりすることも得意。人の上に立つことになった時にも、持ち前の責任感で乗り切ることができます。基本的に社交性が高く、人づき合いもあまり苦にはならない性格です。

誠実で優しいあなたは人からも好かれやすく、環境にも恵まれ、友人も大勢できるでしょう。あなた自身も部屋に一人でいるようなタイプではなく、多くの友人に囲まれることに喜びを感じるタイプのため、どんどん交友関係が広がっていくことでしょう。さらに自分のキャリアアップに繋(つな)がるようなグループに所属すると、スピーディにステップアップしていくことでしょう。

仕事と才能

どうすれば効率よくスピーディに進めることができるかということを常に考えられるタイプ。

優秀なビジネスパーソンに必要な素質を兼ね備え、何でも器用にこなします。創造力があるので、モノづくりや作家、ライター、広告関係などクリエイティブな仕事が向いています。もし、今の仕事がルーティンで単純作業が続いているようならば見直しが必要。転職、副業がオススメですし、仕事に繋がる習い事をはじめるのもいいでしょう。

人間関係

慎重さがあるため、最初は自分の弱点をさらけ出せずに、やや強がってしまうところがあるようです。すると、本音が言えなくなり、後で自分の首を苦しめる羽目に……。なかなか難しいかもしれませんが、最初から思いきって、自分の弱みを見せてしまいましょう。気持ちも楽になり、人間関係がスムーズになりますよ。

相性のいい人

恋愛は、感覚が合う人と相性がいいでしょう。食べ物の好み、ファッションセンス、感動するポイント……。あなたはとりわけ五感が優れているので、似たような感覚を持っている人といると、心地よいのです。

宇宙からのメッセージ

とんとん拍子にことが進む時は、
とにかく動きましょう。運の掴(つか)み取りができます。

April Twentieth

4月20日

✦存在しているだけで輝く「スター」✦

あなたについて

あなたは才能の塊で、存在そのものが“スター”。芸術性があり、音楽やファッションなどのセンスもよく、周囲から一目置かれることも多いでしょう。「単に、好きだからやっているだけ……」と、本人はいたって普通なのですが、知らぬうちに、周りから注目を集めてしまうでしょう。また、そのセンスを活かす場がきちんと用意されていることが多く、まさに生まれながらに、ラッキーの連続の人生。あまり苦労を感じてこなかったという人が多いのも特徴です。そのため、自信があり、わかってくれる人にだけわかってもらえれば問題なし、という考えを持ちやすい傾向にあります。

五感をフルに活用できるので、感受性が強く、美しさや楽しさ、心地よさなどを追求します。センサーがビビビッ！　と働いた瞬間を逃さずに極めると、より実りの多い人生が待っていることでしょう。

さらに観察力に優れていますので、人の心の動きを察知し、機転を利かせたり、気持ちを汲み取ったりするのが得意。そして、毎日がマンネリ化してしまうことがあまり好きではないので、人からの刺激をほしがります。友人も非常に多く、毎日が変化の多い生活を送っていることでしょう。周りの人もそんなあなたに惹きつけられて集まってきます。自分の幸せや喜びを他人にも分けてあげたい思いが強く、そう心がけていくことで輝かしい人生を送ることができますし、これから先も友人や家族に恵まれます。

仕事と才能

料理や音楽関係の他、マッサージやエステなどの肌に触れるもの、美容師、ヘアメイクなど感性やセンスを問われるような仕事が向いています。

また、性格が正直で緻密（ちみつ）。そのため、お金を扱う仕事にも適しています。会社の会計や経理などもいいでしょう。

趣味を極めて仕事に繋（つな）げるのもとてもいいですね。楽しさ、心地よさを重視する性質を持っていますから、好きなことや得意なことに関して、あなたはものすごい力を発揮できることでしょう。

人間関係

人のことを敵か味方かで判断しがち。好き嫌いもはっきりとしています。合う・合わないは早い段階でジャッジできますし、その直感力で、おおむね外したことはないのではないでしょうか？　ただし、表情に出やすいので、そこだけセーブするよう意識して。それさえ気をつければ、快適な人間関係を育むことができるでしょう。

相性のいい人

あなたの芸術性やセンスのよさが、異性の人気を得やすいようです。ですので、どんどん好きなものをアピールしていきましょう。相性がいいのは、感覚が合い、刺激も与えてくれる人です。

宇宙からのメッセージ

イヤなことは、あなたが本当のあなたに目覚めるきっかけになります。

April Twenty-first

4月21日

✦「好きなこと」から人生の新しい扉を開く✦

あなたについて

あなたの周りには、気がつくといつの間にか大勢の人が集まっていた……なんて経験はありませんか？　例えばお気に入りのカフェを見つけて通っているうちに顔見知りが増え、そのカフェであなた中心のイベントをやるようになった、など。あなたは、一人でいる時も、大人数でいる時も、常に楽しいことを追求していきます。その姿がとても素敵に見えるため、自然と多くの人が惹(ひ)かれ、集まってきてしまうのです。

仕事もプライベートも、好きなことを続けていくと、人が集まってきて、その中から支援者や協力者が現われ、あなたの「好き」が様々な場所に波及していきます。それもあなたの素晴らしい才能です。

そして、そこから新たなチャンスが生まれ、別の世界の扉を開けることに繋(つな)がるのです。

優れた五感やセンスのよさなど、生まれ持った才能に恵まれているあなたですが、その才能にあぐらをかかずに、磨き続けることが大切ですよ。ダイヤモンドも、磨かなければ、ただの石ころにすぎません。そのため、例えば、芸術性を磨くために美術館へ行く、味覚を磨くために美味しいものを食べに行く、感性を磨くために音楽を聴きに行くなど、美意識を高めることを、できるだけ日々行なうよう心がけてみてください。それを続けることでビッグチャンスを掴(つか)みやすくなりますよ。

仕事と才能

あなたが持つ才能を出し惜しみせずに発揮して、さらに高みを目指して磨き続けていくことがポイントになります。

例えば、資料一つつくるのにも、妥協せず、最大限の知恵を絞って熟考してアウトプットを。期待値を超えるような最高の状態で提出するようにしてみてください。それを続けることで、あなたの評価は"うなぎ登り"です！

向いている職種は、美的センスとクリエイティブ力が必要とされる、商品企画やデザイナー、ヘアメイク、映像関連、編集者などです。

人間関係

あなたの周りには、多くの人が集まってきますが、心地いいと感じない人まで引き寄せてしまうことも。誰も彼も受け入れるのではなく、本当に合う人とだけおつき合いするようにしましょう。合わない人はすぐにわかる直感にも優れているので、自分の感覚に従いましょう。

相性のいい人

いい人に見せようとムリして取り繕(つくろ)うことなく、本当に思っていることだけを伝えるようにしましょう。素直な気持ちで接したほうが、あなたの魅力が伝わっていきます。相性がいいのは、あなたと切磋琢磨(せっさたくま)しながら成長していける人です。苦手な部分をお互いに補え合えるかどうかも重要なポイント。

宇宙からのメッセージ

人のことをどうこう気にするより、
自分の好きなことに集中すると運気が上昇します。

April Twenty-second

4月22日

✦強い影響力とカリスマ性を持つ人✦

あなたについて

あなたの発言や行動には相手の心を大きく揺さぶるほどカリスマ性があります。常に周囲から注目を集める、強い影響力があるのです。基本的に相手にネガティブな感情を引き起こすことはありませんが、影響力があるだけに、人にダメージを与えないように発言には気をつけるのが賢明です。

あなたのメンタルがいい状態であれば、言動も自ずとポジティブな方向に働き、素晴らしい影響力を与えることができます。そのため、いつもあなたがハッピーでいられる環境をつくっておくことが重要。五感が優れているので、好きな香りのフレグランスを身にまとう、リラックスできるアロマを焚く、美味しいものを食べる、森林浴をする、マッサージに行く、アート鑑賞をする……といった、ポジティブに五感を刺激してくれるものを取り入れてみてください。頭と心がいいモードになれば、幸せな環境を整えていけることでしょう。

あなたは自分の気持ちを言葉に表現できる話し上手な人。たとえ言いにくいことでも、不思議と嫌われることなく、すんなりと相手に受け入れられるところもあなたの才能。自信家でありながらも気配りもできる、繊細な一面も持っています。他の人が気がつかないようなところにいち早く気が回り、さりげなくフォローできる優しい性格でもあります。

また豪華で華やかなものにお金を使いがちですが、その分、稼ぐこともできるので問題なし。年齢を重ねるごとに贅沢品への興味はなくなっていくので安心して。

仕事と才能

仕事においても、あなたの発言は影響力が絶大。会議や打ち合わせ、商談などはあなたが仕切るとスピーディに進んでいきます。あなたの発する言葉で、周りの人たちは心を動かされ、そしてしっかりと行動に移していきます。

当然向いているのは、経営者や管理職などの、リーダーシップが必要な職業。また、話術に長けていて、聞く力もあるので心理カウンセラーや転職アドバイザー、留学カウンセラーなど、人の相談にのる仕事も向いていますよ。

人間関係

あなたは、周りの状況を把握(はあく)する能力に長けているので、空気を読む力が高いです。そのため、人の言動がいちいち気になりますし、相手の反応によって自分の意志を曲げてしまうこともあります。でも、あなたは周りを変える力を持っているのですから、自分の信念を貫いても問題ないですよ。きちんといい人間関係を築いていけるはずですから、遠慮は無用です。

相性のいい人

雑談から発展する恋愛が多いようです。意中の人に対しては、積極的に話しかけ、相手の話をじっくりと聞いてあげましょう。相性がいいのは、一見強そうなのに、実は優しくて繊細な人。あなたがよき理解者になれます。

宇宙からのメッセージ

**人にどんどん頼っていいんです。
それがあなたのチームになっていくでしょう。**

April Twenty-third

4月23日

✦感受性豊かな「天性のインフルエンサー」✦

あなたについて

素敵なインテリア、美しい観葉植物、ナチュラルフード……そんな丁寧な暮らしにこだわるあなた。自分のセンスを周りにアピールするのが上手で、いうなれば、インフルエンサー、ブロガー、読者モデルなどで人気を集められるタイプです。自分にふさわしい場所、立ち位置、さらに世間のニーズを掴(つか)むのがとても上手。常に「毎日楽しいことがいっぱい！」と幸福感に満たされているため、感受性も豊か。取捨選択をしっかりとしながら、自分に必要なものだけを上手に選び取り、居心地がいい環境をつくり上げるのも得意です。

自己を確立し、軸がブレないあなたに、憧れを持つ人は少なくないでしょう。

また、美しいものが好きで、何もないところから新しいものを生み出す芸術家な一面も。ハマると周りが見えなくなり、食事をするのも忘れて没頭するほどの集中力があります。

そして人から強制されることが大の苦手です。流されることなく、マイペースであり、自分の世界を大切にします。けれども、明るい性格でコミュニケーション能力が高いので、周りの人と壁をつくることなく、人脈をどんどん広げていくことでしょう。特に違う分野の人たちと交流することが大好きで、新しいアイディアや発見も人を通じて自分のものにしていきます。

また、変化し続けることを望んでいるので、職業や住居を比較的短いスパンで変える人も多いでしょう。

仕事と才能

仕事面では何事においても手を抜かず、丁寧にこなしていくタイプ。本質を見極める力があるので、本当に必要なものかどうか、判断することを得意とします。センスがいいので芸術関連やクリエイティブな仕事にも向いていますが、一方で、同じことをくり返す作業やルーティンワークでも、自分なりの楽しみを見つけることが上手。正直、どんな仕事でも上手くやっていけます。謙虚さも大事ではありますが、自分の成果はしっかりとアピールするとよさそうです。仕事の幅がさらに広がっていきますよ。

人間関係

コミュニケーション能力が高いだけに、人気者。さらにあなたは楽しいことを見つけ出すのが得意なので、多くの人にその楽しさを分け与えると、もっともっと交友関係が広がります。幸せや楽しみを人に分け与えた分だけ、幸せの波動が広がっていき、あなたの運気はどんどん上がっていきますよ。

相性のいい人

趣味を通じていい出会いがありそうです。話術が得意な分、友達のままいい人止まりになることが多いので、ミステリアスな部分は意識的に持ちましょう。相性がいいのは、気配り上手で、あなたに依存しない人。いい距離感を保てそうです。

宇宙からのメッセージ

環境を整えると、自然とあなたの心の中も、
運も整っていきます。

April Twenty-fourth

4月24日

✦穏やかで癒し系の平和主義者✦

あなたについて

穏やかなオーラのある平和主義者で癒し系。どんな相手にも優しい気持ちで接していきます。争いが起こりそうな時は、すぐさま仲裁に入って衝突を未然に防ぐよう働きかけます。

基本的には目立ちたくないタイプで、自分からアピールはせずに、人の後ろに立ってサポートしていきます。注目を浴びるようなことをあえてせず、周囲の人たちのやることをじっと観察し、困った時にはさりげなく助け船を出してあげるような謙虚な気遣いがあります。

もともと見返りを期待しない性格なので、人の反応を気にせずにサポートしていきます。基本的には真面目。目標に向かってコツコツ努力して一歩ずつ階段を登っていくタイプです。

直感力に優れているので、判断するのもスピーディです。その的確な判断力で、特に後輩たちからアドバイスしてほしい、とリクエストが多くあるでしょう。もともと優しいオーラを持ち、そして賢いあなたは、歳を重ねるごとに尊敬される人になっていきます。生涯、多くの仲間、友人、ファンに囲まれるでしょう。

一方で、スピリチュアルな感性を持つ一面も。急に突拍子もないアイディアが浮かんできて、それを実現させることがあるので、周囲がビックリすることもありそうです。思いついたアイディアは書きとめておきましょう。いつか花開く時がくるかもしれないので大切にとっておいてください。

仕事と才能

几帳面で与えられた仕事はしっかりとこなすので、上からも下からも信頼されるでしょう。特にサポート役として実力を発揮します。人が嫌がるような仕事でも、自ら進んで行なうので高い評価を得られるでしょう。職場の人間関係も良好で周りのみんなを助けていきます。人と関わっていく仕事が合っているので、チームで働くのが向いています。人の世話をするのが得意でコミュニケーション能力も高いので、カウンセラーや教師、保育士などに向いているでしょう。

人間関係

ユーモアにあふれ、社交的なあなたの周りには、いつもたくさんの人が集まってきます。自分よりも相手を優先して相手のことを助けるので、強い絆(きずな)が生まれます。さらに、助けても自己アピールはせずに、さらりとやってのけるかっこよさも。大勢の中にいても周りを観察しながら、目立つことはしないさりげない姿勢も好感度抜群。いつの間にか人気者になっているはずです。

相性のいい人

誰にでも優しいので、多くの人からモテる人です。そんなあなたと相性がいいのは、お互いのテリトリーを大切にし、つかず離れず程よい距離が保てる人。また知的な相手から刺激を受けやすく、いつまでも話が尽きないでしょう。

宇宙からのメッセージ

全ては過ぎ去ります。だから、どんなことにも
執着しなくていいのです。

April Twenty-fifth

4月25日

✦「クリエイティブな発想」で人の心を掴む✦

あなたについて

あなたはクリエイティブな発想ができる人。面白いものを創り上げる喜びを感じながら、生きていくことができます。あなたは、何かに面白がって没頭しているだけで、すごく評価されたり、いつの間にか目立つ存在になっていたり。好きなことをしているだけで、人々の心を掴(つか)む才能があるようです。

いつもと同じことをしたり、ルーティンに平凡に生きていくことがあまり好きではなく、エキサイティングなことが大好き。傍(はた)から見たら、すごく大変なことでも挑戦していくところがありますが、自分でも止められない、誰かから背中を押されているような不思議な衝動に駆られるようです。

並外れた向上心があるのと、「人生でやりたいことを全部やる！」という強い願望があります。自分の知らない世界を生きている人に会ったり、歳の離れた人とコミュニケーションをとってみたりするといいでしょう。そして興味があることは片っ端から勉強したり、飛び込んでみたりすることが、あなたの今世の使命ともいえます。

性格はわりと内向的。人の好き嫌いがはっきりしているのですが、聡明で常識的なので、それほど顔には出さないですし、苦手な人への対処もかなり上手。

そして、特別社交的ではないですが、面倒見がよいですし、とても優しく気遣いのある人なので、自分のことよりも人の役に立つことを優先するでしょう。

仕事と才能

とにかく発想が豊かで、引き出しをたくさん持っているタイプ。面白いことを創造していくことならば、水を得た魚のように仕事をすることができるでしょう。発想力が活かせるコピーライターや雑貨デザイナー、ゲームクリエイターなどが向いています。また、好きなことに対する飲み込みが天才的。あなたの興味があることだけに絞ったほうが仕事として成功するでしょう。そして、常に次の目標を追いかけていきますので、いつまでたってもフレッシュな気持ちで一生懸命に楽しく仕事をしていく人です。さらに、リーダーの要素がありますから、意見をまとめたり、方向性を決めたりと、みんなを安心させる存在として人気があるでしょう。

人間関係

まるで子どものように思いっきりはしゃいで遊ぶことができる……そんな仲間があなたには必要です。面白い人や変わった人が大好きなので、気がつくと、あなたの周りは個性的な人だらけになりそう。でもそういう人たちのほうが、楽しいことを提案してくれるのであなたにぴったりですよ。

相性のいい人

あなたの知的好奇心を刺激してくれるような会話ができる人。自分にないものを持っている人に惹(ひ)かれますし、尊敬できるので、性格が全く違う人とのほうが合うでしょう。

宇宙からのメッセージ

**コンプレックスって、実は、
あなたのすごい強みであり魅力なのです。**

April Twenty-sixth

4月26日

✦チームを盛り上げる「キャプテン」タイプ✦

あなたについて

何事にも手を抜かず全力でチャレンジするパワフルな人。自分と同じように頑張ってくれる仲間を強く信頼し、その気持ちをきちんと伝えるキャプテン気質。まとめ役でリーダーに向いています。他人のことでも、自分のことのように熱くなり、仲間がトラブルに遭ってしまったら、全力で助けに行くことでしょう。周りからの信頼が厚く、あなたについていきたいと思っている後輩は大勢います。また、大きな夢を持っていて、その実現のために信頼できる仲間たちが強くサポートしてくれるので、着実に成功への道を歩んでいくことでしょう。

また、独特な考えを持っていて、自分のオリジナルのスタイルを確立しているのも、この日生まれの特徴。それはとても効率がよかったり、メリットが大きかったりするので、周りの人を巻き込んでいくパワーがあり、真似する人も多いことでしょう。

責任感のある性格で、人から何か頼まれごとをされたら喜んで引き受けるタイプ。たとえ自分にはキャパオーバーと思えるような大変なことでも、諦めずに最後まで完璧にやり通します。ちょっと自己犠牲に酔ってしまうところがありますが、人から感謝されて、ビッグチャンスに巡り合うことがあるので、とてもいいことなのです。

またユーモアセンスの持ち主で、多くの人を喜ばせる才能もあり。盛り上げ上手な性格で周りの人は常に笑顔でいることができるでしょう。

仕事と才能

チームを組んで盛り上げていくのが得意。人との関わり合いを大切にしながら、成功させていくでしょう。

例えば映画やドラマなどの監督やプロデューサー、建築関係など、多くの人が関わりつくり上げていくプロジェクトのリーダーが向いています。ですので、デスクワークよりも現場仕事のほうが合っていますよ。仲間と一緒に成功に向かって進んでいくような仕事に情熱を感じるでしょう。

人間関係

社交性があり、たとえ初対面でも気さくに話しかけ、誰とでも仲よくできる才能の持ち主。そして、とても面倒見がよく、後輩は可愛がりたいと思っているタイプ。また、悩みなどの本音を打ち明けられる友人が多くいるので、常にメンタルは安定しているでしょう。

友人が多い分、休日になると遊びの誘いもたくさん。一人よりも多くの人と一緒にいることが楽しいので、どんどん遊びに行ってください。

相性のいい人

恋愛は、友人からの紹介が確実。なので、周りの人たちに、自分の好みを伝えておくといいでしょう。相性がいいタイプは、ちょっとおっとりしていて、あなたと感性が似ている人です。

宇宙からのメッセージ

**苦しい時は、目の前のことに
全力投入することで、抜け道が現われます。**

April Twenty-seventh

4月27日

✦トレンドをキャッチする達人✦

あなたについて

誰よりも先を読む力があります。時代やトレンドもそうですし、仕事やプライベートで、この先何が起こりそうなのか予測ができてしまいます。「こうなりそう」と思ったことは、たいていその通りになることが多いのではないでしょうか。また、「この若手アーティストは売れそうだ」といった"青田買い"的なものも得意です。

周囲から出遅れたり、取り残されたりするのが好きではなく、先に知っておきたい、見ておきたいという思いが強いタイプ。先を読む力を大いに発揮し、流行の一歩先をゆく超最新情報をキャッチします。

そのため、最初は周りの人たちからは、「え？　それ、どこがいいの？」「そんなことをして、何の意味があるの？」と、不思議がられることも多いかもしれません。しかし、それがやがて、「すごい！」「よくわかったね！」といった賞賛に変わっていき、最終的には、一目置かれる存在になります。

とはいえ、いくら先を読む力があるといっても、無謀なかけに出ることはほとんどありません。マーケティングリサーチをしてしっかり根拠となるデータを集め、「いける！」という確証を得てから、行動に移します。

そのため、大きな失敗をするようなことはなく、仕事でも、プライベートでも、着々と成功を積み上げていきます。その才能は投資にも活用でき、金運、財運にも恵まれることでしょう。

仕事と才能

“先を読む力”は、仕事においても発揮されます。特に向いているのは、トレンド予測が必要とされる、銀行や証券会社などの金融関連、グローバルに活躍する商社、Webメディアや雑誌・書籍の編集者、テレビ業界、ファッション業界など。一方、該当する職種についていなくても、人の動きや社内の動きを先読みしながら動くことは、どのような仕事でも求められるため、あなたは職場で上からも下からも引っ張りだこのはず。

また、責任感や忍耐力もあり、「あの人に任せておけば大丈夫」という絶大な信頼が寄せられるのも強みです。

人間関係

相手の本音を知りたいという気持ちが強いので、心を開かせる手段として、自分のことをたくさん話す傾向が。オープンマインドになれば相手も心を開いてくれるので、それはとてもいいこと。偽りなくストレートに気持ちを伝えて、時間をかけて仲を深めていきましょう。あなたの思いが伝わり、いい人間関係を築いていけそうですよ。

相性のいい人

自分が出会いの場をつくることで、ご縁が広がっていきます。バーベキュー、飲み会、趣味のオフ会など、いろいろ企画していきましょう。相性がいいのは、あなたにだけ心を開いてくれる、爽やかでスポーツ好きな人です。

宇宙からのメッセージ

あなたがいつも「しっくり」きていれば、
「しっくりすること」を引き寄せることができます。

April Twenty-eighth

4月28日

ビジネスセンス抜群のリーダー型

あなたについて

多少の困難や不運に見舞われても、動じない、へこたれないメンタルの強さがあります。むしろ、それらをバネにして、さらに努力を続けることができます。

忍耐強く、自分の努力と力で人生を切り拓きたいと願っているパワーあふれるタイプで、向上心も高く、よい暮らし、よい仕事、よい社会的立場を強く求める権力志向でもあります。「努力こそが成功を生む」と信じているので、目的を見つけたら投げ出すことなく、コツコツと続けていくことができるのがあなたの才能。

生まれながらにしてビジネスセンスがあり、正義感も強く、常識やルールを重んじるタイプ。真面目で、実直、誠実、優しい……といった、人から信頼される資質がベースに揃っているので、ちょっとはみ出したことをしても多少は大目に見てもらえるところもあります。

また、普段からにこやかで気前がよく、誰とでも分け隔てなくつき合える人。仲間に対する思いやりも優しさも人一倍あります。もしも、間違った方向に進もうとする仲間がいれば、全力で相手を正しい方向に導こうと努力しますし、それが苦にならないので、その場面でも指導者に適任です。

責任感が強いがゆえに、時には厳しいことも言ってしまいますが、頼りがいのあるあなたは、多くの人望を集めることでしょう。

仕事と才能

立ちはだかる壁が高ければ高いほど、燃えます。そして、その壁を越えるために、ひたすら努力し続けられる才能に恵まれているので、大業を成し遂げることができるでしょう。

気配りができますし、緻密(ちみつ)な作業も得意なのですが、あなたの場合は、大きなヴィジョンを描き、そこに向けてエネルギーを注いでいくことに喜びを感じるでしょう。向いているのは、海外営業や人材コンサルタント、政治家など。あなたが好きなこと、楽しいと思えることを基準にできる仕事なら、時間を忘れて続けることができますよ。

人間関係

あなたは情に厚く、優しさあふれる人ですが、人見知りする性格からして、初対面から仲よくなるまでちょっと時間がかかるようです。あなたからオープンマインドで接すれば、すぐに距離が縮まっていきますから、ちょっと頑張って話しかけるようにすると、仲間がどんどん増えていきますよ。

相性のいい人

ターゲットをしっかり絞って、アタックすると実を結びやすくなります。ですので、八方美人にならないほうがよさそうです。相性がいいのは、共感力が高く、心をオープンにさせてくれる人。

宇宙からのメッセージ

「あと3回くらい試してみましょう」、
チャンスの神さまがそう言っています。

April Twenty-ninth

4月29日

✦人のために尽くす「天使」のような存在✦

あなたについて

あなたは、困っている人がいたら助けずにはいられない、慈愛に満ちた、ナイチンゲールのような人。見返りが全くなくても、自己犠牲とも思わずに、人のために労力を惜しみなく費やします。それができる理由は、あなたが才能や環境に恵まれやすい状況だからです。そして、あなたが人に親切にする＝徳を積むことが多いからこそ、あなたの運気はどんどん上がっていくことでしょう。

温和で、いつもにこやか。その柔軟な心と癒し系のオーラで不思議な雰囲気を醸し出します。落ち着いていて、冷静な判断ができるので、人から相談されることが多いでしょう。特別目立ちたがりのタイプではありませんが、あなたの雰囲気に周りは惹きつけられて、いつの間にか目立つ立場に立たされていることもありそうです。誰からも「いい人」と評判で、特に目上の人からの信頼は厚いタイプ。

気をつけたいのが、自己犠牲を払いすぎてしまうこと。心身ともにすり減るくらい他人に尽くしてしまうと、ネガティブな方向に意識がいってしまいますし、運気も下がってしまうので、セルフケアも忘れずに。いつものあなたでいれば、優しさや献身的な姿勢は十分伝わりますよ。また、あなたが得たものや経験したものは、多くの人に放出しましょう。幸せを分け与えることで、あなたの幸福度はぐんと増し、運気も大幅にアップしていきますよ！

仕事と才能

仕事においても、慈愛の精神を発揮します。真心が活かせる医療や福祉、困っている人を助けるNPO法人などが向いています。どんな仕事でも、チームに一人、あなたがいてくれると安心できる存在です。一方、努力を惜しまずに、いろいろなことを学び、吸収していく力があるので、たいがいのことをそつなくこなし、柔軟に対応していくことができます。また、人に教えるのも上手なので、部下や後輩からも慕われます。強烈なカリスマ性はなくても、優しくて頼りがいのある管理職や経営者になれる資質があります。

人間関係

面倒見がいいので、老若男女問わず、多くの人から好かれるでしょう。頼まれごとや相談ごとも頻繁(ひんぱん)に舞い込んでくるのではないでしょうか。ただ、中にはその優しさにつけこんで、過剰に頼ってくる人も。甘えすぎる人にだけは注意してください。あなたの体は一つしかないので、他人のことでがんじがらめにならないよう、程よい距離感を保つようにしましょう。

相性のいい人

あなたが周りに世話を焼けば焼くほど、人脈が広がっていきます。相性がいいのは、ちょっぴりセクシーな魅力があり、情熱的な人。あなたの慈愛精神とマッチして、濃厚な関係が築けそうですよ。

宇宙からのメッセージ

今のあなたを、ちょっと上から観察してみましょう。
それがあなたの守護霊の視点です。

April Thirtieth

4月30日

✦オタク気質で成功を掴む人✦

あなたについて

あなたは自分の好きな世界を追求することでチャンスを掴(つか)むタイプ。惜しみなく時間と集中力を注ぎ続けます。気づいたらハマっていて、仕事とプライベートが混在していた……ということも多いでしょう。少し大変なことはありますが、それよりも、満足感、充実感が勝って、結果、両方上手くいく傾向にあります。まさに、「好きこそものの上手なれ」です。

特に美しいものや楽しいことが大好き。あなたはそれらに浸っている時が、最もパワーを発揮し、最も輝くことができます。ですので、好きなこと・やりたいことは、ムリに我慢したりせず、どんどん突っ走っていってOK。そして、その先に、素晴らしい世界が広がっていくはずです。とにかく、常にワクワク、ドキドキしていましょう。これがあなたを幸運へと導く指標となります。逆に、楽しくないことや美しくないものに囲まれた環境に身を置くと、ストレスになり、何もかもスムーズに進まなくなるので要注意。そのため、意識的に、自分の環境を快適なものに整えるようにしましょう。

他人からアドバイスをもらうことは大事ですが、当然ながら、あなたが好きなことや、頑張れると思うことはあなたにしかわからないので、他人に頼る前にまずは自分で動いてみて。それでも解決できないことは、楽しそうに生きている先輩方に教えてもらいましょう。愛嬌(あいきょう)のあるあなたは可愛がられるので、先輩たちも快く、あなたに教えてあげたいと思うことでしょう。

仕事と才能

ズバリ、「楽しいこと、美しいと感じられるものに携わる仕事だけする」と決めてください。好きなことへの努力を延々と注ぎ込めるあなたの才能は、唯一無二の武器。五感にも優れ、創造力もあるため、何かを生み出す仕事が向いています。興味のある分野が前提で、商品開発、ゲームクリエイター、音楽関係、映像関係、YouTuber……クリエイトする作業ならば、何でもOK。逆に、興味のない仕事をし続けていくと、あなたの運気も職場での評価も下がります。副業でもいいので、ワクワクすることをしましょう。

人間関係

人見知りな一面があり、初対面では話が長く続かないなんてことも。親しい仲間内であればノンストップで会話ができるのですが、それ以外の人たちには緊張してしまうようです。でも、好きなことを好きなように話せばいいだけ。あなたのそんな姿が好印象に映り、すぐに打ち解けられますよ。

相性のいい人

意外と身近な場所に、出会いが潜(ひそ)んでいます。「灯台下(もと)暗し」かもしれないので、じっくり見渡してみましょう。相性がいいのは、何事も一緒に楽しんでくれる人。それこそ、「オタ活」を共にすると、楽しい時間を過ごせますよ！

宇宙からのメッセージ

もっと気楽に考えてみましょう。
それは、どうでもいいことだったりします。

✦ Column ✦

12星座別
幸運を呼び込むコツ

「幸運体質」になれるヒントを12星座別に解説。HAPPYな時も、元気が出ない時も、いつでも参考にしてください。

♈ 牡羊座

とにかくよく眠ることです。熟睡することであなたの魂は一度宇宙に帰り、不要なものがリセットされ、クリーンになって戻ってきます。すると引き寄せ力が増していくのです。睡眠の質を上げることで、どんどん幸運体質になっていくでしょう。

♉ 牡牛座

自分のリズムを大切にすることです。あなたは、地道にくり返すことで大成する性質の持ち主。しかし、周りを見て焦ったり、マイペースが崩れたりすると潜在能力を発揮しにくくなることも。ゆっくりでいいので、心地いいペースでいきましょう。

♊ 双子座

動けば動くほど幸運を磁石のようにキャッチできます。だからこそ、フットワークを軽くすることが大切。いろいろな集まりに少しだけ顔を出したり、帰りに寄り道をしたりするのもとてもGOOD。迷ってしまって動けないときは、難しいほうや面倒なほうではなく、簡単で楽しいほうを選びましょう。

♋ 蟹座

あなたは模倣能力がとても高いので、参考になる人をどんどんモデリングするといいでしょう。誰か一人に限定しなくてもいいのです。「あの人のここがいいな」と思ったら、ショッピングカートに入れるような感じで自分の中に取り入れてみましょう。すると、いつの間にかあなたがそうなっているのです。

♌ 獅 子 座

童心に返る時間を作ると幸運体質になります。遊園地や観劇など、心が解放されてワクワクすることなら何でもOK。自分の魂の中心に戻ることができ、本当の自分と合致します。すると、様々な引力が増すので願いが叶いやすくなるのです。

♍ 乙 女 座

人に気を遣うのではなく、まずは自分に気を遣う、つまり自分を大いに愛することが大事です。あなたは、無意識で周りにエネルギーを降り注いでしまいます。その膨大なエネルギーを自分に使ってあげるだけで、かなりの幸運体質になるのです。自分自身を満たすことを優先順位の第一位にしておきましょう。

♎ 天 秤 座

見た目を素敵にすることで、幸運をしっかり掴(つか)み取ることができます。あなたは潜在的に美意識が高いので、要領よく洗練された魅力を高めていくことができます。ファッションやメイクが素敵な人を見つけたら、ぜひ、参考にしてください。魅力アップするにつれて、人気運や金運ももれなくついてきます。

♏ 蠍 座

心から理解してくれる人がいれば幸運体質になります。あなたは、誰かと寄り添っていることでとても安心できますし、「何でもできる！」という力が湧いてきて、実際にその通りになっていきます。もしも、まだ相手がいなくても大丈夫。人との出会いは、ベストなタイミングでスケジュールされています。

♐ 射手座

行動範囲を広げていけば、それに比例して幸運体質になっていきます。ちょっとだけ遠回りをするのも、行ったことのない場所、地域や国に行くのも、とてもいいでしょう。出会う人が変わり、視野も広がって人生のスケールがどんどん大きくなり、思いもよらない大開運の波に乗ることができます。

♑ 山羊座

ピンときたことを、すかさず実行することで、すごい幸運体質になります。勉強したことや、本で読んだこと、すごくいいと聞いたことをきちんと実践したり、「これ！」と思ったことは右から左に流さず、素早く実行するのです。すると、面白いくらいに、願いが次々に叶う体質になっていくでしょう。

♒ 水瓶座

「人」ではなく「自分の本心」に焦点を合わせることで、すぐにでも幸運体質になっていきます。元々誰にも負けないほどの発想力があり、個性も豊かですから、周りに合わせるなんておかしなことなんです。あなたは自分の世界観をただ楽しんで表現していけば、人徳がすごいことになり、もはや無敵でしょう。

♓ 魚座

あなたの感性や芸術性は、もはや地球規模ではありません。ですから、地球の人間と比べて一喜一憂するのは意味不明です。あなたは、唯一無二の「生きるアート」。自分をただ謳歌(おうか)すれば、必要なものはすべて向こうからやってくる幸運体質になります。

Know The Secrets of Your Life
Through Your Birthday

5月1日

✦「サクセスストーリー」を実現する戦略家✦

あなたについて

あなたはサクセスストーリーを夢見ている人。お金持ちになること、社会的地位を望む気持ちがとても強く、さらに負けず嫌いな性格です。現状に満足していませんし、まだまだ伸びる可能性を秘めています。ほしいものがあれば、戦略的に掴(つか)みにいく、野心家な一面も。目標としているポジションを手に入れるために、もともと備わっている、恵まれた才能を周囲にアピールしながら、計算した行動がとれる賢い人。ですので、高確率で望むものをゲットできることでしょう。

頭の回転が速く、洞察力が鋭い人。人から認められたいという願望は悪いことではありませんが、そのことを全面に出すと、周りから反感を買うこともあるので気をつけて。野心をあからさまに言葉にするのもNGです。優秀すぎるあなたをうらやんで嫉妬の眼差しで見ている人がいるかもしれませんよ。

デキる人だからといって他人にも自分にも厳しい、というわけではなく、感情表現が豊かで、おしゃべり好きの楽しい人。多くの友人に囲まれるでしょう。誰に対しても気さくで明るいのですが、他人のネガティブな感情に影響されやすいので、つき合う人の感情の状態によっては、距離を置くことも忘れずに。

また、せっかちなので、何事に対してもすぐに結果や答えを求めてしまうところも。待つことを覚えるのも大切ですよ。目標達成のためには、協力者を募るといい結果が得られる運勢にあるので、日頃から仲間は大切にしていきましょう。

仕事と才能

戦略的に考えることができるので、目標や目的を達成する力があります。たとえ大きな困難が起きても乗り越えられるでしょう。その才能は周りの人も認めているため、難易度の高い仕事を任されることも多いようです。慎重な一面もあり、滅多に大きなミスをすることはありません。ただ、慎重になりすぎて、チャンスを逃したり、進捗が遅れそうになったりすることがあるので、たまには思いきりのよさも必要です。努力次第で上を目指せる大企業の社員や、今後の成長が見込まれるIT業界などが合っています。

人間関係

コミュニケーション力が高いため、相手をいい気分にさせるのがとても得意なあなた。ただ、サービス精神旺盛なあまり、話を盛ってしまうことも……。一時的にあなたの評価は上がるかもしれませんが、後からそれがあだとなる可能性もあります。そのため、リップサービスは「ここぞ」という時にだけ使うと、大きな効果を発揮します。

相性のいい人

あなたの知らない世界を知っている、大人な人が◎。誠実に思ってくれる人から大切にされますが、徐々に物足りなさを感じてくるので、チャレンジ精神のある人がオススメ。刺激的で楽しい時間を過ごせます。

宇宙からのメッセージ

**とりあえずノリでやってみることで、
展開が大きく変わります。**

5月 2日

✦メリハリ上手な現実主義者✦

あなたについて

人生計画をきちっと立てるタイプで、資産を増やす能力に長けています。とはいえ、ケチケチした質素な暮らしを好むというよりは、使うところは使う、節約するところは節約する、と工夫して生活水準を落とさない賢さがあります。

仕事面では職人気質でこだわりが強く、手を抜きません。“高水準を維持する”ことを重視し、きちっと成果を出すタイプ。コツコツと日々積み上げていき、ハイレベルをキープしながらも、さらにそこから高みを目指す……。そのくり返しで、しっかりとステージアップし、富を築いていくでしょう。さらに、現状のままでは満足せずに、自分の能力をよりアップさせるための勉強に時間やお金を費やしたり、株や投資信託などの資産運用について研究したり。人生をよりよくするために、成長を続けることでしょう。

頭の回転が速く、現実主義。時代によって変化する新たな価値観を受け入れながら、きちんと進化していける人なので、大きな失敗をすることはなさそうです。

また、友人との交流はオープンなつき合いを好み、本音で語り合いたいと思っています。なぜなら洞察力があるため、嘘をつかれたり、気を遣われたりするのが苦手。腹を割って話せないならつき合う意味がない、と思ってしまうタイプです。

また、自然の中に身を置くことでメンタルのバランスがとれるタイプなので、海や山などのアウトドアで活動するのが好きな人が多いでしょう。

仕事と才能

仕事においては、手堅く成果をあげていきます。パーフェクトな企画書をつくる、スムーズに契約を結び、営業成績を上げる、着実に売り上げを伸ばす……ということを難なくこなします。下調べやマーケティングも完璧で失言も少なく、多くの人から信頼されていることでしょう。長く続けられる看護師や薬剤師、公務員などに向いています。

他人に仕事を任せること、人材育成に関わることがあまり得意ではないようですが、上に立つためには、調整力が必須。さらなる高みを目指すためにも、マネジメント力を磨くとよりパワーアップできるでしょう。

人間関係

自分より相手を優先してしまうことがあります。でも、相手の要求ばかり聞いていると、やがて限界に達してしまうかも。そうなると、自分の心身が疲弊してしまいます。相手との境界線をつくりつつ、言いたいことは言ってOK！　あなたが言ってもキツい発言になることはないので大丈夫ですよ。

相性のいい人

あなたをパワフルに引っ張っていくことができ、個性的で目立つタイプがオススメ。さらに、肝心な時に相手を思いやれて、相手を立てられる人であれば、あなたとのコミュニケーションも上手くいきます。

宇宙からのメッセージ

一つの方法だけでなく、他のやり方も取り入れると、可能性が広がります。

5月 3日

✦周りから"絶対的な信頼"を得る人✦

あなたについて

あなたは、責任感がとても強く、一度任されたら、きっちり任務を遂行します。周りからは、「あの人に任せておけば間違いない」と、信頼が厚く、頻繁(ひんぱん)に頼まれごとをされることがあるでしょう。

「困っていそうだから引き受けよう」といった感じで、断らずにどんどん承諾してしまい、気づかぬうちにいっぱいいっぱいに……。でもその大変な状況が嬉しくて仕方がなくなるのがあなた。バイタリティがあるのです。みんなが遊んでいる間もコツコツと働き続けますし、それをあまり苦に思っていないようです。

さらに独創的なアイディアの持ち主でもあります。プレゼンテーションも得意で、大勢の前でも言葉がスラスラ出てきますし、人前で緊張することはほとんどないでしょう。

仕事熱心で、責任感も強く、しっかりと自分の役割をこなしていきます。何事も夢中になって一生懸命やりますが、心の内では「新しい刺激」を求めているでしょう。もともと、自立心が高く独自の考え方で生きていく人。縛られることが嫌いで、自由を求めて安定した企業へ就職するよりも、自分が本当にやりたいことを追求していく生き方を選ぶでしょう。

周囲を明るくする人気者であり気遣いの人。人に会いすぎると疲れてしまうこともあるので、そういう時はアウトドアへGO！　自然のパワーに癒されましょう。

仕事と才能

とにかく、何事にも一生懸命です。苦手なことはないのでは？　と周りが思うくらい、次々と何でもこなしていきます。器用に要領よくこなしていくというよりは、責任感が強く、丁寧かつ確実に物事に取り組んでいくからこその成果といえます。その姿は周りの人たちを魅了し、強い信頼も得ていきます。特に「土」に関係するような園芸やフラワー関係、畑仕事が向いています。生真面目であることから銀行や証券会社などのお金を扱う仕事も得意です。

人間関係

責任感が強く、軽はずみな発言が許せないようです。穏やかなので表に出すことはありませんが、よく考えずにものを言う人に対しては、内心イラッとしています。また、面倒見がよすぎて、お節介が度を越えてしまうことも。基本的に人から慕われるため、多少距離をとっていても冷たいと思われる心配はありません。時々、相手との距離感を意識すると、良好な関係が築けるでしょう。

相性のいい人

すんなりつき合える人よりも、若干面倒なタイプの人に惹(ひ)かれます。難攻不落な相手ほど燃え上がるよう。相性がいいのは、そんなあなたを温かい目で見守ってくれる人。居心地のよさを感じられるはずですよ。

宇宙からのメッセージ

**自分の感情は見て見ぬふりをするより、
しっかり味わい切ると回復が早いです。**

5月 4日

✦誠実な人柄で穏やかな愛情にあふれた人✦

あなたについて

制約がある中でも自由に楽しむことができるあなた。危険を回避するうちに、いろいろな学びを得て、成長していきます。責任感が強く、真面目です。ルールや規則を重んじる、誠実な人柄なので、常に周りの人たちから高く評価されているでしょう。

加えて几帳面なので、「すべてきっちりと計画を立ててからでないと行動に移せない」と思っているところがあります。そのため、計画していない想定外のことがあると焦ってしまうでしょう。少しくらい失敗しても大丈夫ですので、もうちょっと大胆に、スピーディに行動してもよさそうです。慎重になることも大事ですが、「動きながら考える」くらいがちょうどいいかもしれません。

さらに、人の役に立つことに喜びを感じる優しい性格。ただ優しいだけでなく、鋭い洞察力による気遣いやアドバイスができるので、一緒にいる人は、「自分のことをわかってもらえている」という安心感や癒しを感じることでしょう。

物腰が柔らかく、穏やかで、おとなしい――それが周りから見たあなたの印象ですが、それが信頼感を生み、あなたの周りにはあなたの役に立ちたい、という人が集まってきます。あなたも、そんなふうに自分を慕ってくれる人の役に立ちたいと強く願うのです。

自分を犠牲にしてでも家族や友人のために時間を注ぐ優しさ、愛情があり、特に後輩や目下の人から頼りにされることも。言葉だけではない、行動の伴う姿が尊敬されることでしょう。

仕事と才能

人から見たら大変そうに思うことでも、サラッとやってのけてしまうすごさがあります。コツコツと頑張って身につけた技術や知識を使って、稼いでいくことができます。

また、五感に優れているため、音楽や料理、アロマ関連、マッサージやエステなどの肌に触れる仕事などがよさそう。美容師やヘアメイクなども向いています。

得意なことよりも、「とにかく好き」と思えることを仕事にしてください。好きなことを仕事にすると、本来の力を存分に発揮できます。

人間関係

あなたには、相手のパーソナルスペースに入っていってもイヤがられない才能があるので、気づいたら相手の心を開いていることがあります。広い心を持ち、相手の立場に立てる性格。人とのコミュニケーションがスムーズにできる魅力的な人なのです。さらに困っている人を見ると、助けたくなる世話好きな一面があるので、とても頼りにされるでしょう。

相性のいい人

愛情の深さよりも物理的な距離が重要。ですので、遠距離よりも常に近くにいてくれる相手がいいでしょう。また、「今からご飯でもどう？」といった時に飛んできてくれるような人が◎。

宇宙からのメッセージ

あなたが望んでいることは何ですか？
それを明確にしておくと迷いがなくなります。

5月 5日

✦圧倒的なカリスマ性とオーラを持つ人✦

あなたについて

あなたは、これから成長が期待できる価値の高いものを見極める目が卓越しています。そして、ビジネスも人間関係も慎重に進めていくタイプ。どちらかというとあまりリスクを取らず、ムダを少なく、効率よく進めていくことに心地よさを感じるので、自動的に失敗が少なくなることでしょう。さらに、カリスマ性があり、成功者が多いのもこの日生まれの特徴です。普通にその場にいるだけで、ただ者ではないオーラが。そのせいか、隙がないように見えて周囲からは近寄りがたいと思われることもあるようです。でも、もともとは温厚な性格。多少時間はかかるかもしれませんが、あなたがオープンマインドになれば、コミュニケーションは潤滑(じゅんかつ)になって楽しくなることでしょう。

意志がはっきりしていて、思い立ったらすぐに動く行動力があり、自由な発想のもと、自分の思い通りに行動していきます。他の人にはない視点で周りの人をあっと驚かせることも多いでしょう。行動力がありすぎるせいか、いつも慌ただしく動き回っています。好奇心が旺盛で、興味の幅が広いのも特徴。あれこれ手を出しているようにも見えますが、実は冷静に物事を見極めています。器用で飲み込みも早いので、極めようとすればプロになれる能力がある人です。誰もがうらやむような成功を手に入れやすいですが、それは、才能にあぐらをかいているわけではなく、正当な努力の成果ですよ。

仕事と才能

あなたには先見の明があり、「こうしたら、より売り上げが上がりそう」「この人と親しくなっておくと、もっと人脈が広がりそう」といった感じで、その時々でベストな判断をすることができます。これをくり返していくうちに、どんどんいい方向に動いていき、仕事で成功を手にします。“二兎を追う者は一兎をも得ず”ということわざがありますが、あなたはうさぎを何羽追いかけても OK！　それだけの才能と運を持っています。ただし、努力を怠るとせっかくの才能と運を活かしきれないので、気をつけましょう。コンサルタントやマーケティング、企画職などで力を発揮できそうです。

人間関係

圧倒的なカリスマ性とオーラが邪魔をして、一見とっつきにくく思われがちです。クールで素敵なのは長所でもありますが、常にスマイルでいるよう心がけてみてください。人を惹きつける笑顔が持ち味なので、ただニッコリするだけで、あなたの周りに大勢人が集まってきますよ！

相性のいい人

計算上手なあなたですが、恋愛においては戦略を練らないほうがスムーズにいきます。相性がいいのは、はっきりものを言うストレートなタイプで、裏表のない人。お互い腹を割って話すことで関係が深まります。

宇宙からのメッセージ

きちんと自分を労ったり、
ご褒美を与えてあげましょう。

運がよくなるアクション　枕カバーを替える、または洗濯する

5月 6日

✦「未知なるもの」を求める探検家✦

あなたについて

あなたは、新しいものが大好き。それを見つけるために苦労することはイヤではありません。すでに世の中にある方法や、日常にありふれたコトやモノ、流行には興味なし。周りと同じことをするなんてもってのほか！　まだ科学で解明されていないものや、誰もやったことのないことなど、未知なるものを追求していくことに、やりがいや生きがいを感じます。例えば、旅行をするにしても、ポピュラーな場所は選びませんし、ガイドブックに載っているようなレストランにも行きません。そして、その未知なるものや場所を求めて、惜しみない努力をする……そんな探検家タイプです。さらに発見に至るまでは、多くのことを吸収し、あなた自身も飛躍的に成長しています。

その未知なるものへのこだわりが新しい世界への扉を開けてくれることでしょう。なので、少しやっただけで諦めてはもったいないのです。継続していくと何らかの形であなたのもとに返ってきて、やがて力になってくれますよ。

また、人に手を貸すことに喜びを感じる性格。その対象は家族や友人だけでなく、知り合いレベルでも発揮するのがあなたの魅力。相手の立場で物事を考えることのできる人です。さらに優れた美的感覚もあり、センスがよく、オシャレなので、周囲からも一目置かれる存在でしょう。フレッシュなことを取り入れるのが大好きで、刺激のある人生を望みます。夢に向かって努力する、その姿が魅力的で人気を集めるでしょう。

仕事と才能

一つのものを突き詰めていくような仕事が天職になるでしょう。料理人や美容師などの技術がものをいう職人系の仕事や、文筆業、写真家、研究者、技術者などもいいですし、運動神経がよければ、アスリートも向いています。

仕事においても、持ち前の探求心と惜しみなく努力できる才能は、大いに役立ちます。ただし、夢中になるあまり、冷静な判断が下せなくなることも。時々、冷静に判断をしてくれる、目上の方からの助言をもらうといいでしょう。

人間関係

物事を深く考える力があり、洞察力に優れています。そのため、人の嘘を見破ることが大得意！　小さな嘘やちょっとだけ盛った話にも気づいてしまうのですが、人を傷つけないものであれば、大目に見てあげましょう。イラッとしたら深呼吸を。心を落ち着けるクセをつければ、自然と慕われるようになりますよ。

相性のいい人

好きな人を一途に思い続けます。素敵なことなのですが、一人に固執すると出会いを逃してしまうことも……。「灯台下暗し」というように、あなたに合う人は実は身近なところにいるので、よくチェックしてみてくださいね。

宇宙からのメッセージ

とっとと行動してしまえば、あなたの人生は自動的に変わります！

5月7日

✦"自分流"で答えを見つけ出す人✦

あなたについて

我が道を行くタイプです。周囲に意見を求めたとしても、取り入れることなく、自分流を貫く——ということが、これまで多かったのではないでしょうか。あなたは、自問自答をくり返して自分にとってベストな答えを見つけることが好き。一度こうと決めたら、それに向かってまっすぐ進んでいきます。

自分が本当にやりたいことをしないと、心がどんどんモヤモヤしてくる……。あなたはとても純粋で、自分の気持ちに正直に生きていきたい人。そして仲間を守りたい、目的を成し遂げたいと強く思った時に、大きな力が湧いてきます。純粋で正直な人というのは、時に、とてつもないパワーを発揮するのです。

独立心が強く、かなりマイペース。共同作業を積極的にするわけではありませんが、決して「人嫌い」ではありません。自分は自分、他人は他人と割り切って考えますが、相手のことは尊重するので、対人関係はきちんと構築しています。さらに落ち着いた雰囲気を醸(かも)し出しているので、基本的には礼儀正しい人と評価されることが多いですよ。

マイペースなあなたですが、「一人で戦っている」わけではなく、いつも素敵な仲間に助けられています。最終ジャッジは自分ですが、その過程には多くの人たちの支えがあるのです。信念を貫くために突き進むのはいいのですが、適度に仲間の助けを借りることも必要。そのほうがより多くのものを得られるでしょう。

仕事と才能

自分自身と常に向き合い、答えを見つけていくあなた。「なぜそうなるのか」をとことん突き詰めて考えることが得意なので、カウンセラーやコンサルタント、研修講師、ファシリテーターなどが合っています。自己完結が多いので、人と向き合うような仕事は苦労しそうに思われますが、話を聞くのが上手で、相手の本音を引き出すことも得意なのです。真面目で丁寧な態度が、相手を安心させ、心を開かせていきます。これは職業を問わず、どこでも役立ちます。部下や後輩の育成も上手で、職場で一目置かれるでしょう。

人間関係

あなたは、仲よくなるまでに、それなりに長い時間を必要とするのですが、一度心を許せると、一生の仲間といっても過言ではないくらい、長いつき合いができます。一方で、見極める能力にも長けているため、出会ってすぐに「合わない」と感じたら、足早にササッと去るように関係を断ち切るところも。そんな極端な一面も持っています。

相性のいい人

恋愛に関しては、フィーリングが合うか合わないかが重要なポイントと考えているようです。加えて、「何があっても自分の味方でいてくれる」人と相性抜群ですよ。

宇宙からのメッセージ

人に合わせるとあなたの輝きが小さくなります。
「あなた自身」に合わせると輝きが爆発します。

May Eighth

5月 8日

✦神ワザレベルの処理能力を持つ頭脳派✦

あなたについて

あなたには、人を癒す才能あり。傾聴力があるので、みんながあなたと話したいと集まってきます。分け隔てなく笑顔で対応するので、話しやすく、誰からも好かれる素質があるのです。また、頭の回転がとても速く、たくさんの情報を一気に処理することができる人です。物事のよし悪しを直感力と経験値で、即座に判断できるため、要領よくいろいろなことをやってのけます。まるでそれは、神ワザレベル！　さらに、相手が「1」を話すと、その内容を「10」に広げて展開していくこともできる、プロデュース力もかなりのものです。

人がいいので、頼まれごとを引き受ける機会が多くなりがち。人を喜ばせることが好きなので、あれこれしてあげたくなるのですが、気疲れすることも多く、肝心な自分自身のことに関しては、後回しにするクセがありそうです。

もともとあなたは好奇心が旺盛で、旅をしながらいろいろなところを見て回ったり、海や山など大自然と触れ合ったりすることが大好き。自然の中に身を置くことで、心も体もパワーチャージできる人ですから、頻繁(ひんぱん)に足を運ぶといいでしょう。特に、あなたはイルカやクジラとご縁があります。水族館に会いに行くのもいいですし、海で一緒に泳ぐと、知らず知らずのうちに、イルカやクジラと交信してしまいます。あなたの幸運パワーが増していき、いろいろなアイディアが降りてくるようになるでしょう。

仕事と才能

あなたはとても仕事能力が高く、どんな仕事もそつなくこなしていくことができます。一つの会社にずっといるのはもったいないので、いろいろな会社でチャレンジしていくといいでしょう。関わった仕事は、自分の糧にしていくことができ、フリーでも活躍できます。面白いことを企画したり、ストーリーを考えたり、プロデュースする能力もあり、シナリオライターやゲームプランナーなどに向いています。細かい作業をくり返し行なえるため、どこにいても重宝されるでしょう。ただ、人がいいので、断れないことも。手いっぱいの時や、乗り気でない仕事は、きちんと断るとストレスなく働けます。

人間関係

あなたは多くの人に好かれるでしょう。話していてもマイナスなことは言わないので、敵をつくりませんし、人をイヤな気持ちにさせることはありません。

話し上手なあなたは、どんどん話が広がり、トークが止まらなくなることがあるようです。でも、それもまた楽しいのでOKです。

相性のいい人

個性的で面白く、周りの人を引っ張っていくような、リーダータイプの人が◎。あなた自身、敵をつくらないタイプなので、二人の周りにはいつも大勢の人が集まります。

宇宙からのメッセージ

**人はみんな自分が正しいと思っている生き物。
あなたはあなたで正解、相手は相手で正解なのです。**

5月9日

✦優しいオーラの愛されキャラ✦

あなたについて

あなたは人を喜ばせることが大好きな、とても心優しい性格です。「え？　こんなことまで!?」と人が驚くくらい、人のことを考えてあげることができる人。でも相手の願望と、あなたがやってあげることが、少しズレている時もあり……。ちょっと笑われてしまうこともあるのですが、それはそれで愛らしさがあるから大丈夫。あなたがそこにいるだけで、その空間はふわっと柔らかい波動に包まれます。

年齢を重ねても、どこか幼さ、可愛らしさをいつまでもキープしていきます。何があっても怒らなさそうな穏やかな雰囲気を醸(かも)し出していますが、実は頑固なところがあり、「ここはこうしたい！」という揺るぎない信念を持っています。特に家族や近しい関係の人には、自分の思いを隠すことなく伝えますし、自分がやりたいと思ったことは、マイペースですが、確実に形にしていくタイプです。クリエイティブなセンスや、いろいろな色を組み合わせて、素敵に整えていくセンスがあるので、創作をしたり、モノづくりをしていると次々にアイディアが湧いてくるでしょう。

また、この日生まれの人は、太陽の光に影響されやすいところがあります。暖かい季節になってくると元気になり、寒くなってくると少しブルーになります。

気持ちが沈んでしまいそうな時は、できるだけ朝陽を浴びるようにしましょう。

仕事と才能

優しくて笑顔が素敵なあなたは、人と関わる仕事が向いています。あなたに話を聞いてもらうと、相手は自然と癒されていきますし、他の人にも紹介してくれる人が出てきて、いつの間にか仕事が広がって発展していきます。また、とてもセンスがあるので、素敵な空間をつくり出したり、多くのことを魅力的なものに変化させていくことができます。ホテルのフロントスタッフや空間デザイナー、インテリアコーディネーターなどに向いています。働き者なので、予定を詰め込んだり、頼まれごとを断らなかったりと、忙しくなりすぎる傾向が。自分の時間もしっかり確保しましょう。

人間関係

聞き上手で困った人を放っておけないところがあります。また、誰からも好かれるので、あまり人間関係で困ることはないでしょう。ただ、あなたは遠慮しがちで本音を言えないところがあったり、「あれは迷惑だったんじゃないか」と反省したりと、余計なことで悩むことがあるかもしれません。それは単なる考えすぎなので気にしなくて大丈夫ですよ。

相性のいい人

あなたを楽しい世界に連れ出してくれる人。あなたは好奇心が旺盛で、楽しいことが大好きなので、刺激を与えてくれる人と一緒にいることで、常に幸せを感じられるでしょう。

宇宙からのメッセージ

**違和感は大切な宇宙からのメッセージです。
スルーしないでください。**

May Tenth

5月10日

✦直感に優れた"第三の目"を持つ人✦

あなたについて

あなたは直感力に優れています。必要な情報をベストタイミングで受け取れるのが特技で、例えば、これから流行るもの、稼げるものを見極める力に長けています。今後、値上がりする投資先を見つけるのも得意でしょう。夢で見たことが現実になるなんてことも多く、額の真ん中あたりにある、「第三の目」が開眼しているのかもしれません。

ただし、その特異ともいえるあなたの感覚は、ニュートラルな状態にある時に発揮されます。基本的にマイペースなのですが、忙しくなったり、対人関係でストレスを感じたりすると、「第三の目」が曇って、感覚が鈍くなってしまいます。あなたがハッピーでいるためにも、自分を大切にすることを優先しましょう。

基本的には明るくてノリがよく、ポジティブ思考。ですので、多くの人から好感を持たれますし、可愛がられます。世渡り上手なのでどこに行っても人気者になること間違いありません。人と争うのが好きではなく、ケンカする性格ではないので、トラブルはほとんどないでしょう。誰もが一緒にいて快適に過ごせるタイプですし、あなたはいつも楽しそうなので、悩みがないように見られることも多くありますが、それはそれでラッキーなこととしてとらえましょう。

頭の回転が速く、チャレンジ精神が旺盛でアグレッシブ。じっとしていることはないでしょう。そして決断力に優れて、バイタリティがあるので経営者にも向いています。

仕事と才能

人の出入りが激しい職種・職場や、ノルマやスケジュールに追われててんやわんやになってしまうと、せっかくの五感や直感力が鈍ってしまいます。そのため、あなたの才能を思いきり発揮したいと考えているなら、比較的マイペースで働ける職種か職場がいいでしょう。例えば、フリーランスのデザイナー、ライター、プログラマー、さらにはお店を経営する、会社を立ち上げる……といったことです。自分である程度コントロールできれば、かかるストレスも少なくてすみますし、責任感があるのでフリーランスは向いていますよ。

人間関係

あなたは、相手の考えや思いを察知する能力があるので、相手から「自分のことを理解してくれる」と感動されることが多いでしょう。それはあなたの特別な強みなので、コミュニケーションで活用しましょう。ただ、知られたくない心の奥底のことまで言い当ててしまうこともあるので気をつけて。人に伝える前に、一度「相手はどう思うか」と考え、デリカシーのない発言は避けるようにしましょう。

相性のいい人

あなたの場合、恋人とは言葉がなくても心で通じ合えるようです。いつも気がついたらそばにいて、居心地がよい人がいいでしょう。実は身近な人かもしれませんよ。

宇宙からのメッセージ

ストレスを感じる時は、
人との距離感を調整しましょう。

May Eleventh

5月 11日

✦聞き上手な「カウンセラー」タイプ✦

あなたについて

あなたは、とても聞き上手な人です。人の心の奥のほうにある引き出しを次から次に開けてあげることができ、あなたと話をするだけで、様々なヒントが得られたり、救われたりする人がたくさんいるでしょう。それは、根っからのカウンセラー体質で、人を癒す才能があるからなのです。また、向上心があり勉強熱心なので、いくつになっても常に新しい知識を取り入れて、レベルアップを図ることができる人です。

また、スピリチュアルな能力にも秀でています。人を見ただけで、その人がどんな人かを一瞬で見抜いたり、どうすると状況がよくなるかが、何となくわかったりするでしょう。その感覚は素晴らしいので、あなたの中だけに眠らせていないで、ぜひ、周りの人に表現したり、伝えたりしてください。とても感謝されますよ。また、五感がとても研ぎ澄まされていて、人、モノ、空間などが、どうすれば一番魅力的になるかを、感覚で察知することができます。「自分の五感が喜ぶことは、人の役に立つことだ」ということを覚えておきましょう。

あなたにとって必要な道は、あなたの内側から「止まらない衝動」として出てきます。迷った時は、誰かにアドバイスをもらうのではなく、本当はどちらを望んでいるのかをあなた自身に問いかけていくと、自ずと答えがわかります。

旅に出たり、パワースポットを巡ったりすると格段にパワーチャージできる人です。定期的に出かけるといいでしょう。あなたには伊勢神宮が特にオススメです。

仕事と才能

あなたは、くり返していくうちに、いつの間にか右に出る人はいないくらいに「プロ化」していく人です。一つひとつの仕事を丁寧にきちんとこなしていきますので、かなり重宝されるでしょう。頼りにされすぎて、いろいろ任されてしまったり、聞き上手でもありますから、仕事の悩みを打ち明けられて自分の時間が削られたりすることがあります。安請け合いせずに、断るべきことをしっかり断れば、仕事が断然しやすくなるでしょう。

また、あなたには美的なセンスがあり、空間や食など、美しさや心地よさをつくるプロデューサーとして活躍できます。人の心を軽くするカウンセラー、言葉や文章を通して、人に伝えていく作家、ライターなども向いているでしょう。

人間関係

相手の才能を見抜いたり、長所を伸ばしてあげたりすることができる人です。かゆいところに手が届くような会話ができますから、とても人に好かれやすく、穏やかで楽しい人間関係が築ける人でしょう。ただ優しさのあまり、人に変に依存されてしまうことがあります。あれ!?　と思う場合は、いくら近しい関係であっても接する機会を減らし、距離感を調整していくといいでしょう。

相性のいい人

知識豊かで笑いのセンスもある、話をしていて面白い人が◎。

宇宙からのメッセージ

あなたに必要な人や状況は、あなたにとって最高のタイミングでやってきます。

May Twelfth

5月12日

ピンチをチャンスに変える天才

あなたについて

あなたは大変な状況であるほど、粘り強く頑張ることができるタイプ。頑張れるのは、それが自分を変身させ、成長させてくれることだということを本能で知っているからでしょう。

困難なことやピンチなことが降ってくると、あなたの中のヒーロー魂がむくむくと湧き起こり、「えいっ！」と自ら火の中、水の中のような大変な状況に飛び込んでいきます。最初は、上手くいかないことばかりで、失敗も多く、あちこち傷だらけになるかもしれません。それでも、とにかく諦めずに、経験を積んでいくことで、確実にレベルアップしていくことができるでしょう。

ゲームでも、戦わないと経験値は上がっていかないのと同様に、実社会でも、ある程度戦って、失敗してをくり返しながら成長することで目的地にたどり着くことができるのです。頑張って困難や失敗をクリアしてこそ、あなたは強さを増していきますし、乗り越えた先には大きな幸せが待っていますよ。

性格は極めて明るく、はじめて会った人ともすぐに打ち解けることができるくらい、コミュニケーション能力が高いタイプ。さらに、冷静沈着でメンタルも強く、頼りがいもあり、自分の理想に向かって頑張っている姿は、周りからも支持されるでしょう。いつも、多くの友人に囲まれていますし、結婚すると、とてもよい家庭を築くことができます。

仕事と才能

仕事においても、変化、困難、ピンチな状況などがキーワードになります。難易度が高い仕事ほど燃える性格だからこそ、自分の実力よりも少しハードルの高い仕事をするのがいいでしょう。やってみたいと思っている仕事があるなら、ぜひチャレンジしてみて。それを遂行する能力と底力が備わっています。また、これまで苦手としてきたことにトライするのも◎。関わる人に左右されやすい営業や接客業、プロジェクトリーダーなどを経験すると、よりレベルアップできそうです。

人間関係

人間関係で揉めごとが起きた時、仲裁に入ることが多いようです。あなたは問題解決が上手でとても頼りになるので、そういった役割が回ってくるのですね。しかし、常にその立場にいると疲れてしまうので、あなた自身を楽しくさせることも忘れないで。あなたが笑顔でいると、周りも自然と笑顔になれて、素敵な輪ができ上がりますよ。

相性のいい人

恋愛面においては、「曖昧な関係」に陥りやすいようです。そのため、白黒はっきりつけることができて、素直な人がオススメ。あなたの足りないところを補ってくれるので良好な関係が築けるでしょう。

宇宙からのメッセージ

**進めてもいいし、しばらく保留にしてもいいのです。
あなたの心が軽くなるほうが正解なのです。**

May Thirteenth

5月13日

✦磨くほどに光るダイヤモンドの原石✦

あなたについて

磨けば磨くほど輝く原石――それがあなたです。「磨く」とは「努力すること」なのですが、日々地道に努力をしていくことで、あなたは確実に磨かれていき、ダイヤモンドのように光り輝き、価値も増していきます。

その努力の成果は、内面、外見、仕事、人間関係、すべてにプラスに働きます。もともと投げ出さずに“成し遂げる”ことができる資質を持っているので、必ず結果がついてきます。そして、限界はないので、周りの人たちがあっと驚くほどの成長を遂げて、個性と技で誰も真似ができない、唯一無二の存在として輝けるでしょう。また、白黒はっきりさせたいと思う性格だからか、自分が納得するまで突き詰めてリサーチするタイプ。そして、それが知識として蓄積されている知的な人でもあります。

また、人生で出会う人たちに対し、あなたは重要な役割を果たします。つまり他人に強い影響力があるのです。輝いているあなたのおかげで周りの人は楽しく、ハッピーになっていきます。人が幸せそうなのを見て、またあなたも幸せな気持ちになり……という素敵な循環があなたの周囲では起こります。これをくり返していくことができれば、あなたには最高にハッピーな未来が待っているはず。

ムリをすることを嫌い、自然体＆自分流にこだわるあなたは、いつもご機嫌！　とても明るく優しいので、基本的には誰からも好かれ、愛される人です。

仕事と才能

もともと感性が豊かですが、感性を使えば使うほど、磨かれてパワーアップしていきます。特に専門性が求められるものだと、より輝けるでしょう。例えば、自分で聴覚に優れていると思うならば、音楽関係の仕事が向いていますし、味覚に自信があるのであれば、料理関係の仕事もいいでしょう。まずは習いごとや副業などからはじめても OK。牡牛座の持ち前の粘り強さで続けていけば、仕事に繋(つな)がる可能性も大ですよ。

人間関係

誰に対しても礼儀正しく、きっちりとしているけれど、決して冷たい感じではなく、とても気さく。しなやかで自然体なあなたは、多くの人から慕われるでしょう。

また自分に厳しく、上手くいかない時はできない自分に罪悪感を持ってしまいがちです。そんな時ほど、周りの人が応援してくれるので、また元気に頑張れるという好循環に。もっと自信を持って自由な発想で、人生を楽しみましょう。あなたが楽しく生きる姿は、多くの人にいい影響を与えますよ。

相性のいい人

あなたが持っている技術や才能をアピールすると、恋愛運を引き寄せられます。相性がいいのは、美術館巡りやクラシック音楽が好きな、芸術に興味のある人。あなたの五感とマッチして楽しい関係を築けそう。

宇宙からのメッセージ

**どうしてもやりたい気持ちになる時は、
そろそろはじめましょうという宇宙からのメッセージ。**

May Fourteenth

5月14日

✦大切なものを「守る力」が強い人✦

あなたについて

心配性のあなたは、守りの姿勢がとても強く、新しくてよくわからないもの、異質なものとの関わりを制限する傾向にあります。それは、大切なものを守ろうとする意志がとても強いから。家族、友人、恋人、信念、好きなもの、思い出……。自分が大事にしているものは、命がけで守りたいと常日頃から思っていることでしょう。だからこそ、周りからの信頼も絶大で、人間関係でも仕事でも、深く長く、ご縁を続けていくことができます。

しかし、大切なものを守りたいあまりに、それ以外に対して高い「壁」を築いてしまうところがあります。こだわりも強いので、信念を曲げることがなく、よりいい方法を見逃してしまう可能性もあります。少しだけ柔軟性を高めるように心がけるといいでしょう。

また、金銭的な安定や社会的に高い地位をキープしようとする傾向もあります。何事においても現実的に考えるので、高い理想や大きな夢に向かって進んでいく……といった考えは、あなたには合わないかもしれません。もし、モチベーションを上げたい場合には、目標の数字を具体的に掲げるといいでしょう。周りの人やライバルと切磋琢磨(せっさたくま)するより、過去の自分に打ち勝とうすることでやる気がアップし、ぐんぐん伸びていけます。たとえ一匹狼でも、次々と新しいことを切り拓いていくことができるでしょう。

仕事と才能

守りの強さは、仕事にも大いに影響しています。任された仕事は何としても最後までやり遂げますし、困難な壁にぶつかったとしても突破する力があります。抜群の安定感で、成果を出していける人なので、周りからの信頼も厚く、“心強い人”として重宝されます。保育士や管理栄養士、ホームヘルパーなど人を守る仕事にも向いているでしょう。部署を横断する、チームワークが必要なプロジェクトがあれば、自分の部署だけで遂行しようとせず、他部署とも協力を。あえて手放したり、分配したりすることでスムーズにいく場合もあるので、一度、客観的に見てみるといいでしょう。

人間関係

あなたは、人一倍守備が固いため、人に対して少し懐疑的なところも。相手との距離感を詰めるのに時間がかかるようです。でも、一度、仲よくなれば、その絆(きずな)はどんどん深くなっていくので、まずはあなたから歩み寄り、相性のいい人を探してみてはいかがでしょうか。幸せな人間関係が築けますよ。

相性のいい人

第一印象だけで相手を決めないようにしましょう。あなた自身、「噛めば噛むほど味が出る」タイプ。同じように、友人としてつき合いを深めていくうちに信頼できると確信した人が運命のお相手です。

宇宙からのメッセージ

**あなたは「あなた」の子育てをしているのです。
あなたは「あなた」を大切にしていますか？**

May Fifteenth

5月15日

✦「自分の時間」を充実させるほど輝く人✦

あなたについて

自分の時間をとても大事にします。何ごとも自分のペースで進めたいという思いが強く、周りの人たちから急かされることが好きではありません。朝と夜、お昼休み、休日……といった、休むべきところはしっかり休みたいという気持ちが強いでしょう。ホッとできる時間があることで、エネルギーチャージができ、それが仕事や人間関係、勉強などにいい影響を与えると考えているようです。

実際に、私生活が充実すればするほど、能力を発揮し、物事を上手く回せるタイプです。逆に、自分が意図していないことでプライベートの時間が削られると、とてもストレスを感じます。仕事やお金、学歴、資格取得などが最優先ではなく、あくまでも人生を豊かにするための一つのツールと考えているのでしょう。

常に“心地よい状態”を求めています。そのための努力や投資を惜しみません。あなたの才能は、心地よい状態にある時に発揮され、心地よくない状態になると、急にパワーダウンしてしまいます。仕事も人間関係も地固めが得意で、コツコツと努力することを惜しまない一面もありますが、それらもすべて“心地よい状態”があってこそ。それを肝に銘じて行動するようにしてくださいね。

さらに、私生活を充実させると、いい企画を思いついたり、センスのいいデザイン案が降ってきたりして、よりいいものをクリエイトできることでしょう。

仕事と才能

商品開発、ライター、編集者、デザイナー、カメラマン、フラワーデザイナー、ヘアメイク……といった、クリエイトする仕事が向いています。イマジネーションを湧かせるためには、あえて“空白の時間”をつくることが大切です。他人から見れば、単に休んでいるだけに映るかもしれません。でも、その間、あなたの頭はフル稼働し、仕事のアイディアを量産しているのです。逆に、朝から晩まで、休日も関係なく、スケジュールをびっしり埋めてしまうと、あなたの才能が発揮されなくなってしまうので注意しましょう。

人間関係

誰とでも円滑にコミュニケーションをとることができます。プライベートを充実させているので、心に余裕があるのですね。ただ、誰とでも仲よくなれるわりには、自分の領域に土足で入られるようなことをされるのがあまり好きではありません。予め自分だけの時間を大切にしていることをアピールしておくと、カドが立たずに済みますよ。

相性のいい人

仕事を手伝ったり、何かのついでに相手の分も飲み物を買ってきたり、小さなきっかけで親しくなることが多いよう。相性がいいのは、些細なことも見逃さず、気遣ってくれる人。互いを気遣える、いい関係を築けます。

宇宙からのメッセージ

自然体のあなたが一番魅力的なのです。

May Sixteenth

5月16日

✦優れた才能を隠し持つ気配りの人✦

あなたについて

「能ある鷹は爪を隠す」という言葉は、まさにあなたにぴったり！　感性が豊かでセンスがいい、手先が器用、アイディアが豊富……など、素晴らしい才能を持っているにもかかわらず、あまり表に出すことはありません。きっと、「私でもできるのだから、みんなができるはず」と自分の才能を軽視しているのだと思います。

謙虚なのは美徳でもあるのですが、何もアピールしないのはもったいないことです。「アピールするのは苦手」と、あまり行動を起こさないタイプですが、あなたが才能を発揮することによって、周りで助けられる人がたくさんいるのだということを考えてみてください。自分では大したことないと思っていることでも、あなたの優れた能力で、よりよいものが生み出されたり、助けられたりする人がいるものです。信じられないかもしれませんが、それがあなたの才能なのです。

ひょっとしたら、あなたは自分の才能に気づいていながらも、ただ才能を持っているだけで満足しているのかもしれません。でも、その才能はあなたをもっと素晴らしい世界へ導いてくれることでしょう。

性格は穏やか。優しくて、人をサポートするのが好き。細かい気配りもできる人です。真面目で努力家なせいか、何でも完璧に物事を行なおうとしすぎるところがあるでしょう。それは素晴らしいことなのですが、たまにはもうちょっと自分を甘やかしてもいいかもしれませんね。

仕事と才能

あなたは、控えめなタイプで努力家。もともと備わっている才能があるにもかかわらず、日々努力して磨き続けています。才能は使わなければ宝の持ち腐れなので、「ちょっと過剰かな？」というくらいアピールしてみるといいでしょう。仕事や人脈の幅が広がり、認められることも増えて、もっと働く喜びを感じられますよ！

職人気質で完璧主義。責任感が強く、どんな仕事でも丁寧ですし、部下の面倒もよく見るのですが、完璧主義なだけに、ちょっと厳しいと思われてしまうことも。そこだけ注意しましょう。発想がユニークで、アートやファッションの分野でも活躍できそうです。

人間関係

集まりの場では、得意技を一つ披露してみましょう。すると、それをきっかけに、ぐっと距離が縮まり、仲よくなれます。ただし、自慢にならないように気をつけましょう。相手の得意技も積極的に聞いてみてください。相手に興味を持つことで、さらに心を通わせることができますよ。

相性のいい人

ファッション、姿勢、立ち居振る舞い、女性の場合はメイクなど、自分磨きが得意でモテるタイプ。相手は記念日を大切にしてくれる人、細やかな気配りができる人がいいでしょう。

宇宙からのメッセージ

いちいち邪魔が入る場合は進めないほうがいい時。
スムーズな時はどんどん進めていい時。

May Seventeenth

5月17日

✦論理力に秀でたアイディアマン✦

あなたについて

あなたは、次から次へといろいろなアイディアが浮かび、話は論理的でわかりやすく、「もっとこうだったらいいのにな〜」と改善点を常に考えられる、とても賢い人です。仕事でも遊びでも、どんなシチュエーションでも、あなたが一人いるのといないのとでは、物事の回り方がかなり違ってきます。特に、思いついたアイディアを形にすることに長けています。ロジカルに考えられる人で話にも説得力があるため、企画が通りやすかったり、あなたが生み出したものを多くの人がほしがったりするのです。

さらに、コミュニケーション力が高く、グループをまとめて盛り上げるムードメーカー的な存在。どんなタイプの人とも話を合わせることができますし、判断力も的確。「できる人」として、周りから尊敬されるでしょう。

また、あなたの場合は、生まれた土地や自分を育ててくれた環境・人を重視するとよさそうです。例えば、家族や友人、同僚、先輩、恩師など、これまでお世話になった人や、関わってきた人たち。その人たちへの感謝の気持ちを大切に、少しでも恩返しをしていくと、あなたの運気は飛躍的に上がります。

今すぐに結果は出なくても、必ず自分に返ってきますよ。相手を思いやる純粋な気持ちに感動した神さまが、あなたにご褒美を与えてくれるでしょう。自分の礎(いしずえ)を築いてくれた人たちに、日々感謝しながら過ごしていくと、ハッピーな時間がどんどん増えていくことでしょう。

仕事と才能

あなたは、ズバリ「発明家」です。感性と洞察力に優れていて、「こうなるともっと便利になる」「こんなものがあったら生活が豊かになりそう」といった具合に、普段の生活の中でたくさんアイディアが湧いてきます。モノづくりの職人や商品企画の仕事はもちろん、他のどんな仕事でも何かを改善していくことに向いています。改善する対象は、商品、組織、ルール、システム……何でもアリです。例えば、営業先の割り当てを効率的に変える、勤務形態を定時制からフレックス制に変更するなど。あなたの発案には根拠があり、説明も上手なので、相手を説得することができるのです。

人間関係

気に入った人に、食事をごちそうしたり、贈り物をしたりすることが多いようです。決して悪いことではないのですが、あなたが提供してばかりだと、フラットなつき合いではなくなってしまいますので気をつけて。サービス精神旺盛なのはいいことですが、偏った関係は長続きしませんから、対等な関係を築くことを意識しましょう。

相性のいい人

相性がいいのは、流行に敏感で、時代を読む力のある人。あなたがアイディアマンなので、刺激し合って成長に繋(つな)がりますし、仕事でもプライベートでもいい循環が生まれますよ。

宇宙からのメッセージ

**自分のことを尊敬することで、
人からも尊敬されるようになります。**

May Eighteenth

5月18日

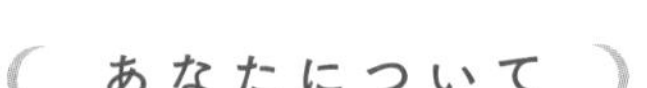

「よりよいもの」をつくり出す天才

あなたについて

あなたは瞬発力のある行動派。「こっちがいい！」と思ったら、急な方向転換も厭いません。失敗したり、失恋したりしても、「はい次！」と気持ちの切り替えが早く、かなり前向きな性格でもあります。さらにとっても身軽なので、とにかく行動も頭の回転も思考の切り替えも、何もかも速いのがあなたの魅力です。

そのため、いよいよ完成間近……という段階のものでも、もっとよい方法が浮かんだり、もっといいものがつくれると思ったら、いったん壊し、再びイチからつくり直すということも平気。周りは戸惑うかもしれませんが、よりよくするために行なっていること。責任感が強く、最後までやり遂げる遂行力があり、結果オーライになることがほとんどです。最終的にでき上がったものを見ると、全員が納得してしまう……それくらいのものをつくり上げることができますから、自分の道を信じてこのまま突っ走ってください。

あなたは、理想や妄想だけで動く人ではなく、とても現実的。やると決めたら、どんなプレッシャーにも負けず、たとえ邪魔が入っても動揺しません。

とはいえ厳しいわけではなく、親しみやすさがあるので、周りはついていきたくなることでしょう。そんな優れた才能のあるあなたは、周囲に対してとても影響力が大きいですし、特に目上の人が目をかけてくれるので、ステップアップのチャンスも多いことでしょう。

仕事と才能

常に効率の向上を考えながら仕事しているので、一度決定したことでも、それがスピードアップに繋(つな)がるなら変えてしまうことに抵抗はありません。急に大胆な方向転換をすることも多いのですが、すべてきっちりやり遂げるので、周りの人たちはひたすら感心しています。

クリエイティブ能力があり、センスも優れているので、Webデザイナーやカメラマン、コラムニストなど、何かを生み出す仕事が向いています。また、複数のことを同時にこなせる器用さもあるので、副業も向いていますよ。

人間関係

フットワークが軽く、誰とでもすぐに仲よくなれ、人脈を広げることにも長けています。しかし、悪気はないのですが、急に人間関係をチェンジしてしまうことも。

人によっては「急に冷たくなった？」と思われてしまうこともありそうですが、誤解させないよう、理由を伝えるなどフォローすることを心がけて。

相性のいい人

あなたは時々、言葉が足りずに誤解を招くこともあるので、察しのいい人と相性ぴったりでしょう。さらに、あなたの自由な行動を責めることなく、適度に放置してくれる人がベスト。お互いに心地いい関係となるでしょう。

宇宙からのメッセージ

あなたが思っているよりも
選択肢はたくさんあります。

May Nineteenth

5月19日

人との「ご縁」で成功を掴むタイプ

あなたについて

情報収集力に長けていて、トレンドを掴(つか)む才能もあります。そして人並み外れたエネルギーを持っていて、正しい方向にエネルギーを向けることができると、ずば抜けた指導力を発揮します。落ち着いている上に、コミュニケーション能力が高いので、人の話を聞くのが上手。あなたの前では誰もが心を開いてしまうでしょう。

また、直感が鋭いのですが、論理的に考える頭のよさもあるので、自分の直感にフタをしてしまいがちです。けれども直感に従ったほうが、あなたにとってプラスになることが多いので、直感がひらめいたら、それに従って行動するように意識するといいでしょう。

さらにあなたは「一期一会」を大事にする人で、人の意見を柔軟に取り入れることもとても上手。また、共感能力が高く、話をしっかり聞いて相手の気持ちに寄り添うことができるので、他人と強い絆(きずな)を結ぶことも得意。それは、一人ではできないことも、チームで取り組めば成功する可能性が高くなることを、よく理解しているからでしょう。

そして、何事もポジティブにとらえる楽観主義的なところがあるので、多くの人に安心感を与えられます。チームの中では精神的支柱として、みんなの相談に乗ったり、先頭に立って戦略を立てたりする役割に。多くの人に頼りにされることで自分の居場所が確立できるので、それが心の安定に繫(つな)がる、というよい循環が生まれるでしょう。

仕事と才能

とても要領がよく、自分がやったほうがいいことと、得意な人に任せたほうがいいことの見極めが的確です。そのため、マネジメントをするポジションやプロデューサー、ディレクターなど、適材適所を考える仕事が向いています。

柔軟性があるので、一つのやり方に固執したり、ルールや枠にとらわれたりしません。その分、自分軸が若干ブレやすい傾向にあり、たまに判断に迷うことも。本来は直感の優れている人なので直感に従うか、それでも決めきれないようなら、心から信頼している人に相談してみましょう。

人間関係

あなたは、物腰が柔らかく、優しい印象を与えます。第一印象がとてもいいので、多くの人から好かれます。ただ、誘いを断るのが苦手で、例えば飲みの席では二次会や三次会などまでムリしてつき合い、後悔することもしばしば。でも、新たな人脈ができたり、いい情報がゲットできたりと、いいこともあるので、誰と過ごすかを意識しておつき合いしてください。

相性のいい人

毎回デートのたびに、新鮮な気持ちになれる人がオススメです。つまり新しい情報を取り入れて、積極的に成長しようとしている人。常にドキドキ、ワクワクできるお相手と一緒にいるほうが、高い幸福度を感じられます。

宇宙からのメッセージ

単純に、好きか嫌いかで決めていいんです！

May Twentieth

5月20日

✦紅白歌合戦の“オオトリ”的存在✦

あなたについて

あなたには、他を圧倒するような存在感があり、「オーラがありますね！」と言われることもしばしば。いろいろな才能を持っているのですが、その存在感こそが、あなたの最強の才能なのです。

もし、「オーラがあるなんて、言われたこともない……」という人がいたら、それは単にスイッチを入れていないだけかもしれません。では、スイッチを入れるにはどうしたらいいのか？　その方法はたった一つ、「セルフイメージを上げること」です。もともと人前に出て自分をアピールしたいという気持ちがなく、大きく見せたいという欲求もなく、黒子であることを好みます。自信がないわけではないのですが、人前で堂々としていられるほどあるわけではない、といったところでしょうか。

大きな自信を持つための方法の一つとして、何か武器を手に入れることです。大きいに越したことはありませんが、小さくても大丈夫。まずは、“手に入れる”ことが大事。手に職をつける、資格を取得する、転職して年収をアップさせる、昇進する、表彰される……何でもOK！　他人と比較してどうこうではなく、今の自分より明確にレベルアップしたことが客観的にわかると、大なり小なり自信が湧いてきます。そして、成功体験を積み重ねていくと、どんどん自信が湧いてきて、最終的に、紅白歌合戦のオオトリの歌手のような、圧巻のオーラを身にまとうことができるようになるでしょう。

仕事と才能

仕事でも、スイッチが入れば“デキる人”オーラを放ちまくります。ただし、その分、大きな仕事や難易度の高い仕事も任されるでしょう。たとえ荷が重い仕事でも、あなたは持ち前のド根性で逃げずに立ち向かいます。でも、どうしてもムリだと思ったら、周りに助けを求めましょう。コミュニケーション力に長けているので、人の手を借りてピンチをくぐり抜けていくことができるでしょう。宅地建物取引士や行政書士など資格の必要な仕事や、TOEIC など英語のテストの結果を活かせる仕事にも適しています。

人間関係

一見、周囲のことはあまり気にしていなさそうですが、実は密かに嫉妬深い一面があります。特に、ライバルになりうる相手には敏感です。でも、これは悪いことではありません。ライバルは自分を成長させてくれる存在でもあるので、むしろ出会ったほうがいいのです。また、ライバルが親友になるということも往々にしてあるので、プラスにとらえてみましょう。

相性のいい人

慣れてくると油断しがちなところがあるので、デートには毎回オシャレをして行きましょう。そんなあなたにぴったりなのは、センスのいいオシャレな人。互いに程よい緊張感があると交際が充実します。

宇宙からのメッセージ

楽しく計画を立てることができれば、
それはほぼ叶ったも同然!

May Twenty-first

5月21日

✦ユーモアのセンスも抜群な「好奇心の塊」✦

あなたについて

好奇心が強く、常に行動していたいと思っている人。長い時間をかけて一つのことにじっくり取り組むとか、深く追求していくというのは苦手。昨日まで夢中になっていたのに、今日はもう違うものに興味を示していた、なんてこともよくあります。自分が好きなことには一生懸命になってやるのですが、すぐに飽きてしまったり、思いつきで行動して、途中で辞めてしまったりといったことも多いでしょう。

そんなあなたは、流行に敏感。もともと知識欲が旺盛なので、美容、ファッション、グルメなど、興味のあることは知りたいタイプ。浅く、広くではありますが、雑学王でもあります。

人当たりもよく、優れたコミュニケーション能力で、周囲の人たちを魅了するのが得意。本来は、目立つことは好きではないけれど、子どものような無邪気さを見せることもあり、そんな魅力的な一面によって自然に目立つ存在になってしまうことでしょう。環境に適応する能力が高く、新しい場所でも人見知りすることなく、すぐに友達ができるので、場所を変えることに抵抗なし。住居や仕事を転々とする人が多いですし、中には海外で生活する人もいるでしょう。

独自の観点で物事を見ている人なので、発想がユニークです。アイディアを生み出す才能があるのですが、制限された環境にいるとあなたの力が発揮できません。自由に行動できる場所ではユーモアのセンスが抜群で、周りが驚くようなものをつくり上げます。

仕事と才能

幅広い知識と人脈づくりを得意とします。特に人脈がものをいうマスコミやイベント会社、広報、PR、営業などが向いています。器用で何でもこなせるため、ルーティンワークだと飽きやすいよう。仕事を長続きさせるには、適度な刺激が必要です。データ入力の仕方を後輩に教えるなど、小さな変化でOK！　また、頭の回転が速く、次々と処理していく能力に長けているので、延々とやり続けてしまうと、回転速度が遅くなってフリーズしてしまうかもしれませんね。

人間関係

気軽なコミュニケーションが得意で、ユーモアのある会話もできるため、誰とでもすぐに仲よくなれます。一方、意見や考え、発言がころころと変化するので、誤解されやすいところもあるでしょう。でも、我が道をいくほうがあなたらしいので、気にしなくてそのままでOKです。

相性のいい人

ちょっと面倒くさい人や、なかなか振り向いてくれない人を好きになる傾向があります。試行錯誤をしながら、アプローチするのを楽しむタイプなので、上手くいかないほうが燃えるのでしょう。苦労して結ばれれば、固い絆（きずな）が生まれるので長続きするでしょう。

宇宙からのメッセージ

人を癒したい場合は、
自分をしっかり満たしておくことが大事です。

May Twenty-second

5月22日

✦知識欲と探究心が旺盛なムードメーカー✦

あなたについて

心が広く、人に対する偏見がなく、何事も素直にストレートに受け止められる人。コミュニケーション能力があり、さらに空気を読む力に長けているので、グループにいる時は調和を大切にします。その時々でムードメーカーになったり、聞き役に回ったり、臨機応変に対応できる点ではかなり優秀です。気を遣う性格なこともあり、恋人や親友であっても一定の距離を保ったつき合いをすることが多いでしょう。当然、争いや面倒ごとが苦手な平和主義者。危険を察知するといつの間にかその場から消える、なんてこともよくあることです。

一方で、自由を愛し、いつも広い世界を飛び回っていたいと思っています。その理由は知識欲が旺盛で、常に新しいことを知りたい、刺激がほしいと思っているから。だからこそ、同じ場所にとどまるのが苦手。ですので、定期的に居場所を変えるほうがいいのかもしれません。いろいろな場所に出かけては幅広い知識欲と探究心を満たすことで心が安定することでしょう。

さらに、人と比べて、あなたはとても感受性が豊か。見えないものから何かを受け取る力があり、夢の中からメッセージを受け取り、言語化や現実化することができます。特に旅先で見る夢の中には、大切なヒントが隠されているので、朝起きたらすぐに書きとめるといいでしょう。そのメッセージを実行することによって、運気が好転したり、大成功を収めたりするかもしれませんよ。

仕事と才能

頭の回転が速く、「広く浅く」物事をとらえるため、一つのことに固執しない傾向があります。複数のことを同時進行できる器用さがあるでしょう。

情報収集力にも長けており、常に情報が更新されていくため、「最新情報はあの人に聞こう！」という感じで、職場の人たちからも頼りにされるようです。同じことをくり返したり、一つのことを続けたりするのが苦手なので、意識的に変化をし、アップデートすることで、飽きずに長続きします。最新情報を扱うマスコミ関係や出版関係、流行を追い求めるファッション・美容関係で活躍できそうです。

人間関係

空気を読む力に優れているので、初対面の人ともにこやかに会話が弾み、すぐに意気投合できる才能あり。目上の人からは可愛がられますし、後輩からは慕われる性格です。

相性のいい人

あなたはコミュニケーション能力に優れるのに、好きな人には照れてしまい、アピールできないことが多いタイプ。そのため、相手にあなたの気持ちを察してもらうことが必要です。相性がいいのは、ズバリ、知的で頭の回転が速い人。そんな人となら楽しく会話ができるでしょう。

宇宙からのメッセージ

それは単なる思い込みかもしれません！

May Twenty-third

5月23日

✦先見の明が光るプロデューサー✦

あなたについて

自由な環境で何かをつくり上げるよりも、ある程度ルールや条件など、決められた「枠」の中で動くほうが自分らしさを発揮できるようです。ですので、ゼロからでなく、ベースがあって、それを面白く、または素敵にアレンジしていくことが得意。予算が限られた中で、工夫をするプロデューサーのような役割が適任です。

また、好奇心が旺盛で、常に新しいことをはじめたがります。最新アイテムには抵抗がなく、いいと思ったらすぐに自分の生活に取り入れる人です。

流行にも敏感で、いつもファッショナブル。ひときわ目立つ存在で、「センスのいい人」と認知されています。時代の一歩先へ進みたがりますし、先見の明があるスタイリッシュな人といえるでしょう。そのせいか、じっとしていることが苦手で、忙しく動き回り、何をするにもスピーディ。のんびりしている時間がほとんどありません。何か面白いものを見つけると行動せずにはいられないでしょう。

傍(はた)から見るとちょっとせっかちに見えるので、もう少し落ち着いて行動するように心がけるといいでしょう。

性格は、誠実で正直。弱い立場の人、特に目下の人にはとても優しく、正義感の強さからフォローすることが多いので、周りの人たちからとても信頼されています。しかも誰に対しても明るく、自然に接することができるので、あなたのファンはとても多いでしょう。

仕事と才能

仕事面でも、ある程度枠を与えられているほうが成果を出しやすいようです。予算、条件がある中で、上手に采配できるプロデューサーのような役割を任されることが多いでしょう。ただ、本当のあなたの能力はその枠からはみ出ているくらい優れていますよ。

器用で何でもこなせる上、行動力があるので、いわゆる「仕事がデキる人」と周りから認識されるでしょう。あえて、職種や業界を挙げるとしたら、ナレーターや結婚式の司会者などの話す仕事か、ライターなどの書き仕事、世界をビュンビュン飛び回れる旅行関係などが向いています。

人間関係

行動力があって明るいあなたは親しみやすい印象。さらに上下関係や礼儀を大切にするので、“きちんとした人”という印象を与え、誰からも好感度大。年上から可愛がられますし、同年代や年下には、垣根がなくフレンドリーに接するので慕われるでしょう。

相性のいい人

あなたは、アクティブでフットワークが軽く、基本的に動き回ることが好きなタイプ。そんなあなたと相性がいいのは、アウトドアが好きで、休日にはいろいろなところへ連れ出してくれる人です。

宇宙からのメッセージ

あなたの信じることが、現実になっていきます。

May Twenty-fourth

5月24日

✦空気を和ませる「おちゃめ」な人✦

あなたについて

楽しいことが大好きで、常に周りを笑わせて場を盛り上げられる、サービス精神旺盛な人です。おちゃめで、愛されキャラ。緊張感がある状況においても、その場の空気を癒しの方向に変えられる特技あり。知識が豊富、頭の回転も速いので、その場の空気を読んで、誰も不快にさせないように和(なご)ませることができます。

また、難しいことも、初心者や子どもにもわかりやすいように、かみ砕いて説明をすることが得意。それは、ボキャブラリーが多く、誰もがわかりやすい言葉に置き換えられるからなせる業。それができるのは、あなたが物知りだからです。情報収集力にも長けていて、常に最新情報にアップデート。芸能ネタから、政治、経済、スポーツ、ヘルスケア、ビューティ、料理など、あらゆるジャンルを常に情報収集。だから、聞く人に合わせて伝え方を工夫したり、面白くて気の利いた会話ができたり、場の空気を和ませるようなひと言を言ったりできるのです。好奇心が旺盛で感情表現が上手。その愛嬌(あいきょう)もあり、周りの人を惹(ひ)きつけます。とても真面目ですが、性格が柔和なので一緒にいる人も自然体でいられます。

人の役に立つことが好きで、人と関わりたいと思っています。いつも周りの人たちが楽しく心地よく過ごせるように考えながら行動している人なので、いつの間にか素敵なチームが生まれますよ。

仕事と才能

お笑い芸人のように、気の利いたひと言を放ち、その場の空気を変えるのが得意なあなたは、職場でもムードメーカーです。周りの人たちへの気遣いを欠かさず、豊富な知識と経験で、相手に合わせた会話も得意なのです。そんなあなたに特に向いているのは、人と接する仕事です。例えば、ホテル、航空業界、百貨店、飲食店、美容部員、営業、旅行会社や銀行の窓口など。極端な話、どの仕事も多少なりとも人と関わりますが、あなた自身が楽しいと感じられ、とりわけ輝きを放つのが、上記のような人と常に関わる仕事なのです。

人間関係

気軽で話しかけやすい雰囲気があるので、周囲の人に好印象を与えます。みんなが心を許し、「実は、あなただけに言うんだけど……」と、秘密を打ち明けられることも多いのでは？「いい人」であることが裏目に出て、中には上からものを言ってくる人もいるようです。イヤなことはイヤ、と普段からキッパリものを言っておくことも大切ですよ。

相性のいい人

自分と似たような人に惹かれる傾向にあります。あなた自身がとっても楽しい人なので、一緒にいると楽しさが倍増してしまう人がオススメ！　一緒にいて心から楽しいと感じる人なら、それが運命のお相手かも。

宇宙からのメッセージ

何をしてもいいのなら、何をしますか？
それがあなたの生きる道です。

May Twenty-fifth

5月25日

✦ユーモアが冴える「名司会者」タイプ✦

あなたについて

表現にオリジナリティとユーモアがあり、短い文章で人の心にインパクトを残せる才能を持っています。プレゼン上手で、最初にキャッチーな表現で聴衆の心をぐっと掴み、そこから本題をわかりやすく話していきます。また、間のとり方が抜群に上手く、さらに相手の反応を見ながら、「ここは手厚く説明したほうがいいかな」「少し飽きてきたっぽいから、笑いを加えよう」など臨機応変に対応できてしまう人。職場でも、仲間うちでも、家族内でも、テレビ番組のMC（司会）のごとく「回す」ことができ、その場を自在に盛り上げます。サービス精神が旺盛で、その場にいる全員が楽しめているかどうかも気にします。置いてけぼりになっている人を見つけたら、すかさずフォローしてしまうところも魅力です。

天真爛漫には見えますが、実はとても気遣いの人。好き勝手をしているようで、実は協調性もあり、人の気持ちをきちんと汲み取ります。

また芸術的なセンスも持ち合わせ、流行や情報にはとても敏感。新しい考え方を自分の中に取り入れるのが上手ですし、古いものと新しいものとを融合することが得意。革新的なアイディアで世の中に新しいモノを生み出すこともできます。センスがあるだけに、自分のやり方にこだわりがあり、細部までこだわる完璧主義者でもあります。この日生まれの人は定期的に一人で考える時間がないと、新しいものが生まれにくいので、時々は一人旅するのがオススメ。

仕事と才能

あなたの周りへの気遣いは、もはや職人レベルといっても過言ではありません。トーク力も名司会者レベル。ですので、人前でプレゼンテーションをしたり、会議で司会進行をしたり、イベントでMCをしたり、とにかくトーク力が求められる仕事が向いているといえます。また、説明上手でもあるので、ホテルや百貨店、観光案内所などのインフォメーション係、美術館・博物館の学芸員も向いています。

一方、キャッチーな文章表現を得意とするので、コピーライターやライターなど文字を扱う仕事や、雑誌やWebメディアの編集者でも活躍できます。

人間関係

あなたは好奇心が旺盛で退屈なことが好きではありません。そのため新鮮な情報を持っている人に興味・関心を寄せます。面白い人に会うと、テンションが上がってしまうようです。もし、グループ内で何かを決断する時に違和感があったら、いったんストップを。直感力が優れているので、時間を置いてから判断しましょう。

相性のいい人

マンネリ、停滞、退屈が嫌いなあなた。相性がいいお相手は、頭の回転が速く、常に情報収集をしている人。お互いに刺激を与えられて、いい関係を築くことができるでしょう。

宇宙からのメッセージ

ときめきを感じる人、モノ、コトを
積極的に取り入れましょう。大開運します。

May Twenty-sixth

5月26日

✦正々堂々と競うことで急成長を遂げる人✦

あなたについて

負けず嫌いで、それをプラスに活用できる才能があります。ライバルの存在にとても敏感で、負けじと今よりももっと高みを目指していきます。

高みを目指すことはとてもよいことなのですが、時々、「相手に勝つ」ことにこだわりすぎて、本来の目的や目標を見失うことも……。相手に勝った瞬間に、「あれ？　自分は何のためにやっていたんだっけ？」と、迷子になってしまうことがあるようです。ですので、何のためにやっているのかを、確認しながら進めていくといいでしょう。

「負けず嫌い」であることが、あなたのパワーの源。負けたくない、勝ちたいという気持ちがあるから、高くジャンプアップするように急成長ができるのです。階段を一段一段登るというよりは、一段飛ばしで登っていくようなイメージです。目的地を明確にしておけば、寄り道せず、効率よくゴールにたどり着くことができる人。その要領のよさも、ライバルとの戦いで、大いに役立ちます。

もともとの性格は、好奇心が旺盛で、チャレンジするのが大好きです。自由な発想ができる人なだけに幅広い視野を持ち、行動は大胆ですね。

加えて、責任感が強く、与えられた使命は必ず全うするまで頑張り抜く、不屈の精神の持ち主です。努力を惜しまない姿が、人を感動させて、いい人脈を築き上げるでしょう。

仕事と才能

仕事においても、ライバルがいるほど燃えるタイプです。もし、ライバルが現われなかったら、今の自分をライバルに見立ててもいいでしょう。「今日は昨日の自分を乗り越える」といった感じです。まるでアスリートのように「自分に打ち勝つ」ということができるのがあなたです。フットワークが軽く、交渉力に長けているので、解決するのが難しい問題も、部門や会社を飛び越えて、サクサクと解決できてしまう才能があります。広告代理店やアパレル関係、メーカーの商品企画などに向いています。

人間関係

プライベートとなると、人見知りなところも。初対面の人と打ち解けるのに時間がかかるようです。でも、いったん心を許すと、ユーモアを発揮してかなり話しやすい気さくな人になるので、老若男女問わず好かれます。できるだけ自分の心をオープンにすると、どんどん楽しい輪が広がっていきますよ！

相性のいい人

あなたが見落としがちなところをフォローしてくれる人がオススメです。あなたはおっちょこちょいなところがあり、それが魅力でもあるのですが、補ってくれる人と一緒にいると居心地のよさを感じます。

宇宙からのメッセージ

回りくどい伝え方ではなく、
ただ本当の気持ちをそのまま伝えれば解決します。

May Twenty-seventh

5月27日

✦惜しみなく与えて運をたぐり寄せる人✦

あなたについて

情報収集力に秀でています。そして、得た情報や知識を自分だけのものにしておくのではなく、必要な人に分け与えたいと思っています。そして、感謝されることに喜びを感じるので、いい循環が生まれていく人です。自然と徳を積んでいけるので、あなた自身がどんどん開運していきます。自分への見返りを狙ったわけではなく、あなたの根底にある「人の喜びが、自分の喜び」という純粋な気持ちが、運をたぐり寄せることでしょう。

物事を広めていく星の下(もと)に生まれたあなた。たとえるなら、まるで、「ヘリコプターでプレゼントを配るサンタクロース」のようです。トナカイとソリを使うと時間がかかってしまうので（笑）、サクサクと効率よく、なるべく早く多くの人に行き渡るよう、頭をフル回転させます。情報や知識を分配し、さらに困っている人がいたらヘルプに入ってひと仕事して去っていく……そんなイメージです。サービス精神が旺盛すぎて、「何もそこまでしなくても……」と思われることもありますが、それはあなたの思いやりによるもの。この“先に与える”精神があなたをどんどん幸せな道へと導いてくれるのです。

誰に対しても自然体で飾らない人柄に加え、常に冷静で落ち着いています。そういうところが信頼を得やすく、多くの人から慕われるでしょう。情報収集力に優れているからこそ、先見の明があり、得意分野では先頭に立って素晴らしいムーブメントを起こすこともありそうですよ。

仕事と才能

職場でも、あなたが得た情報や知識を、周りの人たちへ惜しみなく与えます。その情報収集力、マーケティング力が評判を呼び、あなたの評価はうなぎのぼりに！　しかも、押しつけがましくなく、誠実性があるので、部や課をまたいで、あなたに意見を聞きに来る人も多いことでしょう。また情報や知識を得るだけでなく、アウトプットするような仕事に向いています。例えば、編集者、Webディレクター、映画のディレクターなどがあなたの天職かもしれません。

人間関係

とっても物知りなあなたを頼って、多くの人たちが集まってきます。中には、あなたが知らないようなことを聞いてくる人もいるようですが、わからないことは「わからない！」と素直に言ってOK。すると、誠実性が伝わりさらに人気者に。誰に対しても真摯(しんし)な姿勢で接するのが、あなたの最大の魅力ですね。

相性のいい人

恋愛は、相手を褒めることでチャンスが広がっていきます。あなたは褒め上手なので、その長所を存分に活かしてください。相性がいいのは、あなたと同じく慈愛に満ち、人や動物を心から愛せる人です。

宇宙からのメッセージ

運が動き出すちょっと前は、
シーンとしていることが多いでしょう。

May Twenty-eighth

5月28日

✦大空に羽ばたく鳥のような自由人✦

あなたについて

あなたは束縛や規則があまり好きではなく、制限されるとモチベーションが急降下してしまいます。本能に従って生きているあなたは、自由な環境にあってこそ、才能を発揮することができます。

それはまるで、大空を気持ちよさそうに羽ばたく鳥のよう！ 鳥は鳥でも、すずめやカラスなど、身近で見かける種類ではなく、白鳥のような渡り鳥のイメージでしょう。

好奇心の赴(おもむ)くままに動き回ることが大好き。いい刺激を受けられそうなものがあれば、どこまででも飛んでいきます。加えて、あなたは巻き込み上手でもあります。人脈づくりを得意とし、コミュニケーション力に長けているので、「一緒に頑張ろう！」「あなたが手伝ってくれたら、もっとすごいものがつくれそう」などと声をかけていきます。すると、多くの人が賛同してくれますし、最終的にいろいろな人の力を借りながら、大業を成し遂げることでしょう。

想像したことを現実化させる力もあるので、妄想レベルでいいので、今からやりたいことをあれこれイメージしておきましょう！

さらに周囲を驚かせるような大胆なアイディアを思いつくことも。必ずしも実を結ぶわけではありませんが、時にはビッグチャンスを掴(つか)むこともあるでしょう。周りを巻き込んでハッピーエンドへと導く才能にあふれているのです。

仕事と才能

あなたは、クリエイティブな能力が高く、芸術性に優れています。それを突き詰めるため、何かに縛られることなく、「自由でありたい」という気持ちが、かなり強いでしょう。アウトプットする際も、一つひとつの物事に対し、並々ならぬ思いを込めて向き合います。ですから、創作に集中できる環境が必要なのです。一つのことに丁寧にストイックに向き合うことが、能力を発揮するコツでしょう。

向いている仕事は、デザイナー、文筆業、商品開発、芸術関係など、その道を突き詰めていくものです。

人間関係

ストイックに物事に取り組むあなたの姿に惚(ほ)れ込んだ人が、ファンとなって周りに集まってきます。最低限の敬語は必要ですが、上下関係を築かずに、フランクに接すると、あなたの好感度はよりアップします。その中に、いざとなった時に助けてくれるような救世主も含まれています。

相性のいい人

物事に没頭しやすいあなたを、温かく見守り、甘えさせてくれるような人が相性抜群です。さらに、精神年齢が高い人だと、あなたの自由度は守られて、ストレスなく、幸福感を味わえます。

宇宙からのメッセージ

「本当はどうしたいの?」と、いちいち自分の心に聞いてみると迷わなくなります。

May Twenty-ninth

5月29日

✦"人生の謎解き"を楽しむ名探偵タイプ✦

あなたについて

あなたは、面倒なことに巻き込まれても、その状況を心から楽しむことができる、超ポジティブな人です。起きた問題をどのように解決していけばいいのか、あらゆる方法を考え、ベストな策を導き出し、実行し、解決する——このプロセスに高揚するようです。その思考回路と立ち居振る舞いは、まるで、ミステリードラマの刑事や私立探偵。双子座の支配星である水星は考えることが大好きな性質があるので、あなたはその影響を強く受けているようです。様々な問題に立ち向かっていくうちに、解決方法のストックができて、いつの間にか「あ、このパターンなら、これで解決できそう！」と、難なく解決していきます。この快感も、あなたを問題解決に向かわせる要因になっています。

また、話すこと、説明することが上手。複数の人で問題を解決していく時、あなたがイニシアティブをとると、サクサク議論が進みます。引き出しが多く情報量もかなり多いので、一つの事象を様々な角度から、根拠をもって分析することができます。

物事をじっくり掘り下げていくのが得意なわりには、じっとしていることがあまり好きではありません。思いついたことや仕入れてきた情報を、誰かに早く話したい！　誰かに見せたい！　という気持ちでウズウズしています。時間が経つと宝の持ち腐れで終わってしまうものもあるので、必要なモノやコトは、できるだけ早く周知させましょう。

仕事と才能

頭の回転が速く、考える、伝える、書き表わす……といったことを得意とします。これだけ網羅していたら、ビジネスシーンで困ることはほとんどないでしょう。大切なのは、これらの武器を人のために使うこと。双子座は風のエレメントに属し、知恵、お金、気の流れなど、あらゆるものの風通しをよくし、循環させていくことで開運します。知識やスキルは周りの人たちに分け与え、困っている人がいたら、すかさずヘルプに入る。人一倍頭の回転が速いあなただからこそできることが多くあるので、「お助けマン」の精神で行動してみてください。医療や介護、保育、教育の分野で活躍できます。

人間関係

あなたは話し上手で、場を盛り上げ、たくさんの人を笑顔にすることが得意です。ただ、盛り上がりすぎると話が止まらなくなることがあり、途中から脱落する人も……。SNSのグループチャットも注意が必要そうです。とはいえ、あまり深刻に考えすぎず、時々その場を俯瞰（ふかん）してみるといいでしょう。

相性のいい人

あなたの持つ軽やかさに加え、時々、甘えん坊な部分を出していくと、そのギャップに萌える人が続出します。相性がいい人は、裏表がなく、ちょっぴりわがままで素直な人です。

宇宙からのメッセージ

自分を大切にすることで、人からも大切にされます。

May Thirtieth

5月30日

✦センスがきらめく素敵な魔法使い✦

あなたについて

自由な環境はもちろん、決められた枠の中でも自分なりに工夫して楽しめてしまうあなた。自由を愛しますが、あなたにとってはベーシックなものから少しアレンジを加えるなど、些細なところで自分らしさを出せれば、「自由」を感じられるようです。柔軟に考えられる能力に長けているため、どんな環境に置かれても、あなたなりの「自由」を探し、楽しめてしまう天才なのです。

例えば、着なくなった洋服に、刺繍やビーズ、レースなどを施(ほどこ)すアレンジをして生き返らせたり、特別なイベントにしかつけていけないような宝石をブローチにしてみたり。人が気づかなかった、思いつかなかった、という点に注目し、次々とカスタマイズしていける才能があります。

例えば、「シンデレラ」で、魔法使いがカボチャを馬車にしたり、ねずみを白馬にしたりしますよね。あなたは、いうなれば素敵な「魔法使い」で、遊びの天才です！

また、物事をわかりやすくしたり、一つのことをじっくり考えたりすることも得意なので、アレンジするだけでなく、素敵なものをクリエイトしていくことができます。気がつくと、自分がつくり出したものに囲まれている、なんて人もいるでしょう。独自の柔軟さで、自分仕様にアレンジしていくあなたに憧れを持つ人もいますし、公私ともにその才能でいろいろな扉を開けていくことができます。

仕事と才能

手先が器用で、抜群のセンスを持ち、柔軟な考え方ができるあなた。どのような状況に置かれても、安定して素晴らしいアウトプットができるため、職場でも一目置かれていることでしょう。あなたをほしがる会社、部署はたくさんあります。また、頭の回転が速く、情報収集力にも長けており、常に情報がアップデートされていきます。あなたが手がけるプロダクトや企画は、常に色あせることはなく、輝きを放ちます。組織で働くのもいいのですが、会社を起業することにも向いています。ハンドメイド作家や伝統工芸職人などでも活躍できます。

人間関係

話がかみ合っていない人同士や、説明が苦手な人のサポートに入って補足説明をするなど、通訳的な役割が得意で、潤滑油(じゅんかつゆ)的な存在でしょう。ただ、あまりに頭の回転が速すぎるので、変なタイミングで割って入ってしまうことも。途中で理解したつもりが、最後まで聞いたら違った！　なんてこともあるので、話は最後まで聞くスタンスで。

相性のいい人

恋愛は、楽しむことがポイントです。もし、ツラかったり、苦しかったりしたら、方向を軌道修正しましょう。そんなあなたと相性がいいのは、一緒にいてゆったりくつろげる人です。

宇宙からのメッセージ

**あなたが人にアドバイスをする内容は、
実は自分自身に対してのアドバイスだったりします。**

May Thirty-first

5月31日

✦縦横無尽に駆け抜ける自由人✦

あなたについて

とにかく、スピードに長けた人。「これだ！」と思った瞬間、「筋斗雲（孫悟空が乗っている雲）」に乗って、ピューッとひとっ飛びして、もうその場所に移動している、というくらいの俊敏さ。周りの人たちも驚かずにはいられません。あなたの好奇心は、誰よりも強いでしょう。最初から深く追求する気持ちはなくても、「とりあえず見てみたい」「とにかく体験したい！」のです。普通の人なら躊躇するような、ちょっぴり危険なことでも、ワクワクしながら突き進んでしまうところがあります。漫画で“急ぎ足”を表現する時に、よく、足もとがぐるぐる渦を巻いているように表現されますが、あんなイメージです。とにかく、思い立ったら止まらない、止まれない、それがあなたです。

また興味のストライクゾーンが広く、たくさんの物事に新鮮な魅力を発見することができます。向上心と探求心も旺盛なので、発見したものからさらに興味の幅を広げていき、「マインドマップ」のように放射線状にどんどん繋がりが広がっていきます。広がりすぎて収拾がつかなくなりますが、それでOK！あなたの魅力はその「どこまでも果てしなく続いていく好奇心」にあるのです。

この性質は生まれ持ったものなので、よほどのことがない限り、何歳になろうが、尽きることはありません。それはとてもいいことですね。常に興味、関心を寄せられるものがある人生って、幸せだと思いませんか？

仕事と才能

好奇心、瞬発力、探求心、向上心をフルに使い、職場やクライアント先を縦横無尽に駆け抜けます。フットワークの軽さは抜きん出ていて、「さすがだね～！」と感心されることも多々。素直で誠実なので、年上、年下問わず、誰からも可愛がられます。たまに時期尚早な言動をとることもありますが、愛されキャラなので許されてしまいます。また、あなたはとにかく情報収集力が高い！　双子座の中でも、トップクラスではないでしょうか。企画、マーケティングリサーチ、商品開発、さらには人との会話など、何にでも活きるあなたの強みです。

人間関係

刺激のない、他愛のない会話がやや苦手。あなたは話し上手でせっかちなので、オチがない話が続くと、少しイラッとしてしまいます。顔に出る前に、笑顔で「結論は!?」と興味関心があるように聞くと、波風立てずにすみそうです。また、あなたが持っている情報や知識を分け与えてあげましょう。人を幸せにすることで、あなたも幸福感に満たされます。

相性のいい人

恋愛でも好奇心が旺盛です。いろいろな人に興味を持つので、嫉妬心が強い人はNG。異性の友だち関係に寛大な人なら、良好な関係を築けそうです。ただし、相手の交友関係にも寛大でいましょう。

宇宙からのメッセージ

あなたがどう感じるかが、あなたの魂の声なのです！
それを大切にしましょう。

✦ Column ✦

数字の持つ不思議な力

数字には霊的なパワーが秘められています。誕生日の「月」や「日」の数字が、あなたに影響を与えているのです。

「数秘術」とは？

「数秘術」は西洋占星術と同じように、生まれた時に定められた情報（数字）を用いる占術の一つです。その起源は古く、古代ギリシャの数学者ピタゴラスによって体系化されたといわれています。ピタゴラスは、「万物の源は数である」と考え、数字そのものに意味づけをしました。数秘術には「ピタゴラス式」「カバラ」などの種類があり、様々な占いに影響を与えています。タロットカードに書かれた数字にも、数の力が込められているのです。数秘術では、生年月日の数字を足して占う方法が一般的ですが、ここでは、基本となる「1」から「9」までの数字の持つパワーをご紹介します。

+ 1 …… 物事のはじまり、開拓心、独立心、チャレンジ精神
+ 2 …… 柔軟性、社交性、感受性、バランス感覚、ロマンティスト
+ 3 …… 自己表現、想像力、創造性、芸術性、自由、生きる喜び
+ 4 …… 実用性、自己管理能力、正直、勤勉、安定感、我慢強さ
+ 5 …… スピード感、瞬発力、コミュニケーション、行動力
+ 6 …… 思いやり、洞察力、感性が豊か、家庭的、愛情深さ
+ 7 …… 調和、完璧主義、判断力、観察力、分析力、思慮深さ
+ 8 …… 富、繁栄、循環、永続性、粘り強さ、影響力の強さ
+ 9 …… 平和主義、カリスマ性、神秘性、慈悲深さ、繊細さ

Know The Secrets of Your Life
Through Your Birthday

6月1日

✦「まだ見ぬ世界」を迷わず探求する人✦

あなたについて

未知なることへの探求心がとても強いタイプです。双子座はもともと好奇心が旺盛ですが、特にあなたは顕著で、まだ見ぬ世界への憧れがあり、強烈に惹(ひ)かれる傾向にあります。ひょっとしたら、目の前にUFOが現われたら、ためらわずに乗り込んでしまうかもしれません。危険かどうかとか、この先どうなるかわからない不安といったことよりも冒険心が勝ってしまうのです。安全、安定……という言葉には魅力を感じないようです。このように特徴を挙げていくと、「落ち着きがない」とか「変わっている」といった言葉を連想し、マイナスに思うかもしれませんが、そこが他の人たちにはない、あなたの魅力であり、強みなのです。誰も挑まない、踏み込まない世界に突き進んでいけるあなただからこそ、切り拓ける道、あなただけが見つけられるトレンドがあります。何がこれから流行りそうなのか、人気が出そうなのかというものを嗅(か)ぎ分ける鋭い嗅覚(きゅうかく)の持ち主でもあるので、あなたの人生は彩り豊かなものになるでしょう。

次々と意識が移っていくため、少々飽きっぽいところもありますが、双子座のエレメントである「風」は、風通しよく、横に広がっていくという性質があるので、本能のままに任せてOK。むしろ、様々なものに興味を持つ中で成長したり、先々の財産となる人脈や知識を身につけたりしていきますから、興味のあることは片っ端からやってみることをオススメします。

仕事と才能

あなたは器用で、何でもそつなくこなします。頭の回転が速く、知識が豊富。基本的に迷いが生じることはなく、サクサク進めていくことができます。ただし、ルーティンワークや単純作業など、目新しさや刺激がないものになると、興味を持てなくなり、やや手抜きになってしまうかもしれません。自分なりの工夫をして、変化を持たせるとよいでしょう。双子座の支配星は水星で、話す、書く、情報収集などを得意とするので、記者や編集者、ライターなどのマスコミ関連や、国内外を飛び回る旅行業や航空・鉄道関連の仕事が向いています。

人間関係

コミュニケーションでは、伝えたいことが多すぎて気持ちが先走り、相手に上手く伝えられないことがあるようです。あなたの頭の回転が速すぎて、相手が話についていけないことが原因なので、できるだけ相手の表情を見ながらゆっくり話すように心がけるといいでしょう。特に伝えたい思いが強い時ほど、落ち着きましょう。

相性のいい人

自分の好みや恋愛スタイルを周りにオープンにしていくことで、ご縁が広がっていきます。恋人募集中の人は、大々的に宣伝するといいでしょう。あなたと相性がいいのは、お金の管理ができて、結婚後も安心できそうな人です。

宇宙からのメッセージ

その時の直感に従うことで、
あなたは素敵な世界へ誘（いざな）われるでしょう。

June Second

6月 2日

✦「変わり者」と言われてこそ本領を発揮✦

あなたについて

あなたは、あまりグループ行動が得意ではなく、集団でいる時に居心地の悪さを感じるようです。周囲の人たちにムリやり合わせていると、息苦しさを感じたり、心の波長が乱れたりして、最終的に浮いてしまうことも……。風通しのいい環境を好み、フットワークが軽い双子座の特性が色濃く出ています。そのため、1カ所にとどまっていることは難しいのです。それは自分の性質だと割り切って、単独で自由に動いていきましょう。そうすることで、徐々に自分に合う場所や人、モノなどが見つかります。また、のびのびと自分らしくいることで、あなたの魅力が全開になり、運が開いていきます。

周囲からは、「ちょっと変わっている」と思われることもあるかもしれませんが、それがあなたの魅力なので、むしろ言われたことを誇りに思ってOKでしょう。決して空気が読めないわけではなく、嫌われることはないので大丈夫。あなたの場合は、人の顔色を見ただけで、その人がどのような気持ちなのかを敏感に察知できる才能があり、必要な時は周りに合わせることもできるのです。ただし、気を遣いすぎたり、合わせすぎたりしないように気をつけて。自由を奪われると途端に力が発揮できなくなるので、「自由がない」と思ったら居場所を変えてください。居場所を変えても、あなたは、人を惹(ひ)きつける魅力にあふれていますから、行った先々で自分に合った人間関係を構築し、自分の居場所をつくることができます。

仕事と才能

組織に属して働くこともできますが、起業したり、フリーランスになったりして、個人で活動するほうが向いています。人脈や知識を、どこまでも果てしなく広げていける人なので、Webマーケティングやライター、ブロガーに向いています。また、内心負けず嫌いなところがあるので、ライバルがいればいるほど燃えるタイプです。競争することで、あなた自身が飛躍的に成長できます。ですので、ライバルが出現したら、負の感情は持たずに、むしろ「現われてくれてありがとう！」とご縁に感謝しましょう。

人間関係

基本的には、広く浅くがモットーなので、深入りせずに、誰とでもまんべんなく、上手くつき合っていくことができます。ただ、人の意見に反抗したい気持ちがたまにむくっと湧いてきて、むやみに否定したり、強気に言い返したりすることも。せっかく人脈を広げる才能に長けているので、相手を受け入れるよう心がけると、楽しく過ごせます。

相性のいい人

あなたがコンプレックスや欠点と思い込んでいることがチャームポイントとなり、異性の心を掴(つか)みそうです。隠さずに、さらけ出すことが好感度アップに繋(つな)がります。相性がいいのは、ちょっとわがままで奔放なタイプでしょう。

宇宙からのメッセージ

**何もかもがトントン拍子に進む時、
それは「OK」のサイン。**

June Third

6月3日

✦純真無垢でエネルギッシュ✦

あなたについて

カリスマ性があり、周りへの影響力が強く、いつも注目の的(まと)になる……それがあなたです。しかも、人からの信頼も絶大でたくさんの人に慕われていく人。そして、どんな逆境が訪れても、その経験をプラスに変えて、一回りも、二回りも大きく成長していくことができる人でしょう。そんなあなたはとても明るく、子どものように純真無垢でエネルギッシュな性質があります。また、生まれ持った要領のよさで、何事もテキパキと取り組み、いい結果に繫(つな)げて大きな賞賛を得ていきます。簡単にこなしているように見えて、実は見えない努力をコツコツとしている……それがあなたの魅力です。

人徳があり、愛嬌(あいきょう)もあるあなたは誰からも愛されるでしょう。そして、かなり行動的。感情の赴(おもむ)くままに行動するそのエネルギーは、新しいことを生み出したり、表現したりすることに大いに役立つでしょう。また、あなたは、何事も先に与えるという気前のよさがあり、いろいろなことを出し惜しみしません。細かいことによく気がつき、さりげなく気を遣う優しさもあるでしょう。ただ、相手のことを考えずに無闇にお金やものを与えてしまうことがあるので、周りから心配されることがあるかもしれません。ですので、「本当に相手のためになるのか」をよく考えるなど、感情に流されないように気をつけて。基本的にはとても頭がよく、判断力に優れていますから、大きなミスをすることは少ないですし、ひとたび上手くいくと、成功の道へまっしぐらでしょう。

仕事と才能

群れをなさず、一匹狼のように単独で自由に動き回り、コンスタントに成果をあげていくでしょう。幅広い人脈と知識を駆使しながら、トレンドを掴(つか)むことに長けています。また、一つのことを徹底的にマスターし、一芸に秀でて人々を魅了する才能もあります。あなたは、話す、書く、工夫することを得意とします。向いているのは、人前で話す仕事、作家やライターなど書きものをする仕事、何かの先生、コンサルタントのように人にわかりやすくものを伝える仕事など。また、人からの注目を浴びる性質がありますから、芸能界や音楽関係、スポーツなどもオススメ。少々飽きっぽいところがあるので、マンネリ化してきたら、刺激をつくり出すようにしましょう。

人間関係

頭の回転が速いあなたは、浅く広く楽しいコミュニケーションを図ることができます。ただ、日常の会話で、変に勘違いされてしまうことがあり、ストレスを感じることも。しかし、わかってもらおうとしなくても、あまり問題ないことが多いのでサラッと流しましょう。また嫉妬されることが多いかもしれません。嫉妬は憧れの裏返し。気にしないで！

相性のいい人

会話をすることでご縁を掴んでいきます。相性がいいのは、物事を長期的な目線で見ることができる人です。

宇宙からのメッセージ

あなたがよく会う人というのは、あなたの鏡でもあるのです。

6月 4日

✦瞬時に物事を把握できるエスパー✦

あなたについて

とても頭の回転が速く、理解力にも優れています。ですので、人の話や説明を聞いている途中でも、相手の表情や手の動き、声のトーンなどから、状況や本当に伝えたいことを察知することもできます。そのため、相手が今、言ってほしいことをズバリ言える“人たらし”なところが。話をしている相手に「自分の唯一無二の理解者だ」と思わせるくらい、人からの厚い信頼を得ていくでしょう。まるで、心を読めるエスパーみたいですね！

けれども先読みができてしまう分、飽きやすく、最後まで話を聞かずに、流し流し聞いているところがあるようです。特に疲れていたり、ネガティブなマインドに陥ったりしている時は、判断力が鈍りやすく、早合点をする可能性も……。そして、言いたいことや伝えたいことがふと思い浮かぶと、言葉にせずにはいられなくなってしまい、会話にカットインしてしまうことも時々あるようです。間（ま）を上手くとるようにすると、相手の満足度、好感度は増しますから、少し間を意識してみましょう。

また、あなたは先読みができるだけでなく、非常に直感力が優れています。目に見えない何かを察知する力が発達しているのです。そのため、考えすぎず、パパッと決めてしまうほうが上手くいくタイプ。「きっと今こんな感じだろうな」とか、「きっとこうなる」などと直感で感じることが、しっかり的中することが多いでしょう。

仕事と才能

状況を把握する能力に長け、瞬時に何が起こっているのかを見抜く力があります。そのため、すぐに臨機応変に対応でき、急な変更やトラブルに見舞われた時、ここぞとばかりに力を発揮します。そんなあなたに向いているのは、瞬時の判断がカギになる、秘書、芸能マネージャー、ホテルや百貨店の店員、航空会社の地上職員や客室乗務員、番組プロデューサーやADなど。もともと刺激を好む性質があるので、急な対応に迫られれば迫られるほど気合が入り、次々と困難をクリアしていく強さがあります。また、商才もあり、仕事を楽しんでいたら、気がつくとお金持ちになっていたなんてことも！

人間関係

基本的に、説明がとても上手で、人にわかりやすく伝えられるのですが、白熱したり、夢中になりすぎると、突然ゴールを見失ったかのように、話が脱線していく傾向にあります。周りの人たちも一緒に迷走してしまうので、まず最初に目的や結論から話すといいでしょう。あなたのトークはとても面白いので、多少長くてもOKです！

相性のいい人

笑顔が魅力的なあなた。そんなあなたの笑顔に、多くの人が惹かれます。相性がいいのは、察する能力が高く、あなたの状態を瞬時に察知してくれる優しい人です。

宇宙からのメッセージ

真剣に生きるというより、真剣に遊ぶことが大事！

6月 5日

✦優しいオーラと「ブレない心」の持ち主✦

あなたについて

あなたは、とても芯が強く、ブレない心の持ち主。自分の人生を自分できちんと誘導していける人です。何か望みができると、それに関する努力を怠(おこた)らず、確実に手に入れていくために行動に移していけるでしょう。

そしてそれが、あなたの道に合っている努力であれば、楽しくて仕方がなくなります。「楽しんでいると願いが叶う」という幸せな人生を歩むことができます。逆に合った道ではない場合は、苦しくなる一方であったり、体調を崩したりしがちに。そんな時は、すぐさま軌道修正をかけましょう。

あなたは、情報収集力や処理能力が高く、プライベートでも仕事でも、その才能は重宝され、他の人がやれないことも簡単にやってしまうすごさがあります。おっとりとした優しいオーラの持ち主ですが、中身はかなりしっかり者。気配り上手ですし、出会う人を優しく包む包容力もあるので、頼れる人気者。頭の回転が速く、好奇心が旺盛。何事も経験してこそ、本当の実力が身につくことがわかっているので、積極的に自らの心身を使って体験します。そのため知識が豊富ですし、説得力もあり。さらに人脈づくりにも長けているので、人生を自分の力でどんどん開拓していくことでしょう。

そして、浅く広くではなく深いおつき合いを大事にするタイプです。悩み相談をされた場合は回答がズバッとストレート。でも、不思議とキツく感じさせないのがあなたの魅力なのです。

仕事と才能

頭の回転が速いので、人の倍以上のスピードで、業務をサクサクこなしていきます。いい意味で感情移入したり、慣習やしきたりにとらわれたりしないので、人の意見に惑わされることなく、ひたすらやり続けられるのです。ただ、単純作業となると刺激が少ないと感じて、すぐに飽きてしまう傾向も。そのため、なるべくクリエイティブなことをしましょう。あなたには、人と多く出会ったり、情報が日々アップデートされたりするような職業が向いています。話したり書いたりすることや、お客さまと接するようなサービス業、コンサル、講師、マスコミ関連などがオススメです。

人間関係

あなたは、おっとりしているようで行動力があり、見た目と中身にギャップがあるのが魅力。その意外性に惹(ひ)かれる人は多いでしょう。また、知的好奇心が満たされることを好みますから、知識が豊富な人や新しいことに取り組んでいる人とのトークはとても楽しめるでしょう。

相性のいい人

あなたの中身を知れば知るほど、惹かれる人が続出します。相性がいいのは、行動力があり、あなたを楽しい場所に連れ出してくれる人です。

宇宙からのメッセージ

素早く行動すると、いいとこ取りができます！

6月6日

✦言葉で人を魅了するカリスマ的存在✦

あなたについて

説得力のある言葉で人を動かすことができるカリスマ的な才能があります。何をやるのにも魂を込める人。そのため、心の底から思った言葉には、魂が宿り、自然と人の心を動かすことでしょう。中にはあなたに救われて涙を流す人も！　それくらい、あなたの言葉には、人の心に訴えかけるパワーがあるのです。

話す、書く、工夫することが得意なのは、双子座の支配星である水星の持つ性質。そこに持ち前の情報収集力と豊富な経験が加わるので、話すことにリアリティがあり、人の心の奥底まで思いが届くのです。また、俯瞰するクセがついているので、たとえ人と意見が違っても、「そういう考えもあるんですね」というスタンス。人を批判することはありません。そういう点からも周囲の人たちから一目置かれる存在になることでしょう。感情を言葉で表現するのが上手なので、多くの人たちを率いていくポジションも向いているでしょう。

もともと人気のある魅力的な人ですが、自分磨きもしっかりしていくことでさらに運勢をよくしていくことができるでしょう。そして、自分の得意なことを周りにどんどんアピールするようにすればリーダーに抜擢される機会が多くなります。明るくて親しみやすい性格、というのもあるのですが、とても聞き上手なので、一緒にいるだけで落ち着くような安心感を与える存在です。ですので、人の相談に乗ることも多いでしょう。

仕事と才能

言葉を扱う仕事が向いています。影響力もあり、あなたと関わる人は、あなたの言葉に魅了されていきます。教師、講師、コーチングのコーチ、ファシリテーター、心理カウンセラー、就職・転職コンサルタント、アドバイザー、インフルエンサーなどの職業に向いています。また、プレゼンテーションをしたり、部下や後輩の教育を担当したり、人に伝える業務でもその才能を発揮することでしょう。ただ、才能に甘んじることなく、情報収集や人脈の拡大は続けていくといいでしょう。それらが、あなたの礎(いしずえ)をつくり、この先も成長させてくれます。

人間関係

サービス精神旺盛で、モテモテのあなた。しかし、相手の反応が乏しかったりすると、テンションが下がってしまうこともありそう。そんな時は、相手の反応や見返りに意識を向けずに「自分がしてあげることに幸せを感じる」というふうに気持ちをシフトしてみてください。意識を変えるだけで、意外と幸福感って生まれるものですよ。

相性のいい人

あなたは、仕事ができることもあり、自信があってやや気が強そうな雰囲気をまとっています。そのため、弱さや甘えを見せると好感度が上がります。そのギャップが魅力なのです。相性がいいのは、一つの分野を極めている人。

宇宙からのメッセージ

断りたい時は、我慢しないで、
サクッと断っていいんです!

June Seventh

6月7日

✦情報通で活動的な「人生の伝道師」✦

あなたについて

あなたは、特に双子座の中でも、情報収集力、人脈拡大力に長けています。さらに、言葉を人に届けるのがとても上手で、まるで人生の伝道師のような存在でもあります。言葉によって人を導き、そして癒し、気づきを与える、救う、人生を変えるといったことが可能でしょう。

さらに、忙しくしているのが大好き。いつも動き回って活動的に過ごしているでしょう。夢中になると、ものすごい集中力を発揮して、短期間で素晴らしい成果をあげることができる、いわゆるデキるタイプの人です。動きも言葉もムダがなく、ストレート。人に対しての発言も、単刀直入なので威圧的にならないように注意すれば、核心をつくとてもいいアドバイスができるでしょう。

負けず嫌いで、とても勤勉。トップを狙う努力は惜しみません。他の人にないアイディアを思いつき、時代の波に乗ることができれば、一気に脚光を浴びる存在に。さらに周りを巻き込んでリーダーシップを発揮すると、一代で財を成すこともできるでしょう。それには、めげずにトライ&エラーをくり返すことが成功の秘訣。経験を重ねるごとに知識も豊富になり、大きなチャンスを掴(つか)むことができそうです。

金銭感覚はしっかりとしていて、金運は平均して好調な様子。チャンスに恵まれることが多いので、手を抜くことなく頑張れば、お金に困ることはなさそうです。

仕事と才能

あなたは、言葉を司る水星を支配星に持っているため、情報を上手く咀嚼(そしゃく)して、人に伝える才能があります。ですので、心を掴むプレゼンをしたり、企画を通したりするパワーがあるのです。器用で何でもこなしてしまいがちなのですが、自分の意志や思いがのってこないと伝わらないので、そこだけ意識しましょう。向いているのは、何かを発信したり情報を扱ったりする仕事、また、常に新鮮さを感じられる仕事がいいでしょう。例えば、記者、ライター、Web編集、アナウンサー、講師などが向いています。言葉の影響力が大きい経営者もいいでしょう。

人間関係

ネットワークが広く、誰とでも仲よくできます。あなたの話が楽しいので、多くの人が集まってきます。その際に、一つだけ気をつけていただきたいのは、うわさ話に乗らないこと。話を合わせていただけなのに、いつの間にか尾ひれがついて、真実から離れた事態になりかねませんので、注意しましょう。

相性のいい人

あなたは会話をすると魅力が倍増します。ですので、いろいろな人と会ってトークをするだけで、出会いや人気度も格段に増していきます。相性がいいのは、包容力があって、大人な雰囲気のある人です。

宇宙からのメッセージ

**どうしても気になるということは、
それと縁があるということです。**

June Eighth

6月 8日

✦面白いトークと愛嬌で周りを魅了する人✦

あなたについて

人懐(ひとなつ)っこくて愛嬌(あいきょう)のある人。そこにいるだけで、周りの人に安心感や癒しを与えることができます。また、鋭い観察眼があり、ちょっとしたことでも面白い要素を見つけ出すことができるでしょう。

フットワークが軽く、人脈を広げるのも、様々な情報を収集するのも得意。それを活かしつつ、面白いことをどんどん思いつき、楽しい自分の居場所をつくっていきます。

楽しいメンバーとわいわいと過ごすのが大好きで、そういう人たちに囲まれることで安心感を覚えるようです。具体的には身内のように親しく話せる友人・知人に恵まれるため、幸福度が高い人生を送れます。

また、あなたが収集した情報や、経験したことは、人によってはとてもためになること。ですので、周りに伝えていくと、多くの人たちが喜んでくれます。ついつい引き込まれてしまうようなあなたのトークは、影響力が大きいのです。

好奇心が旺盛な性格で、あれもこれもやりたくなってしまいますが、取捨選択して、一つか二つに絞るといいでしょう。そのほうが伸びていきます。あなたは、周りから見るといつも楽しそうに何でも簡単にやってのけるように見えますが、とても努力家です。これと決めたことには手を抜かず、集中力を発揮して、徹底的にブラッシュアップしていきます。ですので、その分野では頭一つ抜き出た存在となり、大きな豊かさに繋(つな)がっていくでしょう。

仕事と才能

誰に対しても気を配り、丁寧に接することができるあなた。仕事の様々な場面でその力が発揮され、あなたと関わった多くの人たちからモテモテな状態です。頭の回転が速く、器用なので、いろいろな仕事を任されるでしょう。もともと情報収集と人脈づくりの才能が備わっているので、仕事がどんどん拡大していきます。ホテルのコンシェルジュやツアー旅行のガイド、電話オペレーターなどに向いています。また、人にはない発想や視点を持っているので、あなたのふとしたアイディアで、新しい事業に発展することもありそうです。

人間関係

面白いトークが魅力のあなた。老若男女、多くの人を惹(ひ)きつける才能があります。また、優しい雰囲気や話しやすさから、信頼関係を築くのも上手。あなたの頼みごとならば、説得などをしなくても、相手が快く聞き入れてくれることも多いはずです。ただ、思ったことをすぐに口に出してしまうところがあり、それもあなたらしさなのですが、人によっては、注意されることがあるかもしれません。

相性のいい人

あなたの素敵な笑顔とノリのよさが、ご縁を広げてくれます。いつも笑顔でいることでモテ度が格段に上がります。相性がいいのは、キレイ好きで、常に整理整頓ができている人です。

宇宙からのメッセージ

あなたが好きな人は、その人もあなたのことが好き。
あなたが苦手な人は、その人もあなたのことが苦手。

June Ninth

6月9日

✦話し上手なマルチタスクの天才✦

あなたについて

この日生まれの人は、美と才能に恵まれた人が多いのですが、それだけでなくユーモアにあふれ、あなたの周りには常に多くの人が集まってきます。また、頭の回転が速く、空気が読めて、適切な判断ができるタイプです。あなたのアドバイスは、非常に的確で、周囲から信用されるでしょう。

また、論理的思考にも長けているので、話し上手。ですので、何かを説明しなければならない時、とても頼りにされます。大勢の人と交流して上手に情報交換をしたり、一度に多くのことを正確にこなしたりして、まるで聖徳太子のような神ワザを持つすごさが！　高いトーク力もさることながら、企画力もあるので、仕事でもプライベートでも、あなたと何か一緒にやりたいと思っている人が多いでしょう。そして、あなたの場合は、その才能を多くの人たちに分け与える運命にあります。より多くの人たちを楽しませ、幸せにすることがあなたの使命のようです。

ただ、あなたは優しすぎるあまりに、人に引っ張られ、自分の希望を無視して相手のわがままのために動いたり、強く依存されたりしてしまうこともあるかもしれません。そうなると、あなたにも相手にもよくないので、ここまではOK、ここからはNGといった具合に、しっかり線引きをしておくといいでしょう。そんなふうに自分の意見をはっきり言っても、あなたの好感度は変わらないどころか、ますますアップするので安心してください。

仕事と才能

マルチタスクの天才です。いくつものことを同時進行でき、次々とこなしていきます。周囲の人も、そんなあなたに驚かずにはいられません。また、話が論理的でわかりやすいので、商談やプレゼンテーション、会議の進行役など、物事をアピールしたり、進めたりする時に頼りにされます。基本的に、どんな仕事についても活躍できますが、Webディレクターや秘書、芸能マネージャーなど複数案件の進行を管理する仕事で手腕を発揮します。また、人を惹(ひ)きつける才能があるので、人前に出る仕事も向いています。

人間関係

なぜか人は、あなたと友人になるとお得な感じがして、あなたと知り合いになりたがります。あなたという存在は、「メリット」を感じさせる何かがあるから。これは、みんながあなたの中にある光るものを本能的に察知しているからです。あなたは、心から話ができる友人が一人でもいれば、満足できます。また、たとえ友人がいなくても自分としっかり対話できていれば、自分自身も本当の友人の一人と数えていいでしょう。

相性のいい人

会話をしていく中で、ご縁が広がっていきます。意中の人を見つけたら、「あなただけ！」とアピールすると命中率がアップします。相性がいいのは、聞き上手な人です。

宇宙からのメッセージ

あなたに必要なお金は、
きちんと入ってくるようになっています。

June Tenth

6月10日

✦「見えない力」に守られた勘のよい人✦

あなたについて

基本的に、器用で要領もよく、何でもすぐにできてしまうタイプです。天性の勘のよさがあるので、何となくやったらできちゃった……ということが多いはずです。

あなたは、見えない存在に強く守られています。それはご先祖さまかもしれませんし、守護霊、指導霊、あるいは、神さまかもしれません。その方々はあなたの日頃の行ないを見ているので、健気(けなげ)に努力していると、すぐさま応援に駆けつけてくれるようです。ですので、試しにやってみて、続けていくと、いつの間にかその道のプロフェッショナルになってしまうでしょう。それは、まるで何十年もやっていたかのような熟練の技ができてしまうほどです。

さらにあなたの声はとても魅力的。声がいい波動を生んでいるため、あなたの声を聞くと、なぜか落ち着き、癒される人がたくさん存在します。ですので、話したり歌ったりすることを積極的にしていきましょう！　あなたもいいことが増えますし、周りの人の心も救っていくことができます。そして、ぜひ、やりたいことは積極的に言葉に出してください。あなたが言葉にしたことは、すごい確率で実現していきますよ。

また、クリエイティブなセンスが高いです。いろいろな人を巻き込んでプロジェクトやイベントを主催したら、天才的な才能を発揮するでしょう。先読みする力もあり、トレンドを発掘する先見の明のような要素も！　相手が言いたいことや望んでいることを事前に察知できる才能があります。

仕事と才能

先読みして動くことができ、常に多くの人をフォローしています。そのため、職場での信用度は抜群。要領がよく、様々なことを同時並行で進められるため、頼られること多くあります。人を説得する論理的なトーク力があるので、重要な場面で立ち合いを頼まれることもあるでしょう。商才もあるので、営業や販売、マーケティングなど売り上げに直結するような仕事につくと、コンスタントに成果をあげていくことができます。もしも行き詰まった時は、仲間が助けてくれる人望の厚さあり。一人で抱え込まず周りに相談すると上手くいきますよ。

人間関係

あなたは、サービス精神旺盛かつ責任感が強く、人からとても好かれますし信頼されます。さらに、決断力もありますから、みんなを取りまとめたり、リーダー的な立場にもなりやすいでしょう。困難に陥った時や気分が落ち込んだ時の切り替えも上手なほうです。ですので、あなたといるだけで、周りの人は心が明るくなったり、救われたりすることが多いようです。密かにとても感謝されています。

相性のいい人

仕事を通しての出会いに恵まれやすいでしょう。相性がいいのは、年齢は関係なく、精神的に大人で自立している人です。

宇宙からのメッセージ

**苦しいことって、
実は"快感"だったりします。**

June Eleventh

6月 11日

✦抜群のセンスで課題を次々とクリア✦

あなたについて

一見、ポワンとしているように見えても、頭の回転の速さや情報処理力などがかなり優れています。加えて、生まれながらにして鋭い直感の持ち主。感度が高く、ひらめきで行動するだけで、思い通りに物事が進む、なんてことが多くあるのではないでしょうか。

さらに、どんなことに対しても、精魂込めて一生懸命取り組むタイプ。その上、器用で要領がよく、次々と課題をクリアしていく遂行力があります。仕事でもプライベートでも、とても重宝される存在となるでしょう。

肩ひじ張らず、常に自然体なので親しみやすい性格です。愛嬌（あいきょう）もあるため、周りに人がどんどん集まってくることでしょう。

さらに、何にも染まらずニュートラル、そして自分らしさにこだわり続けるところが魅力的。ですので、ムリして周りに合わせる必要はありません。もともとセンスがよく、流行にも敏感。トレンドを押さえたものをつくり出すのもとても上手です。あなたが生み出すものは、唯一無二のセンスが光っているものばかりなのです。

また、じっとしているのは好きではありません。フットワークが軽く、いろいろなところに飛んでいくアクティブさがあるので、心の赴（おもむ）くままに行動します。そのため人よりも人生が変わるようなチャンスをたくさん経験できるのも、この日生まれの特徴です。

仕事と才能

一生懸命、妥協することなく取り組んでいきます。プレッシャーに強いので、思いきって飛び込むのも得意。それによって幸運を掴(つか)むでしょう。また、スピーディでありながらクオリティの高いものをつくり上げるあなたは、重要な役割を任されたり、同期よりいち早く出世したりと、いわゆる"デキる人"です。多才なので、基本的にはどんな業界、職種でも活躍できる可能性を秘めていますが、工業デザイナーやファッションデザイナー、イラストレーター、ライターなど、創造性が発揮できる仕事で存在感を放ちます。

人間関係

あなたはカリスマ性があります。周りからすると、少し話しかけにくい傾向がありますが、実際に話をしてみると打ち解けやすく、そのギャップにあなたのファンになる人は多そうです。また、あなたは、人を信用しすぎてしまうところがあり、人に振り回されてしまいがち。一緒にいてなんだかツラいと感じた場合は、思いきって距離をとることで解決するでしょう。

相性のいい人

失敗から学んで、本当に心から癒される人に巡り合っていくタイプです。面白くて話題が豊富な人と相性が◎。

宇宙からのメッセージ

心や体が苦しい時は、
違う方向に向かっているシグナルです。

June Twelfth

6月12日

✦効率よく合理的に判断できる自由人✦

あなたについて

あなたは自由を求める人。そのため、組織の管理下や集団での行動に、居心地の悪さを感じることが多いでしょう。一方で責任感が強く、真面目。律儀な性格なので、信頼が厚く、どんな立場であっても重宝されることでしょう。頭の回転が速く、論理的。合理的にいろいろなことを判断していくことができるため、時間術にも長けていて効率よくこなしていくことでしょう。

また、与えられた枠の中でも、最大限に創意工夫し、そして努力していけるので、職場でもプライベートでも、上手く立ち回ることができます。ただ、本来の気質は、双子座のエレメントである「風」の通り、自由で風通しのいい状態を好みます。窮屈(きゅうくつ)に感じるような環境では、しだいに苦しくなってきそうです。

一人になれる時間をしっかり確保することも、この日生まれの人にとってはかなり大事。新鮮さと刺激を求めて旅行をしたり、感性を磨くために美術館やコンサートに行ったりして、リフレッシュすることを積極的に行なってください。その理由は少々繊細な面があり、気遣いによる疲労がたまりやすいから。適度に心を開放することが必要なのです。適度なリフレッシュでエネルギーがチャージされ、さらにパワーアップしていけます。この積み重ねでターボエンジン全開状態になって、ものすごいことになりそうですよ。常に自分の好奇心を満たしてあげることで、新しい自分を発見し続けていくでしょう。

仕事と才能

経理、会計、ファイナンシャルプランナー、データサイエンティストなど、数字を扱う仕事や、物事を整理していく仕事に向いています。また、創意工夫も得意で、自分なりにやりやすい方法を模索したり、ムダを省いた業務改善を提案したりと、働きやすい環境をつくることもできます。また、創造力がとても豊か。日頃感じたことをそのまま芸術的なものに活かし、自分だけでなく、人の心に響くものをつくっていくことができる、アーティスト的な才能もあるので、積極的に磨いていくといいでしょう。

人間関係

あなたが何かに夢中になって頑張っている姿が、刺激を与えたり、人々を癒したりします。ですので、あなたは、人に気を遣うのではなく、自分が好きなことに集中していきましょう。あなたの生きざまそのものが、「社会貢献」になっていくでしょう。やや生真面目なところがありますが、本来はフットワークが軽くて、愛嬌（あいきょう）たっぷりの人です。普段から、笑顔を意識するだけで、周りに人が集まってきます。

相性のいい人

相性がいいのは、優しく包み込むようなポジティブなトークをしてくれる人です。そして、地雷を踏まない人、空気が読める人です。

宇宙からのメッセージ

見返りを求めず、「ありがとう」の言葉を集めると幸運体質になります。

June Thirteenth

6月13日

✦機転が利いて創意工夫も得意なキレ者✦

あなたについて

効率のいいことが大好きな人。物事に対して優先順位をつけて、力の入れるべきところと抜いてもいいところを決めるバランスがとても上手です。機転が利き、たくさんのことを同時に考えながら、整理してこなしていく才能もあり。カリスマ性があり、人から一目置かれる存在でしょう。

また、好奇心が旺盛で、いろいろなことに興味を持ちますが、効率のよさを重視するがゆえに、時間のムダと思えるようなことにとても敏感。自分にかかる労力を増やしたくないと感じることもあるようです。

双子座の中でも、あなたは特に流行に敏感で、トレンドを上手くキャッチし、今後の展開がどうなっていくのかを見極める先見性もあります。知識が豊富な上、洞察力に優れていて、着眼点も特別。加えて、クリエイティブ力もあり、創意工夫も得意。あなたの手にかかると、ありふれたものが特別なものに変わります。例えば、既存のものにアレンジを加えて、売れるようにしたり、人材をプロデュースして育て上げたりといったことがとても上手なのです。

そんなあなたは、仕事でもプライベートでも、重宝される人材。何をする時もさらっとやってのけるので、楽天家にも見えますが、見えないところでかなり努力します。

常に自分を向上させようと勉強し、必ず形になるところまでやり遂げることでしょう。

仕事と才能

あなたは、いわゆる“キレ者”です。頭脳明晰で、合理的に物事を考え、効率よく処理していくことが得意です。システムエンジニアやプログラマー、CADオペレーターなどに向いているでしょう。一見クールに思われがちですが、心根がとても優しく、例えば同僚が困っていたなら、損得勘定なしに手を差し延べます。しかし、あなたは仕事ができすぎるあまり、あなたに依存しようとする人たちも、ちらほら現われます。社内のいざこざに巻き込まれる可能性がなきにしもあらずなので、持ち前の洞察力で、何か頼まれた際には、本当に受けて大丈夫かどうか吟味するよう心がけたほうがいいかもしれません。

人間関係

興味があることには、どんどん話を展開させていき、目をキラキラ輝かせて話をします。あなたと一緒にいると楽しい気持ちになれるので、関わる人たちはファンになっていきます。しかし、あなたは興味がないことに関してはだんまりになることも。社交辞令が必要な時もあるので、興味がなくても笑顔でいると好印象を与えられます。

相性のいい人

異性の友人を増やすことでご縁が広がっていきます。友人の中で、気の合う人が恋人候補に浮上する可能性！　相性がいいのは、あなたと仕草や雰囲気が似ている人です。

宇宙からのメッセージ

どんどんやりやすくなることは、
「もっとそれをやりましょう！」という知らせです。

June Fourteenth

6月14日

✦効率よくゴールを目指すマルチタスクの達人✦

あなたについて

あなたは多くのことを並行して取り組むことができるマルチタスクの達人です。周りの人からは、「一体、何人でやっているの？」と言われるほどものすごい量の作業することも。それができるのも、あなたが最新の電子機器や自作の時短ツールなど、「神アイテム」を上手く使い、工夫しながら、一人でこなす方法を見出しているからです。頭の回転がとても速く、常に効率のよさを重視。感情に流されたり、意味のない慣習に影響されたりせずに、ひたすらゴールに向かって、最もスムーズにたどり着く方法を考え続けています。

傍(はた)から見ると動きはとてもスマート。またどことなく上品で存在自体が人を気持ちよくさせる才能があります。

普通なら、悩んでしまい、そこから先になかなか進めない、という状況に陥るようなことであっても、あなたの場合は、よくも悪くも、割り切りがよく、自分ができないと判断したら、すぐに人にお願いをしたり、影響がなさそうなものはカットしたりして、合理的に進めていきます。それもこれも、すべてあなたの頭の中が常にクリアな状態で、取捨選択をその都度きちんとしているから。一方、そんな合理的な面がありながらも、双子座が本来持っている親しみやすさと愛嬌(あいきょう)を兼ね備えており、周囲の人たちにとっては、困った時に手を差し延べてくれる頼りがいのある存在。そんな人徳も持ち合わせています。そして、自分の力と人の力、それらを上手く使いながら、自分の夢や目標を最終的に成し遂げることができるでしょう。

仕事と才能

あなたには柔らかな雰囲気があり、人をリラックスさせるのが上手。一緒に仕事をする人はやりやすいですし、安心して仕事を進めることができるでしょう。

また、情報処理能力に長けていて、仕事をしていく上で迷いが生じることはほとんどありません。常に道筋が見えている状態で、サクサク進めていくことができるため、スピード感があり、マルチタスクも難なくこなしていきます。向いている仕事は、教育者や指導者など人を導くものや、カウンセラーやコンサルタントなど問題解決力が必要な職業、または、記憶力を使う仕事や、表現力の豊かさを活かした芸術関連、演劇関連もオススメです。

人間関係

あなたは本音を話すことに恥ずかしさがあるようです。それがかえって魅惑的な雰囲気となり、あなたを知りたいと思っている人は意外にも多いでしょう。あなたから自分をオープンにすることで、周りの人は、とても嬉しく感じるようです。遠慮せずに、ありのままのあなたを見せていくことで、あなたの魅力や人気運は倍増しになっていくでしょう。

相性のいい人

あなたからアプローチすることで、ご縁が広がります。相性がいいのは、飾らず、本音トークをしてくれる人です。

宇宙からのメッセージ

あなたがいちいち「心地いいこと」を選択していくと、あなたの進む道が明確になります。

June Fifteenth

6月15日

✦軽快なトークで「すべてを面白がれる」人✦

あなたについて

とっても好奇心が旺盛なあなた。目に映るものすべてを面白がれる性質があります。アイディアも連想ゲームのようにどんどん降りてくるでしょう。物事のとらえ方や感じ方が独特で、そんなあなたと話をしているだけで、周りの人は楽しくなってくるようです。

明るく楽しく、ノリがいいのですが、根はとても真面目で努力を怠(おこた)りません。そして、自分で決めたことと関係のないものをきちんと分け、寄り道しないように自分で自分をコントロールすることができます。ですので、要領よく目標達成していくことができ、若い頃から成功する人も少なくありません。

加えて、トークの才能があり、魔法のような言葉を人にかけてあげることができます。面白い話をすることで場をいい感じに盛り上げることもできますし、人の才能を見出したり、引き出したりすることも得意。あなたと話をすることで、本当にやりたいことが見つかったり、自分の魅力に気がついたりするので、感謝されることでしょう。

あなたのほがらかな雰囲気は、周りに安心感や心地よさを提供できます。ですので、わざわざカッコつけずに、ありのままのあなたでいるだけで人々を魅了していくでしょう。あなたの発する言葉には、人の人生をいい方向に導いていけるパワーがあります。そんな魅力的なあなたと一度話をしたら、強く印象に残り、あなたを支持する人が多いのです。

仕事と才能

あなたはとても要領がよく、たくさんの情報の中から、いいとこどりができる才能があります。そのため、上司や先輩などをひょいっと超えてレベルアップしてしまい、時々嫉妬されることも……。周りからの評価がとても高く、出世しやすいタイプなのですが、出世欲はあまりなく、自分の道に向かっていくことが最も重要だと考えています。目標を決めてしまえば情熱を持って突き進んでいくでしょう。また、流行やトレンドにも敏感ですので、広報やPR、広告、出版、テレビなど、最新の情報が活かされるような職種が向いています。

人間関係

人に好かれるため、あなたの周りにはいつもいろいろな人が集まってきます。ですので、いつも新鮮な情報が行き交い、とても楽しい人間関係を築くことができます。ただ、優しいあなたに依存してくる人もいるかもしれません。そんな時は、嘘も方便で上手く距離をとって、自分の聖域はしっかり守るといいでしょう。

相性のいい人

表情を豊かにしていくことで、ご縁が広がっていきます。あなたの魅力はチャーミングな笑顔なので、できるだけ笑顔を心がけましょう。相性がいいのは知的で雑学に詳しい人。楽しいおつき合いができそうです。

宇宙からのメッセージ

あなたが周りの人に違和感を覚える時は、あなたが「本当のあなた」とズレてきている印です。

June Sixteenth

6月16日

✦追い込まれてこそ力を発揮する人✦

あなたについて

あなたは、いざ追い込まれた状況になると、すさまじい集中力とエネルギーを発揮し、たとえ遅れ気味のことでも、最終的にはきっちり帳尻を合わせ、素晴らしいものを仕上げます。それだけの底力を持っているのですが、普段は、力を温存させるがごとく、穏やかに過ごしています。

ギリギリまで追い込まれて力を発揮する――たとえるなら、『ドラゴンボール』の主人公・孫悟空(そんごくう)が、瀕死(ひんし)の状態に追い込まれ、スーパーサイヤ人に変化してこれまで見たことのない戦闘力をたたき出す、あの感じに近いかもしれません。普段は穏やかですが、必要な時にだけ、120%の力を発揮するため、周りの人たちはあっと驚きます。そのギャップがあなたの魅力でもあり、周りの人たちもいざとなったら何かやってくれるに違いないと、ワクワク期待を寄せています。基本的に、双子座は自由が好きで、その気持ちだけで動くことが多いのですが、次の星座である蟹座の影響を受けはじめているため、仲間を大切にし、励まし合ったり、時にはケンカしたりしながら、困難を乗り越え成長していくことに喜びを感じます。

誰に対しても穏やかで親切。交友関係が広いように見えますが、人に心を開くまでにちょっと時間がかかるでしょう。そして、チャンスを見極める力があるので、信念を貫くことで成功を掴(つか)むこともできるタイプ。自分が人生において何を実現したいのかを明確にイメージすることができるでしょう。

仕事と才能

人のモチベーションを上げたり、励ましたり、勇気づけたりする才能があります。大人数で取り組むプロジェクトや、チームワークが必要とされる共同作業、団体で何かする作業において、あなたは力を発揮しやすいでしょう。また、話すこと、書くことが得意なので、営業や販売、人材の能力開発など、人とのセッションが必要な仕事が向いています。仲間と共に一つのことを成し遂げた時の喜びは、一人で達成するよりも何倍も大きいものが。そんなあなたと一緒に働きたい人はたくさんいるため、人徳に助けられることが多いでしょう。

人間関係

教えたり、教えられたり、ということがきっかけで、人と親しくなっていくことが多いようです。あなたは礼儀正しいのですが、敬語で話していると心の距離がなかなか縮まらないこともあるので、適度な時期を見計らって、フランクに話してみてもよさそうです。あだ名で呼び合うことも◎。

相性のいい人

オシャレをすることで、あなたの魅力がわかりやすく伝わり、ご縁が広がっていきます。ファッションやヘア、香りなどに気を遣うと、恋愛運がアップします。相性がいいのは、独自の世界観と雰囲気を持っている人です。

宇宙からのメッセージ

願いが叶うまでのあれこれこそ醍醐味（だいごみ）であり、最高の思い出になります！

June Seventeenth

6月17日

✦自分の能力を過信しない謙虚な人✦

あなたについて

何でも器用にこなせて、すぐに上達する才能を持っているあなた。そのため、習い事や自分で勉強して学んだことをいざという時に、上手く活用することができます。歳を重ねれば重ねるほど、技が磨かれていくことでしょう。

あなたは、生まれ持った才能と、後天的に身につけた才能の両方に優れている稀有な人。ですが、やや自分を過小評価しているところがあります。他人からしたら、不思議がられるほど、自己肯定感が低いのです。そのため、自分が持っている才能に気づかないことも多く、せっかくの才能が埋もれた状態になっていることも……。自己肯定感を上げるオススメの方法は、人と交流して、褒めてもらうこと。それだけで自分の才能に気づいて自信を持つことができます。

もともと社会的に活躍することに価値があると思っているタイプで、責任感が強いでしょう。人脈も広く、いい友達にも恵まれます。周りの人には、ついつい完璧さを求めてしまうところがあるので、感情的にならないように気をつけて。何事も余裕ある態度を心がけるようにするとよさそうです。

人よりもコミュニケーション能力の高いあなたは、仕事も人間関係もスムーズに立ち回ることができます。そしてなるべく人と交流することで、自己肯定感も上がり、人に役立つことができて、さらに素晴らしい未来を切り拓くことができるでしょう。

仕事と才能

人脈を構築するのが得意な上に、人を喜ばせるのも上手なあなた。次の星座の蟹座の影響により、面倒見がよく、惜しみなく愛情を注ぎます。ソーシャルワーカー、美容師、セラピストなど、人とじっくり関わる仕事がぴったり。チームをまとめ上げたり、マネジメントしたりなど、リーダーシップが求められるポジションが向いているでしょう。昔話でたとえるなら、あなたは桃太郎のよう。目的地に向かう途中で、猿・キジ・犬などに出会い、仲間にして、最終的に力を合わせて鬼を退治するように、あなたも仲間を次々と集めていくことで、達成することができます。個人で達成できる小さな目標ではなく、人の力を借りて成し遂げるような大きな目標がいいでしょう。

人間関係

自分の話をわかってほしい気持ちが先走ってしまい、前のめりになりやすく、相手を置いてけぼりにしてしまうことも。そのため、常に相手の表情や仕草を確認しながら話を進めていくといいでしょう。それさえ気をつければ大丈夫。あなたはコミュニケーション能力が高く、親しみやすさがあり、初対面で誰からも好かれるはずですから、自信を持って交流してください。

相性のいい人

たくさん話すことで絆（きずな）が深まるので、相性がいいのはフレンドリーでおしゃべり好きな人。

宇宙からのメッセージ

急ぐ必要はありません。休み休みでもいいんです。

June Eighteenth

6月18日

✦自由をこよなく愛する陽気な旅人✦

あなたについて

あなたは、どんな場所に行っても、ムリなく溶け込むことができ、新しい人脈や可能性を広げていくことができます。田舎でも都会でも、国内でも海外でも、どんな状況でも問題なし！　未知なる場所に行くことに対する不安よりも、これから起こる新しい出来事や、新たに出会う人たちに対してのドキドキ、ワクワクする気持ちが勝るので、じっとしてはいられない、と常に思っているようです。ですので、一つのところに縛られるのは苦手。安定した人間関係や環境にいると退屈してしまい、モチベーションが下がることも……。退屈すぎて、どうやって脱出しようか考えた先に、周囲をあっと驚かせるような転身を図ることもあります。

基本的に陽気で、自由をこよなく愛する、多芸多才な要素が強い人。周りの人たちを楽しませることにも長けています。常に自分をアップデートしていたいという思いが強く、生まれてから人生を終えるまで、あなたはずっと「旅」をしているような存在でしょう。そして、旅の途中で出会う未知なる体験や人々があなたを成長させたり、才能に磨きをかけたり、よい影響を与えたりしてくれることを実感できます。そして、それがあなたの喜び！　ですので、旅を続けることを止められないのです。さらに、どこに行っても愛される才能を持っていますから、相手の懐（ふところ）に上手く入り込むことができます。壁をつくることなく、すぐに親しくなるので、楽しい関係を築くことができます。引き続き、人生の旅を楽しんでください。

仕事と才能

人を楽しませることが得意で、そこに喜びを感じるあなたは、マスコミ関係やエンターテインメント業界が向いています。幅広い人脈という強みを存分に活かしながら、人を楽しませるという、タレント性を発揮します。また、裏方だけではなく、あなた自身がパフォーマーになって表舞台に上がるというのも選択肢に入れておきましょう。「そんな才能ない……」「もう若くないから……」という言い訳はナンセンス。今や、SNSや動画配信サービスを使って誰もが有名人になれる可能性があるのですから。

人間関係

悪気はないのですが、思ったことをそのまま口にして、相手を傷つけてしまうところがあるようです。ただ正直なだけ……というのは、みんなわかっていますが、なるべく相手に配慮して、言葉を選ぶようにしてみましょう。もともと人気者の素質があるのですから。デリカシーのある人になるだけで、好感度はかなりアップしますよ。

相性のいい人

趣味や交流会を通じて、出会いが広がっていく予感。相性がいいのは、流行に敏感で、オシャレな人。お互いの好きなことや趣味について話すだけで、話が広がり、アイディアがどんどん湧いてきて楽しいですよ。

宇宙からのメッセージ

あなたの心が決まれば、
いろいろなことが早く進んでいくでしょう！

June Nineteenth

6月19日

✦フラットな視点と柔軟な考えを持つ人✦

あなたについて

あなたはフラットなものの見方ができる人。地位や名誉、肩書き、お金があるかどうかということは全く関係なく、分け隔てなく人と接することができます。友人も実に多種多様。年齢も国籍も、職業もバックグラウンドもバラバラ……といった感じでしょう。そのため、価値観が凝り固まることはなく、柔軟な考え方が育っています。人の意見を否定することがなく、自分と考え方が大きく違っても「そういう考え方もあるのですね」と、誰とでも楽しく話せるのがあなたの魅力です。

常に新しいことや刺激を求める性質があるので、いろいろな人とコミュニケーションをとり、大いに語りたい、と思っています。オフ会などのイベントに参加して話すことで心が満たされますし、刺激になり、それがあなたの人生に大きな影響を与えることでしょう。会話から得た知識が、やがてあなたが抱いている夢や目標を叶えるためのお助けツールに！　もちろんそこで育んだ友情はあなたの人生に欠かすことのできない宝物になりますので、ぜひ大切にしてください。

性格は、あまり深く考えすぎないおおらかな人。そして、好奇心が旺盛で、行動的なのでキラキラとしたオーラが！　若々しく見られる人が多いでしょう。ユーモアのセンスがあり、いつも人を楽しませるムードメーカーです。人と話すことで、満たされる人なだけあって、話術はピカイチ。しかもアドバイスが的確なので、あなたと話したい人が周りに常に集まってくることでしょう。

仕事と才能

幅広い人脈と膨大な知識量を持ち、流行やトレンドに敏感なあなた。蟹座の影響を受けて、親しい人たちには惜しみない愛情を注ぎます。また、多種多様な人たちと交流をすることを得意としているので、外国人が多い職場——例えば、外資系企業や海外拠点に転勤、もしくは海外の会社に転職するというのも向いていますし、社会福祉事業や国際関係の仕事などもいいでしょう。あなたの強みは、何と言っても、高いコミュニケーション能力！　新規事業を立ち上げる、新しく会社を起こすなど、人脈がカギになる立場の仕事も◎。

人間関係

裏表がなく、誰に対しても同じ態度なので、かなり信頼されています。あなたのことを悪く言う人は少ないはずです。媚(こ)びることのないあなたの姿勢は、特に後輩から支持されることでしょう。冷静な分、洞察力にも優れているので、自分にぴったりのいい仲間が集まり、いいチームをつくることができます。

相性のいい人

自分から話しかけていくことで、ご縁が広がっていきます。ただし、自分に好意を持ってくれる人を振り回してしまいがちなので気をつけて。相性がいいのは、あなたのわがままなところを許してくれる笑顔が素敵な人。

宇宙からのメッセージ

あなたを動かせるのは、あなたしかいません。
楽しく自分を操縦しましょう。

June Twentieth

6月20日

✦洞察力に優れたパフォーマー✦

あなたについて

あなたは頭の回転が速く、機転もよく利くので、その場の空気を読むことに長けています。さらに、多くの人と共感し合い、自分のパフォーマンスをアピールする才能にも長けているので、大きなことで成功を収める人も多いのがこの日生まれの人の特徴です。ひょっとしたら、あなたも時代の寵児(ちょうじ)になれるかも！

パフォーマンス力で周囲を圧倒しつつも、心のどこかで周りの反応が気になってしまう、繊細な一面も。できれば自分で目立とうとするよりも周りに盛り上げてほしい……と思っているところがあります。そんなあなたの気持ちを察して、サポートしてくれる人にいつも囲まれています。それはあなたが日頃から徳を積んでいるから。あなたは誰に対しても優しく、人の役に立ちたいという気持ちが強い奉仕の人。だからこそ、人から感謝されることが多いでしょう。

サポート役になることが大好き。そんなあなたは多くの人に頼りにされます。人から何か頼まれるとノーと言えず、損してしまうことも……。自分のことを後回しにしてしまうことも多いので、もうちょっとわがままになって、人に甘えることも課題の一つでしょう。

また、金運は安定しています。ガンガン稼ぐというよりも、コツコツとしっかり節約をして貯金をするタイプです。そのため、ムダ遣いをしたり、詐欺に遭ったりするようなことはほとんどないですし、お金に困ることもありません。

仕事と才能

大勢の人と一緒に取り組んでいくことで才能が開花し、成功を収めます。人々があなたをより輝かせてくれるのです。どんな仕事でも柔軟に対応していくことができますが、大人数で一つのものをつくり上げることのほうが向いています。例えば、建設業やイベント業界など、長期プロジェクトや全国各地から人を集めるような大掛かりな展示会を主催するといったことで力を発揮します。関わる人が多ければ多いほど、あなたはやる気がみなぎり、持ち前のコミュニケーション力やリーダーシップ、サービス精神を発揮し、人からの信頼を得られると共に成功も収めるでしょう。

人間関係

人の話をしっかりと聞いて、謙虚で礼儀正しいあなたは、特に目上の人から好かれるでしょう。どんな場でも話題に乗れる器用さとたくましさがあるのでコミュニケーションはばっちりです。他人のサポート役に徹するのも得意なので、頼られることが苦ではないあなたには、いつも誰かが相談しにやってきます。あなたが中心となり、助け合うコミュニティが生まれることでしょう。

相性のいい人

相性がいいのは、知性と創造性に富んでいて、あなたの夢を応援してくれる人です。

宇宙からのメッセージ

あなたは人生の台本通りに進むことになっています。ですので、気楽にGO！

June Twenty-first

6月21日

✦思いやりが深く喜びを分かち合える人✦

あなたについて

面倒見がよく、思いやりが深いので、家族や身内、仲間をとても大切にするあなた。蟹座の持つ「みんなで楽しみたい」という気持ちが人一倍強く、仲間と喜び合うことが自分のエネルギーに繋(つな)がるようです。そんなあなたは、みんなで何かに取り組む時、いつの間にかリーダーに推薦されることもあるでしょう。学生の頃は、学級委員や生徒会の役員を務めることも多かったのではないでしょうか。自分で意識していなくても、あなたは周りの人を安心させ、「○○さんが言うなら間違いない」という気持ちにさせます。あなたがひと声かければ、人が集まり、そしてみんなで協力しながら同じ目的に向かっていけます。それが、とても楽しくて仕方がないと感じることでしょう。

また、常に進化し続けたいと思っているため、新しい知識を得ることに喜びを感じますし、時代の先取りができる人。

そして、子どものように無邪気なところがあり、何よりも楽しいことが優先！　すべてにおいて、楽しいか、楽しくないかが判断基準でしょう。人懐(ひとなつ)っこい性格ですが、好き嫌いがちょっと激しいところもあります。

さらに、人から感謝されたい気持ちが強いので、頼まれるとノーと言えないところがあり、それによって自己犠牲による苦労もあります。ただ、あなたの場合、持ち前の粘り強さでスマートに明るく乗り越えるので、あなたの評価は右肩上がりでしょう。

仕事と才能

外からの情報をスピーディに取り入れて活かす力が高く、仕事の覚えも早いでしょう。しかも細かい気配りができて、組織の中で重宝されます。さらに仲間と一緒に何かを成し遂げることが楽しいので、輪をかき乱すような人がとても苦手。そういう人がいるとさっと逃げてしまいます。そういう意味ではとても繊細。合わない人といるのが苦痛になってしまうので、一緒にいる人の人選はとても大事です。職種としては、女性や子ども関係の仕事が特に向いています。生活雑貨を扱う仕事や幼児教育関係、教師、カフェスタッフなどもオススメです。

人間関係

「楽しむ」をモットーに、人と接するよう心がけてください。あなたの心が穏やかであれば、場の空気が和(なご)みます。イライラしている時は、それも場の空気に影響を与えるので、できるだけ持ち込まず、外に出て走ってくる、散歩する、ジムに行くなどリフレッシュしてから人に会うようにするといいですよ。

相性のいい人

ズバリ、「灯台下(もと)暗し」で、身近なところに出会いが転がっていそうです。かっこつけずに、ありのままの自分を知ってもらうよう心がけてください。相性がいいのは、許す心を持つ器の大きい人！

宇宙からのメッセージ

自分に対して言い訳をしている時は、
本来の道からちょっとズレている印。

June Twenty-second

6月22日

メンタルの強さと人徳で目標に到達

あなたについて

弱みもきちんと理解した上で、トラブルが起きても対処できる守備力の高い人。どんな環境でもたくましく生きていけるタイプです。

そして、好き嫌いがはっきりしていて、周りの意見に流されることなく、自分自身をごまかすことがありません。

そのメンタルの強さからカリスマ性を感じるので、周りの人たちを惹(ひ)きつけるでしょう。人を率いることに優れているので、人の手を借りながら、大きな目標を成し遂げる可能性も大いにあります。

また、新しい知識を吸収するのが大好きで、年齢を重ねるごとにパワーアップしていきます。その知識を人のために活かし、信頼と人気を集めるでしょう。それはあなたならではの人徳のなせる業でもありますが、日頃から周りの人たちへの感謝と、思いやりを持ち続けることを忘れないでください。

人を妬(ねた)まず、誰とでも上手にコミュニケーションがとれるあなたは、明るく楽しいトークで相手を和(なご)ませたいと思っています。人を区別することなく、誰とでも仲よくしようと努力しますし、人の悩みにもよく耳を傾けますので、話しているほうは嬉しくなり、トークが止まらなくなってしまうことでしょう。

加えて、家族思いなところもこの日生まれの魅力です。人に対して優しいのはいいのですが、自分自身に対してもちょっと甘いところがありますね。でも行きすぎなければそれもOKですよ。

仕事と才能

全体像を見渡して、細部を調整していく能力に優れています。また、仲間のモチベーションを高く保つための気配りも抜群に上手く、リーダーシップもあるため、組織の中で活躍する場が多く用意されてます。指揮者として、方向性を示しながら、みんなを導いていくという役割は最も適しているといえます。あなたが一人いるのといないのでは、職場の活気が全然違うので、とても重宝がられるでしょう。特に向いているのは、チームの監督的な立場や、プロデューサー、編集者、プロジェクトのリーダーなどです。

人間関係

場の空気を敏感に感じ取ることができるあなた。そして合うか合わないかを即座に判別することができて、合う人とは距離を縮め、合わない人とは自然に距離を置くことができます。ですので、人間関係で苦労することはあまりなく、心地よいつき合いができるでしょう。

相性のいい人

その場の空気を読んで場を和ませてくれる“気配りができる人”が最適。相性がいいのはあなたと同じくらい、情熱的な人です。

宇宙からのメッセージ

あなたが生まれる前にやると決めてきたことは、どんなに遠回りをしたとしても、することになっています。

June Twenty-third

6月23日

✦「奉仕の心」が大きな幸運を呼び込む✦

あなたについて

相手の気持ちを察する力が高く、臨機応変に対応することができる、とても気が利く人。どんなシーンでも、柔軟に対応するので、どんな人とも上手く接することができます。当然、人の気持ちを掴(つか)むのが上手。そしてあなたがサポートすると、サポートされた相手もあなたも、どんどんよい方向へ展開していくという超強運の持ち主です。基本的に面倒見がよく、面倒を見た相手がイキイキとしてくれることに喜びを感じます。サポートした相手は、手をかけた分だけ成長してくれますし、あなたが困ったり、窮地(きゅうち)に追いやられたりするようなことがあった時には、恩を返そうと真っ先に駆けつけてくれることでしょう。そのように、あなたの親切心が巡り巡ってポジティブな循環を生み出します。

ただし、人に対する気遣いが強い一方で、自分の感情を押し殺してしまうことがありそうです。本来あなたは直感が鋭く、自らが行くべき方向をすぐに見抜く力があります。

ただ、大好きな仲間やパートナーの意見に左右され、あなたの直感にフタをしてしまいがち。もっと自分を信じて、やりたいこと、進むべき道を選び取りましょう。あなた自身が選択したならば、たとえ失敗しても納得がいくものになりますし、よい経験として学びになるでしょう。

家族思いの優しい性格なのもあなたの魅力。温かい家族関係を築いている人が多く、家族と行動することも多いでしょう。

仕事と才能

仕事においても、部下や後輩に惜しみなく愛情を注いでいき、人材の育成に対しても情熱を注いで真摯(しんし)に取り組みます。人を育てるのが得意で、組織の中でも貴重な存在となるでしょう。また、みんながハッピーでないと気になってしまうため、困っている人がいるとすぐにサポートに入ります。そんなあなたは、誰からも愛され、職場でも人気者！　向いているのは、看護師や介護士、社会福祉関係、ホテルやレストランのスタッフ、百貨店やアパレル販売員など、ホスピタリティが求められる仕事です。

人間関係

誰に対しても思いやりがあり、とても優しいあなた。しかし、いい人すぎてしまうところがあり、マウントを取られやすかったり、依存されてしまったりするので、気をつけて。境界線をしっかりとキープしましょう。きちんと相手に言い返したり怒ったりすることも重要です。それは相手のためにもなるので、遠慮なく！

相性のいい人

恋愛は、安定した関係になると努力しなくなる傾向にあります。ですので、オシャレをしたり、新鮮さを出したりといったことを少しでもいいので意識してください。そんなあなたと相性がいいのは、肝が据(す)わっていてブレない人です。

宇宙からのメッセージ

あなたは、見えない存在に
めちゃくちゃ守られていることを知ってください。

June Twenty-fourth

6月24日

✦人の気持ちに寄り添う愛情深い人✦

あなたについて

あなたは、直感力に優れているので、基本的にひらめきに従って進んでいくほうが上手くいく人です。見えない力に強くサポートされてる……と感じることでしょう。

加えてあなたはボランティア精神のある人。共感力が高く、困っている人がいるとまるで自分ごとのように親身になります。とても穏やかで愛情にあふれています。さらに地道にコツコツ積み重ねることができる、継続力のある人なので、メンタルはかなり強い人。何があっても動じず、積み重ねるあなたは、目標達成率が高く、周りからも尊敬されることでしょう。真面目な努力家の気質なので、曲がったことが嫌いですし、ずるいことはしません。人と争うのも嫌いなので、信頼できないと思った人とは即座に離れる……それも直感ですぐにわかってしまいます。

そして、好奇心が旺盛で、アイディアをどんどん生み出します。面白いアイディアをたくさん披露して周りの人を楽しませる才能あり。おおらかで親しみやすい人柄もあり、相談を持ちかけられることが多いでしょう。だた、人づき合いには慎重です。自分を悪い立場に追い込まれないようにと、自分の意見は他の人の後に言うということを意識しているところも。平和主義のあなたらしく、賢い対処の仕方ですが、露骨にやりすぎなければ問題ありません。基本的には、争いごとを好まないので、直接対決よりも駆け引きを行なうことのほうが多いでしょう。

仕事と才能

あなたには鋭い直感があり、自然と正しい方向へ進んでいける才能に恵まれています。他の人からしたら、ものすごくうらやましい才能ですよ！　仕事においても、何らかの選択を迫られた時、あなたはよりよい選択を本能的にできてしまうのですね。そして、コツコツと成功体験を重ねてきているので、いざとなった時、例えば重要な商談や交渉ごとの場に呼ばれるということも少なくはないでしょう。そんなあなたが向いている仕事は、営業、宣伝、起業家など。また、感性も豊かなので、デザイン性を活かす仕事も向いているでしょう。

人間関係

あなたは人柄がよく、おっとりしていて、直感で生きているタイプ。ですが、やや疑り深いところがあるので、もう少し人を信じてみてもいいかもしれません。直感に優れているので、基本的には人を見誤らないというふうに思って大丈夫。自分から、ある程度心を開いていったほうが、楽しい人間関係を構築できますよ！

相性のいい人

気になる人がいたら、つき合う前からデートを重ねてみてください。気がついたらつき合っていた……ということになる可能性も！　相性がいいのは、仕事を手際よくサクサクとこなせる人です。

宇宙からのメッセージ

人と仲よくなりたい場合は、こちらが先に心のカギを開けることが大事です。

June Twenty-fifth

6月25日

✦強い個性と協調性を兼ね備えた“人たらし”✦

あなたについて

美しいものが大好きで、独特の感性とセンスを持つアーティストなタイプ。個性的なファッションを好み、大勢の中でも目立つ存在で、人に与える影響力はとても大きいでしょう。個性が強いからこそ、どうしても単独行動が多くなってしまうのですが、他人と関わることも大好き。協調性もありますし、ユーモアを交えて場を盛り上げたいと思っています。

どのコミュニティにいても、自然体でとても親しみやすい人。いつの間にか人の心を開いていく、いわゆる“人たらし”なのが、あなたなのです。人から可愛がられることが多く、特に目上の人や新しく知り合った人には好印象を与えます。

また、人の優れているところや才能を見つけ出す能力が高く、自信のない人に自信をつけさせてあげたり、自己肯定感が低い人に、自分を肯定できるような言葉をなげかけたり……といった感じで、いろいろな人を幸せにしていきます。みんなを盛り立てるのは自分の役目だと思っていますし、それがあなたの幸せにも繋(つな)がります。みんなの成功が自分の成功であり、みんなの幸せが自分の幸せなのです。

正義感が強く、ごまかす人、不誠実な人が嫌いです。間違った方向に進んでいる人にも敏感に反応して、ストレートに指摘するので、一時的に険悪になるかもしれません。でも後々、あなたに感謝する、ということが多くあるでしょう。

仕事と才能

人を喜ばせることが大好きなあなた。仕事においても、無意識のうちに人に感謝されるような言動をとることが多いでしょう。職場の同僚に対してもそうですが、取引先の人たちにも、上手くフォローができたりするので、社内外問わず、多くの人たちから人気者です。きっと転職しても起業しても、あなたの人を喜ばせる“人たらし”の才能があれば何でも上手く行きます。向いている職業は、カウンセラー、飲食店スタッフ、営業職、介護士など、とにかく人と接する仕事。あなたと話をすれば、みんなどんどんあなたのファンになっていくでしょう。人の心をときめかせる不思議な力を持っています。

人間関係

あなたは優しく思いやりがあるので、多くの友達や仲間に囲まれ楽しい人間関係が構築できるタイプです。

また、人の輪に溶け込むのもとてもスムーズで、人脈の広げ方も上手です。あまりにモテモテなので、たまに嫉妬をする人も出てくるかもしれませんが、その人とはできるだけ距離を保てば上手くつき合えます。

相性のいい人

恋愛を通して、あなたの人生はいい方向に大きく変わっていきます。あなたにぴったりのお相手は、安心感を与えてくれて聞き上手な人。

宇宙からのメッセージ

一つずつやっていけば、
自然と全部完了できます。

June Twenty-sixth

6月26日

✦怖いもの知らずの行動力で成功する人✦

あなたについて

スイッチが入ると、危険を恐れることなく、ものすごい勢いでガーッと突き進んでしまう、怖いもの知らず。あなたは、よくも悪くも、周囲の目をあまり気にしない猪突猛進なところがあります。心の赴（おもむ）くままに行動するだけで、いつの間にか目標を達成し、どんどんステージアップしていきます。そんな行動力のあるあなたに、憧れを抱いている人も多いことでしょう。あなたは常に新しいことに挑戦したがり、じっとしていられない性格。人並み外れて活動的なので、一見、自信家のように思われますが、実は不安の裏返し。心の中で「絶対的な安心」を求めているところも。「変化しないものはない」とわかっているから、新しい安心材料を求めて、どんどん行動をしていくのがこの日生まれの性質です。結果的には動くことで大成功しやすいので、決して悪いことではありませんよ。

一方で、蟹座の支配星・月の資質である母性を強く持っているため、仲間が脱線したり、つまずいたりした時は、全力で守りにいく一面も。

何をするにもスピーディですが、ただ身勝手に突き進むわけではありません。世話を焼きすぎるところもありますが、あなたの純粋な愛情はほっこりと幸せな気持ちにさせる、そんな才能もあるのです。仲間や家族など身近な人をすごく大切にし、いつも一緒にいて、大いに語り合いたいと思っています。ですので、相談を受けると親身になって耳を傾けて、全力でサポートするでしょう。

仕事と才能

怖いもの知らずで、突き進んでいくあなたのチャレンジ精神は、仕事においてもいろいろなところで発揮されます。例えば、新しい技術や知識を使って、大企業では実施しにくい創造的かつ革新的な経営を展開するなど……。チャレンジ精神から思わぬものが生まれることが多そうです。

また共感性が高く、思いやりがあるため、同僚のみならず、上司からも相談や頼まれごとが多く舞い込んできます。向いているのは、カウンセラーや教師、講師、コンサルタントなど、人の話を聞いてその人の問題解決をしていくような仕事です。

人間関係

仲よしグループができると、いつも一緒に行動したくなるようです。そのため、それぞれが忙しく、会う機会が減ってしまうと、無性に寂しく思います。会わなくても心は繋(つな)がっていることが大事なので、「心さえ繋がっていればOK」と自分に言い聞かせてください。自己肯定感がやや低いので、自分をまずは好きになりましょう。

相性のいい人

寂しがりやなあなたと相性がいいのは、メールやSNSの返事がスピーディで、電話を頻繁(ひんぱん)にかけてきてくれるマメな人。

★ 宇宙からのメッセージ ★

見て見ぬふりをしている時よりも、
しっかり見たほうが、実は楽だったりします。

June Twenty-seventh

6月27日

✦全身全霊で人に尽くす有能な秘書タイプ✦

あなたについて

あなたは、人に全身全霊で尽くし、そしてサポートする優秀な秘書のような存在です。「○○さんに任せておけば安心！」「いてくれて助かった！」などと言われることも少なくありません。ただ、相手に注力しすぎると、自分の生活よりも相手を優先したり、プライベートの時間よりも仕事を優先したり、またその逆もしかりで、オンとオフの境目がなくなってしまうところがあるようです。蟹座はとても面倒見がいい性質を持っていますが、一生懸命になりすぎると自己犠牲になってしまうことが多くあります。

心のどこかで、聖人君子のような自分になりたい、という願望があるのかも。けれども自分を犠牲にしすぎて、あなた自身が心身とも疲れてしまっては元も子もありません。時には自分のことを最優先に考える時間を確保して、美味しいものを食べたり、美術鑑賞などで心に栄養を与えたり、温泉に行ってリフレッシュしたり……。「ちょっと贅沢かな？」と思うくらいのことをするのがちょうどいいでしょう。周りの人からの信頼も厚く、多くの人に慕われています。好奇心が旺盛で先を見通す力も。きちっと計画を立てて行動ができる人なので、何をやるのにも結果的に上手くいくことでしょう。準備にしっかりと時間をかけ、実行力もあるので、周りからの信頼も厚いでしょう。ただ、人から頼まれるとなかなか断れないので、負荷が多くなってしまうことも。はっきりとノーと言うようにしましょう。

仕事と才能

縁の下の力持ちという言葉がぴったりなあなた。周りから頼られることがエネルギーの源に。職場でも、困っている人を見かけたらすぐに助けにいくことでしょう。それが苦にならずできるので、そんなあなたはいつしか職場には欠かせない存在に。また、吸収する力が抜群なので、どんな業務、環境でもすぐになじむことができます。向いているのは、秘書、営業アシスタント、総務、人事などの人をサポートする業務や、看護師、介護士、教師などの職種です。

人間関係

コミュニケーションが少し苦手なので、言いたいことが伝わらないことも。ですので曖昧な部分を残さずに、きちんと伝わっていないな、と思ったら、その都度、しっかり話し合うようにしましょう。またメールやLINEだけのやりとりは誤解を生みやすいため、意思を伝えたい時はリアルに会うようにしましょう。そのほうが、あなたの魅力がしっかり伝わり、いい関係を保てますよ。

相性のいい人

もう少しモテを意識して、身だしなみやオシャレに気を遣いましょう。それが出会いを引き寄せる最善の方法です。相性がいいのは、ややテンション高めの芸術性のある人。

宇宙からのメッセージ

**自分や身の回りを整えたくなる時は、
あなたの運が上昇する前兆。**

June Twenty-eighth

6月28日

✦「癒しオーラ」で周りを虜にする人✦

あなたについて

思いやりがあり、いるだけで人を癒すパワーを持っているあなた。身近な人たちの幸せを強く願い、家族の縁や結びつきを大切にします。周囲にはいつも笑顔があふれ、あなたを慕う仲間が大勢寄ってくるので、とても楽しい人生を送ることでしょう。

もともと行動力があるタイプなのですが、特に人の役に立つことに対し、積極的に動く傾向に。人から頼られると嬉しくて、大抵のことは引き受けてしまう性格です。ですので、多くの人から頼りにされ、さらに人脈づくりも上手。目上の人も、年下も分け隔てなく交流を深めていきますし、夢や目標を共有できる仲間も多いことでしょう。

また、書くことが好きで文才あり。もともと、感受性が強く、観察力もあって論理的に考える能力に長けているので、ブログやSNSをはじめると注目を集めることもあるでしょう。手紙やメールで気持ちを伝えるのが得意です。

コミュニケーション能力も秀逸。周囲の人と協力しながら目標に向かって行動する、というリーダーシップの才能も。仲間と困難な状況や問題を解決することも多く、社会貢献度も高いでしょう。

そして頑張った分だけ金運は上がります。コツコツ稼いで財を生み出します。この日生まれの人は、周囲の期待に応えようするあまり頑張りすぎてしまう傾向に。それによって体調を崩しやすいですから、ムリしないように注意しましょう。

仕事と才能

癒しオーラが充満しているあなたですから、関わる人すべてが虜（とりこ）になっていくでしょう。社内だけでなく、取引先、営業先の人たちも、あなたと一緒に仕事をしたいと思っているはず。

向いている職種としては、受付、秘書、営業、販売スタッフ、レストランやホテルのスタッフ、客室乗務員など。お客さまのクレーム対応係なんていうのも向いています。雰囲気が癒し系ではあるのですが、頭の回転がものすごく速く、機転が利くため、瞬時に対応が求められる仕事が特に適しています。

人間関係

誰とでも気さくにトークしたい、と思っていますから、初対面の人とでもすぐに仲よくなれます。すぐに気を許してしまうので、自分のことをおおっぴらに話しすぎてしまい、後になって後悔することも……。心を見せるのは、「腹八分目」くらいにとどめておくと、程よい距離感を保ちながらつき合うことができますよ。

相性のいい人

意識的に話しかけられやすい雰囲気をつくっておくと、どんどんご縁が広がっていきます。目が合ったら微笑むなど、簡単なことでOK！　決断や行動が素早い人が、あなたと相性がいいでしょう。

宇宙からのメッセージ

自分も人も嬉しくなることはどんどんシェアを。
あなたの運が大きく花開いていきます。

June Twenty-ninth

6月29日

✦「成功の秘訣」をすぐに体得できる人✦

あなたについて

他の人の「いいところ」を吸収するのが得意。特にビジネスにおいては成功している人の真似をするというのは成功の秘訣です。例えば、売れている商品を見たら、なぜ売れるのか、その理由を的確に分析して、自分でも試してみる、ということをくり返して、成功を掴(つか)むなど。夢や目標が具体的にあるのなら、成功している人を真似するといいでしょう。さらに、仲間を増やして、巻き込んでいくことで、運が開けていきます。楽しく取り組んでいたら、いつの間にか大きなものを得ているでしょう。

この日生まれの人は目指している理想が高く、叶えるためにあらゆる努力を惜しみません。表では強気の姿勢ではありますが、一方で感受性が強く繊細な一面も。そのせいか、芸術や音楽、神秘な世界への関心が高く、美しい世界観に強く惹(ひ)かれて、アートな趣味を持つ人も多いでしょう。

繊細な性格だけに、人に対して少し慎重なところがありますが、一度親しくなればどんなことでも力になりたい、という愛情深い人でもあります。

性格は几帳面できっちり。でも実際に行動する時は意外と大胆です。それは、豊富な知識と経験による自信があるから。その大胆な行動は注目されて、聡明な印象、カリスマ性となって、多くの人を魅了することでしょう。とはいえ、天狗になることはなく、誰とでも平等に接します。フラットな態度を崩さないのもあなたの魅力です。

仕事と才能

成功の法則をすぐに見出すことができるあなた。売れる商品、ビジネスで成功を収めた人などを見習い、そのコツを習得していくことが得意です。そのため、なるべく“デキる”上司や先輩のそばで仕事をしていくといいでしょう。また、ヒット商品を連発していたり、何年も右肩上がりの会社に転職するというのもアリですよ。イチから何かをクリエイトするというよりは、既存のものをどうしていくか、というところに才能を発揮するので、例えば、音楽編集、雑誌や書籍の編集者、何かをリメイクするような仕事が向いています。

人間関係

あなたには包容力があり、いろいろな人があなたの懐(ふところ)に飛び込んできそう。中には、依存度が極端に高い人がいることも。もし、自分のテリトリーにズカズカと入り込む人がいたら、少し距離を置いたほうがいいでしょう。あなたは仲間の輪を大切にし、そのことで開運していくので、常に好きな人たちに囲まれているほうがいいですよ。

相性のいい人

恋愛は、外見だけにとらわれないようにしましょう。様々な話をしていくうちに意気投合し、相性が合う・合わないがわかってきます。ですので、まずはいろいろな人と話すことからはじめてみましょう。

宇宙からのメッセージ

「ありがとう」をどんどん伝えていくと
開運体質になります。

June Thirtieth

6月30日

✦共感力に優れた気さくなカウンセラー✦

あなたについて

共感性が強く、感情移入しやすいところがあります。ですので、あなたと話した人は、「話をきちんと聞いてくれて自分の気持ちを理解してくれた」と感謝することでしょう。それは素晴らしい才能であり、この才能のおかげであなたはいつも人気者。ただし、あまりにも感情移入しすぎると、疲労がたまってしまうことも。特に負の要素を持った人があなたに依存してきて、負の感情から抜け出せなくなることもあるので、ネガティブが強い、話が重い、と感じたらさらっと聞き流すように心がけましょう。ネガティブに支配されて心身が疲弊すると、気の巡りが悪くなり、運気もダウンしてしまいますからね。たとえ話を聞き流したとしても、普段とても親切にしているあなたですから、評価が下がるようなことはないのでご安心を！

カウンセラー気質なだけに、社会や人のために役立つ自分になることが喜びで、周りの人に貢献したいと思っています。少々落ち込んでも長く引きずることはない、明るい性格で、人と楽しく過ごすことが大好き。悩みを聞いてあげたいと思うのも、人とたくさん話したい、元気にしてあげてワイワイ楽しみたい、と思っているからです。

誰に対しても気さくに接するので、友達は多いでしょう。そして頼れる自分、器の大きい人を演出したいので、少しカッコつけてしまうこともあるようです。でも、あなたは自然体でいるほうが実は魅力的。洋服もカジュアルで肩の力を抜いた雰囲気のほうが、いっそう人気が高まりますよ。

仕事と才能

共感性、感受性に長けているので、職場の中でも“よき理解者”としてのポジションを確立していきます。いつしか、組織の中ではなくてはならない人材に。話を聞いてほしい、相談したいといって、あなたのところにはいろいろな人たちがやってくるでしょう。その延長で、様々なチャンスを掴(つか)みやすく、やりたい仕事も舞い込んでくることが多いでしょう。そんなあなたに向いている職業は、人に寄り添うような心理カウンセラー、精神保健福祉士などの医療・福祉関連、就職・転職・留学のアドバイザーなど。

人間関係

いろいろな人の意見や希望を一度に聞こうとする、優しさがあるのですが、いくら器の大きいあなたであってもキャパオーバーに。そのため、ムリなものはムリと断る勇気も必要です。あなたはいつも誰かを気にかける、優しさにあふれている人。人柄は十分に伝わっていますので、嫌われるかも……と恐れることはありません。

相性のいい人

人の集まる場所に素敵なご縁があるようです。ですので、SNSでの交流だけでなく、積極的に外に出てリアルに会うようにしましょう。あなたと相性がいいのは、落ち着いていて一緒にいると安心できる人です。

宇宙からのメッセージ

守ることよりも、攻めの姿勢が、
あなたの人生を明るく変えてくれます。

Column

12星座別 短所のようで長所のところ

あなたが考えている自分の「短所」は、実は、立派な「長所」でもあります。上手に活かして、幸運を掴(つか)みましょう。

♈ 牡羊座

熱しやすく冷めやすいところがありますが、逆を言えば、イヤなことをずっと引きずることがありません。また、「自分だけの時間」をしっかり確保することで、心身ともに健康でいることができます。

♉ 牡牛座

変化を嫌うところがありますが、逆を言えば、同じことをずっと続けられる安定感がすごいです。もしも、新しいことを取り入れる場合は、実際に目で見たり、体験したりすると、受け入れる余裕が出てきます。

♊ 双子座

慣れると違うことをしたくなる性質がありますが、逆を言えば、すぐにいろいろなことができてしまうという器用さがあります。何でもそれなりにできる人なので、楽しみながら、たくさんの人を助けることができます。

♋ 蟹座

敵味方をはっきり区別するようなところがありますが、しかしそれは、「仲間を愛し守る力」「結束力をつくる力」が優れているといえるでしょう。新しい人を受け入れるには、相手をジャッジしないで「いいところ」を見ていきましょう。

獅　子　座

人生の出来事をいちいちオーバーに感じやすいところがあります。しかしそれは、あなたが自分のことを「人生の主人公」として謳歌している印。あなたにスポットライトが当たることをすると、人生がより充実します。

乙　女　座

優柔不断なところがありますが、それは、あなたが相手の気持ちを思いやることのできる、とても優しい人だからでしょう。もう少しわがままに振る舞ってみることで、逆に魅力がアップして好かれます。

天　秤　座

人と自分を比較して、一喜一憂するところがありますが、それはあなたの人間観察力が高いことを意味しています。素敵な人を参考にすれば、あなたはもれなくレベルアップを図ることができるでしょう。

蠍　座

しつこいところがありますが、それは諦めない力や忍耐力が並々ではないことを意味しています。そのしつこさを前向きに、よりよい方向に使えば、何かの分野で頭ひとつ抜きん出た存在になれるでしょう。

射　手　座

手に入れたいものが手に入りそうになると、急に違うことに興味が移ってしまうところがありますが、それは、あなたの向上心がすごいから。その上を目指す姿勢、チャレンジ精神を活かせば、常にゲームのように人生のレベルを上げていくことができます。

♑ 山 羊 座

真面目で自分にも人にも厳しいところがありますが、それは責任感が強く、管理能力が優れているからでしょう。あなたがいることで、いろいろなことが上手くいくという「一目置かれる存在」なのです。

♒ 水 瓶 座

周囲から浮いてしまうところがありますが、それは、あなたが「本当のあなた」を生きている証拠です。あなたがあなたを楽しく生きているだけで、周りの人は「本当の自分」に気づくきっかけを得られるのです。

♓ 魚 座

妄想癖なところがありますが、それはあなたのイメージ力が果てしないことを意味しています。その無限の能力を芸術や音楽、あるいは、スピリチュアルな方面に大いに活かすことで、あなたの毎日はさらに充実します。

Know The Secrets of Your Life
Through Your Birthday

7月1日

✦洞察力と行動力を兼ね備えたリーダー✦

あなたについて

あなたのリーダーとしての素質はずば抜けています！ 強靱（きょうじん）な精神力、鋭い洞察力、行動力、包容力を備えていて、仲間を引っ張っていくポジションに立つことが多いことでしょう。野心家で独立心が強いですし、自由を好み、上から押さえつけられるようなことはあまり好きではないようです。誰にも邪魔されない時間を大事にする一方、一匹狼でいることを嫌いますし、寂しがりやな面もあります。人とのコミュニケーションは大好きなので、求められれば、気さくに応じて盛り上げたいと思っているでしょう。

新しいことをどんどん推し進める才能があり、他の人が躊躇（ちゅうちょ）するようなことも冷静に決断し、それが自然にできるので、仲間からも信頼されることでしょう。

また思いやりにあふれ、愛する人を守ろうとする気持ちが強く、自然と献身的に人のために尽くすことができる人です。友人とは、誠実で正直につき合うまっすぐな性格で、あなたの周りには、信頼できる仲間がたくさんいるでしょう。

また、この日生まれの人は、よいことだけでなく、ネガティブな経験も、きちんと自分の糧（かて）にしていきます。まるで柳の枝のようにしなやかさと強さを持つあなたは、いつも周りの人たちから頼りにされています。ただし、人から干渉されることが苦手で、一人の時間がないと精神的な安定が保てなくなってしまうので、どんなに忙しくても自分の時間を確保するようにしましょう。

仕事と才能

頭の回転が速く、また物事を俯瞰（ふかん）できるため、様々なことを同時進行してできる才能があります。いわゆる、マルチタスクをサクサクと、周りが驚くほどに見事にさばいていけます。蟹座の支配星である月には、積極的に頑張らなくてもできてしまう才能があり、それが上手く作用しています。熱中しすぎない分、周りがよく見えているので、複数のことをこなしていけるのです。コンサルタントやプロデューサー、公務員などに向いているといえます。リーダーシップがとれるあなたは、自分の才能を使って軽やかに周りを引っ張っていくことでしょう。

人間関係

人当たりがよく、社交辞令で親しみやすさを出してしまうので、相手はあなたと親しくなれると思うようです。でも、そのように勘違いさせてしまうと、お互いのためにならないことも。もし親しくなるつもりがないのであれば、最初から距離を置いてあげるのも優しさですよ。また一人の時間が大事なので、定期的に一人旅のスケジュールを立てるのがオススメ。

相性のいい人

普段は強気なのですが、恋愛となると相手の反応を気にしすぎるところがあります。あなたには魅力がたくさんあるので、自信を持って接してください。相性がいいのは、褒め上手な人。

宇宙からのメッセージ

**あえて何もせず、
ボ〜ッとする時間を過ごすことが大事です！**

7月2日

✦聡明で「自分のスタイル」を確立している人✦

あなたについて

楽しいことを考えるのが大好きで、どんどんイメージが広がり、アイディアが頻繁(ひんぱん)に湧いてくるのがあなたの才能。蟹座の支配星である月が持つ芸術性やイメージ力が、あなたが本当に好きなこと、楽しいと感じることに対して強い影響を与えます。好きなことでは、目標を達成するのもかなりスピーディ。一方、あまり興味を持てないものだったり、心がどんより重くなってきたりするものに関しては、頭がなかなか働かず、イメージも湧いてこないはず。自分がやるべきことがはっきりとわかっている人といえるでしょう。

基本的に寂しがりやで、人を喜ばせたいという気持ちがとても強く、一人でいるよりも大勢の中にいることで安心感を得られるタイプ。協調性がありますし、コミュニケーションも積極的に行ないますので、わがままそうに見えるわりには、大勢の人に好かれるタイプです。

センス抜群ですし、こだわりも強くて自分のスタイルというものをしっかりと持っている人が多いでしょう。意外にも人前に出て目立つことは望んでおらず、いつも一歩引いて見守っている謙虚さもあなたの魅力。主役になるというよりも、人のサポートをすることに心地よさを感じることでしょう。そんな自分のベストポジションがわかっていますし、判断力が高く、聡明。ですので羽目を外すような行動はしません。しっかりと地に足が着いているので人から常に信頼されているでしょう。

仕事と才能

アイディアやセンスが活かせるデザイナーやスタイリスト、モノづくりの仕事が向いていますが、どんな仕事につくとしても、人間関係が自分と合う、または、夢中になれる仕事ができる職場を選ぶようにしましょう。例えばお給料がいいからと、好きではないことをするのはNG。少しでもムリをしている自分に気づいたら、まずはいったん一人で考える時間を持ち、じっくり自分と対話をして、今の環境で変えられること、変えられないことを見極めてください。もし今の環境で好きなことができない、と判断したら転職や起業など別の道を模索することをオススメいたします。

人間関係

仲がよかったのに、急に疎遠になってしまった……ということはありませんか？　逆に、長年連絡をとっていなかったのに再び超親密になった、なんてこともあるのがあなたです。長いスパンで続くご縁に人一倍恵まれているところがあり、思いがけぬ再会、出会いがあなたに幸運をもたらすでしょう。

相性のいい人

行動力が恋愛を盛り上げます。どんどん外出して、自分の存在をたくさんの人に知ってもらうことで、恋愛のチャンスが巡ってきます。相性がいいのは、旅行好きで、いろいろなところに一緒に行ってくれる人です。

宇宙からのメッセージ

何事も、「そこに愛があるのか」を見てみましょう。愛があればオールOK！

7月3日

✦人生を深く味わえる感受性豊かな人✦

あなたについて

物事の本質を掴む、状況を把握する力に優れています。さらに、人の顔色や雰囲気だけで、その人の心理状態が読める、"感じる力"が強いのです。そのため周りの人や環境にとても影響されてしまうタイプ。自分が心地いいと思える環境づくりを徹底することが課題かもしれません。

繊細で、過去の失敗を気にしてクヨクヨして落ち込んだり、後悔し続けたりするところがありますが、それは考えすぎ、というもの。反省は必要ですが、学びとしてとらえ、早めに切り替えることが大事。すべて完璧にできる人も、後悔しない人もいません。失敗することがなくても変化のない毎日では、つまらない日々になってしまいますよ。あなたのその感受性の強さは、人生を深く味わうために与えられたものですから、失敗も学びととらえて楽しんでいきましょう。その点をクリアすれば、ここぞという時の大チャンスを上手くキャッチでき、成功を収めやすいでしょう。

また、人に認められたい、よく思われたいという気持ちが強めなので、八方美人になりがち。あるがままのあなたで素敵なのですから、疲れてしまうほどの気遣いは不要ですよ。常に探究心を持ち、知識が豊富なので、周りから頼られることが多いでしょう。人を楽しませる会話が得意で、ムードメーカー。人との繋がりを感じていたいという気持ちが強く、友達とは頻繁にコンタクトをとりたいという、寂しがりやの面も。それもまた可愛らしいあなたの魅力です。

仕事と才能

自分が何に向いているかを見極めるセンスを持っています。新しいものが好きで好奇心が旺盛、退屈が苦手です。あまりボ〜ッとしていることはなく、一人の時間すらも何かをして楽しみたいという気持ちが強いでしょう。また美意識が高いので、美術や音楽などの芸術に関わる仕事が向いています。あなたの感性を活かすには、デザイナーや美術家、作家や音楽家などがよさそうです。趣味が仕事になってしまう、そんなことを最も簡単にできる才能の持ち主です。

人間関係

思っていることがなかなか相手に伝わらないことがあるでしょう。曖昧な伝え方ではなく、してほしいこと、イヤなことははっきりと口に出して。「本当はそうじゃないのに……！」とイライラしてしまうと、コミュニケーションが上手くいかないこともあるので気をつけて。いちいち修正する、補足するということを気をつけていれば、人間関係のストレスは激減しますよ。

相性のいい人

フランクな印象を演出していくことで、チャンスが広がっていきます。また、過去に出会った人の中にも、ご縁が深い人がいる可能性大です。相性がいいのは、どことなく哀愁を感じさせる人。

宇宙からのメッセージ

抵抗せず、流れに身をゆだねてみましょう。
何とかなってしまうものです！

July Fourth

7月4日

✦強い精神力と謙虚さが同居している人✦

あなたについて

家族や友人など身近な人への愛情が人一倍強いあなた。その人に何かトラブルがあれば、何が何でも守ろうと一生懸命になります。蟹座の支配星である月の影響で、責任感が強く、自分が心に決めた任務に対して、最後までやり通します。強い精神力があり、すぐにへこたれるなんてことはありません。

表に出たり、目立ったりすることは好きではないでしょう。控えめですが、一方で粘り強い努力家です。大きな目標を掲げて努力を惜しまず、必ず達成していくことでしょう。地道に頑張って満足するところまで達成していきます。

そして、それは自分の容姿に関しても同様です。美意識が高いので、身だしなみを重視して、ファッションや美容にお金をかける人が多いでしょう。あなたのセンスのよさは、いつの間にか周りから一目置かれるでしょう。

人が大好きなあなたは、人の役に立つことに喜びを感じます。そのため、人と協力して何かをすることを生業（なりわい）にしたいと思っています。当然のごとく、コミュニケーション能力が高く、どんな環境にも溶け込むことができますし、面倒なことにも余裕で対応できるのがあなたの才能。どんな場面でもなじむことができる聞き上手です。

リーダーシップをとるわけではなく、コミュニティの中では控えめな存在ですが、聞き上手ということもあり、いつの間にか、あなたを頼ってしまうという人が集まってくることでしょう。

仕事と才能

「自分の領域」に入っている人やものを大切にする傾向にあります。何が何でも全力で守ろうとするので、あなたに「自分のもの」「仲間である」と認められれば、人は大きな安心感を抱くでしょう。その性質は、特に組織で働いている時に発揮されます。例えばあなたの部署の後輩が、他部署から理不尽なことで文句を言われたとしたら、後輩を全力で守るでしょう。そのため、あなたと一緒に仕事をしたいという人は大勢います。人間関係を大切にしていくことで、仕事運が開けていくのです。チームでおもてなしをする飲食関係やホテル関係、多くの職種が協力する医療関係などが向いています。

人間関係

あなたは母性にあふれ、とても愛情深い人なので、アットホームな人間関係をつくることを得意とします。多くの人に囲まれることが多いでしょう。ただ、慣れてくると、素を出しすぎて、不機嫌な態度をとってしまうことがあるので、そこだけは気をつけましょう。

相性のいい人

恋愛は、同性の友人を大切にすることがカギになります。その繋がりから、ご縁が広がっていく可能性大です。相性がいいのは、フットワークが軽く、呼び出したらすぐに飛んできてくれる人です。

宇宙からのメッセージ

どんな形であれ、キレイなお月さまを目にする時は、
「あなたは順調！」というお知らせです。

July Fifth

7月5日

✦いつでも「物事の本質」を探究する楽天家✦

あなたについて

あなたは、物事の表面的な部分にはあまり興味を示さずに、裏の部分や深い部分に興味があるようです。そのため、上っ面の会話や雑談は時間のムダだと感じるところがあります。みんなで話していても、一人だけ核心をついた鋭い質問をして、深いところまで突っ込んでいくのですが、それは自分が関わった人やものを深く知りたい、物事の本質にたどり着きたい、という欲求が強いからでしょう。

中には「空気を読まない」と批判をする人もいるかもしれませんが、そのような批判をする人は少数なので気にしなくて大丈夫です。また、深掘りしすぎて「知らないほうが幸せだったかも」と思うこともあるかもしれませんが、知りたいという欲求は止められないでしょう。

性格は基本的に前向きで楽天家。ですので、落ち込んでもすぐに気持ちを切り替えるのが上手。プラス思考なので早く立ち直ります。人とコミュニケーションをとるのが大好きなので、交友関係は広いほうですが、自由を好むので、縛られることはとても苦手です。

センスがよく、新しいもの好きで、流行をキャッチするのが得意。探究心が成功のカギ、ということを知っているので、大胆な行動を起こすことで、成功を手にするでしょう。

多少のトラブルがあっても持ち前の楽観的な性格でクリアしてしまいます。目まぐるしく変化していく忙しい日々であっても、心から楽しむことができるでしょう。

仕事と才能

物事を深く掘り下げていく才能は、ビジネスシーンでも大いに役立ちます。そこで生まれた問題を一つずつ、つぶしていけば、プロセスが明確になったり、リスクヘッジもきちんとできます。それが自然とできるあなたは、いわゆる“デキる人”。特に、物事を慎重に進めなければならない時は、このやり方ができるのとできないのでは大きく異なります。向いている職種は、研究者、コンサルティングなどです。

人間関係

自分の話が上手く伝わらないと、すぐに諦めてしまうところがありますが、気持ちが伝わることで、よい人間関係を築いていけます。どんなに理解するのが遅い人であっても、諦めずに、わかりやすく伝え続けましょう。あなたには、支配星の月が示す母性が備わっています。ですので、根気強く伝えていくと相手にもしっかりと伝わるはずですよ。

相性のいい人

好きな人がいる場合は、なるべく相手と顔を合わせる回数を増やしましょう。会う回数が多いほど成功率が上がりますし、ただ思い続けているだけではいつになっても伝わりません。相性がいいのは、哲学的な思考をする人です。

宇宙からのメッセージ

周りに愛を与えることをしていると、
いつの間にか受け取ることになるでしょう。

7月6日

✦プライベートと仕事の境をつくらない人✦

あなたについて

子どものような純粋な心をずっと持ち続けているため、「いかに遊べるか」ということにこだわる人。仕事も遊びの延長でできるような、楽しいことをやり続けたいと強く思っています。ですので、楽しみを仲間とどんどん共有していくことに積極的です。一緒に楽しむ仲間は一人よりも二人、二人よりも三人、三人よりも四人……といった感じで、楽しい輪がどんどん広がっていくと、あなたのパワーはどんどん大きくなっていきます。仕事とプライベートの境がない、毎日が文化祭の準備のように楽しい、そんな気持ちで過ごせることでしょう。

誰に対しても差別することなく、優しく接することができるあなた。ユーモアのセンスがあり、周りの人を楽しませるので愛されています。もともと、正義感が強く、困っている人がいると放っておけないのです。情に厚く、目をかけた人に対して親身にならなくては、という使命感を抱いている人。面倒見がよく、気遣いができるので周囲からとても愛されます。

そんなふうに人の世話が好きなのですが、自分が世話を焼かれるのはちょっと苦手。自立心が強く、あまり人に頼るのは好きではないようです。それはあなたが優秀で、一人で何でもできてしまうから、「自分でやったほうが早い」と思ってしまうことにあります。このタイプの人は、定期的に誰にも邪魔されない一人の時間を持つことで精神的な安定が図れますから、たまには一人旅に出かけるといいでしょう。

仕事と才能

仕事とプライベートの境目をつくりたくないタイプなので、まずは、自分が楽しめる仕事につくことが絶対条件です。そもそも好きな仕事を見つけることが得意なので、就職には困らないでしょう。もし、まだ見つかっていないのならば、プライベートを充実させることを優先して、その中から好きなこと、得意なことを探してみてください。向いている仕事は、イベント運営などの人を集める仕事。楽しそうにしているあなたのもとにどんどん人が集まってきますよ。

人間関係

あなたはとても愛想がよく、明るく気遣いもできるため、友人に恵まれるでしょう。けれども、相手が一定の境界線を越えて急接近してくるとストレスになってしまうので、その点は上手にかわす術を持っておくといいでしょう。相手を傷つけない断り方をマスターしておくと、どんな相手でもつき合いが上手くいきますよ。

相性のいい人

恋愛は、お互いを尊重し合えて、依存し合わない――これが、素敵な関係を築くポイントです。そのため、あなたと相性がいいのは、心が常に穏やかで、精神的に自立している人でしょう。

宇宙からのメッセージ

ログセを幸せな言葉にするだけで
ものすごく開運します。

7月7日

✦ピュアな雰囲気をまとった落ち着きのある人✦

あなたについて

織姫と彦星が年に一度会える「七夕」に生まれたあなた。そんなあなたは、心がキレイで、ピュアな雰囲気をまとっており、老若男女問わず可愛がられるタイプです。人が喜んでいる姿を見たら自分も同じように喜び、悲しんでいる人がいたら同じように悲しむことができる、共感性と優しさを備えた人です。そして、あなたの姿に心を揺さぶられ、もしあなたが困っていたら何とかしてあげたい！　という人が多いのです。さらに、蟹座の支配星である月は、無限のイメージ力の象徴。妄想や想像で終わってしまわないように「具体的にしていく」ということを意識するととても上手くいくでしょう。

書物や歴史に関するものにご縁があります。その道に進まなくても、趣味として嗜（たしな）むと、人としての奥行きや深みが増すことでしょう。常に落ち着いて行動できる優等生で、一人が苦になりません。冷静に周りの状況を観察し、分析し、自分の考えをはっきりと主張することができます。他の人が見落としてしまうような細かなところまで気がつく、とても気が利く人。トラブル処理能力が高いので、周りの人からは頼れる人と認知されているでしょう。

どちらかというと、おとなしめでインドアタイプかもしれません。人からペースを乱されるのは好きではなく、自分スタイルを貫き通していきます。そんなブレないあなたの姿を見て、特に長くつき合っている友人たちは大きな信頼を寄せることでしょう。

仕事と才能

共感性が高く、優しさにあふれるあなたは、人をサポートする仕事が向いています。秘書や看護師、介護士、精神保健福祉士、理学療法士、作業療法士などが○。あなたと関わった人たちは、みんな心が穏やかになり、浄化されていくような感覚になるようです。あなたには、人を癒したり、勇気づけたりする才能もあるのです。蟹座の支配星である月は、母性、愛情などの要素を持ち、あなたはその影響を大きく受けています。ガツガツしたところはなく、基本的に受け身なので、そんなあなたと一緒にいるとリラックスできるのでしょう。

人間関係

単独行動が多いですが、だからといってコミュニティの輪を乱すことはしない気遣いができる人。仲間内では気配りや配慮を細やかにできる人として信頼されることでしょう。ちょっと内向的なところがありますが、積極的に話しかけてみると、愛されキャラのあなたはすぐに人気者になれますよ。

相性のいい人

恋愛では、慎重すぎるあまり、話しかけにくい雰囲気を醸(かも)し出しています。もっとオープンマインドになったほうが、素敵なチャンスも巡ってきますよ。相性がいいのは、時間を守る人です。

宇宙からのメッセージ

心がどんどん重くなることは間違った道、
心がどんどん軽くなることは正解の道！

July Eighth

7月 8日

✦芸術的センスに恵まれた気配りの人✦

あなたについて

クリエイティブ能力に長けた芸術家肌。インスピレーションを得るために、とにかく物を収集したくなるでしょう。ですので、部屋やデスクなどが物であふれかえらないように気をつけましょう。整理整頓を心がけると、運気が爆上がりしていきます。

新しいものが好きで、他の人が経験していないことにチャレンジすることに喜びを感じています。困難なことがあればあるほど、やる気が生まれるチャレンジャーです。目標に向かって突き進むパワーがあるのですが、周囲の評価を気にしすぎるとそのスピードがダウンすることも……。特に上手くいかない時や不安な時に他人の声が気になってしまうようですが、やるべきことをこなしていれば結果をきちんと出せる人なので、人の意見は参考に聞いていく程度でいいでしょう。

また、人に惜しみなく与えたい人で、自分が得た知識は仲間とシェアしたいと考えるでしょう。親しくなった人には誠意を持ってつき合うので、人脈が広がりやすいですし、仲間に恵まれています。自分には厳しいのですが、その反面、仲間には心配りができてすごく優しい人。細かいところにまで気づくので組織の中でも尊敬されますし、リーダーにも向いています。

忍耐力もかなりあるほうなので、人よりも険しい試練を乗り越えることも可能。そのたびに人として大きく成長していくことでしょう。

仕事と才能

あなたは、クリエイティブ能力に長けていて、芸術的センスにも恵まれているので、新しいものをクリエイトする仕事が向いています。ファッションデザイナー、エディトリアルデザイナー、スタイリスト、ヘアメイク、編集者、映画またはTVの監督・ADなど。コレクター気質があるので、趣味全開のお店を開くなど、収集に関するビジネスもよさそうですよ。

人間関係

細やかな気遣いができますし、苦しんでいる人に親身になって対応するので周囲から信頼されます。地道な努力によって突き進んでいく姿は周りから尊敬を集めるでしょう。

チームを組んで活動するのが得意で、リーダーにも適しています。自分のやり方を突き通す際に、他の人から評価を気にしてしまいがちですが、他の人の意見に惑わされず自分を信じてOKです。そのほうが信用性も高まります。

相性のいい人

恋愛は、自分から話しかける、見つめる、触れる！　を実践してみてください。そこから相手があなたを意識しはじめ、チャンスが生まれます。相性がいいのは、もの静かそうだけれど実はよく話す人です。

宇宙からのメッセージ

できないというのは思い込みかもしれません。
できる人はただそれをやってみた人なのです。

July Ninth

7月9日

✦春のそよ風のように幸せな空気に満ちた人✦

あなたについて

あなたは、周りから「可愛らしい人」と認知されています。人への愛情にあふれていて、雰囲気がとても柔らかく、あなたが一人いるだけで、春のそよ風が吹いたような、そんな空気に満ちるのです。

基本的に、ネガティブなことがあったとしても、「そっか、たまにはそういうこともあるよね」という、どこ吹く風という感じで、ムリなく上手く受け流します。また、常に楽しいことや好きなものを探してはそれに触れているので、いつも心の状態がいいのです。あなたと一緒にいる人たちもいい影響を受けて、幸せな空気が次々といろいろな人のところへ流れ込んでいきます。

協調性を大切にし、人に対してかなり寛容です。いい意味でも悪い意味でも、あまり自己主張はしない性格。執着がないですし、淡々と日々暮らしていくだけでも幸せを感じることができます。ただ、一度きりの人生ですから、たまには思いきって、自我を通すほどの何かをやってみるのもよさそうですよ。

もともと広い視野、広い心を持ちたいと望んでいる人なので、他人の言動や行動から学ぼうとします。きちんと人の話を聞く姿勢が、人気者である理由の一つ。加えて人と接する時は常に穏やかで秘密主義者でもあります。そのため、ミステリアスなあなたの本音を聞きたいと思っている人も多いでしょう。心を許せる人には本音を伝えたほうが絆（きずな）も深まることでしょう。

仕事と才能

特に強いこだわりがないようですが、それがまたあなたのよさでもあります。積極的に頑張らなくても、自然とできてしまうことが多いので、野望や欲は他の人に比べて抱かないようです。柔らかな雰囲気を活かせる仕事はカウンセラーやセラピストなどいろいろとありますが、基本的に、器用なので何でもこなせ、どんな仕事でもやっていけます。業種・職種は問いません。ただ、もし受け身なあなたが少しでも気になったものがあったら、それはぜひチャレンジしてみてください！　新たな世界に飛び込むことで確実にステージアップしていきます。

人間関係

人に対して優しくて親切。そのため、いつも人に囲まれているでしょう。きめ細やかに気配りができる人ですが、疲れてしまうこともあるのでほどほどに。聞き役に徹するのは得意ですが、自分の悩みはほとんど話さないので、もう少しオープンマインドになってもよさそう。持ちつ持たれつの関係を構築できると、さらにハッピーな関係になれます。

相性のいい人

恋愛は、好きな人にはとりあえず何かを相談してみましょう！　そこから発展していく可能性が大いにあります。至近距離ほど、あなたの魅力は伝わりやすいのです。相性がいいのは、笑顔が素敵な人。

宇宙からのメッセージ

何かを話題にした時、ちょうど空を飛行機が通過したら、それは上手くいくというお知らせ！

July Tenth

7月10日

✦華やかなオーラとトーク力が光る人✦

あなたについて

どこにいても目立ってしまう華やかなオーラをまとっています。そして、自分がすごいと思ったこと、感動したことを、自分の中にとどめておくことができず、「仲間と共有したい！」と強く思います。みんなが集まる場で話したり、SNSで情報共有をしたりと、エネルギッシュに発言していくようです。

トーク力にも長けていて、面白おかしく話すことができるので、聞いているほうもついつい聞き入ってしまいます。いうなれば、テレビ番組の名MCのよう。そして、あなたはアドバイス上手なので、人からの相談ごとも多い、という特徴があります。ですから、人の心の動きを的確にとらえるキャッチ力と、ユーモアのあるトーク力で、これからも常に注目され続けていくでしょう。

裏表がなく、嘘もつかない、わかりやすく単純明快な人なので、周りの人たちは、ちょっと大胆なことをしてしまうあなたのことを自然と認めてしまうでしょう。基本的には面倒見がよく、細かな気配りができて、いつも頼りにされます。そんなあなたは、人をまとめていくのが上手。言葉に説得力があるので、周りの人をやる気にするところもあり、当然リーダー気質です。周りに人が集まりやすいので、幅広く人脈を広げていくことでしょう。さらに、常に動いていないと落ち着かないタイプなので、次から次へと新しいことを求めて走り続けます。挫折や失敗をくり返しながらも、自らの人生をどんどん切り拓いていくことでしょう。

仕事と才能

あなたが何かすると、全員が注目する……それくらい圧倒的な存在感があります。頭の回転が速く、トーク力もあり、あなたが一人いれば、どんな場でも勝手に回っていきます。会議、イベント、発表会では大活躍です。真剣に取り組めば、どんなことでも天職にできる資質を持っていますが、しいて言うならば、"表現者"が向いています。歌手や役者はもちろんそうですが、何もそういうことばかりではありません。例えば、人前で発表する機会が多いもの、声を使う仕事、プレゼンを求められる仕事などです。

人間関係

あなたが楽しい話題を振りまくので、周囲にはいつも笑顔が絶えません。あなたは優しいので、一人でいる人や寂しそうにしている人にも、積極的に声をかけていきます。そうやって一人ひとりの信頼を得ていき、あなたは無意識のうちに人気を不動のものにします。

相性のいい人

相手のパーソナルスペースに入り込むことで、心の距離を近づけます。様子を見ながら、距離を縮めるようにしましょう。相性がいいのは、旅好きで行動力がある人。

宇宙からのメッセージ

何事も、最初は難しいですが、
どんどん簡単になっていきます。

July Eleventh

7月11日

✦高いコミュ力とサービス精神で活躍できる人✦

あなたについて

あなたは初対面の人でも、一気に仲よくなれるコミュニケーション能力の高い人。サービス精神旺盛で、自分と出会ったことにメリットを感じてほしいという思いが強く、最大限の努力をしています。どんな相手でも親しみやすい雰囲気を演出できるのがあなたの魅力です。直感力に優れる人で、想像力がありアイディアも豊富。人とは違った独自の才能を活かして、活躍していくことでしょう。

理想を追い求めたい、という気持ちは強いですが、決して空想だけで終わらせることはありません。周りの助けを借りながら、しっかりと実現していく優れた手腕の持ち主でもあります。

芸術的な才能もあり、アートな世界に進んでいく人も多いでしょう。直感力に優れているせいか、スピリチュアルな精神世界にも強く興味があり、それを実生活に役立てたり、迷った時の指針とする人もいるでしょう。

物事を追求する知識欲があり、読書家でもあります。そして、文章で自分の思いや考えを表現するのも得意。考えがまとまらない、もやもやするという時は、文章を書くことで心が落ち着くことでしょう。

また、さらに文章力を磨きたいと思っているなら、ブログをはじめるとよさそうです。得意なことや思っていることを書き綴(つづ)ることで、大勢の人から支持を集めることも。それがビジネスに繋(つな)がり、大きな成果をあげることもありそうですよ。

仕事と才能

文筆業に向いています。さらにデザイナー、画家などのクリエイティブな職種がいいでしょう。知的な仕事も難なくこなせますが自分が心底楽しめるものでないと続かないので、本気で興味のある仕事をセレクトしましょう。自分の中から湧き出たものがアイディアのヒントになるので日頃から体験したことや感じたことを書きとめておくようにしましょう。SNSでの発信も大きなビジネスに繋がる可能性大です。

人間関係

いつものメンバーもいいのですが、変化がないと発展性がなくなってしまいます。昔からの仲間も大事にしつつ、たまには、普段あまりつき合わない人たちと交流するといいでしょう。さらに自分がすごいな、と思える人と交流するのが大事。刺激がもらえたり、新たな視点が得られたりすることが必ずあるはず。あなた自身の成長に繋がります。

相性のいい人

気のあるそぶりをされると、すぐに好きになってしまう傾向にあります。ただ、「あなたがどうしたいのか」が一番大切なので、あまり流されないようにしましょう。相性がいいのは、軽そうだけど実は真面目な人。

宇宙からのメッセージ

人のことが気になる時は「自分」を生きていない印。
自分を生きている時は気にならなくなります。

7月12日

一瞬にして人の心を虜にする表現者

あなたについて

一つのことを頑張って続けていたら、いつの間にか周囲にいる人たちをまとめて、引っ張っていく役割を担(にな)っている……なんてことが多くありませんか？　実は、あなたが引っ張っているのではなく、周りがあなたを押し上げ、支え、そして成り立っている状態なのです。あなたは、リーダーの素質は十分にあるのですが、ぐいぐい引っ張っていくというよりも、周囲の人たちに気を配りながら、上手く組織をまとめていく、調整役のような存在。それは、いい仲間たちがいるからこそできること。そして、一瞬にして人の心を虜(とりこ)にしてしまう、そんな特殊な才能があります。人の感情に上手にアクセスし、魅了することができるのです。これはあなただけの得意技です。

また感受性も豊かなので、この日生まれの人には、芸術家や、俳優、ダンサーなどの表現者が多いのも特徴です。そして、何事も手を抜かないプロフェッショナルな人。パーフェクトに近づけたいという意識がとても高く、妥協せずに努力をし続けます。とはいえ、自分は自分、人は人、という境界線をしっかりと持っているので、その完璧さを周囲には求めません。

押しつけがましさはなく、人に対してはいたって穏やか。かっこよくプロフェッショナルな姿勢を貫きながら、人当たりがいいあなたは、誰からも支持されて、モテモテの人生を歩み続けることでしょう。

仕事と才能

あなたは、人をまとめるリーダー気質があります。ただし、それは強く引っ張っていくというよりは、各自の歩幅に合わせながら、一緒に歩んでいくタイプです。ですので、高圧的でもなければ、強要していると受け取られることもなく、あくまでもフラットな関係の延長という感じです。また芸術的センスにも恵まれ、何かクリエイトする仕事が向いています。その二つの才能を活かすとしたら、舞台や映画の監督や助監督、ファッションデザイナーやそのアシスタント、商品開発のプロジェクトリーダーなどが向いているでしょう。

人間関係

人柄がよく、周囲からの信頼も厚く、お人好し。行動力がありチャンスをものにする姿は尊敬を集め、言うべきことをはっきりと言う堂々とした人。自身にとって悪影響がある人とは、しっかり距離を置くことができる勘のよさもあり、まっすぐ進んでいくことでしょう。その姿勢が周囲からの信頼を一層厚いものにしています。

相性のいい人

邪魔者が入れば入るほど燃え上がる傾向にあります。ですが、後々厄介なことにならないよう、冷静さも持つよう心がけましょう。相性がいいのは、自然が好きな人です。

宇宙からのメッセージ

相手に合わせず、あなたらしくいたほうが、
人から好かれます！

July Thirteenth

7月13日

✦家族愛にあふれ心の奥底にパワーを秘めた人✦

あなたについて

あなたは家族愛が強い人。さらに親しい友人たちに囲まれていれば、強く幸せを感じられます。仕事よりも、家族や友人と過ごす時間のほうが優先度は高く、残業せずまっすぐに帰りたいタイプです。

「母性」が強く、周りを温かく見守り、悲しんでいる人はいないか、苦しんでいる人はいないかということに常に目を配り、何かあれば全力で支えにいきます。そして、その幸せな世界を崩さないように尽力し続けていくことでしょう。

一見、控えめですが、心の奥底には秘めた強いパワーの持ち主。大きなことを成し遂げたいという願望を若い頃から持っていて、そのための努力を惜しみません。体験して学びたいと思っているので、人から聞いた話だけで満足することはなく、興味を持つことは、積極的に新しい体験を積み重ねていくことでしょう。

自分の判断に絶対的な自信を持っていて、白黒はっきりつけたいと思うタイプ。物事をよい・悪いで判断しようとするところがあり、少し厳しい一面が。ちょっとプライドが高く、さらに責任感が強い完璧主義者。それも周りから信頼される要因でもあるので、そのままで問題ありませんが、白黒はっきりつけることにこだわらなくてもいいかもしれません。精神的に成熟し、年齢を重ねるごとに、ゆったりと構えることができるようになります。大きなチャンスを掴(つか)んで成功することでしょう。

仕事と才能

家族や仲間をとても大切にするあなた。これは職場においても同じです。例えば、自分が所属するチームが、他部署から批判されることがあれば、全力で守りますし、誰かが理不尽な責められ方をしていたら、「それは違う」といって乗り込んでいくことも。そんなあなたに、周りの人たちは、絶大な信頼と尊敬の念を抱きます。あなたがいてくれると心強いことから、わりと早い段階で管理職やリーダーに抜擢(ばってき)されることも少なくありません。向いている仕事としては、人事担当、エステティシャン、塾講師、介護士など「人」に直接関わる仕事か、または社内の管理職、教育担当なども向いています。

人間関係

自分に頼ってくる人に弱く、何でもしてあげてしまい、甘えを助長させてしまうことが。原因はあなたの母性の強さなのですが、甘えが本人にとってよくないこともあります。必要な時は、きちんと叱ってあげたほうが本人のためにもなりますから、そこは勇気を出して言いましょう。

相性のいい人

恋愛は、仕事や居住地などにこだわらず、直感を信じて選びましょう。「なんだか気が合うかも……？」がポイントです。あなたと相性がいいのは、クリエイターのような雰囲気のある人です。

宇宙からのメッセージ

人も状況も、どんどん変わることを楽しみましょう。
変化を受け入れることで魂は成長します。

July Fourteenth

7月14日

✦本音トークが人気の「愛され毒舌キャラ」✦

あなたについて

あなたは少々毒づいていても多くの人たちに受け入れられる、愛されキャラ。蟹座の支配星・月の性質である愛情、母性などを持ち合わせているため、毒舌で語っていてもそこには愛があり、それを聞いている人たちにも伝わります。

自分には厳しいのですが、人には親切に対応します。人が苦手と感じていることを引き受けてあげることも頻繁(ひんぱん)にあるでしょう。どんなことでも努力を惜しまない勤勉な人。一度はじめたら、きちんとマスターしていくので成功しやすいでしょう。堂々とした振る舞いをしているので、初対面の人からは近寄りがたいと思われることもありますが、本来はとても社交的でおしゃべり好き。少し毒づいても面白いので、たちまち人気者になることでしょう。

軽い世間話よりも、心を開いた本音トークをすることが好き。コミュニケーション能力が高いので、交友関係を広げていくでしょう。そんなあなたにはリーダーシップがあります。しかも威圧的にまとめるわけではなく、良好な協力関係を構築していくでしょう。もともと、人の役に立つことが大好きで、困っている人がいれば、自分の時間や才能を惜しみなく与えることができる優しい人です。

また仲のいい人の長所を引き出すことが得意ですし、やる気にさせることも上手なので、あなたに深く関わる人は誰もが積極的になり、行動力が上がることでしょう。

仕事と才能

洞察力と分析力に長けています。物事を客観的に見ることができるので、問題解決が得意。そのため、あなたがいるだけで、仕事がスムーズに進んでいきます。テキパキと仕事をこなし、素晴らしいリーダーシップがとれる人。とはいえ、あなたは周りの人に威圧的になることはないので、好かれるリーダーであり、いつも職場の人たちに頼られて、とても人気者です。当然、トーク力も優れているので、新しいことを提案したり、人前で発表したりする役割を積極的にやるとよさそうです。接客や販売、営業の他、カウンセラー、スポーツインストラクターなどにも向いています。

人間関係

あなたは人に気を遣いすぎてしまい、自分の気持ちをため込む傾向にあります。そのため、素(す)の自分を受け入れてくれる、信頼できる友人が必要です。話を聞いて、共感してもらえるだけで救われますし、自然豊かな場所で、リラックスしながら一緒に過ごすといいでしょう。

相性のいい人

好きな人ができると、相手の色に染まろうと努力をしがちなのですが、あなたはそのままのほうが断然、魅力的。ですのでそのままいきましょう！　相性がいいのは、頭の回転が速い人です。

宇宙からのメッセージ

いつも、今のあなたにちょうどいい人やモノが、あなたのもとにやってくるのです。

July Fifteenth

7月15日

✦慈愛に満ちた行動で人生は順風満帆✦

あなたについて

あなたは愛情深く、周りの人に素敵なものを分け与える人です。与えるものは物質だけでなく、夢や希望、愛など、目には見えないもの。蟹座の支配星である月は、愛情、夢、希望、母性、優しさ、素直さ……などを表わしていて、それらがあなたの母性に影響を及ぼし、「多くの人に分け与えたい」という願望に繋(つな)がっているのです。

あなたといると周りの人がたちまちハッピーになるので、その場の気の流れや波動がよくなり、最終的には巡り巡って自分のもとへ、幸運なことが返ってきます。

あなたはただ純粋に「与えたい」と思って行動しているだけのことですが、これらの恩恵というのは非常に大きく、今後のあなたを助けてくれるでしょう。当然、面倒見がよく、気配りが自然とできるので年齢を問わず、幅広い層から好感を持たれます。

ただ、リーダーシップをとったり、表に出たりするのは得意ではなく、どちらかというと陰ながらサポートする役に回ることが多いでしょう。そのため、野心があまりなく、社会的な成功や出世にはさほど興味を持っておらず、現状維持でいたいと思うことが多いようです。とはいえ参謀としてはかなり優秀。鋭い直感力と論理的な考え方を持っていて、行動の裏には目的意識がある人。そして、人に迷惑をかけることを嫌い、安心・安全でいることをとても大事にしているので、リスクヘッジは完璧。順風満帆の人生を歩んでいくことでしょう。

仕事と才能

仕事においても、あなたの慈愛に満ちた精神は、様々なところで活躍します。組織の中で困っている人がいたら、そっと手を差し延べたり、落ち込んでいる人がいたら、一緒に解決してあげたり……。あなたがいるから頑張れる、という人も多くいるはずです。そんなあなたは、業種・職種問わず、どこでも重宝されるのですが、特に向いている仕事を挙げるなら、教師、予備校講師、幼稚園・保育園の先生、看護師、介護士など、人に常に寄り添い、サポートし、導いていく職業です。

人間関係

コミュニケーション力は高いのですが、仲がよくなってくると、仕事とプライベートの境目がなくなってしまい、関係性がなあなあになりやすい傾向にあります。その点はメリット・デメリットがあるので、相手によって冷静に判断するようにしましょう。

相性のいい人

恋愛は、本などの趣味のものを貸し借りすることからはじまる可能性があります。そのため、気になる人がいるなら、積極的に貸してあげましょう。相性がいいのは、「変わっているように見えて常識人」など、ギャップのある人です。

宇宙からのメッセージ

人生は遊びです。どんなことであっても、実は遊んでいるということを思い出してください。

July Sixteenth

7月16日

✦「分かち合う喜び」を大切にする多才な人✦

あなたについて

人を大事にし、とても仲間意識が強いあなた。一人で頑張るよりも、仲間やチームで協力し合って、一つのことを成し遂げていくことに喜びを感じるタイプです。あなたは、感性が自分と似ている人とタッグを組んで、新しいコンテンツをつくったり、商品をつくったり、はたまたイベントを企画したりすることに楽しさを見出します。感性の鋭さや芸術性を持つ蟹座の支配星・月の影響で、それらを仲間と共有していきたい気持ちが強いようです。

また、あなたは自然と周りに人が集まってきて、気づけばリーダー的なポジションに担がれていることも多いでしょう。というのも、常に思考が明快で、説明も上手。リーダーになると迷わず進めるので、適任なのです。

さらに、支配星の月は、母性も表わしますから、あなたのその大きな器、包み込んでくれる雰囲気が安心感を生み、自然と人がついていきたくなる空気をつくります。

常にポジティブでプラスに転換することを考えているため、一緒にいる人たちは「あなたと一緒にいると楽しい！」「あなたといるだけで勇気が湧いてくる！」というように、あなたの虜（とりこ）になっている人が多いのです。

そんなふうに人を惹（ひ）きつける才能はかなりのもの。その才能を、どんどん発揮し、多くの人を巻き込んでいきましょう。人の役に立つためにあなたの才能を使えば使うほど、あなたにも幸運が訪れますよ。

仕事と才能

理系のロジカルな脳を持ちながら、人を楽しませるトークもでき、器も大きくてリーダーに適任。天はいくつの才能をあなたに与えたのでしょうか……というくらい多才です。出世が早かったり、大型案件を任されたりと、社内でもホープとして注目を集めている人もいるでしょう。すべての根底には、人を大切にし、仲間意識を持って取り組んでいく姿勢があります。人材は「人財」と書くこともあるように、会社を運営したり、プロジェクトを行なったりする上で「宝」のようなもの。あなたは本能的に「人」が大切だと知っているのです。人事担当や人材派遣、キャスティング関連の仕事も向いています。

人間関係

優しさにあふれていて、相手に不快な思いをさせることは滅多にないのですが、トークのスキルが高いがゆえに、ついつい相手の話にかぶせて話してしまうところがあります。意識的に人の話を聞くようにすると、さらにコミュニケーションがとりやすくなるでしょう。

相性のいい人

恋愛では、いいなぁと思う人が複数人できて、迷ってしまう優柔不断なところがあります。それぞれの魅力的な部分が見えてしまうのですが、優先順位をつけましょう。相性がいいのは、子ども好きな人です。

宇宙からのメッセージ

感情はため込まずに、こまめに出すことで、心身ともに健康でいられます。

July Seventeenth

7月17日

✦温厚で相手の心情を察する能力の高い人✦

あなたについて

基本的に好奇心が旺盛で行動的な人です。失敗を恐れず、どんどん前に進んでいくあなたは、困難なことにも立ち向かっていけるタイプ。そんなあなたの姿勢に助けられる人は多く、サポートしてくれる人も続出するでしょう。

さらにややこしい状況や複雑な物事を解決していくのが大得意。特に人間関係などで、ケンカをしている人の仲をとり持ったり、話を軌道修正したり……。また、相手の心情を察する力に優れていて、一人で悩んで気持ちがぐちゃぐちゃになっている人の話を聞き、こんがらがった糸を１本ずつほどいていくことも得意でしょう。

蟹座の支配星である月の影響を受けた「母性」――つまり、人を守り、養育していく力が、あなたは特に色濃く出ているタイプ。そのため、一人ひとりに対して、全力で惜しみない愛情を注ぎ、そして守ろうとします。それによって、自分と関わった人が今よりも少しでも幸せになることがあなたの喜びや幸せ、生きがいになっていきます。

家族、親戚、親しい友人たち、その他大切な仲間たちとの絆(きずな)を大切に、それを何よりも優先することが当たり前と思っていますし、あなたは人を助けることで、承認欲求を満たして自分を癒しているところがあるのです。それはとてもいい循環であり、愛情を振りまくことで、あなたのメンタルは安定し続けることでしょう。

仕事と才能

あなたの仕事は、ズバリ「人」がキーワードです。営業や接客業など、人との関わりが大切な仕事でもいいですし、一緒に働く仲間や人間関係を優先するのでもいいでしょう。はたまた、家族や友人と一緒に過ごす時間をつくるために、プライベートを優先させて働く、というのもアリです。どれを選択しても、あなたは充実して働くことができるので、すべてが「正解」といえます。逆にいえば、それぞれにおいて何か違和感があったら、その時は環境を変えたり、自分の思考を変えて歩み寄ったりしていくことを考えて。相手を変えようとするのはムリなので、変えられることに注力しましょう。

人間関係

普段はとっても温厚なあなたですが、絶対に譲れない部分を刺激されると、頑固さが顔を出します。ひたすら頑固でいるよりも、相手の意見も取り入れつつ、歩み寄って、お互いの着地点を模索してみましょう。それぞれの要素を合わせていくと、いい成果やいい方法が見つかる可能性が大いにありそうです。

相性のいい人

恋愛は、多少不安定なほうが刺激があって、充実感があります。相性がいいのは、友人をとにかく大切にする人です。年がら年中、二人だけの世界でべったりする関係でないほうが長続きしますよ。

宇宙からのメッセージ

来るもの拒(こば)まず去るもの追わずでいると、
いつの間にかあなたの使命にたどり着きます。

July Eighteenth

7月18日

✦才能豊かで視野の広い「世渡り上手」✦

あなたについて

ストレートで純粋。さらに自分を犠牲にして他人のために戦うことのできる勇敢でたくましい人。そんな行動がお節介になってしまうこともありますが、愛嬌(あいきょう)があり、愛されキャラなので嫌われることはありません。

知識欲が強く、論理的に物事を考えるあなたは、行動する前に、きちっと準備する危機管理能力も高いでしょう。安心・安全第一に行動しているので、大きな失敗をすることはありません。手段を選ばずに目的を達成しようとすることはありませんし、才能豊かで視野が広く、世渡り上手。頭の回転が速く、弁が立つので人前に出ることも苦にならないでしょう。

コミュニケーション能力に優れ、アットホームな雰囲気をつくり出すことが得意ですが、ちょっとだけスローペースなところが。でも人から急かされるのはちょっと苦手です。急かされることで、自分なりの段取りが狂ってしまうので、何事も余裕を持って行動するのがよさそうです。でも期待されればされるほど、期待以上のものを返そうと努力しますし、面倒見もいいので周りからの信頼は絶大です。

仲間のためにどんな困難にも立ち向かう頼もしい人。仲間のために全力で行動するため、一目置かれていることでしょう。リーダーシップをとるというよりも、人と人を繋(つな)げて、その場を楽しい雰囲気にするのが得意です。多くの人と出会うチャンスも多く、とてもいい仲間に囲まれるでしょう。

仕事と才能

とても面倒見がよく、真面目なあなた。そのため、プライベートでも仕事でも、次から次へとあなたのもとへ、多くの人や物事が舞い込んできます。仕事もしかりで、あなたを頼って、多くの人から相談されたり、やり方を教えてほしいと言われたり。ただ、体は一つしかありませんから、まずは自分の仕事を最優先に、その他は優先順位をつけて可能な範囲で対応していきましょう。そんなあなたに向いている仕事は、市役所や町役場の行政関連、法律事務所、会計事務所など、相談ごとのある人たちが多く出入りするような職種です。

人間関係

誰とでも親しくすることができます。特に常連となるお店を見つけるのが上手で、頻繁(ひんぱん)に出入りしているうちに、人脈が広がったり……。直感が冴えわたっているので、興味があると感じた人には積極的に話しかけるようです。いつの間にか、あなたの周りには一つのコミュニティができ上がっていそうです。

相性のいい人

誰とでもフレンドリーにすぐに打ち解けられますが、意中の人に対しては、いきなりシャイになってしまいます。そんなあなたを、温かく見守ってくれるような人と相性がいいでしょう。

宇宙からのメッセージ

上手くいく時は、あなたが「どうにかしよう」
としなくても、勝手に進んでいきます。

July Nineteenth

7月19日

✦心が通じる「おもてなし」ができる人✦

あなたについて

ホスピタリティ精神にあふれているあなた。人をおもてなしすることが大の得意で、ホームパーティーやイベントを開催することに労力を惜しみません。センスがよくとても器用な人なので、手づくりのものを振る舞ったり、装飾にもこだわります。

人に喜んでもらうことに生きがいを感じているところがあり、相手に見返りを求めることなく、常に愛情を注いでいくので人づき合いは得意。そのため、あなたの周りには多くの人が集まってきますし、交友関係は広そうに見られがち。でも実は少人数で深くつき合えるコミュニティを好みます。うわべだけの会話を続けるよりも、きちっと相手のことを理解したいという気持ちが強いのです。人間関係に関しては、得意なことと望んでいることのギャップがあるので、ストレスがたまらないように、注意を払うことを心がけましょう。

華やかなオーラを持っているので、派手な趣味趣向を持っているかと思いきや、地に足が着いた、しっかりしたものの考え方をする人です。質実剛健で、節約がとても得意だったり、マネー管理が得意だったりする一面も。投資にも向いていて、博打的な投資はせずに、コンスタントに少しずつ利益を出していくことに精を出します。そのため、長いスパンで見ると、超大金持ちとはならなくても、一生お金に困ることはないくらいにはなれるでしょう。

仕事と才能

華やかなものに憧れがあるものの、実は地道でコツコツと積み上げていく才能があります。どちらの方面でも、それなりに上手くやっていけるのですが、あなたはあまりガツガツしていないので、どちらかというと地道な仕事のほうが向いているようです。また、ホスピタリティやサービス精神にあふれているので、事務職全般、弁護士や弁理士の秘書、客室乗務員、百貨店やレストラン、ホテルのスタッフなど、人をサポートする仕事が向いています。あなたにサポートされた人たちは幸せを感じるでしょう。

人間関係

一見、広く浅くつき合いそうですが、実は、深く狭くつき合うことを好む傾向にあります。明るいオーラを身にまとっているので、誰とでも仲よくできますし、基本ウェルカムな雰囲気なのですが、意外と繊細なところもある人なので、なかなか心をオープンにしません。でも、それで困ることはないので、今のスタンスでOKです。

相性のいい人

こまめに連絡がこないと不安になるところがあるようです。それはあなたがとてもマメだから。そのため、同じ感覚の人だと安心できるようです。頻繁（ひんぱん）に連絡をとり合うことをイヤがらない人がいいでしょう。

宇宙からのメッセージ

気になる場所があるということは、
そこに呼ばれているというお知らせです。

July Twentieth

7月20日

✦トライ&エラーで大きな成功を手にする✦

あなたについて

あなたは、目新しいものや、まだ人がやったことがないものに興味を示しやすいところがあります。もちろん、失敗してしまうこともあるでしょうが、その結果にも面白いと感じられる人です。いろいろ試していく姿勢は、進化していくために大事なこと。そしてトライ&エラーが大好きなあなたは、研究者に近いメンタリティといえます。

控えめで、表立って行動することはありませんが、地道に新しいことに挑戦していきます。芯が強く、人前で弱音を吐くことはほとんどありません。

洞察力に優れているので細かいところまで気がつくという、繊細な性格ではありますが、時には大胆な行動に出ることも。それがこの日生まれの魅力であり、成功の秘訣。しかも不思議な魅力となって人を惹(ひ)きつけることでしょう。

コミュニケーション能力は高く、気さくで親しみやすい性格。何でも心よく引き受けてくれるので、周りの人たちからの信頼は絶大でしょう。

ただ、仕事に関しては、どちらかというと単独行動を好み、自由に行動したい人。チームで足並みを揃えるのは少々苦手です。メンタルが強いほうなので、人目を気にせず自由に行動できることから、成功しやすく、とても仕事運に恵まれた人です。心から満足できる仕事に巡り合うことができるので、素晴らしいライフワークを謳歌(おうか)することができます。

仕事と才能

好奇心が旺盛で、いろいろなことに果敢に挑んでいきます。あなたには発想力とクリエイティブ能力が備わっていて、トライ&エラーをくり返しながら、新しいものを生み出したり、素敵にリメイクしたりしているのです。そこではじめて認められたり、賞賛されたりするのですが、周りからの評価はさほど気にせず、また黙々と試す作業に入っていきます。何かに没頭した時のパワーはすごいものがあり、職場でも重宝される存在です。集中力が活かせるプログラマーやモノづくりの職人、商品開発の仕事などで力を発揮します。

人間関係

話し下手な人の話をみんなにわかるように、代わりに話を噛み砕いて表現し、伝えてあげる才能があります。まるで翻訳者のようです。それができるのは、あなたが人の話を深いところまで理解できるから。あなたがすぐに理解してくれるため、周りの人たちから頼られることが多いでしょう。

相性のいい人

恋愛は、先入観を持たないほうがご縁が広がります。言葉が通じなくても、住んでいるところが遠くても、最初から「ムリ！」と除外しないほうがいいでしょう。相性がいいのは、笑顔が素敵な人です。

宇宙からのメッセージ

心で思っていることを全部話したほうが、
絆（きずな）が深まります。

July Twenty-first

7月21日

✦俯瞰の視点を持つ優秀なアドバイザー✦

あなたについて

好奇心が旺盛で、いつも楽しいことを探して、常にアクティブに行動しています。視野が広く、いろいろな角度から物事を俯瞰(ふかん)することができる人でしょう。そのため、人に客観的なアドバイスをすることが向いていますし、それがあなたの才能であるといえます。

行動力がある分、常に大胆な行動をしそうに見られますが、不安な要素があると自分で自分にしっかりとブレーキをかけることができるタイプ。自分の行動も客観視できるので、それほど無謀なことをするタイプではありません。ムリはせずに、後は自然の流れに任せて、スムーズにいくならば「GOサイン」という“成り行き任せ”が上手くいくことをよく知っています。「上手く進まない時はやめる」「スムーズに進むなら進む」と、天からの啓示のようなものを信じているところがあるようです。

また、感情的になるタイプではないので、強引に推し進めることもなく、判断もかなり冷静。人の感情を汲(く)み取る能力に長けているので、誰とでも穏やかに交流することができ、どんな場でも潤滑油(じゅんかつゆ)的な存在になることでしょう。

また、周りの人に奉仕したい気持ちが強いので、どんな時でも人のために尽くそうとするタイプ。自分を犠牲にしてまで周りに気を遣いすぎてしまうことが多いので、努力の方向性を間違えないように気をつけましょう。それさえ気をつければ、大勢の人に囲まれる、楽しい人生を送ることができるでしょう。

仕事と才能

人一倍、物事を判断する力に長けた人。分析力、洞察力があるだけでなく、直感も冴えています。最終的に迷った時は、直感で選ぶこともありますが、ほとんど外すことはないでしょう。そのため、職場でも相談されることが多いのではないでしょうか。向いている仕事は、例を挙げるなら、医療関係や営業職、プロデューサーなど商談や交渉ごとなど、重要な選択と決断が迫られるものです。根拠に基づいた思いきりのよさも強みで、組織の中でなくてはならない存在になっています。起業したり、個人事業主としても成功するでしょう。

人間関係

あなたは、話が盛り上がってくるほど、ついつい余計なことまでしゃべってしまうところがあります。本来は、思慮深く冷静なのですが、夢中になるとやや我を忘れて、口外してはいけないことも話してしまいがちなので、口が軽いと思われないように気をつけて。それさえ気をつければ、「信頼貯金」を積み上げることができます。

相性のいい人

恋愛は、長電話が絆(きずな)を深めます。メールやSNSなどではなく、きちんと相手の声を聞くことが大切です。あなたと相性がいいのは、一生懸命に仕事をする人です。お互いにリスペクトし合える関係を築けます。

宇宙からのメッセージ

リラックスする時間は、
宇宙と繋(つな)がるためにとても大切です。

July Twenty-second

7月22日

✦自分にとって真の価値を見分けられる人✦

あなたについて

あなたは住んでいる環境を充実させることに喜びを感じるタイプです。見知らぬ地域に行くとちょっぴり不安になったり、旅行は楽しいけれど、家の近くに戻ってくると、やっぱりホッとしたり、という感覚が人一倍あるようです。また、高価なものよりも、真心がこもったものがとても好き。心がふと温かくなるものを大事にしています。そういう意味では、自分の感覚を大切にし、人の意見に惑わされず、真の価値を自分で判断することができる人です。そして懐(なつ)かしい旧友、恩師、同僚もとても大事にします。あなたは、大切な人からインスピレーションや活力をもらうと、それをエネルギーに変えることができるのです。

瞬時に相手の本質を見抜く力があるのもこの日生まれの特徴。その鋭い感性は、持って生まれた能力です。さらに目の前のことを一生懸命に頑張ることで、人生を切り拓いていきます。ツラいことや過酷な状況であってもいい意味で深く考えずポジティブに乗り切れるのもあなたの才能。これと思ったものに対する行動は素早く、大胆になります。社交的で親しみやすいことから、特に同年代の人から好かれ、コミュニティの中でも人気者です。

明るくポジティブなので苦労知らずに見られがちですが、実は人知れず努力をし、壁を乗り越えています。幸せオーラを放っているあなたに嫉妬する人もいますが、気にせずに今のままのあなたを貫けば、確実に大きな幸せが手に入りますよ。

仕事と才能

あなたは、自分にとって本当に価値のあるものを選び抜く、強い信念があります。そのため、「これは自分にとってどうなのか」ということを常に考えます。もちろん、組織である以上、好きなことだけをやっているわけにはいきませんが、「人の役に立ちたい」という思いも強いので、決められた仕事以外のことに関しても、一生懸命取り組みます。介護士やウエディングプランナー、ツアーコンダクターなど、人から直接感謝されるような仕事が◎。どんどん行動していくので、目標達成までの過程も鮮やか。ひょいひょいとボルダリングの壁を登っていくかのように進んでいくことができます。

人間関係

意外と人の顔色をうかがって行動するタイプ。一緒にいたくなくても、グループに関わってしまうところがあります。でも、あなたには選択の自由があることを知りましょう。ムリに人に合わせる必要はありません。あなたはあなたのままで十分、魅力的。がんじがらめになるとその魅力が減ってしまうので、注意しましょう。

相性のいい人

意外と身近に、自分を大切にしてくれる人がいるようです。あなたを温かい目で見てくれる人を探してみましょう。相性がいいのは、束縛をせずに、信じて見守ってくれる人です。

宇宙からのメッセージ

**それをすると楽しい気持ちになるならOK！
苦しい気持ちになるならNG！**

July Twenty-third

7月23日

✦突発的な勢いで道を切り拓いていく人✦

あなたについて

ある時急にやる気がみなぎってきて、気づいたら一人だけ燃え尽きていた……なんてことはありませんか？　あなたは、普段は冷静で周囲に合わせながら行動するのですが、何かをきっかけにして、はじけ飛んでいくような性質があります。自分でもスイッチがいつ「オン」になるかわからない状態で、コントロールできないのがやや難点ではありますが、一度「オン」になると、普段の数倍、いや数十倍、いや数百倍、もしくはそれ以上の集中力と戦闘力を発揮し、ものすごい勢いで物事に取り組んでいきます。クリエイティブ力に長け、エンターテインメント性にも富んでいるあなたは、自分のアイディアを盛り込みながら意欲的に取り組んでいきます。あなたのその着想や着眼点は他の人には真似できないものがあり、「面白い人」「アイディアマン」といった感じで、評価は上々！　ですので、もし上手くいかなくても落ち込む必要はありませんよ。

個性的で自分スタイルを確立しながらも、周りの人たちとの調和を大切にするタイプ。グループではムードメーカー的存在となっているでしょう。聞き上手なあなたは人気者です。さらに、好奇心が旺盛でフットワークも軽いので、分野を問わず、活躍することができる人。また、器用さがあり趣味も多く、何をやっても上手くこなすことができるでしょう。新しく楽しいことに挑戦し、活躍するあなたはいつもイキイキとしています。そんなあなたの姿は周りの人たちを楽しい気分にさせるでしょう。

仕事と才能

あなたは、集中力と直感力に優れています。そのため、センサーがキャッチしたものに向かって、その能力を発揮させていきます。クリエイティブ力が高く、何かを生み出す意欲も旺盛なので、その直感によるひらめきと集中力によって、素晴らしいものを生み出すことでしょう。また、華やかなものにも惹(ひ)かれる傾向があるため、エンターテインメント関連の仕事が向いています。タレント性があり、表現したい気持ちが強いので、演劇やダンス、絵画、書道など、「表現」に携わる仕事もオススメです。

人間関係

自己表現が得意な反面、聞き役に徹することが苦手なところがあります。そのため、話を聞いてくれる人といるほうが居心地のよさを感じられるでしょう。相手が話しはじめたら、最後まで聞くことを心がけて。何でも楽しくすることが得意なので、常に遊び心を持つようにすると、より楽しい空間をつくれますよ。

相性のいい人

「恋は盲目」という言葉は、まさにあなたのためにあるようなもの。持ち前の集中力を発揮し、のめり込んでいきます。そのためスピード婚をする人も！　相性がいいのは、落ち着いている人です。

宇宙からのメッセージ

どうしても合わない人とは、
会わないほうがお互いに幸せです。

July Twenty-fourth

7月24日

✦クリエイティブな発想で光を放つ人✦

あなたについて

あなたは、やることなすこと、さらには発した言葉まで、すべてが注目の的(まと)になる人です。あなたとしては、とりわけ特別なことをしているわけでもないのですが、持ち前のクリエイティブ力や想像力、そして発想の斬新さなどで、多くの人の興味を惹(ひ)きつけてやまないでしょう。獅子座の支配星である太陽は、自ら光を放ちいろいろなものを照らしていきますが、あなたも周りに影響を及ぼす立場で、そして、一つのムーブメントの火つけ役となる星の下(もと)に生まれました。あなたが、「これって素敵！」「これは面白い！」……そんなふうに思ったものは、大衆の心を掴(つか)む可能性が大いにあるでしょう。自分の感性を信じ切ることで、その先にはとんでもなく面白いものが待ち受けているでしょう。とても自分に正直な人であり、それがあなたの最大の魅力です。心で感じたことをきちんと伝えることができ、しっかり自分を自分で尊重し、守る強さを持っています。自分の心をスルーしている時は、体調や人との関係、仕事など、いろいろな歯車が合わなくなってくるので、とてもわかりやすいお知らせとなって表われるでしょう。

また、あなたは見えない力に守られていて、とてもスピリチュアルです。ふとした会話や夢の中から、様々なメッセージやヒントを得ていくことができます。人をよく観察していて、その時に応じてその対象にチャンネルを合わせることができるので、人の心を読む力、さらに状況の少し先を読む力があります。

仕事と才能

あなたには面白い視点や素晴らしいイメージ力があり、その才能を仕事に活かすことができるでしょう。あなたがイメージしたことは現実になりやすいので、予知能力のような力を自然と使えることがあります。また、あなたには鋭い分析力があるので、周りの人は得るものが多く、仕事関係者からも助言を求められることがあるかもしれません。芸術関係、デザイン、ファッション、美容、物書き、癒し、スピリチュアル関連、カウンセラー、コンサルティングなども適職です。手先が器用な人も多いです。

人間関係

あなたは、話が面白く、人の心を掴む才能と人気運がある人です。また、人との距離感を上手く調整する才能あり。ですので、変に境界線を越えて深入りされることはないでしょう。また、違うと思ったことはしっかりと伝えられる人。見て見ぬふりをしてスルーしてしまうと、どんどんおかしな方向に進むことを知っているから。人間関係で何かあった時もスピーディに対処できる、勘のよさを持っています。

相性のいい人

傾聴力があり、あなたの発言を否定せずに話を聞いてくれる人。そして料理上手な人があなたを和(なご)ませてくれるでしょう。

宇宙からのメッセージ

人からどう思われるかにとらわれている間は、本当のあなたを生きることができません。

July Twenty-fifth

7月25日

✦オリジナリティを何より大切にする人✦

あなたについて

あなたは、みんなと同じものが好きではなく、流行りものや、巷(ちまた)にあふれているものにはあまり興味を示さないようです。人一倍オリジナリティにこだわりがあり、自分の個性を表現することを、常に模索し続けています。あなたには、獅子座の「表現したい」という欲求が強く出ており、追求したオリジナリティをいろいろな人に披露していくことに情熱を注ぎます。自分の感性を信じて個性を貫いていく人。体験から多くを学ぶことを知っているので、自ら率先して様々な分野にチャレンジしていくことでしょう。また、美的センスが高く、例えばアートやハンドメイドなどの作品をつくり出すこともあり、その評価もかなりのものでしょう。

コミュニケーション力も高いので、人づき合いも上手。その場の空気を読むことに長けているので、細かな気配りやアドバイスができ、多くの人から親しまれます。一人でいることに寂しさを感じてはいませんが、いつも周りに人が集まってくることでしょう。目標が明確であればあるほど、高いハードルであっても乗り越えるエネルギーが高まります。不可能だと思える目標であっても、自信を持って進んでいきましょう。周りからは「個性的な人」「自分の信念を貫く人」と認知されています。どんな時もジタバタすることなく、とてもかっこいいのですが、たまに抜けていたり、笑顔が素敵だったりと可愛らしい一面も。周りの人たちもあなたに憧れと親しみを同時に感じ、あなたから離れられなくなりそうですよ。

仕事と才能

あなたは、常に自分らしさにこだわり、オリジナリティをとことん追求していきます。仕事においても、今、自分にできることは何か、自分の能力を発揮できるものは何か、ということを常に考えながら行動していきます。そのため、自分のやりたいことが常にはっきりしていて、好きを仕事にできる人。そしてやれることは全力でやることで、どんどんステップアップしていきます。向いている仕事は、動画クリエイターやインフルエンサー、料理家、ショップオーナーなどでしょう。

人間関係

気さくな性格なので自然と多くの人が集まってきます。そして常に誰かがあなたのことを助けてくれるでしょう。とはいえ一人でいることは苦ではないので、人に依存したり、深入りしたりすることがありません。交友関係は浅く広くを好みます。そんなあなたは、本当に心から気を許せるような友人は多くないのですが、一度心を許したら長い期間、いい関係を築くことができます。

相性のいい人

自分のわがままを受け入れてくれる、寛大な心の持ち主に惹(ひ)かれる傾向にあります。少しくらいのわがままを言っても、許してくれるようなおおらかな人と相性がいいでしょう。

宇宙からのメッセージ

**人に配られた人生のカードばかり見ていませんか？
あなたには、あなたに配られたカードがあるのです。**

July Twenty-sixth

7月26日

✦注目されるほど光り輝く有言実行の人✦

あなたについて

あなたは人に褒められることが人一倍好きですし、これまでの実績や栄光を大切に胸にしまい、自己肯定感を高めることで元気が出るようです。子どものような純粋な心を持つあなたは、幼少期に頑張って、親や先生たちから「すごいね！」「偉いね」と褒められた記憶を思い出し、幸せな気分になることができるのです。もちろん、いつも近くに「すごい！」と褒めて持ち上げてくれる人がいると、さらにテンションが上がります。純粋に、子どものように褒められるのが大好きで、何かを完成させたら、人に見てもらいたい、感想や意見を聞きたい！という思いも強くあります。褒めてもらうためにひたむきな努力ができるところもこの日生まれの才能です。

もともと獅子座は芸能人などの著名人が多い星座。あなたは、人に注目されること、褒められることが原動力になり、それが多ければ多いほど成功へ近づくことは間違いありません。注目を集めて、ばく進していっちゃいましょう！

人生を自分の思う通りにするための努力は惜しまず、有言実行の人。精神的に強く、しっかりと自分の中でモチベーションをアップする方法を知っているので、確実にいい方向へ進んでいくことでしょう。誰かが助けてくれたら、感謝の気持ちを何倍にもして返す、人との繋(つな)がりをとても大切にする人。周りからの信頼も厚いことでしょう。

仕事と才能

人に注目されたり、褒められたりすると喜びを感じ、それが原動力にもなります。そのため、注目される、褒められるためであれば努力を惜しみません。子どものような純粋さを持っているので、ひたすらまっすぐに突き進みます。あなたの中に、邪念はいっさいありません。そのため、周囲の人たちはあなたを助けてくれることも多いはずです。あなたが何かを成功した時、周りの人たちへの感謝も表わしていくといいでしょう。自分の発想で人を喜ばせられる企画職や人生の節目に関わるウエディング関係の仕事などが向いています。

人間関係

あなたは繊細なところがあり、ちょっと注意されただけで、凹んだり、傷ついたりすることがあります。それは、あなたが純粋な分、相手の言うことを素直に受け取りやすいから。もし嫉妬や妬(ねた)みによるネガティブ発言をされても、さらっと受け流しておきましょう。

相性のいい人

自分を包み隠さず表現していくことが大事。自分を演じてしまうと、後でつじつまが合わずストレスになってしまうので、最初からさらけ出しましょう。相性がいいのは、博識な人です。

宇宙からのメッセージ

**世間のあれやこれやに縛られる必要なし！
あなたはあなたの生き方でいいのです。**

July Twenty-seventh

7月27日

✦ドラマチックな人生を前向きに生きる人✦

あなたについて

あなたには試練を乗り越える力があります。そして、逆境を乗り越えたその経験をトークのネタにすることができるキャラでもあります。もちろん、逆境の最中は、パニックに陥(おちい)ったり、苦しんだりすることもあるでしょう。しかし、それは何かを学ぶための出来事であり、決して不運で終わらず、ターニングポイントに。必ず乗り越え方のヒントは見つかりますから、それを見つければ事態は好転していきます。獅子座の特徴として、感情がパーッと高揚することが大好き。ですので、その乗り越える過程、乗り越えた後の達成感が意外とやみつきに。あなたはポジティブで、思考を明るい方向に持っていくのが得意ですので、いい結果も引き寄せるのです。「終わりよければすべてよし！」という言葉があなたにはぴったりで、まるでハッピーエンドの映画を観ているかのようなドラマチックなサクセスストーリーの中で生きている人です。

自分の個性をとても大切にしていて、こだわりのある人。自分の世界を確立しています。また、最新の情報や流行に敏感。常にアンテナを張って行動していきます。海外の情報などもスピーディに入手して自分の世界をどんどんアップデートしていくことでしょう。

周りの人に対しても、自分が何かできることはないかと考えている優しい性格。自分の軸はしっかりと持ちながらも、新しいものをどんどん取り入れて成長していくので周りから尊敬されることでしょう。

仕事と才能

不運に見舞われても、持ち前の明るさとポジティブさで乗り越えていくことができるあなた。そして、その先には、成長が約束されています。仕事においても同様で、困難に遭遇するほど、やりがいや達成感は増していき、それを力に変えていきます。ですので、できるだけ今の自分よりも少しレベルの高い仕事や未経験の職種にあえて挑んでいくことをオススメいたします！　職種は、何か自分を表現できるものが向いています。アナウンサーやリポーター、セミナー講師など、人前に出てものを伝えることやステージに立つものなどがいいでしょう。きっとあなたが輝けるはずです。

人間関係

自分がハマっていること、好きなことに関しては、実によく話し、楽しさ満点な雰囲気でムードメーカー的な存在になります。しかし、興味のないことに関してはあまり話さず、シーンとしてしまいます。純粋さが魅力ではありますが、少しだけ人に合わせるともっとモテモテになれますよ。

相性のいい人

ちょっとミステリアスな雰囲気を持った人に惹(ひ)かれる傾向にあるようです。しかし、もし振り回されるような状態になったら、距離を置くほうがよさそう。相性がいいのは、手先が器用な人です。

宇宙からのメッセージ

怒りはものすごいエネルギーなので、
有効活用すると豊かさに変わります！

July Twenty-eighth

7月28日

✦情熱的に次々と限界を突破していく人✦

あなたについて

自分がいいと思ったことに関しては、人に何と言われようと聞く耳を持たず、やや頑固な一面があります。自分の審美眼には、相当に自信があるようです。そして、自分の夢はどんなことをしても叶えたい、という情熱があり、目標に向かって迷いなく突き進んでいくでしょう。しかも自分の中で限界を決めるのが嫌いです。堂々とした風格があり、自信に満ちた印象を与える人で、強い信念と誰も考えつかない大胆な発想力があります。そのため、周囲の人は尊敬してついてきてくれるでしょう。

パワーで押し切るタイプではなく、とても冷静です。しかも人当たりがよく、ユーモアのセンスもあり。きちんと人の輪を大切にする気遣いのできる人です。また、堂々として見えますが、繊細な一面も。人からちょっと強いことを言われると、表面は冷静に見えても、内心はかなり傷ついていることもあるでしょう。けれども、自分に繊細さがあるからこそ、人に優しくなれるというメリットもあるので、気にしすぎなくて大丈夫です。

じっとしているのが苦手で、忙しく過ごしているのが好きでしょう。休むことを忘れ、頑張りすぎてしまうこともあるので、適度に休憩をとることも忘れないでくださいね。また、みんなと楽しむ時間も大事ですが、一人を楽しむ時間もしっかり確保したほうが、メンタルが安定しやすいでしょう。

仕事と才能

あなたは、仕事においても、一度「こう！」と決めたら、脇目もふらずに、猛突進するところがあります。それがハマれば、誰よりも素晴らしい成果をあげられるのですが、必ずしも毎回あなたが正しい、もしくはそのやり方がベストだとも限らないので、できるだけ人の意見や指摘は参考にするといいでしょう。軸がブレずに信念を貫くあなたは周囲の人たちの憧れでもあるのですが、意見や指摘を受け入れられるだけ受け入れると、新しい世界への扉が開かれそうですよ。長期間かけて一つのことを成し遂げる建設業や研究職、農業などに向いています。

人間関係

好き嫌いがはっきりしているあなた。苦手な人との会話、同じ空間にいることを苦痛に感じることもあるようです。もし、あまりに苦痛だったら、早めに切り上げましょう。普段から好印象を与えるタイプなので、時にははっきり線引きしても問題ありません。上手く調整して、ストレスのない人づき合いをしていきましょう。

相性のいい人

密に連絡をとり合うことで親近感が生まれ、そこから恋愛関係に発展することがあります。電話やメール、SNSなどを使ってこまめに連絡を。相性がいいのは、話し方が素敵な人です。

宇宙からのメッセージ

自分との人間関係が良好ならば、
周りとの人間関係も良好になります。

July Twenty-ninth

7月29日

✦オンリーワンの発想で感動を与える人✦

あなたについて

あなたは、人と同じ行動をして無難に過ごすことを嫌い、所属する会社やグループの中でも、派閥には属さないタイプ。よくも悪くも“浮いている”存在です。オリジナリティあふれる獅子座の特性を色濃く受け継ぎ、その個性で周囲に認められていくという運命にあります。オリジナリティを押さえつけられたり、枠を与えられてその中で生きなければいけなかったり、レールの敷かれた人生を歩まなければいけなかったり……ということに、とても抵抗感があるのです。

クリエイティブ力にも長けているので、創作に繋(つな)げて素晴らしいアウトプットができるはず。そして、あなたの作品は多くの人の心を掴(つか)むでしょう。さらに知識欲が旺盛。ですので、成長スピードが速く、すぐに周りから評価されていくでしょう。

何もないところから形をつくりだすことができるため、人から認められたい、成功したいという気持ちも強いです。負けず嫌いなところがありますが、あまり表に出さずに、温厚な性格に見えるので、たとえ周りから浮いていても、嫌われることはないでしょう。

また、あなたは「夢を語る」のが大好きですし、公言することで実現していくタイプ。ですので、どんどん口に出して周囲の人たちに伝えていきましょう。あなたには、「発言したことが現実になる力」があるので、ポジティブなことだけをどんどん発言していきましょう。

仕事と才能

あなたは、どこにいても注目されます。何もしていないのに「雰囲気」で注目を集める人と、「言動」で注目を集める人がいて、あなたの場合は後者。もともと芸術的なセンスが高く、奇抜なところがあるため、動き回れば回るほど、人と交流すればするほど、注目を集めていきます。そして、その分チャンスがどんどん広がっていくので、人から何を言われようと、そのまま突き進んでいきましょう。向いている職業は、カラーコーディネーターやWebライター、広告ディレクターなどのクリエイティブな仕事です。生み出すものはどんなものでも素晴らしいので、様々なジャンルで活躍できます。

人間関係

あなたの場合、気の合う人と、気の合わない人がきっちりと分かれるようです。しかし、「あの人とは気が合わない」と思い込んでいるだけで、実はよく話してみると違った……なんてことも。獅子座は本来誰とでも交流できるタイプなので、あなたも少し見定める時間を持つと、いいご縁がありそうです。

相性のいい人

モテ要素が多いあなたは、告白されてつき合うパターンが多いのではないでしょうか。しかし、自分が好きになったほうが長続きします。相性がいいのは、音楽的センスのある人です。

宇宙からのメッセージ

どんなことも、やるだけやってみると、
いつもと違う景色が見えてきます。

July Thirtieth

7月30日

✦「情報の引き出し」が多く、先見の明アリ✦

あなたについて

あなたは、先を見据えて行動することができる人です。損して得をとるような賢い選択ができるのが才能で「あの時のあれが、こんな結果に繋(つな)がっていたとは！」と、周囲の人たちから賞賛されることも多いでしょう。それはあなたが他の人よりも最先端の情報に敏感で、情報収集力に長けているから。まるで子どものような素直さがあり、新しいことをどんどん吸収していくのが大得意なのです。

性格は明るく社交的。あなたを見ている周りの人は、優しい気持ちになるでしょう。いつも無邪気なあなたは、人の気持ちを明るく、やる気にさせる才能があるので、周りの人を巻き込んで、大きなことを成し遂げる可能性大。

そして、持ち前の先読み力で、大きな失敗はしないでしょう。いつもはしゃいでいるように見えるあなたですが、いざという時は冷静沈着。人にだまされたり、他人の意見に左右されたりすることがなく、常に自分の信念を持って行動するため、確実に結果を出していけます。

一人でいるよりも、信頼できる人たちとわいわい過ごすことが大好き。その中でもリーダーとなり、目立つ存在。ちょっと個性的で一目置かれるヒーロータイプです。そんなあなたは自分が心地いいと思えるコミュニティをつくることに人一倍情熱を注ぐので、例えば、オンラインサロンの代表にも向いています。試行錯誤の結果、人生の後半は好きな人に囲まれて、楽しい毎日を送ることができることでしょう。

仕事と才能

仕事においても、先読みする力に長けているため、トラブルが起こってもあなたは焦らずに行動することができます。そして、他の人が考えつかないような対応で軌道修正をするので、驚かれることも多くあります。そんなふうに頭の回転の速さを活かして結果を出していくと、一目置かれる存在になるでしょう。向いている仕事は、生産管理、商品企画、弁護士、ちょっと変わったところでは棋士なども向いています。

人間関係

思い立ったことには、まっすぐ突き進むところがあり、時々、周囲の人を振り回してしまうところがあるようです。ですので、「ちょっとでも気になったことがあったら遠慮なく言ってください」と伝えておくだけで、相手は気が楽になるでしょう。こういうちょっとした気遣いが大事。もともと、あなたは我が道を行く人と認知されているので、多少のわがままはOKです。

相性のいい人

手伝ってもらったり、手伝ったりする中で、恋が芽生える予感。気になる人がいたら、遠慮なく頼ってみましょう。あなたと相性がいいお相手は、面倒見のいい兄貴分・姉御肌的な人です。

宇宙からのメッセージ

人との交流が
あなたに心からの幸せをもたらします。

July Thirty-first

7月31日

✦「無」から「有」を生む天性のクリエイター✦

あなたについて

自分がイメージをしたものをハンドメイドでつくり出すことができる器用さがあります。なので「こんなものがあるといいな」と思って探しても、自分のイメージしたものがない時は、自分でつくったほうが早いのではないか、と思うことも多いでしょう。世の中にあるものに「もっとこうすればいいのに」と思ってしまうことがあるあなたは、天性のクリエイター。獅子座の支配星である太陽は、創造性を表わしていることもあり、あるものをそのまま受け入れるのではなく、自ら生み出すことに喜びを感じるし、そういう役割を持って生まれてきた人なのです。

性格は、愛想がよく社交的。刺激的な毎日を求めているので、知識が豊富で対等に深く語り合える仲間と一緒にいたいと思っています。ですので、種類の違う、複数のコミュニティに属して、常に自分をアップデートし続ける……そういう意味ではとても努力家です。クリエイターに必要な、粘り強く、どんな困難でも途中で放り出すことはしない忍耐力を備えているので、着実に形に残していきます。失敗や挫折も、状況や人のせいにせず、しっかり受け止める潔さもあるので、特に後輩から好かれるのも、この日生まれの特徴です。

人の立場に立って考えられる人で、多くの人から信頼されますし、頼られることも多いでしょう。でも、創作意欲の強いあなたは、一人で創作する時間が必要。一人きりの時間を確保することを大事にしましょう。

仕事と才能

いつも明るくて、笑顔にあふれていて、表現力が豊か。それがあなたの魅力であり、強運をたぐり寄せる源です。自分が常に楽しい状態にして、クリエイティブな発想がしやすい環境に整えることを心がけましょう。なるべく怒りや憎しみなど、ネガティブな感情は持たないこと。そんなあなたに向いているのは、何かを生み出す職業。演劇、映画、音楽など、エンターテインメント的なビジネスに関わると才能を発揮できるでしょう。編集者や作家、脚本家、Webディレクターなど、構成力を求められる職業もよさそうです。

人間関係

社交的に見えて、誰にでも心を開くというタイプではありません、人づき合いは慎重になるタイプで、特に初対面の人とはなかなか打ち解けないことも。でも一度信頼を築くことができれば、強い絆（きずな）が生まれ、親友関係に。そういうベストなお相手と巡り会うために、気に入った人にはなるべく心を開くように心がけておきましょう。

相性のいい人

共通の趣味を持っていて、一緒にいて落ち着ける人が理想的。相性がいいのは、あなたのクリエイター気質と頭の回転の速さを認めてくれて、魅力に思ってくれる謙虚な人。

宇宙からのメッセージ

周りを変えようとせず、自分に集中するだけで、
あなたを取り巻く世界は変わっていきます。

Know The Secrets of Your Life
Through Your Birthday

August First

8月 1日

✦「黒子」に徹しているのに圧倒的な存在感✦

あなたについて

細かいところまで目が行き届くあなた。困っている人を見ると助けずにはいられないようです。人がピンチの時に手を差し延べる、慈愛に満ちたホスピタリティ精神の持ち主。多くの人を助ける星の下(もと)に生まれたのですが、中でも、まるで断崖絶壁に立っていて、今にも落ちてしまいそう……という人を助ける運命にあるようです。例えば、ギリギリになった後輩のプレゼン資料づくりを手伝ったり、海外出張に出かける同僚のために商談資料と契約書づくりを引き受けたり……。本来、表舞台に立ってキラキラ輝きたいと望んでいるのが獅子座の本質なのですが、あなたの場合は、「黒子」に徹することが多いですし、実際に向いています。でも、そんなあなたを頼りにする人は多く、密かに注目を浴び、最終的には圧倒的な存在感を放つことになります。

周りから見ると、あなたの言動はわかりやすくストレートでスケールが大きく、大胆に見えるかもしれません。多少強引なところもありますが、有言実行タイプで周囲からの信頼も厚く、意外と許されてしまう不思議な魅力の持ち主。年下、弱い人に対して面倒見がよく、仲間を一つにまとめる力あり。細かなことは気にしない、おおらかさが人を惹(ひ)きつけます。

自分と自分の仲間たちの幸せに向けて努力することを大切だと考えるため、周りから一目置かれることになります。そして生涯を通じて多くの信頼できる仲間や味方に恵まれることでしょう。

仕事と才能

　あなたは困っている人をフォローするのがとても上手です。常にいろいろな人たちを片っ端から助けていくので、いつも重宝されていて職場では大活躍。サポートするには、もともとの能力が高くないとできないもの。あなたは、フットワークが軽く、頭の回転が速いので、どんな人がピンチになろうとも、テキパキと片づけることができるでしょう。これはあなたの輝ける才能です。そんなあなたが活躍できる仕事は、秘書、営業アシスタント、法律事務、特許事務、テレビのADなど、人をフォローするものが特にオススメです。

人間関係

　持ち前の洞察力で、人の微妙な心境の変化を感じ取ってしまうあなた。相手が表向き「いいね！」と言っていても、内心はそれほど前向きにとらえていないことを見透かします。ただ、人の心の裏を見てばかりでは人間不信になって疲れてしまいますから、プライベートな友人関係にはその洞察力は封印して過ごしましょう。心がかなり軽くなりますよ！

相性のいい人

　恋愛においては、広く浅く、というよりもじっくりと話し合うことができる深いつき合いができる人がいいでしょう。あなたと相性がいいのは、どことなく色気のある人です。

宇宙からのメッセージ

**いつかやるのではなく、今すぐにやることで、
あなたの人生の道は拓けていきます。**

August Second

8月 2日

✦周囲を明るく照らす太陽のような人✦

あなたについて

のびのびと、楽しく、素（す）のままで過ごしているだけなのに、周囲の人たちから、「一緒にいると、元気がもらえる」「あなたと話しているだけで、勇気が湧く」と感謝されることが多いでしょう。あなたはエネルギーが高いだけでなく、裏表がなく純粋。自分の素をさらけ出すことをためらわないこともあって、一緒にいる人たちは心地よさを感じています。

さらに、何事にも一生懸命取り組むあなたのひたむきな姿に、周囲の人は心を打たれます。そして、ますますあなたを好きになってしまうのです。もともと獅子座は、明るくみんなを照らし、光と熱を与えていく性質があるのですが、それは努力でどうにかできるものではなく、まさに天から授かった才能です。時には不安になることもありますが、ポジティブで明るくい続けることが、自分にとっても周りの人にとっても、有益なことを知っているのでしょう。

思いやりが深く、人を助けるのが大好き。率先してサポート役に回ります。年下であっても相手と同じ目線で接する謙虚さを持ち、心配りができる人なので、人望を得ていくことでしょう。例えばチームで何かを行なう時は、チームの「和」を保つことに一生懸命になり、一つにまとめようとします。多趣味であり、器用なので、何をしても上手にこなせますし、様々なアイデアが瞬時に出てくる人なので、誰も思いつかないような答えを出したりします。あなたのアイディアほしさに、人が集まってくることもあるでしょう。

仕事と才能

職場でも、取引先が相手でも、常に周りを明るく照らすことができるあなた。当然、第一印象から好感を持たれ、人間関係の構築がスムーズです。いい意味で、仕事においては巧みにセルフコントロールができ、きちんとした大人の顔と、愛嬌のある子どもの顔をTPOで使い分けることができます。そのため愛嬌たっぷりに人の懐に入っていきながらも、肝心なところは落ち着いてしっかり押さえる、といった仕事が向いています。職種でいうなら、営業、ホテルやレストランのスタッフ、プロデューサーなどがオススメ。人脈命のエンタメ業界も◎。

人間関係

明るい人なら、割と誰でもウェルカムで、いささかノリで決めてしまうところがあるようです。しかし、勢いに乗ったものの、後悔するなんてことも……。そのため、人から勧められたり、促されたりして何かを決める時は、いったん持ち帰ってから考えたほうがよさそうです。うっかり返事は、揉めごとの原因になるので、気をつけましょう。

相性のいい人

あなたは目ヂカラで射止めるタイプです。そのため、気になる人がいたら、目をじっと見つめるといいでしょう。相性がいいのは、とにかく優しくて包容力のある人です。

宇宙からのメッセージ

**目の前の人に親切にしていると、
勝手にあなたの道が拓けていきます。**

8月3日

✦佇まいだけで人を魅了する不思議な力の持ち主✦

あなたについて

とても研究熱心な人です。自分が興味のあることは、とことん勉強して、自分のものにしていきます。さらに、クリエイティブですから、学んだことを自分なりにアレンジして魔法のようにオリジナルにしていくことができます。アイディアも豊かなので、次から次へと様々なものを生み出しては、周りをあっと驚かせるでしょう。さらに、あなたは神さまにとても可愛がられている人です。ピンチなことがあっても、しっかりと手を差し延べてもらえますし、進む道の先々で、たくさんの教えを「直感」という形で降ろしてもらえるでしょう。それもこれも、神さまがあなたの「人を幸せに導いていく才能」を見抜いているから。

そして人を喜ばせることがあなたの使命ですし、それが自身の豊かさに直結します。当然ですが、人を魅了する不思議な力を備えていて、あなたと話しているだけで、誰もが楽しくて幸せな気持ちになりますし、あなたの声を聞くだけで安心する人が多いでしょう。

見た目も美女や美男が多く、オシャレ。その佇(たたず)まいだけで相手に心地よさを与えるという、持って生まれたラッキーな外見の持ち主でもあります。オーラも美しく輝いていて存在感があり、一度会ったら忘れられないインパクトがあるでしょう。加えて、困ったことが起きたら、上手く工夫を凝らして、よりよい状態にシフトさせていく才能も。ですので、難しい体験があってこそレベルが上がっていくのです。

仕事と才能

素晴らしい商才があります。相手が求めていることをすぐに察知して、表現の仕方や言葉の選択などをしていくことができます。趣味がそのまま仕事になるケースも多く、ゲームの攻略のように、仕事の発展を楽しんでいくことができます。また、リーダーとしても、丁寧に教育しながら、みんなをいい方向に引っ張っていくことができるでしょう。アートディレクターやグラフィックデザイナー、テレビ業界、音楽業界などで活躍できます。ひらめき力もすごいので、「あっ！」と思ったら、それを即実行していきましょう。その一瞬の思いつきによって、大成功する可能性が高いです。

人間関係

あなたは聞き上手で、知らず知らずのうちに、相手の心を開くことができます。男女問わず人から好かれるでしょう。また、あなたの周りには、あなたに協力したい人がたくさんいますから、遠慮せずに人に頼ること。そのほうが喜ばれます。ただ、あなたに嫉妬をして意地悪をしてくる人がいるかもしれません。でも、あなたには、そのような人さえも味方にしていく不思議なパワーがあります。

相性のいい人

仕事や共同作業をしていく中で素敵な出会いがあります。相性がいい人は、とにかくあなたのことを大好きな人です。

宇宙からのメッセージ

何かを話題にした時に、美しい鳥の声が聞こえたら、それは「OKですよ」のお知らせです！

August Fourth

8月 4日

✦クリアな判断力を持つ断捨離の天才✦

あなたについて

あなたは、表面的なものにとらわれずに、本質を見抜くことができる人。相手の心理も見通すことができます。加えて、自分の意志がはっきりしていて、判断力があり、自分に悪影響を与えるものは、スパッと気持ちよく手放していきます。不要なものはすぐに「不要」と判断でき、後ろ髪を引かれることもなく、サクサク手放せてしまうのです。いうなれば、「断捨離」の天才です！

頭の回転が速く、そしてとても優しい人。場の空気を読んで、その時何が求められているかを察知し、アクションを起こすことができます。例えば、誰かが上司にこっぴどく叱られて、その場の空気がどんより重くなっていたとしたら、タイミングを見て笑いをとり、その場の空気を和(なご)やかに明るくします。

スパスパと切っていく断捨離の天才でもあるので、一見クールに見られがちですが、実は心の温かさは人一倍持っていて涙もろく、情に厚いのです。そばにいる人からいつも感謝されて、常に「いい人」に囲まれているでしょう。あなたは好きなことをしているだけで、必要な人と、深くいいつき合いをしていける人生なのです。

物欲があまりないあなたは、人とのコミュニケーションに投資するタイプ。あなたにとっての財産は人間関係だということを直感でわかっているから。そのことを強く意識するほど、あなたの人生はますます豊かになり、輝くことでしょう。

仕事と才能

本質を見抜く力は、仕事でもいかんなく発揮されます。一人ひとりの特徴を見抜いて、この人にはこういう対応が必要、あの人にはこの言葉をかけてあげると喜ばれる、その人の苦手な分野はこれだから先にやっておいてあげよう……といった感じです。フォローしたり、導いたりと、いろいろな場面でサポートしていくことができるので、あなたがいてくれると、みんな安心します。その才能は、いろいろな職種で発揮される能力ですが、特に、採用面接や人事評価をする人事担当や、マネージャーなどの管理職で大いに活躍できそうです。

人間関係

獅子座の支配星の太陽のごとく、周りを温かくする才能があります。「あなたがいると、なぜか安心する」と言われることも多いはず。一つ、忘れてはならないのが、太陽は自ら光ることで周りに光と熱を与えていること。つまり、あなたがいい状態でいることが大事なのです。自己犠牲を払わず、自分を優先しましょう！

相性のいい人

恋愛をしていると、心が満たされ、幸せになれるあなた。恋愛が順調だとすべてが上手くいくようです。そのため、ハッピーな関係以外は手放しましょう。相性がいいのは、一緒にいる時間を大切にする人です。

宇宙からのメッセージ

「どうしても」という衝動は、宇宙からの
「それをしましょう！」という後押しです。

August Fifth

8月 5日

✦脚光を浴びるほどに才能を発揮✦

あなたについて

あなたは、大勢の前で自分のことを堂々と話したり、大舞台で表現したり、はたまた大勢の中から選ばれたりすることに喜びを感じるタイプです。そもそも目立つことが大好きな獅子座。

もし、まだ場慣れしていなければ、小さな舞台（コミュニティ）からはじめましょう。仲間内で少し長めのトークをするのでもいいですし、趣味のサークルで幹事をするのもいいでしょう。脚光を浴びれば浴びるほど、あなたは自信を持ち輝いていきますからね！

性格的に誰にでも気さくに声をかけ、積極的に人とコミュニケーションをとるのが大好き。一緒にいる周りの人たちも元気になるようなパワフルさがあります。組織にいれば、まとめる力を発揮して、チームみんなの気持ちを一つにして、大きなことを成し遂げるでしょう。また、人と人を引き合わせる「スーパーコネクター」の才能もあり、たくさんの人を繋(つな)げていくことでしょう。

自信満々でポジティブな反面、一人でいることが大の苦手。誰かと一緒にいたいという気持ちが強いでしょう。集団の中にいることが好きで、いつでもコミュニケーションをとれる状態にあるととても安心します。そして、実のところ、その輪の中心にいたいとか、リーダーになりたいわけではなく、ただ「自分が楽しみたい」そして「周りの人を楽しませたい」と強く思っているだけ……。いい仲間に恵まれて老後も楽しく過ごすことができるでしょう。

仕事と才能

仕事においても、脚光を浴びるほどに、成果をあげていくあなた。注目され、期待を寄せられるほどに、あなたはやる気に満ちあふれ、いろいろなものを手にしていくでしょう。どんな仕事でも注目され、脚光を浴びる機会があればモチベーション高くやっていくことができます。人と違う発想ができるので、特に広告関係やマスコミなどのクリエイティブな仕事で才能を発揮できそうですよ。

人間関係

周りの人もすぐにわかるほど、好き嫌いがはっきりしているあなた。でも、それは裏表がない証拠。嘘のないあなたらしく周りからは愛されていますので、そのまま変わらずにいきましょう。さらに、正義感が強く、間違っていると思えば、年上でも地位のある人でもおかまいなしに指摘する一面も。一時的に気分を害する人はいるかもしれませんが、人望の厚いあなたですから、好意的に受け止められることが多いですよ。長い目で見れば、嘘がなく正直に発言するあなたは「信頼貯金」がたまっていくはずです。

相性のいい人

見た目よりも知的な会話ができる「中身」を重視するでしょう。裏表がなく誠実で、あなたのことを一番に考えてくれる人とのつき合いなら、居心地がいいはずです。

宇宙からのメッセージ

あなたが選んでいるようで、
実はすべて導かれているのです。

8月6日

✦ マグマのような熱い思いを心にたぎらせる人 ✦

あなたについて

あなたは、子どもの頃から落ち着いている子だったのではないでしょうか。いつも大勢の大人に囲まれ、精神的にも早熟だったのでしょう。しかし、そんな落ち着きのあるあなたの奥底には、熱いマグマのような情熱が。秘められた思いが何かをきっかけに爆発的に動き出すことがあるでしょう。

もともとは思考が深く、論理的に物事を考えられる才能があります。行動力がある一方で冷静さも併せ持っており、確実に結果も出してきます。決して器用なタイプではなく、泥臭い手段をとることもありますが、「あえて」そうしているところがあります。その一生懸命さが、周りから見て大きな評価に繋(つな)がることでしょう。

そのように人の心を掴(つか)み、愛されるのがあなたの武器。落ち着いて見えるのに、泥臭くて情熱的というギャップ、それがあなたの魅力なのです。

面倒見がよく、人に与えたり、教えたりすることに喜びを感じます。もともと持っているエネルギーが強く、仲間とともにチャレンジしていくのが大好き。力を合わせて高いハードルを乗り越えていくことでステップアップしていきます。志は高いのですが、不思議と落ち着いて見えるのが、あなたのいいところ。

また、人とは違う視点を持っていてセンスがありますから、自分の感性を信じて行動して大丈夫です。自信を持ってください。

仕事と才能

火山のように、奥底に熱いものを蓄えながらも、常に冷静でいられる、感情コントロール力があります。また、子どものような無邪気さがあり、嘘がつけないタイプです。そのため、例えば営業の仕事をしていたとして、嘘がつけずに相手にメリット・デメリットを正直に話してしまうことも。はじめのうちは同僚たちより営業成績が悪いのですが、長期のスパンでは「裏表がなくて信用できる」「自分の得にはならないのにいつも一生懸命！」と多くの信頼を獲得し、最終的には営業成績でトップを収めていた、といったようなことがあるでしょう。

人間関係

相手の気持ちを知りたいあまりに、前のめりになってしまうことがあります。普段から情熱的なあなたなので、周囲の人たちも驚きはしませんが、あまりに気持ちだけが先走ると伝えたいことが伝わらない可能性があるので、時々自分を俯瞰(ふかん)するといいでしょう。それだけで間(ま)や流れを意識できるようになりますよ！

相性のいい人

恋愛になるとなかなか感情を出せないあなた。もたもたしているとチャンスを逃してしまうので、しっかり意志を伝えていきましょう。あなたと相性がいいのは、スニーカーが似合う爽やかな人。

宇宙からのメッセージ

嫉妬される場合、
あなたのレベルが絶好調に上がっている印！

August Seventh

8月7日

✦得体の知れぬワクワク感を楽しめる人✦

あなたについて

何かを人前で発表する時や、舞台などのステージに上がってパフォーマンスをする出番を待っている時、楽しさと緊張感が混在し、得体の知れぬワクワク感がありますよね？　あなたはその得体の知れぬワクワク感が大好きなタイプです。度胸があり、緊張を力に変え、最高のパフォーマンスを発揮します。いわゆる「本番に強い人」とは、まさにあなたのこと。

勝負強さが求められるアスリート、ミュージカルや演劇などの表現力を求められる人、指揮者やピアニストなどの音楽家などにもぴったりの資質です。あなたがこのような特殊な職業についていなかったとしても、プレゼンや会議などの日常の中でも何らかのパフォーマンスを求められることは多いですし、力を発揮するチャンスは多くあります。例えば、研究者なら論文を発表する、バスガイドやツアーガイドならお客さまの前で説明をする、イベントなどで司会をするなど、その才能を活かすべく積極的にトライしてみてください。

最初は失敗することもあるかもしれませんが、それは愛嬌(あいきょう)ということで、落ち込む必要はありませんよ！　いくらあなたが本番に強かったとしても、はじめから上手くいくわけではありませんし、多少なりとも訓練は必要だということ。でもその緊張感を楽しめるのがあなたの才能。最高のパフォーマンスができれば人生が変わるので、ぜひたくさんのチャレンジをしてみてください！

仕事と才能

ハートが強く、緊張感をパフォーマンスに活かせる人なので、基本的にどんなに緊張する場面が訪れようとも、それを乗り越える能力があります。本番のほうが、練習やリハーサルよりもいい出来になることも多々。そんなあなたを見て、仕事関係者、職場の同僚たちは、「さすが！」と称賛するでしょう。大舞台に強い獅子座の中でも、あなたは緊張が生まれる時こそ力を発揮できるという才能にあふれています。逆に、もし緊張がなかったら、気が抜けている、集中力に欠けている時なので、まずいと思ったほうがよさそうです。

人間関係

あなたには生まれつき持っている華があるため、じっとしていても、気がつけば人に囲まれているという人気運もあります。しかし、人気者というのは嫌われることに慣れていないので、人に不快な思いをさせないように相手の顔色をうかがいすぎるところもあります。それではあなたのよさが影を潜（ひそ）めてしまいますので、素（す）のままで接しましょう。

相性のいい人

目ヂカラを使うことで恋愛運をたぐり寄せます。アイメイクを工夫したり、オシャレなメガネを身に着けたり、目を輝かせたり、クールな目線で見つめたり。相性がいいのは、「知的さ」と「天然さ」を兼ね備えた人です。

宇宙からのメッセージ

本音で話をすれば、すべてが早く進みます。

August Eighth

8月 8日

✦「末広がり」の人生を送れるパワスポ人間✦

あなたについて

末広がりの「八」が二つもあるあなたは、基本的に何もしなくても人生が末広がりになっていくでしょう。上から下へ向かって流れて、永遠に発展することを意味するといわれている「八」は中国でははるか昔から、縁起のいい数字とされていますし、日本でも「八」という数字をよく使う他、開運とパワースポットの象徴でもある富士山は、まさに末広がりの形です。つまり、あなたの人生も延々と発展していくのです。そして、あなた自身がまさにパワースポット状態！　周りにいる人たちにも一緒に、多くの幸せが舞い込んできます。もともと、獅子座の支配星は、自ら光を放ち、人にも光を当てられる太陽。そこに、末広がりなラッキー要素が加わると、ものすごいことが起きちゃいます！　もしかしたら、あなたと、あなたの周辺の人たちには、「基本、幸せなことしか起きない」かもしれません。ただし、あなたはホスピタリティが高く、ひたすら人に光を当て続けて、自分を疎（おろそ）かにしてしまうところがあります。たまには自分を労（いた）わりましょう。

性格は明るくいつも笑顔。何をするにも楽しそうですし、自分がやると決めたことには、熱い情熱を注ぎます。

新しいことを切り拓く実行力もズバ抜けています。困難なことがあっても怯（ひる）むことなく、ガンガン進んでいく様は、周りから称賛されることも多いはず。そして周りの人たちをどんどんやる気にさせるという才能も持ち合わせていますよ。

仕事と才能

仕事も、末広がりのごとく、いい方向に広がっていきます。一度やりはじめればすぐに周りに浸透し、人脈も広がっていきますし、仕事の種類がどんどん増えて広がりを見せるかもしれません。広げることが得意なあなたは自分で事業をはじめたり、フリーランスで仕事をしていくことが向いているでしょう。組織に属している場合は、いろいろな部署を横断して仕事をするのも得意です。営業職でも、新規開拓をするような仕事に向いています。いずれにせよ、自ら動かないと末広がりにはなりませんので、能動的に動いてみてください。

人間関係

人間関係も、一人のキーパーソンからどんどん人脈が広がっていくでしょう。ただ、何事も一生懸命なあなたは、やや前のめりなところがあり、たまに空回りしてしまうことも……。冷静になれば的確な判断ができる人なので、行動に移す前に一度考えて、心を落ち着けるように意識すると、快適なコミュニケーションをとっていけるはずです。

相性のいい人

背が高い人、笑顔が可愛い人、知的な会話ができる人……と、具体的に理想をイメージしておくと、引き寄せ力が働き、イメージに近い人に出会えるでしょう。相性がいいのは、プロフェッショナルな部分がある人。

宇宙からのメッセージ

過去を後悔する必要はありません。あなたは常に、その時の最良の選択をし続けているのです。

August Ninth

8月 9日

✦抜群のトーク力と純粋さでモテモテ✦

あなたについて

あなたは、まるで映画『ネバーエンディング・ストーリー』の世界に迷い込んだような、幻想的なものに惹(ひ)かれる傾向があります。獅子座の特徴でもある童心や純粋さが、特にあなたの場合は色濃く表われるようです。周りの人はそんなあなたと遊ぶとてもワクワクして楽しいと感じています。あなたの瞳は吸い込まれるようにキラキラとしていて、トーク力も抜群！多彩な表現力で人を惹きつける才能があります。お年寄りから子どもにまで人気で、老若男女問わずモテモテになるでしょう。常に純粋な気持ちで人や物事に接し、邪(よこしま)な考えや感情がないため、運も味方してくれているのもあなたの特徴ですよ。社交的で気前がよく、人とは本音でつき合う関係を望みます。励まし合える友人を多く得ることができるでしょう。それはあなたが人の幸せや成功を心から望む、心の素直な人だから。

基本的に安定した人生を望んでいますが、時には刺激を求めて新しいことにチャレンジしたくなることも。どちらかというと完璧主義者で、何かはじめるなら全力投球で向き合います。勤勉で知的、判断力は抜群に優れていますし、効率的に動くので、傍(はた)から見るとせっかちに見られることもありますが、それこそ成功しやすい性格といえるでしょう。ですので、あなたはそのまま突き進んで大丈夫ですよ。勘がいいので、ひらめきに従っていれば、チャレンジしたことの成功率が上がり、豊かな人生を送っていけることでしょう。

仕事と才能

純粋さと一生懸命さで人を惹きつけるあなた。つき合いが長くても、常にどこかしら新鮮さを与える人です。賢くて、頭の回転も速く、テキパキと仕事をこなしていく……そんなあなたはカッコよすぎ！　でもその純粋さやひたむきな姿を見ると、親近感も湧いてきて、あなたに仕事を頼みたいと思う人は多いでしょう。向いているのは、業界なら広告、マスコミ、金融（特に証券）など。職種なら、広報、宣伝、プロデューサーなどの俊敏さと人間力が必要なものが向いています。

人間関係

興味があることとないこと、好きなことと嫌いなことがとてもわかりやすく、特に獅子座の中でも、表情や言動に顕著に表われます。ノリノリでしゃべっていたかと思いきや、突然無言になる……といった感じです。ピュアなあなたならではの反応ともいえます。不快を露骨に表わすようなことのないように気をつければ、そのままでOKですよ。

相性のいい人

持ち上げられると……すごく弱いタイプ。ですが、いつもあなたを尊重して褒めてくれる人といることがメンタルの安定に繋（つな）がります。相性がいいのは、あなたのやることを応援してくれる人。

宇宙からのメッセージ

シンクロニシティが頻発（ひんぱつ）する時、あなたは宇宙と一体化しています。

August Tenth

8月10日

✦他の追随を許さないトップランナー✦

あなたについて

あなたは、表現力や創造力に長けています。クリエイティブな作業があると、その才能をいかんなく発揮します。どこでも注目を浴び、一目置かれる存在でしょう。基本的に、他の追随を許さず、トップを走り続けるランナーのようなイメージ。周りから羨望の眼差しで見られることが多くありますが、自分よりも優れている人に対しては強烈な嫉妬心を抱くこともあるでしょう。その悔しさを、あなたは上手にバネに変える能力もありますから、「あ、今ちょっと自分の嫉妬心が芽生えたかも」というくらい、ライトな感じで受け止めてください。強力な壁やライバルが出現すると、人はその分、成長できます。自分だけで鍛錬を積むよりも、外的な要因があるほうがより成長できますからね！

表現力がある人だからこそ、自己顕示欲が強いですし、常に自分を表現する場を探しています。そして周囲からの評価が気になるタイプで、気を遣いすぎる一面も。

パワフルでポジティブなエネルギーのあるあなたは、困難なことにぶつかっても、決して諦めない強さがあります。周囲の人を魅了するカリスマ性もあり。リーダーの役目を与えられると、さらにその魅力がパワーアップします。

メンタルが安定していて、いつでも明るく陽気なあなた。行動力だけでなくきめ細やかな気配りと指導力も。後輩の面倒見がいいので、多くの人から頼りにされることでしょう。

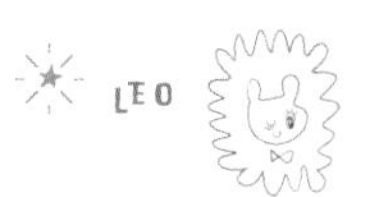

仕事と才能

基本的に、好きなことや趣味を仕事にするというのがベストです。あなたは、楽しかったり、イキイキとしていたりすると、人一倍よい波動が出て、それが人に伝わり、いろいろなチャンスをたぐり寄せます。また、クリエイティブ力が高いので、何かと何かを組み合わせて新たなものを生み出したり、人が想像もつかないようなことができたりします。ゲームプランナーやアプリ開発者、ハンドメイド作家などに向いていますが、とにかく好きなもの、興味のあるものに携わることがオススメです。自分がワクワクできることなら、どんな仕事でもスキルアップしていくことができます。

人間関係

即決できる時と、優柔不断で決断に迷う時は、誰にでもあることなのですが、あなたの場合は、長い時間をかけても答えが出せない時に頼りにできる、参謀のような人がいると無敵です。あなたは、出会い運があり、信頼できる人に恵まれますから、迷ったら一人で考え込むよりも、相談するのがベストです。そうすることで、決断がより強固なものになることでしょう。

相性のいい人

恋愛は、“香り”がご縁を連れてきてくれます。できるだけ爽やかで、風を感じさせる香りをまとって。あなたと相性がいいのは、いつもあなたの味方でいてくれる人です。

宇宙からのメッセージ

**自分から湧いた感情は抵抗しないで、
すべて肯定してあげていいのです。**

8月11日

✦創造性を自由に発揮するほど光り輝く✦

あなたについて

誰にも何にも縛られず、自由な発想で自由に生きていきたいと強く願っています。枠にはめられるのが苦痛で、のびのびとやっていくというスタンスがあなたには快適。そんな中でこそ、生きている実感を得られる人なのです。その心地よさは、獅子座の才能の一つでもある創造性やクリエイティブ力を無制限に伸ばしてくれます。

そして、それらの才能を活かして、仕事もプライベートも充実してくると、あなたのワクワク度が増し、あなたはもっと輝くことでしょう。獅子座の支配星・太陽の影響もあり、華やかなものや輝いているものが好き。自分だけでなく身近な人も輝かせたいと思っているので、惜しみなくエネルギーを与えます。あなたがちょっとしたサポートに入ったり、手を差し伸べたり、アドバイスしたりすることで、周りの人たちもどんどん輝きを増していくことでしょう。

あなたはユーモアのセンスがあり、人の笑顔を見るのが大好き。人を笑わせている時に心が満たされますし、どんな人にも積極的に自分から声をかけ、幅広い交友関係を築いていきます。一方、ただ明るいだけでなく、内面は繊細で、現実的な一面も。しっかりと地に足が着いているところもあなたの魅力です。人に幸せを分け与えることに喜びを感じ、幸せを強く感じます。このことによって、いい気の流れが生まれて、運が底上げされ、大きな幸運を掴(つか)むことができるでしょう。

仕事と才能

仕事でもプラスの連鎖を生み出せる人です。あなたが自由に動けば動くほど、持ち前のクリエイティブ能力や創造性がぐんぐん生きてきて、いろいろなことが楽しくなってきます。そして、あなたが楽しくなればなるほど、周りの人たちにもその波動が伝わり、みんなが楽しくなっていきます。おそらく、あなたは職場ではムードメーカー的存在でしょう。取り立てて言われなかったとしても、あなたがいるのといないのとでは、職場の雰囲気が違ったりします。イベント業界やアート・音楽業界で大規模な催しを開催するなど、大勢で何かをつくり上げる仕事に向いています。

人間関係

自由でいることを、こよなく愛するあなた。若干、団体行動は苦手なようで、大人数でいると疲れてしまうこともあるようです。それは、周りに気を遣ってしまうから。ですので、団体の中にいたとしても、あなたはあなたらしくいることを意識してみてください。きっと心が楽になるはずですよ！

相性のいい人

エキゾチックな雰囲気を醸（かも）し出すと、モテ度がアップします。まつ毛を長く見せる、ひげを生やす、民族衣装を着る……何でもOKです。相性がいいのは、あなたの話を一生懸命聞いてくれる人。

宇宙からのメッセージ

いつも気になることが、気にならなくなった場合、あなたの次元が上がった証拠です。

August Twelfth

8月12日

✦いつもエネルギッシュな根っからの表現者✦

あなたについて

あなたは根っからの表現者であり、常に何かを表現していないと気が済まない性格。また、人から元気をもらったり、なぐさめてもらったり、何かを与えてもらったりするタイプではなく、自分でエネルギーをつくり出す人です。自分の中でエネルギーを生み出し、満タンになって「もうあふれてしまう……！」といった時に、その放ちたい衝動に駆られ、放出していきます。ただし、そのエネルギーは自分のためだけに使うものではなく、他人にも分け与えていくもの。あなたは、人を惹（ひ）きつける魅力もあるので、もし自分が楽しいと感じたものがあったら周りの人にもお知らせし、幸福感を広げるお手伝いをしましょう。そうすることで、ますますあなたはエネルギッシュに輝きます。

頭の回転が速く、物事を自分の思い通りに持っていくのが上手です。というのも意志が強く、自分の意見ははっきりと伝えることができる人だから。理解力があり、発する言葉が単刀直入。周りの人たちから一目置かれるでしょう。

また誰に対しても裏表がありませんし、頼りがいがあるため、多くの人から信頼されています。自分には厳しいけれど、人には寛大でおおらか。周りからの期待に応えたいという気持ちが強く、それが行動の原動力の一つになっています。さらに褒められると喜びを感じ、それによってもっと頑張ることのできるタイプです。あなたを褒めて、陰ながらサポートしてくれる人と一緒にいると幸せを実感しやすくなるでしょう。

仕事と才能

仕事においても、大きな山を越える時こそ、パワーがピークに。その瞬間が、快感にもなっているようです。むしろ、その快感を得たいがために、あえて挑んでいくでしょう。そんなあなたは、職場ではとっても頼もしい人と思われているようです。あなたには、人を元気にさせ、スポットライトを当てられる能力があります。その大きな山を自分一人で越えるのではなく、周りの人たちと一緒に越えていくと、あなたを取り巻く波動がよりよいものに変わり、幸福感を得られます。サービス業やコーチ、トレーナー、教師などに向いています。

人間関係

頭の中で整理しながら話をしたり、じっくり考えてメールやSNSのメッセージを書いたりするので、相手との間にタイムラグが生じやすいようです。相手には「嫌われちゃったのかな？」「やる気がないのかな？」など、若干ヤキモキさせてしまうところも。もしシンキングタイムが長引くようであれば予(あらかじ)め伝えておくと良好な関係を保つことができます。

相性のいい人

最初は好みではなくても、一緒にいるうちにいつの間にかつき合っていた……なんてことが多いようです。ですので、まずはいろいろな人と会ってたくさん話すといいでしょう。その中に、運命のお相手がいるはずですよ。

宇宙からのメッセージ

体調不良は、「軌道修正をしてください！」
というわかりやすいメッセージです。

August Thirteenth

8月13日

✦高い壁が立ちはだかるほど燃える情熱家✦

あなたについて

ムリだと言われるような新しいチャレンジでも、諦めずに立ち向かう強い心の持ち主。他人から、「そんなのムリに決まってるよ！」と言われたり、親しい人たちから反対されたり、壁が立ちはだかれば立ちはだかるほど、どんどんやる気がみなぎってきます。積極的にトライ＆エラーをしていくタイプで、失敗の回数も多いのですが、着実にステップアップしていくので、経営者向きです。

基本的にプラス思考なので、たとえ失敗したり、上手くいかなかったりしても、落ち込んで思考停止してしまうことはありません。上手くいくためにはどうすればいいいか、精度を上げていくためにはどうしたらいいのか、ということを常に考えていますし、いち早く改善点を見つけ出し、そして次に活かす努力をしていきます。

失敗したことのショックや怖さよりも、「もっと上手くやるための方法が見つかった」と喜べる稀有（けう）な人。失敗が苦痛ではなく、むしろ楽しめるので、最終的に大きな成果や夢を掴（つか）み、周りをあっと驚かせてしまう人なのです。

そんなあなたの姿を見て、いつしか応援してくれる人たちが増えていき、中には支援してくれる人も出てきたりして、あなたの夢や目標を成し遂げるチャンスが増えていきます。

そんなあなたは自由を奪われると途端にパワーが半減するので、自由に采配できる場を目指して人生設計していくのがよさそうですよ。

仕事と才能

仕事でも、「前人未到」といわれるようなことを好み、果敢にチャレンジしていきます。「○○さんがはじめてだよ！」などと賞賛されると、ますます張り切ります。そして、その好循環により、大きな成果を出したり、手柄を立てられたりします。そんなあなたに向いているのは、新規事業立ち上げや、自分で会社を起こすこと。新規開拓の営業や、新規オープンの店の販売スタッフなどもいいでしょう。あなたは獅子座の支配星である太陽の影響を受け、あなたが回ることによって、周りにどんどん人が集まってきて、その人たちも同じように回ってくれる――つまり同志に恵まれるのです。

人間関係

「相手の要求に応えたい」と、心の底から思う真面目さがあなたの魅力。しかし、本来は表現者であり、発信者なので、受動的でい続けると苦しくなってきます。ですので、少々強引かもしれませんが、周りを自分に合わせてしまうのがよさそうです。もともと人を惹（ひ）きつけるカリスマ性がありますから、それで人が離れていくようなことはありません。

相性のいい人

ビビッドなカラーが開運のカギ！　持ちものでもファッションでも、どこか一部に入れるだけでいいので、試してみてください。あなたと相性がいいのは、家族思いの優しい人です。

宇宙からのメッセージ

楽しくサクッと手放せば、
楽しくサクッと入ってきます。

August Fourteenth

8月14日

✦明確なゴール設定で努力が加速✦

あなたについて

目標を設定すると、期限内に何が何でも完了させる、妥協せずにきっちり仕上げるなど、責任感がとても強いタイプです。反対に、目標が曖昧なまま進めていくと、途中で迷ってしまい、ゴールにたどり着けない……という特徴もあります。

つまり、あなたの場合、明確な目標を設定することが必須。努力家なので、ゴールを決めておきさえすれば、後は自動的にそこに向かって努力し、安定して走り続けていくことができます。短距離走よりも長距離走の選手に近いイメージです。42.195kmを走るマラソン選手や、もっとトータルで距離があり複数の種目があるトライアスロンの選手のようでもあります。

一つのことをコツコツとやっていくのが得意ですが、「好きなものしかやらない」という頑固さはなく、柔軟性もあるので、好きなことをやるのと同時に他のことも行なうことができます。そして、それがしっかりとできるだけの器用さも持っているでしょう。

また、どんなことでも楽しみながらできるのがあなたの才能。これまでの経験を次々と新しいジャンルに応用させていくことでしょう。いろいろな場で自分の得意なことを表現できる喜びと共に、人が喜んでくれることにも幸せを感じるので、「人の役に立つ」ということを目標にしてもいいでしょう。

仕事と才能

とにかく、明確な目標設定がカギになります。とても純粋で真面目なので、目標が定められたら、そこに向かってひたすら努力し続けます。獅子座の支配星の太陽の影響もあり、人を上手く使いながら、その目標を何が何でも達成していこうとします。「あなたに任せておけば安心」と思っている上司や先輩も多いことでしょう。ですので、職業や業務内容も、そういった明確な目標を設定できるものを。決算期に期日までに処理をしなければいけない経理や、目標金額が明確な営業職、締め切りが決まっている編集者やライターなどが向いています。

人間関係

本来は表現するのが好きで、話したいことがたくさんあるはずなのですが、人がよすぎて遠慮してしまい、聞き役に徹してしまいがちです。人からはとても好かれるのですが、聞き役が続くとフラストレーションがたまってしまうので、たまには強気に出てみましょう！　嫌われるようなことはないので安心して。

相性のいい人

いろいろな場所に顔を出すと、自動的に出会いも増えていきます。自ら相手を見つけるよりは、見つけてもらうことを心がけるとよさそうです。相性がいいのは、知識が豊富で頼りになる人。

宇宙からのメッセージ

ふとした思いつきをスルーしないように。
それこそが宇宙からの電話です。

August Fifteenth

8月15日

✦「言霊のパワー」で引き寄せ開運していく人✦

あなたについて

あなたは、不可能を可能にするパワーの持ち主。危険を承知しているものの、心のどこかで「どうにかなる！」「絶対に大丈夫！」という自信があり、有言実行で願ったことを実現させていくのです。

それはまるで「引き寄せの法則」のよう。確かに、そこには運がいいとか、何か見えない力が働いているということもあるかもしれません。でも、何より「絶対にできる」という“自分を信じる思い”があるからなのです。

「言霊(ことだま)」のパワーを強く信じていますし、よくも悪くも言ったことが現実になりやすい傾向にあります。それは、心の奥底で強く願っていること、思っていることが、あなたの行動に表われて波動となって人に伝わり、現実のものになるから。特にあなたは、その力が強いことを覚えておいて。ポジティブなことやプラスのことを願うのはいいのですが、ネガティブなことやマイナスなことを強く思ってしまうと、負の波動に包まれてしまうこともあるので注意しましょう。対策は、ネガティブなことは言わない、と決めてしまえば大丈夫。決めたことを忠実に実行できるのも、あなたの才能なのですから。

また、いいことを引き寄せるあなたのパワーは、他人に対しても使うことができるので、「あなたがいると何だか強くなった気がする」と言われることもあるでしょう。人の幸せが自分の幸せだと思える心優しいあなたなので、ぜひ他の人にも「引き寄せの法則」を使ってあげてください。

仕事と才能

仕事においても、言霊&引き寄せのパワーをどんどん使っていきましょう！　その時は、自分のためだけでなく、周りの人のために使うといいでしょう。あなたがいる環境や取り囲む人たちの気の流れもよくなると、あなたはますますパワーアップ。もしも困っている人、悩んでいる人がいたら、積極的に声をかけていって、助けてあげましょう。そんなあなたには、心理カウンセラーや転職・就職アドバイザー、人事関連、教育関連の仕事が向いています。合言葉は「みんなの幸せが、自分の幸せ！」。幸せのスパイラルを生み出すことができるでしょう。

人間関係

本質を見抜く力があるので、人にだまされることはほとんどないでしょう。ですので、自分の直感に従い、この人と仲よくしたい、この人とはちょっと距離を置きたいと思ったら、その通りにしてOKです。たまに自分をさらけ出しすぎるところがあるので、あまり親しくない人には見せないほうが円滑な人間関係を育めます。

相性のいい人

自分に自信を持つことが大事です。自信がないと、それが相手に伝わってしまい、あなたのせっかくの魅力が半減してしまいます。相性がいいのは、優しくておっとりしているけれど芯がしっかりある人です。

宇宙からのメッセージ

自分から好きになると、相手にも好かれます。
人もお金も、モノも同じです。

August Sixteenth

8月16日

✦「好きなこと」から一点突破で豊かになる✦

あなたについて

あなたはすぐに夢中になりやすいタイプです。夢中になると年がら年中、そのことで頭がいっぱいになってしまいます。"好きこそものの上手なれ"で好きなことはほとんど上手くいきます。

もともと獅子座の人は、支配星である太陽が、童心やクリエイティブを意味し、この要素が他の星座の人たちよりも強く、好きなことに没頭することが簡単にできるのです。この日に生まれた人には、運動神経がよくてスポーツが得意な人が多かったり、画家などの芸術家も多いようです。当然、好きなことが仕事になる人も多いので、ぜひ突き進んでいってください。極めた先に、豊かな人生が待っていますよ！

また、責任感が強いので任されたことは最後までやり遂げます。特に専門知識が必要な分野に興味を持つと、その道のスペシャリストになれる可能性かあります。ただし、手を広げすぎると器用貧乏になるので気をつけましょう。人とのコミュニケーションは得意とはいえませんが、行動力があって明るいので、問題なし。

自分から積極的にコミュニケーションをとるタイプではないものの、慕ってくれる人に対しては明るく接します。また、「来る者は拒(こば)まず、去る者は追わず」タイプで、あっさりとしている点がいいところ。あなたは、ある程度、人との距離を保ったほうが精神的なバランスが保てるので、人との境界線を意識してみましょう。

仕事と才能

好きなことであれば、かなりのレベルまで到達できるでしょう。夢中になってしまえば、あなたの右に出る者はいないと言っても過言ではありません。もし興味が持てない仕事だと思ったらすぐにチェンジしないと才能は発揮できません。好きなことに携わるのがあなたの使命です。芸術関係や商品企画などに向いていますが、夢中になれることであれば、持ち前の集中力と情熱で困難な道でもどんどん切り拓いていくでしょう。どんな仕事であれ、あなたが携われば、「前よりよくなった」「レベルが上がった」と嬉しい評価がもらえるでしょう。

人間関係

あなたは人を笑顔にさせる能力に長けていますから、ユーモアを交えて話せば、すぐに仲よくなれますよ。会話のキャッチボールをするのが上手なので、基本的には楽しいトークができるでしょう。しかし、ノリが合わない人とだと、急におとなしくなってしまいます。そのため、合う・合わないを重視しておつき合いを。

相性のいい人

相手にどう思われているのが気になったら、そこから身動きがとれなくなってしまいます。あなたのよさは純粋さと情熱ですから、とにかく前進あるのみ！　相性がいいのは、思いやりにあふれ、同じように純粋な人です。

宇宙からのメッセージ

人を見て「い〜な〜！」と思うことは、
あなたにもできることだと思ってください！

August Seventeenth

8月17日

✦限界点を超えて成長していく「不死鳥」✦

あなたについて

あなたは、持っている力や能力を出し切ることに気持ちよさを感じるところがあります。そして、中途半端ではなく、全身全霊で取り組む時に、実力以上の能力を発揮します。特に、「もうダメかも……」「さすがに限界だ……」と瀕死（ひんし）に近いところから、不死鳥のように息を吹き返し、見事な復活……どころか、それを超えて、さらにパワーアップしていくことでしょう。漫画『ドラゴンボール』の孫悟空（そんごくう）をはじめとしたキャラクターたちは、瀕死の状態に陥った時にこそ、ものすごいパワーを発揮して敵を倒していきますが、そんなイメージです。そして限界点を超えた先には、素晴らしい世界が待っています。「私ってこんなにすごかったんだ！」ということがわかりますし、それによって自信がつくとともに、人生の価値観までも変わるかもしれません。また、眠っていた才能を呼び覚ます可能性も大いにあるので、できることの幅が広がっていくでしょう。

誰よりも向上心があり、常に自分を鍛えることが好き。新たな知識を習得し、年齢を重ねるほどに人間的に大きく成長していく人でしょう。

性格的には熱血タイプだからこそ何事にも情熱を傾け、夢中になれます。思い立ったら即行動！　そのスピードの速さは誰にも負けません。ただ熱いだけでなく冷静な判断ができるので、たとえ困難なことがあっても乗り越えていくことができますよ。

仕事と才能

営業職、開発職、研究職などに向いていますが、仕事においても、自分を限界まで追い込んでみるのがよさそうです。追い込み方もいろいろで、自分の能力よりも難易度の高い仕事をする、とにかく多くの仕事をこなす、などがあります。自分が伸ばしたい能力について、限界を超すまでやってみるといいでしょう。一方、好きなことを仕事にすることも大事です。楽しいと感じることをしている時のあなたの熱量と行動力はかなりのもの。好きなことを仕事にすれば、365日24時間輝き続けられますし、そんなあなたに引き寄せられるように、必要な人材が集まってきます。

人間関係

褒められると調子に乗りやすいタイプですが、褒め上手でもあります。褒められた人は当然嬉しくなり、幸せな気持ちになりますが、そんな人の幸せそうな姿を見て、あなたも幸せな気持ちに。つまり、人の長所を見つけて褒めることが、巡り巡ってあなたにも返ってきます。

相性のいい人

自分のことを好きになると、それに比例してモテ度がアップします。ですので、どんどん自分の長所を見つけて、好きになっていきましょう！　相性のいい相手は、ユーモアのセンスがあって優しい人です。

宇宙からのメッセージ

右へ行っても左へ行っても、あなたに必要な経験が待っているだけです。だから、進みましょう。

August Eighteenth

8月18日

✦周りも驚く「第六感」の持ち主✦

あなたについて

あなたは、非常にインスピレーションが湧きやすく、第六感にも優れています。突然降ってきた言葉や、パッとひらめいたアイディアで人をあっと驚かせることもあるでしょう。また、「何となく、これはいけそうな気がする」「こっちに進むといいことがありそう」など、直感的に感じたことに救われた体験も多いことでしょう。獅子座は、童心、無邪気さといった、“子ども”が持っている要素を多く持っているという特徴があります。純粋な子どもは、直感がものすごく発達しているもの。そして、あなたもいい意味で子どもと近い要素を持っているので、第六感が働きやすいのです。普段から自分の感覚を大切にしていくといいでしょう。

さらに、あなたは芸術的な才能も持ち合わせています。インスピレーションが湧きやすいというのは、何かを表現する上でとても有利。さらに、創作をする際、人を楽しませることを念頭に置くと、素晴らしいものができ上がります。

自分の思い描いた夢を実現していこうとする情熱的な一面もあります。失敗を恐れず、成功した自分を強くイメージできるので、周りから常に自信があるように見えるでしょう。性格は素直で明るく、ユーモアと知性があり、学ぶことが大好き。成長するために、興味のあることをどんどん吸収していきたいと思っています。そのためチャレンジ精神が旺盛！　パワフルに突き進んでいくことでしょう。

仕事と才能

仕事でも、あなたのインスピレーションは発揮されます。例えば、何か選択を迫られた時、どちらを選んでいいのかわからない……といったような状況で、あなたが直感で選んだことが正解になることが往々にしてあります。それが連続していくと、あなたの評価が職場でもグングン上がるでしょう。また、芸術性に秀でており、創作物も得意。向いている仕事は、モノづくりの職人やフードコーディネーター、パティシエなど、何か新しいものを生み出したり、リメイクしたりなど、創意工夫が生きてくる仕事。あなたは五感にも優れているので、その秀でた感性を活かしていきましょう。

人間関係

自分のやりたいことや、夢、アイディアがあるなら、会話の端々で人に伝えていくと、人との絆(きずな)が深まりやすくなります。あなたは時々、「自分なんて……」と遠慮してしまうところがありますが、あなたのその才能を待っている人たちは多いのです。ですから、どんどんアピールしていってください。

相性のいい人

恋愛では、まず自分を見つけてもらうことを意識するのがポイントです。笑顔や挨拶はもちろん、ちょっと気になる人の発言には大きめのリアクションをとるのが◎。相性がいいのは、ズバリ、博識な人です。

宇宙からのメッセージ

抵抗するから苦しくなるのです。
それは、そうなることになっていただけなのです。

August Nineteenth

8月19日

✦「伝える力」に長けたピュアな人✦

あなたについて

自分が本当によいと思ったことを、どんどん広め、たくさんの人に知ってもらいたいという欲求が人一倍あるあなた。そのため、自分の中で気持ちが最高潮に盛り上がった時、その思いを人に伝えるための行動を起こします。あなたの使命は「いいものを広めていく」こと。伝える力に長けているので、どんどんアピールしていきましょう。

また、人からの恩を大切にする人なので、助けてもらったり、ご縁をいただいたりした時には、あなたは一生懸命に恩返しをしていきます。民話「鶴の恩返し」のように、努力を見せずに、恩返ししたいという思いがあるようなので、恩着せがましい雰囲気にはなりません。それはあなたには「ただ恩返しをしたい！」「幸せになってもらいたい！」という純粋な気持ちがあるだけだから。基本的に裏表がなくピュアなので、人に見返りを求めたりはしないのです。そこがあなたのよさであり、人気の秘訣です。今のままを維持していくとよりよい未来が待っていますよ！

また社交的で、どんな場所でも中心に立つことが多く、自らが先頭に立って周りの人たちを引っ張っていくタイプ。何事も一生懸命に向き合い、きっちり成果を残すことにこだわります。さらに周りから注目されることが好きで、注目されればされるほど、自尊心が満たされます。

仕事と才能

獅子座の持つ、大人になっても子ども心を忘れない性質が、特に色濃く出ている人。子ども関係やエンターテインメント関係の仕事が向いています。ワクワク、ドキドキするような仕掛けがぽんぽん思い浮かんできますし、さらにクリエイティブ能力にも長けているので、それを形にすることができるのです。アミューズメントパークや劇場を運営する会社で、何かを企画するといったことに向いています。もしくはそのような業界に関わるだけでも GOOD。好きなものに携わっていると思うだけで、あなた自身がワクワクしてきて、モチベーション高く従事できますよ。

人間関係

人に対して、ここまではOK、ここから先はNGという、距離感が明確にあるあなた。洞察力と直感に優れているので、本能的に嗅(か)ぎ分け、自分が居心地いい環境をつくる力に長けています。実は密かにイニシアティブはあなたにあるため、あなたがオープンマインドになった相手とは、一気に距離を縮めていけるでしょう。

相性のいい人

他人の恋愛と比較してややネガティブになり、焦りがちです。でも恋愛はタイミングなので気にしなくてOK！　相性がいいのは洞察力のある人です。

宇宙からのメッセージ

イヤなことがある場合は、その後に自分へのご褒美を用意しておくといいでしょう。

August Twentieth

8月20日

✦長くつき合うほど“いい味”が出てくる人✦

あなたについて

あなたは、長くつき合えばつき合うほど、面白いことがどんどん出てくるので「噛めば噛むほど、味が出てくるスルメ」のような人です。話せば話すほど面白く、引き出しもたくさんあるので、ずっと一緒にいたい、と思わせるのです。あなた自身は、ただ楽しいと感じて始めたことでも、知らず知らずのうちに集中していて、気がついたらかなりマニアックなところまでいってしまう性格。獅子座は、どちらかというと表舞台に立ち、自分を表現して伝えるタイプなのですが、次の星座の乙女座の影響もあって、アウトプットだけでなく、インプットにも精力的に取り組みます。そのため、「あれ？　そんな一面もあったんだ！」と意外な面が次から次へと出てきて、つき合いが長くなればなるほど、あなたを面白いと感じたり、すごいと感じたりして、みんながどんどん好きになっていくのです。それが、最初にお伝えした「噛めば噛むほど味が出る」というところ。たとえ、第一印象に強く残らなくても、つき合うほどにあなたの魅力がどんどんわかってくるからこそ、友人でも、恋人でも、同僚でも、飽きさせることがないのです。常に新鮮さを与え続けられる、それがあなたです。

常に人の役に立ちたいと望んでいますので、誰にでも優しく、調和を大切にしています。人のことを考え、嫌われることを怖がっている一面も。でも、あなたはいつも周囲からも好意を持たれているので、気にしなくても問題なしです。

仕事と才能

仕事においても、噛めば噛むほど味が出てくるのがあなた。よく顔を合わせる相手であっても、日々「こんなこともできるんだ！」「こんなことも知っているの!?」と次々と意外な一面が出てきます。つき合いが長くなるほど、あなたの魅力と能力に気づき、みんながあなたに一目置くでしょう。誠実な姿勢も伝わり、「信頼貯金」がどんどんたまっていきます。マルチタスクが得意で、サクサクこなすので、事務職や秘書、広報など、業務範囲が広く、スピード感を求められる仕事が向いています。

人間関係

メールの返信や電話の折り返しなど、なるべく素早く対応することで、信頼が得られ、人間関係がスムーズにいくようになります。できるだけ、保留やスルーはしないよう心がけてください。あなたはもともと器用な人なので、もし今できていないとしたら、心がけるだけでもできるようになるはずです。質よりもまずはスピードです！

相性のいい人

やや奥手で不器用なところがあるあなた。もっと気楽にいきましょう！　もし不安があるなら友人や先輩などに相談してみるといいでしょう。あなたと相性がいいのは、話をまとめるのが上手な人。

宇宙からのメッセージ

外ばかり見ていると上手くいきません。
自分自身をきちんと見てあげましょう！

August Twenty-first

8月21日

✦楽しい妄想から作品を生み出すクリエイター✦

あなたについて

クリエイティブで芸術的な要素が強いあなた。楽しい妄想から新しいものを生み出すことが得意。まずは脳内シミュレーションを何度もくり返していくのですが、その時に、いいイメージが湧いてきたり、ワクワクしてきたりしたら、すぐにつくりはじめる、まさにアーティスト！　誰もが認める素晴らしいものができるでしょう。もし、シミュレーション中に飽きてしまったり、いいイメージが湧かない時は、大胆な方向転換を。いったん作業をやめて旅に出かけたり、美術館に行ったり、自分に刺激を与えるための行動に出ましょう。

平穏な毎日を嫌い、ドラマチックなことが大好き。そんなふうに人生を思う存分楽しんでいるあなたの姿を見て、周りの人たちも「自分も楽しめることを見つけて頑張ろう！」とやる気がみなぎったり、勇気をもらったりします。あなたは、人の心をもクリエイトできてしまう力があるのです。

面白そうなものを見つけるのが得意で、迷わず突き進んでいくあなたは、怖いもの知らずの楽天家。新しい世界へと進めば進むほど、充実し、幸せを感じることでしょう。クリエイティブな人なので当然、ビジネスにおいても優秀です。頭の回転が速く、適応能力も秀逸。特に専門的な分野を一つに絞って取り組むと、大成功を収める可能性が。器用なあなたはいろいろやりたくなりますが、幅広くやるよりも、一つに絞ったほうがよさそうですよ。

仕事と才能

仕事においても、あなたはシミュレーションしまくります。ですので、リスクヘッジは完璧。最悪の状況を想定して行動するので、大きな失敗が少ないタイプといえるでしょう。

そのため経営者にとても向いています。ビジネスにおいては頻繁(ひんぱん)に想定外のことが起こりますが、あなたはそれをいち早く察知する想像力が人一倍優れているため、最初の時点で想定できるリスクを洗い出すことができるのです。「あぶなっかしさ」はなし。プログラマーや経営コンサルタント、教育関係、医療関係でもどっしりと安定感のある仕事ができるでしょう。

人間関係

あなたは、とても話が面白いので、常に人に好かれます。さらに、伝えたいことを系統立てて、わかりやすく話す技術を身につけると、プライベートのみならず、仕事がらみの人間関係においても信頼度がアップ。人脈が広がっていきます。論理的な話し方はすぐに身につくものではありませんが、伝える前に一度要点を整理すると伝わりやすくなります。

相性のいい人

恋愛は時間や場所の共有がポイントになります。気になる人とはできるだけ同じ空間にいるようにしましょう。あなたと相性がいいのは、落ち着いていて、大人の雰囲気がある人です。

宇宙からのメッセージ

**人との別れの際は、相手の幸せを願えば、
全員幸せになります。**

August Twenty-second

8月22日

✦ストレートな発言で信頼を得ていく人✦

あなたについて

あなたは、とても発信力のある人です。人にモノやコトを伝えて、そして広めていく力があります。いいものはいい、よくないものはよくない、と自分の意見をストレートに伝えるので、あなたの言うことを信用する人も多いでしょう。さらにトーク力も抜群で、あなたの熱いトークを聞いた人は感化されていき、あなたの話をもっと聞きたい、あなたの意見を参考にしたい、と思うでしょう。そのため、あなたは常にたくさんの人に囲まれているのです。獅子座は芸能人が多い星座なのですが、あなたにもそのようなカリスマ性があるといえるでしょう。

トーク力に優れているあなたは営業職向き。何を売っても、売れてしまいますので、どこに行っても重宝がられるでしょう。強さと華やかさを併せ持ち、近寄りがたいイメージを持たれることもありますが、ユーモアがあり、親しみやすい人。だから多くの人から慕われて、集客力も抜群なのです。

ただ、自己主張が強く、はっきりと言いすぎてしまうことも。あまりにもズバズバ言ってしまうと、傲慢(ごうまん)な人という誤解を与えてしまうかもしれないので、言い方に気をつけるといいでしょう。

とはいえ、年齢や経験を重ねることで学び、成長し、穏やかになっていきますから、誤解されることも少なくなっていくでしょう。基本的には裏表がないので、確実に信頼を積み重ねて、大きなことを成し遂げることができる人です。

仕事と才能

あなたは、まるで宣教師のような発信力があります。また、人の才能を見つけて、育てていく力も。そのため、経営者や管理職などの、発信力と育成力が必要な仕事に適性があるといえます。また、クリエイティブ能力も高いので、事業を立ち上げたり、商品や企画を生み出したりといった感じで、まさに経営者や管理職という立場がぴったりな人。そこに、獅子座の魅力である純粋さや童心が加わるので、多くの人たちがあなたについていこうとします。あなたの場合、個人よりも複数人で仕事をするほうが道が拓けるタイプです。

人間関係

あなたは、お気に入りの人や親しい人には何でも話すタイプです。あんなこと、こんなこと、実にあれこれ深い話までしてしまうようですが、それはあなたの内面の充実や安定に関わってくることなので、いいことだといえます。ただし、相手も聞くだけではフラストレーションがたまってくるので、たまには聞き手に回ることも大切です。

相性のいい人

恋愛は、受け身よりも積極的にいったほうが、成果が出やすそうです。特にあなたの魅力は無邪気さ、ピュアさなので、頭で考えるよりも心を優先させましょう。相性がいいのは、雰囲気が好みの人です。

宇宙からのメッセージ

カッコつけずに、ただ自分らしくしていることで、あなたの魅力は最大化します。

August Twenty-third

8月23日

✦「超集中」で非凡な才能を発揮✦

あなたについて

集中力があり、何事もスピーディにこなす人。感情に左右されずに、冷静にジャッジすることができて、効率のよさを重視する性格です。加えて時代の流れやその場の空気などを的確にとらえることができ、先を見通す能力を持っているので、新しいことを開拓するには無敵状態です。

そんなあなたは、新しいことに挑戦するのが大好き。流行を的確にキャッチして身につけていくので、傍(はた)から見れば天才的なほどにセンス抜群！「これだ！」と思った分野での先駆者となることもありそうです。

ずば抜けた才能がありますが、誰とでも楽しく平等に接することができる器用さもあり。人を惹(ひ)きつけ、巻き込んでいくパワーがあり、多くの人に慕われるでしょう。巻き込み方が強引というわけではないので、周りの人は気がつかないうちにあなたのペースに巻き込まれてしまう、といった感じです。賢くて現実主義。有言実行なので、信頼されやすいです。いったん走り出したら、たとえ困難なことがあっても必死で努力し、決して諦めることなく最後までやり遂げることでしょう。審美眼もあり、身近に置く仲間選びは意外と慎重。特にビジネスに関わる仲間は信用するまでに時間がかかりますが、この人だと思ったら、とことん信頼し、何かあったら全力で助けることでしょう。逆に窮地(きゅうち)に立った時に周りの人に助けてもらえるということも多く、そこにはあなたの人を惹きつける魅力が大きく影響していることでしょう。

仕事と才能

仕事においても、猪突猛進に一つのことに一生懸命取り組むあなた。「そこまでしなくてもいいよ」と周囲が心配するほど、集中します。その結果、完成されたものを見ると思わず誰もがうなってしまうほど素晴らしいものができ上がります。あなたには、コツコツ、地道に何かを行なうのが得意な性質があります。何が何でも最後までやりきるため、信頼されるでしょう。また、管理能力にも長けているので、事務作業全般、経理、財務、総務、会計士、ファイナンシャルプランナーなどが向いています。

人間関係

会話の中で気になる部分が出てくると、それが自分の中で解決するまでみんなの話はそっちのけになり、自分の世界に入ってしまうところがあります。そこから、質問のタイミングや会話の盛り上がりを逃したり、置いてけぼりになることも……。ムリして合わせる必要はないですが、そういう自分であることを意識しておくといいでしょう。

相性のいい人

恋愛は、好きになったら誰が何と言おうと、「恋は盲目」状態になります。家族や親友の意見にも耳を貸さなくなってしまうのですが、途中で自分で気づくので問題ありません。相性がいいのは、笑顔が素敵な人です。

宇宙からのメッセージ

あなた自身のパッケージを可愛くするだけで、人気が爆発します。

August Twenty-fourth

8月24日

✦地道な努力がやがて大きく花開く✦

あなたについて

あなたは、とにかく真面目。そのため、与えられた役割には全力投球！　何事にも一生懸命取り組みます。ちょっとムリそうだと思っても、「できません」とは言いません。必ず「やってみます」と答えて実直にこなしていきます。このくり返しで、キャパシティを広げて、どんどん実力をつけていく……これがあなたのステップアップの方法です。成長のエネルギーにあふれたあなたは、目上の人に特に好かれる傾向にあります。

正直、あなたはあまり器用なタイプとはいえず、リーダーシップをとるタイプではないかもしれません。けれども、すべてにおいて全力投球で取り組んでいきますので、その過程で様々なものを学び得るのが得意です。

器用でないことを自覚しているあなたは、きちっと時間をかけて丁寧に取り組んでいくため、それがいつしか大きな力となって、最終的には偉業を成し遂げるという「継続は力なり」を体現する人です。

たとえるならば「ウサギとカメ」のカメ、「アリとキリギリス」のアリ、といったところでしょう。つまり大器晩成。ですのでスロースターターであっても気にしないこと。これには、乙女座の支配星である水星の、管理能力、作業能力の高さなども大きく影響してきています。得たものをしっかり管理し、自分のものにしていく——これも素晴らしい才能の一つです。

仕事と才能

与えられたことを片っ端から、一生懸命コツコツと取り組みます。周囲の人たちから「それはそこまでやらなくてもいいのでは!?」というツッコミが入るほど、なりふりかまわず全力投球！　中にはそんなあなたの姿を見て笑う人もいるかもしれません。でも、負けないで！　あなたのその努力はいずれ大きな花を咲かせることになります。「努力は決して裏切らない」を信じてください。あなたはそれを体現できる数少ない人なのです。芸術センスにも長けているので、ファッションや建築、アート、音楽などに関わる仕事が向いています。

人間関係

あなたは人間が大好きで、常に人と一緒にいたいと思っています。ただ、時々優柔不断なところがあり、物事の決断を相手にゆだねてしまうため、「どうでもいいのかな？」と思わせてしまうことも……。ですので、「何でもいいよ」「任せるよ」ではなく、あなたの意見や考えもきちんと相手に伝えるようにしましょう。

相性のいい人

気がつくと、相手に尽くしすぎているところがあります。あまり言うことを聞きすぎると、相手がつけあがってしまう可能性もあるので、気をつけましょう。相性がいいのは、一緒にいると安心できる人です。

宇宙からのメッセージ

人もお金も執着すると逃げていき、
愛をもって接すると集まってきます。

August Twenty-fifth

8月25日

✦「お先にどうぞ」の精神で幸せを広げる人✦

あなたについて

あなたは、とても心根が優しく、思いやりがあり、自分よりも人を優先する人です。「お先にどうぞ」と譲ることが多いでしょう。ガツガツしたところがなく、相手が喜ぶ顔が見られたり、感謝の言葉をひと言もらったりするだけで、幸せに満たされるタイプ。そもそも、乙女座は、「人の役に立ちたい！」という気持ちが強く働きます。そこには見返りを求めるような邪(よこしま)な思いはいっさいなく、純粋な気持ちだけがあります。そのため、多くの人たちから慕われ、常に人気者なのです。そしてこの日生まれの人はやることなすこと、とてもスマート。バタバタしたり、焦ったりすることはほとんどありません。

また、管理能力、整理整頓する能力に長けているので、何か新しく難しいことであっても「やる」と決めたら、あなたにとってはさほど難しいことではありません。意識的にはじめてみるといいでしょう。

加えてその"譲る"精神で、多くの人を幸せにしていくことができます。そして、相手を幸せな気持ちにすればするほど、巡り巡ってあなたの運気も上昇します。「情けは人のためならず」という言葉がぴったり。

性格は、完璧主義で、目標の定め方も現実的。掲げた目標はパーフェクトにクリアします。そして暇が嫌いで、いつもせわしなく動き回っていて、自分のため、人のために行動し続ける人。そのため周りから信頼されやすく、人間関係も良好。幸せな人生を送ることができるでしょう。

仕事と才能

徳を積んで成功していく力があります。特に仕事において、人を悪く言うことがなく、無意識のうちに徳を積んでいます。それは、あなたが常に謙虚であり、根底に「人の役に立ちたい」という思いがあるから。その気持ちが伝わり、コミュニケーションがスムーズになったり、相手の求めるものがわかったりと、ビジネスで欠かせないポイントを押さえることができるのです。ビジネスの様々な場面で活躍できるでしょう。人の悩みを解決するカウンセラーやコンサルタント、人をサポートする介護職、インストラクターなどに向いています。

人間関係

相手のかゆいところに手が届く、会話のキャッチボールができるあなた。話している相手は、あなたとの会話が楽しいと感じるでしょう。また、あなたは頼まれると断れないところがあります。自分のキャパを超えているのに引き受けることが偉いわけではない、ということを知っておきましょう。

相性のいい人

自分の気持ちを相手に伝えることに、普通の人よりも勇気がいるようです。しかし、そのシャイな部分が魅力でもあります。そんなあなたと相性がいいのは、あなたの繊細な部分をわかってくれる人です。

宇宙からのメッセージ

あなたが悩んでいる問題は、
結局、どうでもいいことかもしれません!

August Twenty-sixth

8月26日

✦どんな場面も平和裏に収める気さくな人✦

あなたについて

あなたは「円満であること」を強く望むタイプ。誰かが寂しそうにしていたり、落ち込んだりしていると、声をかけ、相談に乗りながら、関わる人すべてが幸せであるように努めます。ただ、気を遣いすぎて、自己犠牲になることも。世のため人のために、最善を尽くすことは素晴らしいのですが、自分のことを疎(おろそ)かにしたままでいると、ストレス過多、体調にも影響が出ることがあるので、その点だけ気をつけましょう。周囲の人たちにとっても、あなたは潤滑油(じゅんかつゆ)のような大事な存在。なくてはならない人ですから、“持続可能”であり続けるためにも、自分のケアにも目を向けるようにしてくださいね。

繊細なほうですが、誰にでも気さくですし、自身に満ちあふれ、堂々として見えやすいタイプ。嫉妬から心ないことを言われて落ち込むこともありますが、気にしなくて大丈夫。あなたのことが大好きな人はたくさんいますよ。仲間と共通の目的を掲げ、一致団結して頑張ることが好きですし、まとめあげるのがとても上手。友人を選ばないのが、あなたのいいところ。どんなタイプの人たちとも交流できるので楽しいコミュニティができることでしょう。

一方で、実はとても慎重派。石橋を叩いて渡るタイプで、最悪を想定して策を講じてから行動するでしょう。大きなことを決める時は慎重ですし、上手くいくための努力は惜しまないので、大きなミスをすることもなく、安定した人生を送ることができるでしょう。

仕事と才能

あなたは、物事を整理整頓したり、きちんと管理する能力に長けています。さらに心根が優しく、平和をこよなく愛するので、職場でも毎日みんなが平和に過ごすにはどうしたらいいのかを考えながら、持ち前の管理能力で様々な問題を解決していこうとします。例えば、仕事場の掃除、事務用品の管理など、人がやりたくないことを率先して行ないます。会社の飲み会の席でもあまり気が合わなさそうな人同士が席が近くになりそうだと、あなたが席を変わったり。とにかく、人が幸せになることを優先するので、とても重宝がられるでしょう。職業ではカスタマーサポートや受付・案内係などに向いています。

人間関係

あなたは、誰とでも仲よく交流できる人です。平和主義者なので和気あいあいとしたムードづくりを大切にします。ただし、平和を大切にするあまり、和を乱したり、人を傷つける人を許せない正義感の強いところが。落ち着いて大人な対応を心がけることで、あなたなら平和に解決することができるでしょう。

相性のいい人

恋愛においては、ギャップがある人に惹(ひ)かれる傾向にあります。軽そうに見えて真面目だったり、強そうでいて弱かったり……。そんなあなたにオススメなのは、芯がしっかりしている人です。

宇宙からのメッセージ

あなたの笑顔には
魔法のような吸引力があります!

August Twenty-seventh

8月27日

✦ 斬新な視点でアドバイスできる不思議ちゃん ✦

あなたについて

あなたは、ファンタジーな世界が大好き。目の前の現実で起きていることよりも、未知のものに対して、自分なりの解釈を加えて、あれこれ想像することを楽しいと感じるタイプ。周りからは「不思議ちゃん」と思われているかもしれません。推理小説や漫画を読んでいても、あるいはドラマを見ていても、自分で新たに楽しい物語を勝手につくってしまえるほどのクリエイティブ力あり。ストーリーづくりの天才なのです。

そんなあなたは想像力に優れていることからアドバイス上手でもあります。あなたのもとには、大勢の人たちが、アドバイスを求めにやってくることでしょう。想像力が高いということは共感力にも優れているので、聞いてもらう相手としてはうってつけ。話にも説得力があり、大いに喜んでもらえるでしょう。もともと乙女座は「人の役に立ちたい」という思いが強いので、あなたがいろいろな人と交流することで助けられる人はたくさんいます。ぜひ積極的に交流してください。

性格は穏やかで謙虚。決して驕(おご)ることはなく、きちんと言葉を選びますので、敵をつくることはありません。聡明で頭の回転も速く、目標を決めたら最後までやり通します。自分が得た知識や技術を周りの人たちに伝えることを使命のように感じていますが、上から目線になることはなく、さりげなくフォローをするように教えていくことが得意。そんなあなたは誰からも好かれることでしょう。

仕事と才能

あなたは想像力豊かで、それを具体化する才能に恵まれています。それは仕事においても大いに役立ちます。例えば、あるプロジェクトがあったとして、それを進めるにあたりリスクを洗い出す時。想像力に長けているあなたは、人の何倍ものリスクを想定することができるでしょう。それは、「先を読む力」ともいわれますが、これができると、成功を収めやすくなります。失敗から学ぶこともももちろんありますが、リスクヘッジができるに越したことはありません。どんな仕事をしても重宝されること間違いナシですが、特に広告関係や出版関係などクリエイティブ力を活かせる分野で活躍しそうです。

人間関係

相手を思いやって行動をしているにもかかわらず、「そこまでやらなくてもいいよ！」と言われてしまうことがあるよう。あらゆることを想定でき、細かいことまで気づけるのがあなたの才能。やりすぎでもいいのです。あなたの優しさが十二分に伝わることで救われる人はたくさんいますから。

相性のいい人

あなたにぴったりの人は、お互いに切磋琢磨（せっさたくま）できるフラットな関係を築ける人。いいところは褒め合い、よくないところは指摘し合い、成長していく――それが互いにとって理想のようです。

宇宙からのメッセージ

ひらめきには賞味期限があります。
「なるはや行動」が必須なのです。

August Twenty-eighth

8月28日

✦細やかな気遣いが光る敏腕プロデューサー✦

あなたについて

愛想がよく、ユーモアのセンスもばっちりの人気者。仲間と一丸となって頑張ることが好きな体育会系です。ポジティブ思考で、どんな時にも前向きですし、困難なことにぶつかっても、難なくクリアしていけるでしょう。いつでもポジティブで、夢を追いかけている純粋さがあり、年齢を重ねても若々しくいられます。

魅力的でありながら話しやすい雰囲気を持っているあなたは、交友関係が幅広く、人づてにたくさんのチャンスを掴（つか）みます。「チャンスは人についてくる」ということを実感することでしょう。

さらにプロデュース力に長けていて、その才能は年齢を重ねるごとに磨かれていきます。その実力は世界でも勝負できるかもしれません。そしてあなたの才能をSNSで発信していくことで、世界レベルで活躍する可能性もありそうです。自分が得意なこと、好きなことでしっかりと目標を定めたら、相当な熱量で進んでいくタイプ。失敗をくり返しながらも、必ず成し遂げることができるでしょう。

直感力があるので、ビジネスチャンスは逃さない優秀な人。時代の流れを読んで新しいことに次々と挑戦するでしょう。思いついたアイディアをすぐに形にする実行力があり、新しい分野の先駆者になるかもしれません。とはいえ、一人突っ走るわけではなく、きちんと仲間を引っ張っていくリーダー的存在です。まさに敏腕プロデューサーで、人望を集めます。

仕事と才能

職場でも、持ち前の細かい気配りや気遣いは存分に発揮されます。誰も気づかなくて見落としがちなことも、すかさずフォローに入る、気遣いに長けたプロデューサー。あなたは人の何倍もいろいろなことによく気がつきます。それはあなたが本来持っているすごい才能です。経営者やコンサルタント、センスを必要とするアーティストなどにぴったり。また気遣いに長けているので、ホテルやレストラン、百貨店などのサービススタッフ、客室乗務員も適任です。

人間関係

他人を尊重する思いやりにあふれるあなた。SNSやメールなどのやりとりよりも、実際に会ってこそわかるのがあなたの魅力。なので、なるべく対面でのおつき合いをしたほうが上手くいきます。

相性のいい人

恋愛には少し消極的なので、もうちょっと積極的になってみるのもいいかもしれません。さらに自分にはないものを持っている人に興味を抱くでしょう。ただしわがままな人を選ぶと振り回されてしまうので要注意。あなたのことを一番に考えてくれる、優しさのある人を選ぶようにしましょう。

宇宙からのメッセージ

**あなたは、あなたが生まれる前に
プログラミングしてきた通りに花開いていきます。**

August Twenty-ninth

8月29日

✦幸せのスパイラルを率先して生み出す人✦

あなたについて

あなたは物事を整理整頓するのがとても上手で、取捨選択する能力にも長けています。そのため、自分が苦手とすることは人に頼み、自分が得意なところは率先して行なうといった感じで、効率よく物事を進めていける人。人に頼ることがとても上手なので、一人ではできなかったことがたくさんできるようになり、いいチームワークをつくるのが上手でしょう。お互いの成功に喜びを感じることができれば、そこに相乗効果が生まれ、幸せの輪が広がり、いいスパイラルがどんどん生まれていきます。ですので、率先して新しいことを始めるといいでしょう。

そんな幸せスパイラルをつくり出すあなたは、周りから一目置かれる存在です。人から相談されたり、調整役を頼まれることが多いでしょう。そして、直感的に発する言葉が全て名言！その場を瞬時に好転させてしまう、影響力の強い人でもあります。自身が思う以上に、あなたには影響力がありますよ。それを意識するといいでしょう。

基本的には感情に流されることなく、冷静に判断し、行動できる人です。俯瞰(ふかん)する力、そしてバランス感覚に優れているので、トラブルの仲裁に入ることも多いでしょう。さらに人と人を繋(つな)ぐ「スーパーコネクター」の資質もあり、仲間内では頼りになる貴重な存在として認識されていることでしょう。

人の役に立つことが嬉しいので、ついつい自己犠牲になりすぎることも。その点だけは注意してくださいね。

仕事と才能

仕事でも、ノリにノッてきた時、ものすごいパワーを発揮します。柔軟性があり、臨機応変さにも長けているので、関わるものの影響で、絶え間なく変化し続けます。物事の調整、管理の他に、トラブル調整も得意です。論理的で、具体性のあるものを好むあなたは、分析していく力があるので、調整役は適任。人の役に立ちたいという思いが強いので、積極的に関わって解決していきます。大勢の人が働くショッピングモールやアミューズメントパークの運営、タレントのキャスティング会社の仕事などに向いています。

人間関係

あなたは、一緒にいるメンバーによって、毎日が楽しくなったり、そうではなくなったり、人ですべてが変わるようなところがあります。もし、今の人間関係に違和感があるようだったら、職場を変えることは難しくても、まずはプライベートの人間関係だけでも見直してください。人間関係が運気のアップダウンを左右するので、お早めに！

相性のいい人

本気で人を好きになることで、あなたの人生が変わります。何となく好きかも……ではなく、心の底から愛せる人であることが重要です。お相手には、じっくりと向き合って話してくれる人がオススメ。

宇宙からのメッセージ

**決められない時は、
今はそれをしなくていいということです。**

August Thirtieth

8月30日

✦「最適なプラン」を組み立てる達人✦

あなたについて

整理整頓、物事の管理が得意な乙女座の中でも、あなたは特に管理能力に優れています。中でも、時間の使い方がとても上手で、ちょっとした時間ができたら有効活用を考えます。例えば、人との待ち合わせで、相手が遅れてくることになったらメールを返信したり、TODOリストをつくり直したり、気になることをスマホで調べたり……と決してボ～ッとすることはないのです。効率がいいか悪いかで判断するその理由は、自分の時間を大切にしているから。ムダな時間を過ごさないことで、一日一日を大事に生き、充実した毎日を送ることでしょう。ちなみに巷(ちまた)で“成功者”と呼ばれる人たちは、これができていることが多いのです。

時間管理ができるあなたは、自分に厳しくとても常識的。完璧主義で努力家です。だからといって生真面目なわけではなく、子どものような無邪気な一面も。愛嬌(あいきょう)を振りまく一方で、やるべきことはきっちりこなす……この二面性によるギャップもあなたの魅力なのです。

知的な会話が好きで、人間関係においても、そこから得られるメリットに強くフォーカスする傾向が。自分が学びを得られる人とのコミュニケーションを望んでいます。

広く浅く人々と交流することができる人ですし、メール連絡に必要な文章力に優れているので、初対面から親密になるスピードが速いのもあなたの能力！　人づてに幸運をゲットしやすく、新しい展開に満ちた、楽しい人生を送ることでしょう。

仕事と才能

仕事においても、時間管理に長けていて、時間の使い方がすこぶる上手です。そのため、周りの人たちから「もうやっていたの？」と驚かれることもしばしば。ムダが嫌いなあなたはレスポンスもとってもスピーディです。タイムマネジメントの達人で、とても信頼される人でしょう。タイムマネジメントはビジネスにおいて、基本中の基本スキルですが、これが完璧にできている人は多くありませんので、これはあなたの武器です。どんどん磨いていきましょう。芸能マネージャーや秘書、タクシーの配車係などで時間の管理能力が活かせます。

人間関係

あなたは、時間管理が完璧にコントロールできているので、一見、隙がないように見えてしまうようです。少々冷たい人に思われてしまうかも……。本当は、「人の役に立ちたい」という思いが強く、人間が大好きなのですが、サクサク物事をこなすためにそう見られるのでしょう。なので、笑顔を忘れずに、意識して隙を見せてみるといいでしょう。

相性のいい人

一緒に買いものに行く、一緒にご飯を食べるなど、会う機会を増やしていくことで、いつの間にか恋人になっていた……という可能性大です。相性がいいのは、冒険好きな人です。

宇宙からのメッセージ

**あなたの一言には、
人々の人生を変える力があります。**

August Thirty-first

8月31日

✦斬新な発想が光る強運の持ち主✦

あなたについて

あなたは、流行に流されることなく独自の視点を持つ人。オリジナルで斬新な思考を持っているので、ちょっと変わった人、と思われがちですが、多くの人は、自分にない資質をたくさん持っているあなたに、憧れを抱いていますよ。ブレることのない自分の軸を持ち、自分らしさを追求しているあなたは、魅力的で輝いて見えるのです。

一方でとても勤勉で、努力を怠(おこた)りません。その熱意は誰にも負けない自負があります。

誰に対してもにこやかに接し、温和で柔らかな印象を与えますし、相手のいいところを見つけるのが上手。自分をごまかすことをせず、正しいと思ったことは貫き通し、誰に対しても正直に真摯(しんし)に接する人です。そのため、多くの人から好感を持たれていますよ。

また美意識が高く、ファッションや美容にこだわる人が多く、高級ブランドが大好き。そういう意味では少し見栄っ張りなところがあるようですね。とてもオシャレでセンスも抜群ですよ。8月31日生まれは強運に恵まれていますし、枠に縛られない柔軟な思考で理想の人生を貫き通す強さがあります。どんな仕事でも活躍し、順調に突き進むことができるでしょう。

また、良好な人間関係とチャレンジ精神がキーワード。直感力に優れているあなたは、「自分が正しいと思う最高の選択をする」と決めるだけで運気は好転します。周りの意見に左右されずに自分を信じて、ジャッジしてください。

仕事と才能

あなたは、自分の個性を発揮し、新しいことにチャレンジしていくパワフルな人。つき合いが浅い人は、「この人ちょっと変わっていそう……」と思うこともあるようですが、あなたを知れば知るほど、面白い発見があり、憧れを抱くようになります。なので、あなたはただ、発信し続ければ大丈夫。例えば、あなたが商品を開発するとしたら、大衆のニーズに合わせながらも、受け入れられるギリギリまで奇抜さを出し、大ヒットさせる……といった感じです。仕事は、メーカーやエンタメ業界が向いています。

人間関係

気の合う人たちとだけつき合うのではなく、少しずつ新しい人脈を広げていくようにするほうがあなたの性格からして楽しめるはずですよ。出会う人によって、あなたは刺激され、思いもよらない面白いことが起こっていく可能性が高いからです。特にあなたの芸術的な部分が触発され、仕事、プライベートともにますます充実していくでしょう。

相性のいい人

恋愛は、同性を見渡して、みんなよりちょっと可愛い、かっこいい部分を持つことがポイントです。些細なことでもいいので、見つけると自信に繋(つな)がり魅力がアップ。相性がいい人は、いつも新鮮な気分になれる人。

宇宙からのメッセージ

鬱々としてきたら、手先や体を動かす作業をすることでニュートラルになれます。

Know The Secrets of Your Life
Through Your Birthday

September First

9月1日

✦頑張りスイッチがいつでも「オン」の人✦

あなたについて

仕事でも何でも、とことん頑張るあなた。一定のラインを超えると、疲れているはずなのに、やたら元気になっていく“ナチュラルハイ”な状態に陥ることも多々あるようです。あなたは、キャパを超えていても、頑張り続け、一人で何人分もの作業をこなしていることもしばしば。さらに、疲れていても疲れは見せない主義。実はいっぱいいっぱいで、疲労困憊（こんぱい）になっている状態だったとしても、持ち前のサービス精神を発揮し、周囲への気遣いを欠かしません。「いつでも元気な人」というイメージが定着していることもあり、自分でも気づかぬうちに追い込みすぎて、ある日突然、バタンキューとなることも。セルフケアは怠（おこた）らないように、気をつけてくださいね。

人一倍、「人の役に立ちたい」という欲求が強いあなた。人から頼まれると、役に立ちたい気持ちのスイッチがオンになり、結局断れずに請け負ってしまいます。ただ、あなたが周りの人たちにしたことは、巡り巡って必ず自分に返ってきますから、先行投資と考えてよいでしょう。

それから、常にスマートに振る舞いたいという願望が強い人。そのため、一見、涼しい顔でこなしているように見えますが、水面下で必死に足をかく白鳥のように、かなりの努力家。想像力、分析力にも優れているので、判断が的確。チームではリーダーシップをとることもよくあり、そんなあなたの姿に憧れを抱く人も多いでしょう。

仕事と才能

乙女座の支配星は、作業能力、実務能力に長けている水星なので、あなたにはそれらの才能が備わっています。そのため、幅広い種類の仕事を並行して器用にこなし、特に、細かい雑務、書類整理、システム構築などは、いとも簡単にやってのけてしまいます。そんなあなたは、事務作業全般、調理師、管理栄養士、看護師などの医療機関、ファイナンシャルプランナー、会計士などにも向いています。また、ファッションデザイナー、職人など手先の器用さを有効活用できる職業もいいでしょう。

人間関係

あなたは、客観的に様子を見ることができるので、チームプレーでは、円満な関係を築きながら進めていくことができます。ただし、心のどこかで見返りを求めてしまう一面もあります。ずっと仲よくしていく秘訣は、あまり相手に深く入り込みすぎないこと。適度な距離を保つことがオススメですよ！

相性のいい人

周りに素敵な人がたくさんいても、気づかないところがあります。そんなあなたにアドバイスするなら、灯台下(もと)暗し！　身近な人の中に候補者がいる可能性大なので、じっくり観察してみてください。相性がいいのは真面目な人。

宇宙からのメッセージ

自分を大切にすれば人からも大切にされます。
宇宙の法則はシンプルなのです。

September Second

9月2日

✦速さと正確さを備えた「デキる人」✦

あなたについて

決めたことは、細かいところまできっちり守るタイプ。そのため、守らない人に対しては、わりと厳しく接してしまうのではないでしょうか。あなたは何事にも正確、かつスピーディに進めていくことができるため、スローペースな人を見ると、ちょっとイライラしてしまうことも。抜け目なく完璧に仕上げていくあなたの才能は特別。大抵の人はあなたのようにできるわけではないことを知っておきましょう。

緻密(ちみつ)な作業が得意で、自己管理能力が高く、整理整頓も上手なので、自分一人でやってしまったほうが早いと思うことも多くあるようです。でも一人で何もかもできるわけではありませんし、得意不得意もあります。あなたは、もともと人の役に立ちたいという思いがあるので、あなた自身はペースダウンしながら、周りを巻き込んで進んでいくといいでしょう。すると、上手くことが進んでいきますし、感謝されることも出てくるでしょう。周りの人たちによい影響を及ぼし、感謝されればされるほど、あなたは人間的に成長し、輝きが増していくことでしょう。

あなたは、一度何かにハマると、とことん追い求めていくところがあります。それがいい方向なら無敵なのですが、もしもそうではなかったら……気がついたときにはヤバイ状態になっていることも。しかし、あなたは、マイナスをプラスにするだけでなく、何倍にもいい状態に進化させていくことができる、すごい潜在能力を持っています。ですので、困難なことこそが、人生のターニングポイントになることでしょう。

仕事と才能

自己管理能力が高く、整理整頓、健康管理がほぼ完璧なあなた。実務能力に長け、細かい雑務や書類整理、システム構築なども得意です。いろいろな仕事を器用にこなせるので、「あの人に任せておけば安心」と、周りから頼りにされます。ただ、大きなことや、長期的な計画を立ててそこに向かって進んでいくというのは、やや苦手なよう。壮大すぎると、「自分ごと」としてとらえられなくなってしまうのです。とはいえ、コツコツ取り組んで大業を成し遂げる才能があるので、会計士や税理士、社会保険労務士など、難易度の高い資格取得に向けて勉強し、取得した資格を活用するといいでしょう。

人間関係

心をいい状態にしておくと、“類友（るいとも）の法則”が働き、素敵な仲間に恵まれていくでしょう。また、知的な会話ができる人を求める傾向にあるので、周囲の人たちに「これに詳しい人、いないかな？」と、どんどん口に出していきましょう。知り合いになりたい人たちを引き寄せることができますよ。

相性のいい人

見返りを求めないことがポイント！　愛情をもらった分だけお返しするのではなく、与えることが重要。「人の役に立ちたい」というあなたの思いをアピールしましょう。相性がいいのは、何事においても頑張りやさんな人。

宇宙からのメッセージ

何かを話題にした時に、ゾロ目を見たら、
「それはすごくいいですよ！」というお知らせです。

September Third

9月3日

ストイックに高みを目指す完璧主義者

あなたについて

あなたは、自分にも相手にも厳しいところがあります。真面目でストイック。どんどん自分を追い込むことで、集中力を発揮できるようです。

そのため、知らず知らずのうちに、わざと自分を大変な状況に追い込み、自分で自分のポテンシャルを引き出すところがあります。一方、一度気がゆるんで勢いが衰えると、再び心に炎がつくまでに時間がかかってしまうことも。自分でもそのことがよくわかっているので、休みたくない、このまま走り続けたい、と思うことが度々あるでしょう。

とはいえ、常にものすごく熱量が高いまま、というわけではなく、人知れずコツコツと静かな炎を燃やし続ける時も。実は細かい作業も得意なので、パズルのピースを地道に埋めていくような作業にもやりがいを見出します。

性格的に、あまりに先すぎる目標よりも、短期で達成できるものを積み上げていく作業のほうが、あなたの心を満たしてくれるでしょう。

自分を追い込むことが苦ではないあなたの性格からして、チャレンジを恐れることはありません。たとえ失敗しても学べることはとても多く、成長の糧にできるのがあなたのいいところ。誰もが失敗は避けたいと思いますが、高いハードル、大きな困難を乗り越えることに喜びを感じるあなたは、どこまでも成長していくことができます。やってみたいと思ったことは片っ端から飛び込んでいきましょう！

仕事と才能

あなたは自己管理能力が高いので、あまり大きな失敗をすることはないでしょう。一つのものを、コツコツと、かつスピーディに仕上げていくのが得意。そういう意味ではIT系の仕事に向いていますので、プログラマー、エンジニアなどを目指すのもオススメです。機械系のマニュアルを読むことにも抵抗がなく、周りの人たちが面倒だと思うことも、あなたは片っ端から処理していけます。そのため、組織になくてはならない人。あなたは人の役に立つことに喜びを感じるので、頼られれば頼られるほど才能をどんどん開花させていきます。

人間関係

あなたは、ホスピタリティ精神から、苦手な人とムリをしてでも関わろうとするところがあります。しかし、それではストレスがたまることもあるので、苦手な人にまで頑張らなくてもOK。一定の距離を保つといいでしょう。あなたは、人に丁寧に対応するので、基本的には好印象を持たれ、距離を保っても不快に思われることはないでしょう。

相性のいい人

恋愛は、友人や知り合いに好みのタイプを伝えておくとよいでしょう。見つかり次第、会える場をセッティングしてもらえる可能性も大！　相性がいいのは、何をしてもあまり怒らない人です。

宇宙からのメッセージ

いい人にならなくてOK。人は、本当のあなたとコミュニケーションしたいのです。

September Fourth

9月 4日

✦難題であるほど奮い立つ学者肌✦

あなたについて

すぐにわかってしまう簡単なことよりも、難解なことに出合えた時のほうが嬉しくなって、それを解き明かすことに燃えるようです。そして、その原因を解明した時のスッキリ感に快感を覚えるという、いわゆる、学者肌なのです。その雰囲気が周りにも伝わるからなのか、人から質問されたり、教えてほしいと頼まれたりすることが多いでしょう。

当然のごとく勤勉なので、わからないことがあれば、とことん調べたり実験をしたりして、そこから自分なりに噛み砕いてわかりやすく、正しい情報を伝えていくのが得意です。乙女座の支配星である水星は、話す、書く、工夫するなどを得意とし、サービス精神とトーク力を持ち合わせたあなたは、相手にわかりやすく説明する能力に長けています。基本的に乙女座は、人の役に立ちたいという思いが強く、その性質が、あなたの場合は特に顕著に出ているようです。感謝されることが多いあなたは、人を通して幸運が舞い込んできやすいでしょう。

一方で、能力が高いがゆえに「自分でやってしまったほうが早い」「自分でやってしまったほうが楽」と思うことも多くあるようです。ぜひそこは、人の力を借りて一緒にやっていってください。あなたの想像していなかった素敵な世界に行くことができるでしょう。説明能力が高いあなたは、人を巻き込むことも上手。ですので、人と協力してさらに大きなことを成し遂げていくことでしょう。

仕事と才能

緻密（ちみつ）な作業が得意なあなた。一人でやれることはほぼ完璧というぐらい、スピーディにサクサクとこなしていきます。実は、人と協力し合うことでますます仕事が楽しくなり、上手くいくことが増えていきます！　周りの人たちと共に努力する過程を楽しむことができますし、成功してもしなくても、仕事を通して関わった人たちに対して、「また一緒に仕事をしたい」「次はこれを依頼したい！」という思いが湧いてきて、あなたの周りにはどんどん人が増えていくでしょう。また、どうやったら上手くいくかが直感的に降りてくるので、人の才能を発見したり、成功へ導いたりすることも得意でしょう。向いている仕事は、トリマーや家事代行、システムエンジニアなど。

人間関係

あなたの魅力は、聞き上手なことです。支配星が水星なので、話すことにも長けているのですが、人は自分の話をよく聞いてくれる人に好印象を抱くため、聞いてあげるのがポイントです。あなたは話し上手でもあり、聞き上手にもなれるはずなので、聞き役の才能を伸ばしていけばパーフェクトです！

相性のいい人

「この人と一緒にいる時の自分が好き」と思える人。自己肯定感が高まるので、どんどん、自分自身のことが好きになっていくでしょう。

宇宙からのメッセージ

人の意見ではなく、どっちのほうが自分にとって大切かを基準にしましょう。

September Fifth

9月5日

✦アートな才能を秘めた天才肌✦

あなたについて

情報収集力がかなり高く、さらにそこから人々の役に立つものを編み出していくセンスがあります。目のつけどころが面白く、まるで子どもがおもちゃに集中して遊んでいるかのように、物事を進めていくアートな才能のある天才肌。本人的には、ただ面白くて仕方がないだけなのですが、周りから見ると、すごいことをしているように見えるのです。

そんな天才的なあなたですが、孤高の存在とか、変わり者という感じでもなく、柔和で優しい雰囲気を醸(かも)し出しているので、誰からも愛される存在。あなたの才能に魅了されて、真似したい、弟子入りしたいという人がどんどん集まってくることでしょう。ただ、あなたの天才的なセンスは独特なものなので、人に教えるのはなかなか難しいところ。どんどん素晴らしい作品をつくって人に感動を与えることに注力するのがいいでしょう。

あなたの才能をさらに昇華させるには、刺激が大事。もともと情報収集力に優れているあなたですが、積極的に新しい場所へ行ったり、未知の体験をしたりしないと、センスも作品もブラッシュアップできません。見知らぬ場所に旅に出かけて非日常の世界に飛びこむという、王道の方法も有効ですが、あえて苦手な人たちのコミュニティに参加するとか、普段は観ないような映画やアート作品を観る、なんていう、まるで関係ないと思うようなことが刺激になって、あなたの天才的発想を引き出すいいきっかけになるかもしれませんよ。

仕事と才能

絶対に譲れないものがある時は、天才的なセンスでどんどん突き進んでいくタイプです。謙虚で優しく、繊細なところもあるので、反対されたらやめてしまおうか迷いが生じることがあるかもしれません。でも、あなたが譲れないと思ったものは本当に必要なことなので、それを遂行していくことは、あなたのみならず、周りの人たちにもいい影響を及ぼします。また研究したり、発表したりすることが得意で、アーティスト、モデル、研究家、開発者、経営者などが向いています。

人間関係

あなたは、情報収集が好きなので、人と話をしていても、新しい情報を模索し続けるところがあります。何となくする雑談が苦手かもしれません。でもそれはそれでOK。同じような考えの人とコミュニケーションをとればいいですし、そういう人との会話の中にこそ、新しいアイディアや発見があるので、話していて面白いと思える人とだけ交流すればいいですよ。

相性のいい人

あなたの才能や何か一生懸命にやっている姿に惚(ほ)れる人が多そうです。相性がいいのは、あなたのやっていることをしっかりと見ていて、褒めてくれる人です。

宇宙からのメッセージ

あなたの笑顔には、人の心を解凍したり、ときめかせたりする力があります。

September Sixth

9月6日

✦誰よりも責任感が強く、面倒見がいい人✦

あなたについて

あなたは、自分が関わった物事に対して、最後まで自分で見届けないと気が済まないようです。というのも、あなたは人一倍責任感が強く、困っている人を見ると放っておけないため、身近な人が困らないかどうかが気になって仕方ないのです。もしも、その人が困っていたら、サポートしてあげたい――そんな思いが強く、最後の最後まで面倒を見てしまいます。

さらに中途半端を嫌う完璧主義なので、部分的に関わるだけではフラストレーションがたまり、「どうせ関わるものならパーフェクトにしたい！」という気持ちが働くでしょう。乙女座の持つ責任感の強さ、手を施(ほどこ)して愛情を込めながら関わっていく性質が起動します。そのため、全く苦ではなく、むしろ喜びを感じますし、役に立ったという満足感を覚えるのです。

また、スピリチュアルなものから恩恵を受けやすいようで、見えないものの力を借りたり、潜在意識を掘り起こしたりすることで物事をいい方向に向かわせる才能があります。

例えば、方向性で迷った時には、祖母、祖父、両親は何が好きだったか、何が得意だったか、職業は何だったか……など、ご先祖さまのルーツを掘り起こしてみるといいでしょう。その中に素晴らしいヒントが埋もれている可能性大。それはあなたの直感として、大切な時にふーっと降りてくるので、大事な時こそ、自分の判断を信じるとよさそうです。

仕事と才能

完璧主義を活かせる銀行員や研究開発、変わったところでは絵画修復師などが向いています。自分のことを後回しにしがちなので、まずは自分を優先するよう心がけて。周りが忙しそうにしていると、つい手伝ってしまい、キャパをはるかに超える業務量をこなしてしまうのですが、そこはあえて、相手がやったほうが相手のためになる、ととらえ直しましょう。そして、なるべく自分の時間を確保しましょう。あなたは管理能力に長けているので、難なくできますよ。また、睡眠や食事をきちんととり、心身を安定させることがいい仕事に繋(つな)がります。

人間関係

人と仲よくすることが得意なあなた。誰からも好かれ、多くの人があなたのもとへ集まってきます。しかし、時々自分と向き合う時間を持たないと、精神的に疲れてしまいますので気をつけて。たまには、静かなところで瞑想したり、旅に出てゆっくりしたりして、頭の中を整理整頓して、きちんと余力をつくることも大切ですよ。

相性のいい人

「恋愛は根本的に楽しいもの」という成功体験が大事。もし苦しい恋愛をしているのなら、それは意味のない執着と思ったほうがいいでしょう。相性がいいのはメンタルが繊細で守ってあげたくなるような人です。

宇宙からのメッセージ

人と比べる必要なし！　というのは、
人との違いこそ、あなたの魅力だからです。

September Seventh

9月7日

✦自分も相手も大切にしながら成功する人✦

あなたについて

あなたは人を大切にできる、心の優しい人です。親切心で人に与え、喜んでもらえることで幸せな気持ちになり、それを自分の力に変えていくことができます。もちろん、人だけでなく、あなたは自分のことを大切にするのも上手。乙女座の場合、自己犠牲を払いすぎてしまうところがありますが、あなたは珍しくマイペースさが強く出ていて、自分のペースで上手く生きていくことができます。

そんなあなたのペースがかき乱されるようなことがあると、いろいろな歯車が噛み合わなくなってきて、総崩れになることも……。そうならないため、自分のペースではないなと少しでも感じた時には、いったん立ち止まって、冷静になり、原因を探る、そうする習慣がしっかりと身についています。

どうしても譲れない、成し遂げたいことがあったら、それに向かって突き進んでいけるのもこの日生まれの特徴。

そして誰かのサポート役になるよりも、主役のほうが、実は向いています。それが、あなたの幸せの道に繋(つな)がるのです。整理能力、分析力に優れているので、サポート役としてもかなり優秀なのですが、それを続けるとストレスがたまりやすいので要注意。はじめはサポート役でもいいですが、「十分に技術を習得した」と思ったら、自立の道へと突き進んでください。自由に選べる、自分のペースで進めるということを大切にしたほうが、あなたの才能は開花して、大きな成功を収めることでしょう。

仕事と才能

洞察力がとても優れています。そのため、流行やトレンドに関わるような仕事が向いているといえるでしょう。例えば、商品開発、マスコミ関連、新規事業立ち上げなど。または、新しいものを常に探し続けるような研究者も向いているといえます。あなたの場合は、そのトレンドを押さえるだけでなく、トレンドとなった要因が何なのかということを、細かく分析し、整理し、そして結論を導き出すことも得意としています。根拠に基づいて「これがくる！」と予測するため、大幅に外すことは少ないでしょう。

人間関係

相手の細かい欠点が気になりだしたら、あなたは止まらなくなってしまいそうです。その状態で仲よくしようとすると、苦痛に感じることもあるので、飲み会の席などフランクな話ができるところで、何かのついでにさらっと伝えると効果的です。支配星の水星は、話すことが得意な性質なので、あなたの場合はカドを立てずに伝えることができます。

相性のいい人

恋愛は、あなた自身をいい状態にしておくことがポイント！健康、美容、笑顔などに気をつけると、いい相手を引き寄せられるでしょう。相性がいいのは頑張りやで、見ていると守ってあげたくなるような人。

宇宙からのメッセージ

どっちも気になるなら、
どっちもやっちゃっていいんです。

September Eighth

9月8日

✦「ファンタジックな世界」から豊かさを引き出す✦

あなたについて

怖いものやちょっと怪しいものに惹(ひ)かれる傾向があります。普通、怖いと感じるのは、例えば、幽霊やUFOなど、自分が知らない未知の世界のものだったりしますが、あなたはちょっと違って、自分が知らない、怖いもの、ちょっと怪しいものに対してワクワクできて、つい惹かれてしまうのです。というのも、ホロスコープ上で乙女座の180度真逆に存在する星座は、イメージ力の宝庫である魚座。あなたは、その魚座からたくさんのイメージがなだれ込んでくる性質を持っていて、ファンタジックな世界に憧れを抱いたり、夢を見たりしているようです。

何を意味するかといえば、未知なるものやちょっぴり危険なにおいがするものほど好奇心のスイッチが入り、それに導かれるように行動力が増していくということ。あなたは、キャーキャー言いながら顔を両手で覆って、指の間からチラ見している感じ。ただエンタメとして楽しむだけではなく、その未知なるものの中に、実は、あなたの人生を豊かにするヒントがたくさん隠されていることも。ですので、どんどんその世界に飛び込んでいくのもよさそうです。基本的に直感が冴えていて、石橋を叩いて渡る慎重さもあり、大きく道を外すことはないのでご安心を。

また、あなたはマイナスをプラスに変換する能力にも長けています。失敗したとしても、原因を即座に分析し、問題点を見つけ、改善策を見つけることができます。

仕事と才能

基本的に、細かい作業が得意で、目の前のことを一つひとつ、コツコツと正確にこなしていくあなた。製造業や事務職などに向いています。しかし、未知なるものへの憧れも強く、新しくはじめるプロジェクトや新規開拓の営業など、“まだ見ぬ世界”をキーワードに展開していくのもよさそうです。あなたは物事を分析するのも得意なので、新しくはじめることに対してのリスクヘッジも素晴らしく、プロジェクトを進行していく上であなたの能力は発揮できます。

人間関係

悩みを相談されると、よいアドバイスをしようと頑張るあなた。しかし、相手はあなたに話を聞いてほしいだけかもしれません。あなたの支配星の水星は、話すこと、書くことが得意なのですが、人と接する時は聞き手に回ることがいいコミュニケーションの秘訣です。もともとあなたはホスピタリティにあふれているので、実は聞き上手。その特性を活かすと人気者になれるでしょう。

相性のいい人

恋愛は、あなたが精神的にいい状態の時に出会った人に限ります。そういうお相手とは会話が弾み、心の底から楽しむことができますよ。相性がいいのは、言いたいことをズバッと言い合える人です。

宇宙からのメッセージ

過去のことは
いちいち持ち歩かなくていいんです！

September Ninth

9月9日

✦心の中にパワフルな“台風”を秘めた人✦

あなたについて

あなたはとてもパワフルな人ですが、そのパワーはわかりやすいものではなく、普段は見えない状態です。

あなたの本当の力が発揮される時とは、心の底からやりたいことに出合った時や、「後悔のないようにやり切りたい」と覚悟を決めた時。それまで温存されたままでしょう。

ですので、もしも今、毎日を淡々と過ごしているとしたら、そのパワーは眠ったままになっているのかもしれません。これは非常にもったいないこと！　今すぐやりたいことを目指して行動してみてください。

才能が眠りから覚めるきっかけは、突然やってきます。例えば、道ですれ違った誰かの言葉であったり、映画や本の中で出合った言葉であったり……。些細なことでスイッチが入り、猛烈なスピードで突き進んでいく、なんてことがありそうです。本来あなたの心の奥にあるパワーは、雷や台風のようなものすごく大きな力。積極的に行動したくなる何かが見つかった時に、あなたは本当の意味でイキイキ輝きだすでしょう。

また、乙女座は、具体性のあるもの、目に見えるものをメインに考える、かなり現実的なものの見方をします。そのため、噂や想像だけでは、あなたの才能は発動しません。

アクションを起こす時は目的が明確になり、成功すると確信してから。でも一度動きはじめたら、台風のようにどんどんパワーを増していき、到達したいところまでたどり着けるでしょう。

仕事と才能

自分の目で確認することで安心感を得て突き進むタイプなので、意外と慎重派。不安に思うことは一つひとつ解決していくことで作業効率がぐっと上がります。営業や商品企画などに向いていますが、具体的な見返りがあると頑張れてしまうのがあなたの特性。そのため、あなたの成果をわかりやすく評価してくれる会社、職場で働くといいでしょう。年棒制、成果報酬などがいいですし、もし今、あまり正当に評価してもらえていないと感じたら、転職するのもいいでしょう。あなたの場合、フリーランスよりも組織の中で働くほうが性に合っているので、部署異動や転職がオススメです。

人間関係

多少イヤなことがあっても、我慢してしまうところがあります。それをくり返していくうちに、ストレスが蓄積されて、体調に影響が出てきてしまいます。もし、人間関係で不快な出来事があったら、なるべくその日のうちに誰かに相談したり、その相手としっかり話し合ったりして、心のモヤモヤを解消していくといいでしょう。

相性のいい人

あなたの場合、刺激よりも安らぎが得られる関係を築くことが幸運のカギ。そのため相性がいいのは、優しく包み込んでくれる人。安定したおつき合いができます。

宇宙からのメッセージ

本音で話ができる人ほど、人に好かれるでしょう。

September Tenth

9月10日

✦笑顔の花を咲かせるムードメーカー✦

あなたについて

あなたはとても明るく素直で、ムードメーカー的な人気者。あなたがいると場に花が咲いたようにパッと明るくなるでしょう。たとえトラブルが起きても思い悩んでしまうことなく、他に方法はないかと多角的に物事を考えることができ、きちんと解決策を提示できる人です。

そんなあなたの機転の利いたアイディアに、周りの人は救われることが多いでしょう。人や物事をよく観察し、困っている人や一人ぼっちの人がいたら声をかけてあげるなど、その場の雰囲気をよくするために工夫できるでしょう。

それは、あなたが相手の気持ちを深く理解しようと努め、常に人に寄り添いたいと思っているから。そんなあなたは感謝される人生になりますし、巡り巡って人からたくさんの愛をもらうことになるでしょう。

また機転が利き、頭の回転が速いあなたは、当然、才能豊か。多才で、興味のあることはどんどんやっていきたい衝動に駆られるでしょう。特に芸術性に優れているので、あなたなりに感じたことを楽しく表現していくだけで、評価が得られるでしょう。

こんなことが仕事になるのかな……と疑問に思うことも、実は世間のニーズが高いことがあります。ですので、楽しいと思えることを仕事にしていく、ということを模索し続ければ、あなたの夢はどんどん叶っていくことでしょう。

仕事と才能

頼まれたことを真面目に正確にこなすことができます。仕事が好きで、手が空くと、何か手伝えることはないか、探しに行くことがあります。細かい作業は洗い出してから取り組むので、段取りよく、スムーズに進めることができるでしょう。ちょっと不安なことがあると、あらゆる角度からそれを分析し、先読みして行動していくため、やり直しや失敗が少ないのです。マイペースながらも、集中力があり、パタンナーやCADオペレーター、ネイリストなど職人的な仕事が向いています。また、大人数が関わるプロジェクトなども楽しめますし、非常に重宝されるでしょう。

人間関係

あなたは、人をよく見ていますから、どんな人とでも上手くつき合うことができます。けれどもあなたがあまりにも楽しそうにしていることで、周りから嫉妬の対象になることもしばしば。でもそれは、あなたの問題ではなく、相手の精神的な事情なので、気にする必要はないでしょう。そういう時は、対抗するのではなく、自分一人の時間や家にいる時間を十分にとることで、メンタルの安定を図ってください。

相性のいい人

視点が面白くて、あなたの話に面白いツッコミを入れてくる人がぴったりです。

宇宙からのメッセージ

あなたが人生でやろうと決めてきたことは、すべてやることになっています。安心してください。

September Eleventh

9月11日

✦センスと美意識が磨かれたモテる人✦

あなたについて

あなたは、仲間をとても大切にし、いつも大勢の人に囲まれてモテモテ！　センスのよさが支持されて、注目されますし、大勢の人の中にいることが多いでしょう。とはいえ、寂しがりやかと思いきや、一人の時間も大事にしている人。頭の中でいろいろと妄想し、物思いにふける時間を好むところもあります。そういう意味ではオンとオフがはっきりとしている人でもあります。

また、乙女座は自分に厳しいルールをつくる傾向にあるのですが、特にあなたの場合、人のために犠牲になったり、自分に負荷をかけすぎてしまい、それがストレスに……。真面目で優しいのはあなたの素晴らしいところなのですが、時には自分を解放してあげてください。自由に動き回ることを意識したほうがいい方向へ舵(かじ)を切れるということも覚えておきましょう。

忍耐強さも幸いして、たとえ困難なことが起こっても、そのことによってかえってやる気もアップするタイプ。ですので、周りのサポートを得ながら、高いハードルを乗り越えるたびに、大きく成長していくことでしょう。

また美しくて芸術的なことが大好き。美術やダンス、音楽など発想のヒントとなるものを積極的に取り入れていきましょう。それが美意識やセンスを高め、よりイキイキと輝いていくために必要なエッセンスとなります。

仕事と才能

持って生まれたセンスと人気のおかげで、夢や目標を意外とたやすく実現できる人。そして、あなたが成功する姿を見た人たちが、あなたの周りに続々と集まってきて、中にはサポートしてくれるような人も現われます。基本的に、乙女座は事務処理能力に優れ、組織の中で働くことも向いているのですが、あなたの場合は、会社を経営したり、フリーで働いたり、はたまたミュージシャンや画家、作家など、人に夢を与えていくような仕事も向いています。

人間関係

親切で丁寧なあなたは1から10まで、全部を説明したくなってしまうのですが、聞いているほうは疲れてしまうことも。三つくらいに要点をまとめて伝えると、上手くコミュニケーションが図れます。乙女座の支配星の水星は、考える、話す、書くなどの資質を持っているので、あなたは話し上手。その特性を上手く活用しながらコミュニケーションをとりましょう。

相性のいい人

恋愛に臆病なところがあるかもしれません。恋愛はあなたを大きく成長させてくれます。たとえツラい恋をしたとしても、多くの学びを得て生きていく上での糧(かて)になります。相性がいいのは、あなたを一段上のレベルに引き上げてくれる大人な人。

宇宙からのメッセージ

あなたのことをきちんと見てくれている人ほど、あなたを傷つけることがあります。

September Twelfth

9月12日

✦仲間と成長し合って幸運スパイラルを起こす✦

あなたについて

あなたは、人の長所や得意分野を見抜く、鋭い洞察力を持っています。本人が気づいていないところまでも、意外な視点から見つけてあげることができます。そのため、長所を見つけたら、ぜひ本人に伝えてあげてください。

あなたは、人の役に立つことが好きで、人の喜びを自分のことのように喜べるタイプ。ですので、たくさんの人のいいところを見つけて、ちょっと大袈裟なくらいに伝えてあげるといいでしょう。その人は幸せな気持ちになり、つられてあなたも幸せになる……。さらに自分が満たされることによってパワーアップし、それが周りの人を幸せにする……といった最高の幸運スパイラルをつくり出せるのです。

また、あなたは、人のことばかり気にしすぎていて、自分自身の方向性を見極めるのが苦手。本当は好きなこと、得意なことにチャレンジするのがいいとわかっていても、周りの期待に答えることを最優先してしまうところが。基本的に安心、安全を求めるので、リスクをとることが苦手。そのため、本当は素晴らしい能力を持っているのにもかかわらず、新しいことにチャレンジすることを躊躇(ちゅうちょ)してしまいがちなのです。あなたに必要なのは想像力。最悪のことを想定して、リスクの許容範囲を見極めて、このラインなら大丈夫、という想像力を働かせてみましょう。

後は一緒に走ってくれる仲間を見つけること。それも新しい一歩を踏み出す勇気に繋(つな)がりますよ。

仕事と才能

あなたの使命は、仲間と成長し合うことです。そのため、一緒に頑張るメンバーがとても重要になってきます。メンバーたちは、たくさんの気づきを与えてくれますし、またあなたも周りの人たちへ、たくさんの気づきを与えていくでしょう。そうしてお互いが成長することをくり返していくと、一人で成長していくよりも成長速度が速く、成長の幅も大きくなります。いいことだらけですね！　大人数で取り組むようなイベントやプロジェクトなどが、あなたには向いています。おもてなし精神が活かせるホテルスタッフやバスガイド、百貨店スタッフや美容部員などでも力を発揮するでしょう。

人間関係

どこか冷静に人を観察しながら、話をするところがあります。感情的にならないことはとてもいいのですが、相手との間に距離が生まれてしまうこともあります。仲よくなりたい人に対しては、もっと素(す)の自分をさらけ出したり、取り繕(つくろ)ったりせずに、正直な感情を表現していったりするといいでしょう。

相性のいい人

あなたの場合、年齢が思いきり離れている人と恋に落ちる可能性を秘めています。そのため、思い込みは捨ててストライクゾーンは広めに設定しておきましょう！　あなたと相性がいい人は、芸術的な才能がある人です。

宇宙からのメッセージ

行きたくない時は行かなくていいのです。
いちいち自分の気持ちに正直に生きましょう。

September Thirteenth

9月13日

✦ゲーム感覚で目標を次々クリアする人✦

あなたについて

あなたは、簡単にゴールできることよりも、困難が伴うほうがやる気が出ます。多くの人の協力を得ながら、試行錯誤しつつ、ゲーム感覚で一つひとつクリアしていくのが好き。

普段から、「人のために何ができるのか？」ということを考えながら行動している人。そのため、人望があり、何かやろうとする時には、多くの人が集まり全力で助けてくれるので、できないことはほとんどないといっていいでしょう。それは、あなたの志や一生懸命さに感銘を受け、一緒にゴールする感動を分かち合いたいという気持ちで集まってくる人が多いから。ゴールへと向かうプロセスも楽しく、幸せを感じられるでしょう。

イメージとしては、ゲーム『ドラゴンクエスト』の主人公。旅の途中でよき仲間に恵まれながら、ともに成長し合い、最終的に目的地へとたどり着きます。あなたの場合、助けてくれる仲間が多いため、目標ははじめから高めに設定しておくのが◎。逆に、低めに設定してしまうと、わりとあっさりクリアしてしまい、いろいろな意味でちょっと味気なくなってしまう、ということを覚えておきましょう。

性格は素直で正直。裏表のないわかりやすい人。一方的な感情で人を判断することがなく、誰にでも平等です。人当たりは穏やかで、ユーモアのセンスがあり、どちらかというと中性的な魅力があるタイプなので、男女問わず誰からも好かれますし、注目を浴びやすいでしょう。

仕事と才能

仕事でも、目標を高く掲げておくことがキーポイント。あなたには、周りの人を巻き込む力があり、多くの人たちとともに目標を達成しに向かいます。人が協力してくれるのは、すべてあなたの「人の役に立つことが好き」という人徳がなせる業なのです。一方、コツコツと細かい作業ができ、とても器用なので、いわゆる"デキる人"。そんなあなたに向いている仕事は、イベントの企画や、プロジェクトリーダー、はたまた、経営者、管理職などの組織を束ねるポジションのものなどが向いています。

人間関係

一見何でも受け入れてくれそうに見えるので、あなたのもとには大勢の人が集まってきます。中には、あなたに甘えて、感情的になってくる人もいるでしょう。そこで相手に憤り（いきどお）を感じては同じレベルになってしまうので、できるだけスルーを。器の大きさの差をはっきりと見せることで周りからの評価はますます上がります。

相性のいい人

自己肯定感が若干低めのあなた。そのため、せっかくあなたに好意を持っている人がいても、自分なんて……と見過ごす可能性大！　もっと周りをよく観察してみましょう。相性がいいのは、マメに連絡をくれる人です。

宇宙からのメッセージ

「来年やろう！」ではなく、今やりましょう。
「いつ死んでも感無量！」で生きることが幸運のコツ。

September Fourteenth

9月14日

✦独特の発想と言語化能力が光る楽天家✦

あなたについて

あなたはちょっと人とは違う発言をするので「○○さんらしいね」と言われることがあるのではないでしょうか。また、好きなものや嫌いなものがはっきりしているわかりやすい性格。乙女座は、本来好き嫌いがはっきり表に出るタイプではないのですが、あなたはちょっとレアな乙女座で、顕著に出やすくなっています。

あなたには、自分の好きなものを具体的に思い描くことができ、言語化し、表現する能力が備わっています。ですので、やりたいことが明確。常に自分の心の奥底で「何を求めているか」ということを探り、それを周りの人に伝えることが好きなのです。それは独特の発想、センスで、他人が思いつかないアイディアを生み出し、周りをあっと驚かせるでしょう。

自立していて、落ち着いている人。自分の考えをしっかりと持っているので周りの意見に流されることはほとんどありません。人に頼るのは好きではなく、独立したいという気持ちが強く、そのために学ぶこと、成長することに努力を惜しまないでしょう。何か気になることがあれば瞬時に解決、がモットー。真面目すぎず、基本的には楽天家。ネガティブな発想はあまりしない、前向きな人が多いようです。

性格はとても社交的なので、どんな場所でも躊躇(ちゅうちょ)なく飛び込んでいける行動力あり。人に対して感情的に接することはなく、人当たりもいいので、すぐに話題の中心に。誰からも好かれることでしょう。

仕事と才能

オリジナリティを追求する姿勢を貫きます。それは、突出した非現実的なものではなく、乙女座の緻密(ちみつ)さ、具体性、着実さなどが加味され、「今よりも優れたクオリティのもの」をつくり出すイメージです。職場では「つくった資料のアドバイスがほしい」「この商品は本当にこれでいいのだろうか？」など、意見を求められることも多いでしょう。そんなあなたは、工夫を凝らして改善へと導くもの……コンサルタントやカウンセラーなどのアドバイザー的な仕事や、インスタグラマー、ブロガーなど、生活に役立つ情報発信をするものが向いています。

人間関係

いろいろな考え方の人との出会いが成長に繋(つな)がります。また、「類は友を呼ぶ」の法則で、周りを見渡した時、素晴らしい人たちに囲まれているのなら、あなたの状態はよいといえます。しかし、ネガティブな思考やグチを言うような人たちが多くいる場合はちょっと注意して。できるだけポジティブな思考を心がけると、いい「気の流れ」が巡ってきます。

相性のいい人

恋愛に関しては、世間体を気にしてしまうところがあるようです。しかし周囲を気にしている間は素敵な人と出会えません。「自分は自分」と割り切りましょう。相性がいいのは、ちょっとわがままで面白い人です。

宇宙からのメッセージ

過去は、ただ、そうなることになっていただけです。
人生の予定通りなのです。

September Fifteenth

9月15日

✦どこにいても頼られる心強いお助けマン✦

あなたについて

洞察力のあるあなたは「ここをこんなふうに工夫するともっとよくなる」とか、「こうすればもっと効率が上がりそう」、といった改善点の気づきが多いでしょう。それは他の人にはないあなたの才能です。人に教えてあげると、とても感謝されますし、相手の成長、成功にも繋(つな)がります。さらに、相手が上手くいくことで、それがあなたの喜びに。乙女座には、人の役に立つことが大好き、という性質があります。あなたの、改善ポイントを発見できるという能力はまさにぴったりの才能で、仕事でもプライベートでも重宝されるでしょう。しかもあなたの意見はとても貴重で、みんなが素直に受け入れると、今よりもいろいろなことがよくなります。そのため、あなたに頼ってくる人がどんどん増えていきます。

また、あなたは、よくも悪くも完璧主義なところがあり、すべてにおいて全力を尽くしてしまうのですが、自分の限界点やスイッチオフの仕方がよくわかっていないため、最終的にバテバテになってしまうことも……。

体調を崩すと運気も低迷してしまうので、ムリをせずに、あなたの心身を大切にすることを忘れないようにしましょう。せっかく人のためにいいことをして運気が上がっても、体調を崩して運気が下がっては元も子もありませんからね。自分にとって最高のリラックス方法を見つけて、ちょっと疲れを感じたら、こまめに取り入れるようにしてください。自分のことを一番に気遣えるのは自分。時には自分を最優先してください。

仕事と才能

改善&改良をしていくことが得意。そのため、部署を立て直す、雑誌のリニューアル、ホームページを改良する……そういった業務に抜擢(ばってき)されやすいです。または、あなたが部署異動になった途端、「実はこれ変えようと思ってるんだけど、手伝ってくれる？」と言われることも。あなたは、どこにいてもとても心強いお助けマンなのです。向いている仕事は、組織・業務改善、システム構築、人材育成……などのコンサルティング業。分野はどれでもOKです。今よりさらによくなるためのアドバイスをしていくことで、多くの人から感謝されるでしょう。

人間関係

あなたから相手に興味を持つことをオススメします。すると、相手もあなたに興味を持ってくれるでしょう。もともとあなたは人から好かれるタイプですので、万人受けします。ですが、時間も限られていて大人数を相手にはできないので、まずは自分が親しくなりたい人に興味を持つことからはじめるとよいでしょう。

相性のいい人

恋愛は、相手に合わせるより、まずはあなた自身の魅力がどこにあるのかを知ることからはじめましょう。そのままでも魅力的なので、あえてあれこれする必要はありません。いつも笑って癒してくれる人がオススメ！

宇宙からのメッセージ

どんどんオシャレを楽しみましょう。
歳を重ねるほど、あなたの魅力は増していきます。

September Sixteenth

9月16日

✦いるだけで安心感を与える癒しキャラ✦

あなたについて

あなたは癒し系キャラです。いるだけでその場の空気がほんわかしたり、人に安心感を与えるという才能があります。特に緊張感が漂う場面では、あなたのような人は重宝されるでしょう。また、乙女座の特徴でもある「人に何かしてあげたい」という慈愛の精神が、無意識に働いて、困っている人や悲しんでいる人、苦しんでいる人などを見ると、自分の時間を費やし、その人のお世話を焼きたくなってしまいます。もしかしたら、やりすぎの可能性もあり……。しかも感謝の言葉を聞けないことがあるかもしれません。それでも見返りを求めないで人助けをするあなたは周りから信頼されますし、人としてどんどんレベルアップしていくことでしょう。打算的なところがないのがとてもよく、あれこれ深く考えず、本能の赴(おもむ)くままに「助けたい」と思った時は動いてOKです。そして、それが将来巡り巡ってあなたのもとへ必ず返ってきます。

平和主義で、争うのは好きではありません。状況をすぐに察知する洞察力があるので、気まずい空気が流れると、楽しい話をするなど、サービス精神が旺盛。いわゆる空気が読める人なのです。このことからも協調性があり、外交性もあるので、新しい場でもすぐに仲間ができてお互いにしっかりとわかり合える関係を築きやすいでしょう。人との繋(つな)がりを大事にし、常にどのように行動すれば相手が喜ぶのかを考え、慈愛に満ちているのがあなたの魅力。そんなあなたは誰からも好かれることでしょう。

仕事と才能

人当たりがよく、管理能力、整理整頓する能力に恵まれているあなた。多くの人が苦手とすることを得意とするため、職場では重宝されます。あなたに任せておけばクオリティの高いものが納期までに上がってくる……といって、次々と仕事が舞い込んできます。そして、期待に応えようと、がむしゃらにこなしていこうとするでしょう。しかし体は一つしかありません。時には、ムリなものを断る勇気も必要ですよ。あなたに向いているのは、秘書、営業事務、アシスタント、経理、総務などスケジュール管理と細かい仕事の整理が肝となる仕事です。

人間関係

大好きな人には気に入られようと意識して接するところがあります。でも、そうすると、せっかくのあなたのいい部分が隠れてしまうので、できるだけ素の自分を見せていくようにしましょう。あなたは物腰が柔らかく、第一印象もとてもいいので、素の自分を見せても嫌われるようなことはないので、ご安心ください！

相性のいい人

相性がいいのは、リーダータイプの人です。さらに、あなたの状況もよく見極めてくれるところもあると、なおよし！　あなたは恋人の言うことを何でも聞いてしまうところがあるので、自分の軸を大切にしましょう。

宇宙からのメッセージ

**ムリというのは思い込みです。
やってみると意外と簡単だったりします！**

September Seventeenth

9月17日

✦すべてを上手く回していく整理整頓のプロ✦

あなたについて

要点をまとめたり、バラバラの内容を整理したりしてわかりやすくすることが得意なあなた。乙女座は、作業能力が12星座のうち最も高く、とても頼もしい存在です！

例えばオフィスでも自宅でも、誰もがわかるように、見やすく整理整頓し、きちんと管理していくことができるのです。会社や何かのチーム、または家庭内でも、あなたが一人いるだけで、すべてが上手く回るようになり、多くの人から感謝されます。大抵の人は細かい整理整頓までは手が回らず、ついつい後回しにしがち。でもあなたはテキパキと仕分けして整理することができる、他の人にはない、素晴らしい才能の持ち主なのです。

ただ、周囲の人が、あなたに頼りすぎてしまい、自分で何もやらなくなってしまうこともあります。あなたの素晴らしい才能は、依存心の強い人を増やしてしまうリスクもあるのです。

面倒見がいい性格なので、可能な限り、全部やってあげようとしてしまうのはあなたの優しさでもあるのですが、どこまでサポートしてあげればいいのかを見極めて、成長を妨げない範囲でフォローをするのがいいでしょう。

人材育成にも優れているあなた。陰ながらサポートしたり配慮をしたりすることで、部下や後輩が成長していく過程を見ることができますし、その成長ぶりはきっとあなたの心を満たしてくれることでしょう。

仕事と才能

周りの人たちからとにかく頼られます！　あなたがやってしまうととても早いのですが、それでは周りの人たちが成長しません。ですから、あなたがどこまで行ない、どこからバトンタッチをするのか、ということを明確に線引きし、なるべく相手が成長する機会を与えてあげましょう。突き放すようで申し訳なく思ってしまうかもしれませんが、成長させるためだと思えば、罪悪感は芽生えません。そして、人の成長が実は自分の成長にも繋(つな)がるのです。そんなあなたに向いている仕事は、教師や塾・予備校の講師など、人材育成に関わるものです。

人間関係

頑固で、テコでも動かないような人に対しても説得を試みようとします。あなたは慈愛に満ちているので正しい方向に導こうとして、人にエネルギーをかけていきます。でも、全員に響くわけではないので、難しい場合は、相手を変えようとするのではなく、自分の考え方や受け止め方を変えると、円滑なコミュニケーションが図れますよ。

相性のいい人

話をすればするほど、あなたの魅力が相手に伝わります。たくさん話をすることが、いいご縁を引き寄せるポイント！　また、あなたと相性がいいのは、笑い上戸(じょうご)で明るい人です。

宇宙からのメッセージ

1回決めたことでも、変えていいのです。
私たちは変化し続ける生き物です。

September Eighteenth

9月18日

✦向上心が旺盛な「深く考え抜くスピリッツ」✦

あなたについて

向上心があり、いろいろな分野に挑戦して、自己の隠れた才能を見つけ出そうとすることに積極的です。自分のことなのに、自分のことをもっと分析したいという欲求が強く、納得のいく人生をしっかりと歩んでいきたいと考えています。

そして「人生の命題」なるものを探し続けていく、まるで詩人や哲学者のような性格です。そのように、自分と常に対話し、向き合っていくのが好きで、その過程で様々なことに気づく……それがあなたにはとても楽しい作業なのです。

当然、知識欲が旺盛で勉強が大好き。分析力にも優れています。また、その深く考え抜くスピリッツは、自分の好きなことや興味のある分野で大きく役立てることができます。研究者気質なので、これと決めたものを深く追求していこうとします。

感受性と直感が鋭いせいか、人の心の動きに敏感。それにすぐに反応するあなたは繊細な一面も……。時にはとっつきにくいと思われることもありますが、明るく振る舞うように心がければ、気遣いの達人でもあるので嫌われることはありません。繊細に見えるのに、話すと気さくな態度になるあなたには、多くの人が惹(ひ)きつけられますよ。

博識で、あなたの話を聞きたいと、たくさんの人が寄ってきますし、あなた自身、いろいろな人と討論し、話したいという欲求が強いので、友人関係には不自由しないでしょう。

仕事と才能

あなたは、人一倍向上心があるので、ルーティンワークや単純作業は似合いません。常に、レベルアップしていけそうな業務に携わっていくことで、あなたの運はぐんぐん上向いていきます。また、できることからコツコツとこなしていくという才能もあるのですが、これは12星座の中で、乙女座が一番得意とすることなのです。コツコツと取り組みながらレベルアップさせていった先に偉業を成し遂げる……そんな星回りです。そのため、あなたは短期的に結果が出るものよりも和食の料理人や伝統工芸の職人、美容師のように、じっくりと長期的に取り組んで結果を出すものに向いているでしょう。

人間関係

人のことばかりに気を遣って、自分のことをないがしろにしているところがあるようです。いわゆるお人好しのところがあり、気を遣いすぎるようです。相手に合わせすぎずに、自分が楽しいと思うこと、嬉しいと思うことを積極的に求めていって大丈夫ですよ！

相性のいい人

スタイリッシュでオシャレな雰囲気づくりが、ご縁を運んできそうですよ。そのため、自分磨きに力を注ぎましょう！　そんなあなたと相性がいいのは、料理や掃除が得意で家庭的な人です。

宇宙からのメッセージ

「もっともっと」と、エンドレスで追いかけることをやめた時、心が満たされるようになっていきます。

September Nineteenth

9月19日

✦冒険が大好きな秀才肌の世渡り上手✦

あなたについて

新しい知識を学んでいくことが大好き。イチから学ぶことに対し、時間をかけて努力をすることに抵抗感がなく、むしろ楽しめるタイプ。そのため、傍（はた）から見ると楽に目標を達成しているように見えますが、当然、陰ながら努力をしていますし、その継続力は誰から見ても尊敬に値するでしょう。この日生まれの人は努力を積み重ね続ける秀才肌。しかも自分だけの世界を確立していて、それは他の人には真似できない、素晴らしいものをつくり上げることに繋（つな）がります。

自分が手をかけたことに関しては、完璧を目指しています。そして自分のあるべき姿というものをきちっと描いていて、そんな理想の自分になれるように邁進（まいしん）していきます。常に頭の中はフル回転！　1日の終わりには疲れ切ってへとへとになってしまうことがしょっちゅうありそう。でも、理想の自分に近づくためであり、楽しんで毎日を送れるので問題ありません。変化と冒険が大好き。常に新しい課題を見つけては取り組んでいます。好奇心が旺盛なので、たくさんのことにチャレンジする中で、多くの人との出会いがあります。しかも人たらしなところがあり、相手に気づかれないようにその場を心地よくするテクニックもあります。まさに世渡り上手です。

また、あなたのパワースポットはカフェ。カフェにいれば、集中力を発揮しやすいですし、コミュニケーション能力も上がります。特に数人で集まって話をすると、そこから有益な情報を得られたり、アイディアが湧いてきたりすることもあります。

仕事と才能

あなたは、乙女座の几帳面さ、管理能力、ホスピタリティなどを持ち合わせていながら、次の星座の天秤座の影響を受けて、美しいもの、輝いているものにも興味を持ちます。そのため、どんな仕事でも上手くやっていく器用さがあります。でも、あなたの心を満たしてくれるもの、五感に働きかけてくれるものに携わると、より幸せな気持ちになれるでしょう。ファッション、美容、雑誌、広告、映画、音楽、料理など、五感を活用できる仕事は世の中に多くあるので、ワクワクするものを選択し、取り組んでいくと、より輝きを増すでしょう。

人間関係

人から見て、自分がどのように思われているかを気にしすぎるところがあります。しかし、どんなことを言われようと、どう思われようと、あなたは自分の気持ちに忠実に行動することを大切にしてください。ありのままのあなたでいても、人から好かれるタイプなので、自分を最優先しても全く問題はありませんよ！

相性のいい人

恋愛は、どんどん積極的にしていきましょう。恋をすることでエネルギーが湧いてきて、それがすべての原動力になることでしょう。相性がいいのは、真面目で目の前のことにコツコツと取り組む人です。

宇宙からのメッセージ

あなたがあなたを大好きになればなるほど、
あなたの魅力が増大します。

September Twentieth

9月20日

ストレートな会話で不思議と愛される人

あなたについて

あなたは、回りくどいことが好きではなく、何事もストレート。空気を読もうとせずに単刀直入に聞いてしまうことが多々あります。でもそれは悪いことではありません。多くの人は、大人になればなるほどストレートに気持ちを伝えることができなくなっていくものなので、あなたのその“直球”に感謝する人も少なくないでしょう。とはいえ、歯に衣着せぬ言い方をするようなことはなく、心根が優しく思いやりがあり、言葉選びは丁寧。直球とはいえ、表現はキツくなりません。そのため、敵をつくりにくいタイプでもあります。

また、自分が学んだことを人に伝える時には、相手をけなしたり、下に見たりするような発言は絶対にしません。慎重に言葉を選びながら、一つひとつ丁寧に教えていくことができます。乙女座の支配星である水星は、話すこと、書くことを司る天体なので、特にあなたはその気質を強く受けています。また、根底には人が好きという愛情深さがあるため、それが相手にも伝わるのです。

あなたは人と交流していくことに喜びを感じていますし、その出会いによって自分の人生を切り拓いていくタイプ。そして、関わる人が多ければ多いほど、あなたの味方や支援者が増えていき、自分が成し遂げたいことを手助けしてくれる人たちも増え続けていきます。そのため、常に人を大切にし、感謝の気持ちを持って交流することを心がけていくと、あなたの人生は実り多きものとなっていくでしょう。

仕事と才能

仕事においても、人との関わりがキーワードになります。伝えなければいけないことがあっても、なかなかストレートに言えない人は多いもの。ついオブラートに包んでしまって、結局伝わらなかった……ということは往々にしてあります。しかし、あなたの場合はそんなことはありません。そのため、相談ごとや交渉ごと、はたまた人事の評価面談をするなど、言葉次第で結果や人の感情を左右してしまうことも、あなたはスムーズにやってのけます。社外の人との交渉を担当する渉外業務や営業、コンサルタントなどが適任。もし、今あまり人に関わらない仕事をしているのであれば、もっともっと関わるような仕事を選ぶことをオススメいたします。

人間関係

人を好きになることは、自分を好きになることと同じです。ですから、どんどん人の長所を見つけて、もっともっと人を好きになっていきましょう。それは、あなたの自己肯定感を高めると同時に、あなたを成長させてくれるでしょう。

相性のいい人

いささか押しに弱いところがあり、熱烈に口説かれると好きになってしまうところがあります。ですので、自分の意志をしっかり持つようにしましょう。相性がいいのは、優しさにあふれ、あなたを一番に考えてくれる人です。

宇宙からのメッセージ

**もったいないからと続けていることはありませんか？
続けることこそ人生の時間がもったいないことも……。**

September Twenty-first

9月21日

✦人の心の機微がわかる感受性の強い人✦

あなたについて

相手の表情や動き、その場の空気感から、いろいろな情報を受け取ることができるあなた。たとえるなら、犬と飼い主の関係のように、言葉が通じないにもかかわらず「今日は機嫌がいいなあ」とか、「あれ？　今日はイヤなことがあったのかな？」などと、何となく心境がわかってしまうのと似ています。

人の心の機微がわかるというのはあなたが少し繊細であるからこそ。ですので、深読みしすぎるところもあり、先々のことをあれこれ考えては不安になる……なんてことも。それが、取り越し苦労であることも多いので、さほど心配しなくて大丈夫ですよ。

繊細であるがゆえに、気遣いの人。笑顔を絶やさずに相手のことを楽しませるのが得意です。周囲の人からとても可愛がられ、マスコット的存在に。誰とでも仲よくなれるので、交友関係は広いでしょう。一人ぼっちになっていたり、仲間外れになっていたりする人とも寄り添い、上手くつき合っていきます。そんなあなたの周りには大勢の人が集まってきますし、毎日楽しい人生が送れることでしょう。

また、勉強熱心で情報を集めるのが得意。知識が豊富な人やインターネットから多くのことを学び取り、知っておくといいことがあれば、すぐに周りの人にシェアしてあげたくなる……それもあなたの特徴です。

特に得意なことを損得勘定抜きに人に教えてあげる姿勢は、誰からも好感が持たれることでしょう。

仕事と才能

乙女座の支配星である水星の、書く、話すという才能を活かして、ライター、編集者、作家、脚本家、講師、アナウンサー、ラジオ DJ などを仕事にするといいでしょう。ただ、これらはちょっと特殊な業界でもあるので、営業や心理カウンセラー、転職アドバイザーなど、言葉を使ったり、人と話したりするような仕事にも十分活かすことができます。あなたは協調性があってとても優しいので組織の中でムードメーカーとしても重宝されるタイプ。ただし、人からよくも悪くも影響も受けやすいので、常に自分の信念は何かということを考えておくことをオススメします。

人間関係

誰とでもすぐ仲よくなれるけれど、距離感を掴(つか)むまでに時間がかかるようです。いい人だと思って接してみたらそうでもなかったり、逆に第一印象はよくなかったのに会うごとに印象がよくなり、親友になった……なんてことも。人と仲よくなるまでの時間を短縮したいなら、持ち前の観察力をフルに稼働させ、様子を見ながら自分から積極的に関わるといいでしょう。

相性のいい人

自分を愛することができれば、相手にもたくさんの愛を与えることができます。ですので、まずは自分を愛しましょう！相性がいいのは、あなたを慈しみ、癒してくれる人です。

宇宙からのメッセージ

衝突するということは、心の距離が近い印。

September Twenty-second

9月22日

✦集中力&処理能力がずば抜けた人✦

あなたについて

集中力に優れていて、処理能力もピカイチ、普通の人が気づかないような細かいところまで、あなたはよく気がつき、パーフェクトなものに仕上げます。

ただ、集中している時は他のことが考えられなくなり、それ以外のものを疎（おろそ）かにしてしまうところも……例えば、仕事はものすごくきちんとやるのに、友人との待ち合わせ時間にはとてもルーズ……ということもあるので気をつけましょう。タイマーをセットしておくなど、何らかの対策をとっておけば問題ないので、その点は工夫の余地ありです。あなたは乙女座の次の星座である天秤座との境目に生まれたので、天秤座の「バランスをとる」という資質も持っています。ですので、訓練すれば大丈夫です。

この日生まれの人は、能力が高いのに、意外と謙虚で自分のことを過小評価しがちなのですが、実は目標が高く、発想力も優れていて、時には周りをあっと驚かせるような大成功を収めることも。それも集中力の高さがなせる業。

一度目標を定めたら、そこに向かって学びながら突き進み、大きなことを成し遂げることができる人です。しかも、大変な時でもあまり顔に出さないので、周囲の人からは何でもスムーズにこなす人と見られているかもしれません。それは周りに気を遣わせまいとするあなたの優しさなのですが……。いずれにしても、ネガティブさのない、優しいオーラの持ち主であるあなたは、多くの人から好かれることでしょう。

仕事と才能

仕事では、あなたのその洞察力で、他の人が気づけないところをくまなくカバーしていきます。「そんなところまで!?」と思われるくらい守備範囲も広く、組織には欠かせない人材となっているでしょう。しかし、あなたは控えめで、自分がやったことをアピールしようとしません。アピールしすぎは考えものですが、人に伝えたほうがいいこともあります。とても謙虚なあなたですから、ちょっとアピールしたくらいでは嫌味にもなりませんのでご安心を！　百貨店・ホテル・レストランのスタッフ、冠婚葬祭に関わる仕事など、細かなケアが必要な仕事が向いています。

人間関係

あなたはとても気を遣う人なので、社交辞令的なトークがとても上手です。そのため、常に人気者。ただ、あまり自分の素(す)を出せない時間が続くと、だんだんとストレスに感じてきます。たまには、気心の知れたメンバーだけで集まるようにして、リラックスできる時間を持つように心がけましょう。

相性のいい人

気を遣うあなたは相手のことを考えすぎることも。妥協でつき合うのではなく、本当に好きになった人と恋愛をしましょう。相性がいいのは、顔には出さないけれど、さりげなく愛情を注いでくれる人です。

宇宙からのメッセージ

心が弱っている時は、それを伝えるだけで、
みんなの気持ちが楽になります。

September Twenty-third

9月23日

✦一度会ったら忘れられないオーラのある人✦

あなたについて

あなたは目立つオーラを持つ、存在感のある人です。例えば、誰かと待ち合わせをしている時、相手の人はすぐにあなたを発見することでしょう。あなた自身は、気づいていないかもしれませんが、見た目や仕草、雰囲気、そして醸(かも)し出すオーラが特徴的。はじめて会った人からもすぐに覚えてもらえるので、ある意味ラッキーかもしれません。天秤座の影響で、人間関係を築くのが得意。さらにあなたは自分を表現したり、アピールしたりすることがとても上手なので、人の記憶に残りやすいともいえます。

また、何かをはじめる時は、プロセスを大切にし、準備を完璧にしてからと考える人。知識欲が旺盛で、常に精神的な刺激を求めているでしょう。積極的に人脈を拡大し、情報収集をし続けていれば、素晴らしい道が拓けていくでしょう。

相手の考えや気持ちをすぐに察することができるので、どんな人とも上手につき合っていきます。周囲への気配りを忘れない大人な対応をしますが、本当は気疲れするおつき合いは避けたいと思っているでしょう。

役割や常識に縛られたり、人に頼られ、期待されるのも、実は苦手。自由でいるのがベストと思っています。それはわがままなことではないので、貫き通しても大丈夫。むしろ自由気ままに行動することで、自分が定めた目標達成はもちろん、決めた道を極めて有名になることも夢ではありません。

仕事と才能

あなたは、人にアピールすることがとても上手です。友好的に接し、どうすれば相手に印象づけることができるかを自然にわかっているのです。また、第一印象が爽やかだったり、清潔感があったりと、プラスの要素があればあるほど、相手に強く印象づけることができます。向いているのは販売スタッフや受付、営業、教師、エステティシャンなど。あなたは乙女座の「完璧主義」という特徴も持ち合わせていますので、慎重に交流を重ねていきます。天秤座の特徴である「積極的な行動」をすれば、さらにあなたの能力が発揮されます。

人間関係

相手の意見をよく聞くことができる人です。自分から何かを話すよりも、聞き役に回ったほうが自分の気持ちも楽なはずです。あなたの中には誰に何を言われても揺るがない意志があります。多少頑固だったとしても、人の意見を聞き入れることができるので、結果としては柔軟性がある人だと見てもらえるでしょう。

相性のいい人

許容範囲の広い人、あなたのことを温かく包み込み、どんな時でもあなたの味方になってくれる人がいいでしょう。あなたも、自分の意志を強く持つことができ、相手のこともより愛することができます。

宇宙からのメッセージ

使っていないものを手放すと、
必要なことがなだれ込んでくるようになります。

September Twenty-fourth

9月24日

✦頼もしい言動で自然と人を引き寄せる人✦

あなたについて

あなたから発せられる言動は周りの人に大きな影響を与えることが多く、カリスマ性のある存在になることも。というのも人から頼まれると断ることができない面倒見のよさ、発言の頼もしさから、あなたを頼る人がどんどん集まってくるのです。ただし、責任感が強く、自己犠牲になることもあるので、その点は注意しましょう。

天秤座は人との交流が得意という特徴がありますが、特にあなたは話しかけやすい雰囲気を持っています。新しい場では、はじめは少々人見知りをすることもありますが、基本的に心を開くまでに時間はかかりません。あなたが常にオープンマインドでいれば、あなたにとって必要な情報やご縁がやってきやすくなることでしょう。

もともと相手の幸せを常に願い、自分のことよりも大切にしたいと考えることができる人。家族愛も強いです。

性格もとても真面目なので、身近な人であればあるほど信頼も厚いことでしょう。人に対して感情で判断しませんので、誰とでも平等に接することができます。

何かを学ぶ時は、人の喜ぶ顔を想像してモチベーションを上げるタイプ。人の痛みがわかる人でもあり、人が困っているところを見かけたら、一目散に飛んでいきサポートします。誰からも信頼されるので、人生の後半になるほど、いろいろな意味で豊かになっていくことでしょう。

仕事と才能

あなたを慕う人が自然と集まってきます。仕事もプライベートも関係ありません。しかし、一つ前の乙女座の影響もあり、自然と一線を引いてしまい、心を開けない場合も時にはあるでしょう。あなたには人を惹（ひ）きつける才能がありますので、リラックスをして心を開き、心の赴（おもむ）くままに行動してみてください。自分を縛る何かがあると、息苦しくなり動けなくなります。リラックスした環境で働くことが、あなたの才能をより引き伸ばすことに繋（つな）がります。自然と毎日が楽しくなり、チャンスも向こうからやってくるようになります。

人間関係

前の星座である乙女座の影響も残るあなたは、時に初対面の相手を警戒する要素が顔を出します。この人はどんな人だろう、どう話しかけたらいいのだろう、と頭の中で考え込んでしまうのです。天秤座のいいところは「とにかく行動すること」。その素直な気持ちに従って人と接すれば、すんなりと誰とでも仲よくなることができます。

相性のいい人

素敵な笑顔をいつも見せてくれる人、楽しい雰囲気が大好きで、ワクワクさせてくれる人がいいでしょう。一緒にいるとあなたも元気になり、心の重荷は消え、行動的になれます。

宇宙からのメッセージ

言いにくいことほど、
伝えたほうがいいことだったりします。

September Twenty-fifth

9月25日

✦話題が豊富で周囲に笑顔が絶えない人✦

あなたについて

あなたは、ハマったものに関しては誰よりも集中して努力をし、突き進んでいきます。実はこの過程をあなたは「努力」とは感じておらず、好きなことをしているだけなので「楽しい！」と思っている場合が多いのでしょう。いつの間にか好きなことを仕事にして、プロフェッショナルになることも。それでいて、人の役に立つことを最大の喜びとしますから、気持ちを自分の中でとどめておくことはできないのです。自分が楽しいと思うことをどんどん人に伝え、その楽しさを知って喜んでもらいたい、サービス精神が旺盛なところもあなたの長所でしょう。

面倒見もよく、かゆいところに手が届くように、わかりやすく人にものを教えることも上手でしょう。また、努力を惜しまないあなたはオールマイティに何でもこなすことができる器用な人。そして、環境に恵まれていたり、いざという時に誰かが助けてくれたりとツキを引き寄せる人でもあります。

美術や音楽のセンスもあり、素敵な作品をたくさんつくっていくことができ、そして、それをみんなが喜んでくれるという幸せなサイクルをつくり出せる人でしょう。みんなのためが自分のために、自分のためがみんなのためになるという、素晴らしい才能を持っています。

また、あなたはコミュニケーション力があり話題が豊富なので、いつも楽しい話をくり広げることができ、周りには人がたくさん集まってくる人気者タイプです。

仕事と才能

あなたは、とても根が真面目で、要領もいいので、ムリなく一つのことを長く続けることができます。一度はじめたことを長く続ければ、次々と成功を収めることも可能でしょう。周りの人を引っ張っていくリーダータイプでもあります。みんなの意見をまとめたり、楽しい企画をしてチームの一体感を高めたりすることができるでしょう。また、あなたのアイディアは素晴らしく、面白いコトやモノを企画したり、つくったりすることができる人。それをそのまま仕事に繋(つな)げることができるでしょう。コンサートの音響スタッフ、テレビの音声スタッフ、就職・転職アドバイザー、介護福祉士などに向いています。

人間関係

基本的に、明るく面白い雰囲気を醸(かも)し出しているので、あなたの周りには笑顔が絶えないでしょう。あなたはとても心優しい人。そして、どんな話題でも話を合わせることができる器用な人です。その優しさに触れたい！　語り合いたい！　と思う人があなたのもとに集まってきます。あまり関係が深くない人でも、相手のペースで会話を続けることが可能です。

相性のいい人

あなたの話を聞きながら、よく笑う人と相性◎。あなたの心は穏やかになり、積極的に行動できるようになります。

宇宙からのメッセージ

「目の前の人に何をしたら喜ぶか」を基準に生きると、あなたは神の領域に突入します。

September Twenty-sixth

9月26日

✦仲間との絆を大事にするリーダー✦

あなたについて

あなたは人を統率していく能力に長けています。仲よしメンバーの中でも気づくとリーダーになっているなんていうことはありませんか？　あなたは自分が相談していたはずなのに、最終的には相手の相談に乗ってアドバイスをしている、ということが多いはず。知らず知らずのうちに、お世話をしてしまう、リーダー気質が出てしまうのですね。このように、あなたは人のご縁をとことん大切にして、仲間との絆(きずな)を育てていくことに幸せを感じるのです。

人から頼りにされるとモチベーションが上がりますし、奉仕するのも好き。ユーモアのセンスもあるので、多くの人に慕われるでしょう。

あまり弱みを見せたくないせいか、少し見栄っ張りなところも。悩んでいる自分、弱っている自分を見せたくない、と思ってしまうこともあるでしょう。けれども、もう少し本当のあなたを見せたほうが、周りは嬉しく思うこともあるので、正直に、弱い自分をさらけ出すことがあってもよさそうです。強いだけではない、素直なあなたを知ってもらうことで、友人たちとの絆も深まり、さらにいいエネルギーをもらうこともあるでしょう。

天秤座の特徴でもあるのですが、とてもオシャレに敏感。ファッションセンスもいいので、誰から見ても好感度大！　さらに礼儀正しいのもこの日生まれの特徴。特に目上の人からの好感度は抜群で、可愛がってもらえることでしょう。

仕事と才能

あなたにはリーダーシップがあります。人とのご縁を大切にできる人ですので、いろいろな人に積極的に声をかけて話を聞いてあげましょう。人を統率する能力に長けているあなたですので、遠慮することなく、先頭を走ってみてください。例えばプロジェクトチームのメンバーになった時には思いきってリーダーを買って出てみるのです。あなたがトップバッターになって行動をはじめると、周りの人たちもあなたに続いて上手くいくことでしょう。ファッションスタイリスト、アパレル店員、美容師なども向いています。

人間関係

人との会話では、自然と聞き役になることが多いでしょう。もし、人の意見に対して「それは違う」と思っても、心の中にとどめて、相手の話を最後まで聞くようにしてください。最後まで聞いてから、あなたの意見を述べるようにするといいコミュニケーションに。また積極的にいろいろな人と交流を持てば持つほど、いいご縁が集まりそうですよ。

相性のいい人

あなたがまだ知らない世界を持っている人、あえてあなたと正反対のタイプの人がよさそう。恋愛によってあなた自身が可能性を広げられますし、お互いを認め合える関係であれば愛が深まっていきます。

宇宙からのメッセージ

いい人になろうとすればするほど空回りします。
そのままのあなたでいいのです。

September Twenty-seventh

9月27日

✦パワフルに有言実行を叶えるラッキーな人✦

あなたについて

あなたは一度口にしたことは達成しないと気がすまない性格。「○○になります！」「○○をします！」と周りに公言し、実現させていくパワーのある人です。さらに、人とのつき合い方も上手ですので、人に公言すると誰かが手助けしてくれるということも……。

そして、どんなに些細なことも、約束したことは必ず守ります。この姿勢は、他の人に対しても前向きな影響を与えていくでしょう。それだけではなく、あなたは、もともと「夢や願望を引きつける力」が強いラッキーな人。ですから、あなたの夢や願望は躊躇（ちゅうちょ）せずにどんどん言葉に出していってください。「言霊（ことだま）」という言葉もある通り、言葉を声に出すことによりあなたの夢が実現されていきます。声に出したことにより、周りの人にも周知され協力者になってもらえればもっと心強いですね。

あなたの夢が叶ったら、みんなの夢を叶えるお手伝いもしていきましょう。それがあなたの運気上昇にも繋（つな）がります。

天秤座は、ちょっと人の目を気にするところがあり、見栄を張ってしまうところがあります。そのため、ついつい自分の弱い部分や欠点を隠したがりますが、人は完璧な人間より、少し隙のある人に親近感を持ちますので、あえてあなたの弱さや欠点も見せてしまったほうが、魅力的です。そのほうが、あなたの周りにも素敵な協力者が集まってきますし、幸せな人生へと繋がりそうですよ。

仕事と才能

あなたは有言実行の人です。前の星座である乙女座の影響もあり、計画立案、管理もお手の物。夢に向かって具体的な戦略を練っていくことができます。また、聞き上手で相手に気持ちよく話をさせることができます。あなたと話をしただけで、知らず知らずのうちにスッキリした気分になる人も多く、カウンセラー向き。自分の夢を叶える才能もありますが、聞き上手のあなたは、他の人の夢を叶えるお手伝いをすることも得意です。アドバイザーとして人の夢やキャリアをプランニングしたりする仕事も向いています。

人間関係

あなたは分け隔てなく人と交流できます。寛大な心を持っているので、どんな欠点がある人でも最終的には受け入れることができるのです。そんなあなたは、人から尊敬されるでしょう。自分の弱点を人に見せることには抵抗があるようですが、見栄を張らなくても大丈夫です。そのままのあなたを見せたほうがあなたの魅力がアップします。

相性のいい人

いろいろな場所に連れて行ってくれる人、非日常な場所へ連れて行ってくれる人と一緒にいると、新しい世界に触れることができます。あなたも新しい自分を発見することができるでしょう。

宇宙からのメッセージ

人にどう思われるかはどうでもいいのです。
あなたがどう感じるかをメインにしましょう。

September Twenty-eighth

9月28日

✦"ひらめき"で前向きなパワーを生み出す人✦

あなたについて

あなたは、気になったことや興味を持ったことがあると、すぐに関わろうとしていきます。「楽しそう！」とノリで始めたことなのに、気づくといろいろな人が関わってトントン拍子に物事が進み、形になるという経験はありませんか？　それは、あなた自身がずば抜けた行動力の持ち主だからです。あなたの行動力とスピードに、周りの人たちも合わせるため、気づくと全員がエンジン全開で本気になっていきます。

あなたは情報収集が得意ですので、むやみにスタートしているわけではなく、得た知識をもとに行動しています。そのため、意外と失敗知らず。たとえ迷ってしまうことがあっても、プライドを捨て、全力で周りに助けを求めることができる人。きちんと脱出の道が拓かれていくことでしょう。

また、あなたは歳を重ねるにつれて、多くの経験を積み、そして、「ひらめきの神」と呼ばれるほど、勘が鋭くなっていきます。そんなあなたの発言が、人に対しても何かのきっかけになることも多く、前向きなパワーを生み出します。ですので、躊躇（ちゅうちょ）することなく、ひらめいたことやあなたがやってよかったことは、シェアするとよさそうです。

あなたの生き方、発言に影響されて、人生がいい方向に変わる人もいて、とても感謝されるでしょう。あなたが感じたことはなるべく発信して、どんどん人に伝えてください。SNSを活用するのもよさそうです。あなたは人生において、大きな恩恵が得られることでしょう。

仕事と才能

あなたは知的好奇心が強く、ちょっぴり刺激がある仕事が向いているでしょう。自分だけではなく、人や組織全体に対して何かのきっかけを与えることができる人です。神がかったような言葉やアイディアも多く、あなたの発言によって、相手の人生も仕事の流れも大きく変わっていくこともあるようです。アドバイスも的確にできますので、あなたを頼ってくる人も多くいるでしょう。向いているのは経営コンサルタント、商品企画、インテリアコーディネーターなど。また、あなたは、親切心にあふれる人ですから、自分が知っていることや経験したことを、惜しみなく人に提供していくことができます。気がつくとたくさんの人の笑顔をつくることになります。

人間関係

あなたは誰とでも気さくに話をすることができます。しかし、いつもの仲間と同じようなトークをくり返していると、退屈してしまうでしょう。なので、時には刺激を求めて知らない世界に足を運んでみましょう。新しい人たちに刺激を受けることでさらなるコミュニケーション能力を身につけられるでしょう。

相性のいい人

物静かでありながら存在感のある人が合います。あなたは、自分では気づけないことを気づけるようになり、その人の優しさに包まれて愛のエネルギーも増していくはずです。

宇宙からのメッセージ

言いたいことがあるなら言ってみましょう。
それから考えてもいいのです。

September Twenty-ninth

9月29日

✦流した汗と涙の分だけ大成功する人✦

あなたについて

あなたはとても頑張りやさんです。目標を見つけたら、それに向かってひたむきに努力を重ねていきます。そのため、願望も叶いやすいですし、汗と涙を流した分、成功した時の達成感も大きくなることでしょう。

しかし、自分の弱点やマイナスを見せるのを嫌うあなたは、努力を決して表に出すようなことはしません。周りからも「苦労せずにできる人」と思われてしまい、時には嫉妬されてしまうことも……。誰かに批判されると気にしてしまうあなた。その雰囲気を肌で感じとってしまうため、出る杭には決してならず、ギリギリのところでの活躍にとどめてしまうことも多いでしょう。本当はもっと才能を発揮できるはずなのに、これは非常にもったいないことです。

天秤座の持つ、周りの反応を見ながら自分の立ち位置を決めていく性質が出やすいのですが、本当に自分がやりたいことまでも人に合わせていく必要はありません。出る杭には、出る杭の次の新しいフィールドが待っています。勇気を持って、次のステージを目指していきましょう。

また、新しいもの、新しい情報、新しく出会う人を強く求めてしまうタイプ。それもいいのですが、素敵なものは、実は身近にあるかもしれませんよ。一番大切なものは、今あるもの、今いる人たち。いつも身近にいる人たちには感謝の気持ちを忘れないようにしましょう。その絆（きずな）がメンタルの安定に繋（つな）がることも覚えておきましょう。

仕事と才能

あなたは目標のためには努力を惜しまず、才能を発揮できる人です。特にコミュニケーション力が優れており、聞き上手。相手も気づいていないような、その人の魅力をどんどん引き出すことができます。相手も新しい自分を発見できて楽しいので話も尽きないでしょう。会社でも、後輩や部下のポテンシャルを引き出すことができる有能な上司、先輩なのではないでしょうか？　あなた自身も、いろいろな人と触れ合うことにより、成長できます。カスタマーサポートや営業、取材記者、リサーチャー、バーテンダーなどに向いています。

人間関係

人づき合いが得意なあなたは、いつも人に囲まれています。話をするより、聞くほうが性に合っています。というのも、人の話を聞いている時のあなたは自然と相手の本質を見抜こうとしているから。相手が話し終わると、いつの間にかその人のよき理解者になっていることもあるでしょう。多くの人脈をつくることもでき、運気上昇にも繋がります。

相性のいい人

多趣味な人、一緒にいるだけでどんどん情報をくれるような人であれば、毎日が楽しくなることでしょう。知識が豊富な人であれば、あなたの疑問にもすぐに回答を出してくれるので刺激を受け続けられます。

宇宙からのメッセージ

あなたが本音で話せば、
相手も本音を話してくれるでしょう。

September Thirtieth

9月30日

✦転んでもただでは起きない強さを持つ人✦

あなたについて

あなたは失敗しても立ち向かい続けることで、目標を達成できるタイプです。1回目より、2回目、3回目と、どんどんチャレンジしたほうが上手くいきます。打たれ強く、何度失敗しても諦めません。転んでもただでは起きないのがあなたの強さ。もし、壁にぶつかったとしても、そこで成功に繋(つな)がるヒントを見つけ、それを分析して再チャレンジします。しかもぶつかればぶつかるほど、コツを掴(つか)み、どんどん自分のものにしていくことでしょう。

それができるあなたは、どんなに高い目標も叶えてしまう強靭(きょうじん)な人。失敗に感謝すらするタイプです。

また自分が経験したことを他の人が上手く生かせるように教え、そのコミュニケーションを通して、人とのご縁を広げていくのが得意。さらに失敗談を面白おかしく話すことで、あなたの人望は揺るぎないものになっていくことでしょう。あなたの成功を願う人がどんどん集まり、上手くいった時には一緒に喜んでくれることでしょう。

もともとセンスがいいのですが、さらに「人とは違う」と思われたい願望もあり、服装や髪型、言葉遣い、姿勢など、見た目にとても気を遣う人が多いのも、この日生まれの特徴。

洋服をかっこよく着こなすために体を鍛えたり、若く見せるためにヘアスタイルにこだわったり……。他の人とは違う、華やかなオーラを放つことであなたのカリスマ性がパワーアップ。どこに行っても注目の人となることでしょう。

仕事と才能

あなたは仲間をとても大切にする人です。そこからどんどんご縁が広がっていきます。このご縁は、あなたが困った時に助けてくれる大切な存在となるでしょう。また、あなたは独創性に優れた人でもあります。迷った時、ピンチの時、まずは自分の中に問いかけてみてください。直感も優れていますので、優れたアイディアや答えはあなたの中に眠っていることが多いのです。向いているのは広告プランナー、動画クリエイター、Web デザイナーなど。あなたが得た情報やアイディアは周りの人にシェアするようにしましょう。みんなでシェアすることにより、チームの一体感も生まれてきます。

人間関係

あなたは人を思いやることができる人です。そして一度生まれたご縁をとても大切にします。仲間を大切にすると、そこからどんどんご縁が広がっていきます。あなたのもとに舞い込んだ情報がコミュニケーションのきっかけとなり、もっと深い話に繋がり、あなたの世界が広がることに繋がります。

相性のいい人

底抜けに明るくて、常に楽しいことを求め、夢中になっているような人と相性ぴったり。あなたを楽しい世界に導いてくれるでしょう。あなたも自然と笑顔が増え、肩の力も抜け、心も安らいでいきます。

宇宙からのメッセージ

何事もやってみないことにはわかりません。
今すぐやってみましょう！

運がよくなるアクション　就寝前にコップ1杯分の水を飲む

Column

秘められた才能がわかる「星座ランキング」

いろいろな才能を「星座ランキング」にしました。自分はもちろん周りの人が持っている才能もチェックしてみてください。

1 行動力がある

1位　牡羊座
2位　射手座
3位　山羊座

2 美的センスがある

1位　牡牛座
2位　天秤座
3位　乙女座

3 コミュニケーション能力が高い

1位　双子座
2位　天秤座
3位　蟹　座

4 子どもや動物に好かれる

1位　蟹　座
2位　魚　座
3位　獅子座

5
クリエイティブ能力が高い

1位　獅子座
2位　水瓶座
3位　魚　座

6
仕事ができる

1位　乙女座
2位　山羊座
3位　双子座

7
美男美女が多い

1位　天秤座
2位　乙女座
3位　牡牛座

8
お金持ちが多い

1位　蠍　座
2位　牡牛座
3位　水瓶座

9
海外とのご縁がある

1位　射手座
2位　双子座
3位　牡羊座

10
社長が多い

1位　山羊座
2位　蟹　座
3位　蠍　座

11
人徳がある

1位　水瓶座
2位　獅子座
3位　射手座

12
サイキック力がある

1位　魚　座
2位　牡羊座
3位　蠍　座

13
一緒にいて楽しい

1位　射手座
2位　水瓶座
3位　双子座

14
心が優しい

1位　乙女座
2位　魚　座
3位　蟹　座

15
セクシーな魅力がある

1位　蠍　座
2位　獅子座
3位　牡牛座

16
リーダータイプ

1位　山羊座
2位　天秤座
3位　牡羊座

Know The Secrets of Your Life
Through Your Birthday

October First

10月 1日

✦豊富な知識と創作センスを持った人✦

あなたについて

あなたは、情報収集力の高い人です。疑問に思ったことは、徹底的に調べないと気が済まないため、気づいたら専門家並みの知識を身につけているなんてこともあるでしょう。そもそも天秤座の支配星は、面白さと美しさの金星。集めた情報に、自分なりのセンスを加えることで既存のアイディアをもっと素敵にプロデュースできる能力も持っています。「創作家の天秤座」なので、今までにない最高傑作ができ上がる、なんてこともあるでしょう。

また、知的で頭の回転も速いですし、どんなことでもこなすことができる器用な一面も。周りの人を見て、なんでこんなことができないの？　と疑問に思うこともあるかもしれませんが、それはあなただからできること。しかも感覚でできてしまうからこそ、教えるのは、ちょっと苦手かもしれません……。

その点とリンクするのですが、賢い分だけ、少しプライドが高く、人に甘えることが苦手かもしれません。得意分野では専門的な知識が豊富なのは間違いないのですが、苦手なこと、わからないことがあって当然です。素直に人に聞いたり、助けてもらったりすることが、実はあなたのチャーミングな魅力を高めることもありますし、さらにランクアップするためには必要な過程です。もともと持っている才能を活かしながら、サポートを頼むことで結果が大きく変わってくることもあるので、素直に頼ってみてください。

仕事と才能

興味のあることに対して、徹底的に情報収集し、プロフェッショナル級に極める力があるので、周囲もあなたを知識人として一目置いています。リサーチ会社の社員や刑事、探偵、ジャーナリストなどに向いているでしょう。もともと天秤座は、人の調和を図って、リーダーとして引っ張っていく素質を持っています。さらに有利なのが支配星の金星のおかげで美的センスにも優れていること。少し優柔不断なところもあるあなたですが、自分の素敵な素質を信じて、「これ！」と決めたことは貫き通してください。

人間関係

普段から情報収集を得意とするあなた。そのため、周囲から頼られることも多いはず。ただ、コミュニケーションでは、人に嫌われることを恐れて、相手に合わせすぎてしまうところがあります。合わせたからといって、必ずしも好かれるわけではありません。ストレートに自分の気持ちを出したほうが、愛され力がアップします。

相性のいい人

臨機応変な考えができる、頭の柔らかい人がオススメです。どんな要求にも柔軟に答えてくれる人がいいでしょう。そんな人と一緒にいると、あなたは毎日リラックスして過ごすことができますよ。

宇宙からのメッセージ

やらないことを先に決めたほうが早いことがあります！

October Second

10月 2日

✦緊急事態に動じない冷静なリーダー✦

あなたについて

あなたは、物事を客観的かつ冷静に見る才能があり、どのような緊急事態が発生しても、一歩引いたところから見て的確な判断を下すことができます。また、周りが混乱している時であっても、人が見落としがちなことを見逃すことはありません。いうなれば、「どんな状況でもみんなを正しく導けるリーダー」。そんなあなたは、一見、スマートでクールな人に見えますが、人に何かをしてあげることが大好きなボランティア精神の旺盛な人。重要なタイミングでたくさんの人を救うことができることでしょう。

一方で頭の回転も速いので、ウィットに富んだ会話も大好き。コミュニケーション能力もかなり高いほうです。

ただ、弱い自分を人に見せるのがあまり得意ではないところがあります。弱い部分をあえてさらけ出すことにより、あなたの人間味あふれる一面を見せることができ、人間関係もいい方向に変わってくる可能性も。周りには自然と大勢の人が集まってきます。

楽しい雑談をしながら、持ち前の観察眼で人が気づいていない部分をアドバイスしてあげると、よいヒントを与えることができます。アドバイスをもらった相手も納得して喜びますよ。

そして天秤座はフットワーク軽く動くことが大好き。自由に動き回れる環境があれば自分の才能を今まで以上に実感することができるでしょう。

仕事と才能

人に何かをしてあげたり、教えてあげたりするのが好きなあなた。人のために喜んで働ける優しい心も持ち合わせています。もともと物事を客観的に冷静に判断できる才能があり、些細な事象にも気づくため、誰かに必要な情報を教えてあげるような仕事が向いています。例えば教師、婚活アドバイザー、キャリアコンサルタントなど。他の人が見落としているような視点から物事を判断できるため、あなたの意見は大変貴重なものになるはず。天秤座の持ち前のリーダー気質、美的センスも加わるので、なくてはならない戦力となります。

人間関係

周りの人はあなたに対して「クール」というイメージを持っています。なぜなら、あなたは弱い部分を人に見せず、いつでも冷静な判断を下すことができるから。しかし、あなたは誰かのために何かをしてあげたいという温かい心を持った人。時には弱い部分を見せることで、あなたの優しさに触れられ、好感度がアップします。

相性のいい人

相性がいいのは、あなたの興味をそそる新鮮な情報を常に持っている人。そのような方とおつき合いすれば、話題が尽きないラブラブカップルに！　相手もあなたの優しさに触れてトントン拍子で話が進みそう。

宇宙からのメッセージ

**何もやる気が起こらない時は、
エネルギーをチャージする時！**

10月 3日

✦スピーディで要領のいい優秀な教師タイプ✦

あなたについて

とても要領がよく、何事もスピーディにこなせてしまうあなた。何でも上手く、早くできてしまうため、余った時間や体力を他の人のために使うことができます。気づいたら誰かに何かを教えている、手伝っているということも。誰かに教えることが得意で、相手が理解して成長してくれる姿を見ることに喜びも感じます。

生まれながらにして優秀な教師の気質があり、さらに自分と相手の心の距離を上手に保って、誰とでも上手くコミュニケーションをとることができます。とてもバランス感覚に優れた人といえるでしょう。

もともとあなたは好奇心の塊であり、常に情報のアンテナを張っています。そしてあれもやりたい、これもやりたい、と様々なことに手を出したくなりますが、どれもこれも中途半端にならないように、優先順位をつけて取りかかるといいでしょう。もともと頭の回転が速く、要領がいいあなたですが、優先順位をつけることにより、一つに集中することができるので、人の何倍もの能力を発揮することができます。

要領がよくて何でもできてしまうあなたですが、自分よりさらに要領がいい人には少し嫉妬をしてしまうことも……。でも、実はこれはとってもいい傾向。悔しさから、さらに要領よく何事もこなせるよう、あなたの能力をさらにアップするいい機会となるでしょう。

仕事と才能

あなたの仕事・才能におけるキーワードは「教える」。人に何かを教えることに一生懸命になれて、相手が理解し、成長することに何より喜びを感じます。天秤座は明るく、楽しいことが大好きなので、教える時も、楽しく、面白く教えることができます。もともと多種多様な情報を持ち合わせているので、どんな内容でも悩んでいる人がいたら親身にアドバイスをしてあげることが可能です。自分のアドバイスで誰かの問題が解決することで心が満たされ、日々の生活も充実するでしょう。教師や講師、カウンセラー、職場では教育係に向いています。

人間関係

好奇心が旺盛なあなたは、積極的に人と関わっていきます。そのため、自分の知らない情報を持っている人たちと出会うと、どんどん交流しようとします。コミュニケーション能力も高いため、気づいたら知らない人の話の輪に入ってしまうことも。お互いにとっていい刺激になりますので、積極的に話の輪に加わりましょう。

相性のいい人

素直で、あなたの前では飾らず本当の姿を見せてくれる人がオススメです。また、あなたの好奇心を満たしてくれる人なら完璧！　面白い情報を共有することで、一緒にいる時間が充実します。

宇宙からのメッセージ

**言うか言わないか迷っているのなら、
きちんと伝えることで、そのゲームは完了します。**

10月 4日

✦パワフルな生命力&行動力に満ちた人✦

あなたについて

知らない情報を収集することが喜びであり、新しい発見が大好き。さらに大きな目標が見つかると目を輝かせて全身全霊で突き進むことができます。集中力もバイタリティも十分持ち合わせているので、多少のリスクや危険など、はねのけることができるパワフルな人。

もともと勘が鋭く、自分にとって興味を持つべきもの、上手くいくものに関して、嗅(か)ぎ分ける力があります。周りの人の意見を聞くより、自分の嗅覚(きゅうかく)のほうが正確であることが多いので、迷った場合は自分の第六感を信じて行動しましょう。あなたのパワフルさに惚(ほ)れ込んで集まってくる人が続出することでしょう。

また、コミュニケーション力も高く、サービス精神が旺盛なため、広く浅くいろいろな人と上手につき合うことができます。特に趣味が合う人とは延々と楽しく話し続けられますが、自分の時間も大切にします。

こだわりが強く独自のスタイルを確立している人。人当たりがよく、魅力的なので、周りの人を上手に自分のペースに持っていくことができます。そんなふうに人の心を掴(つか)むのは天才的！　対立しないように上手に采配をふるいつつ、結果的には自分の思うように動かせることでしょう。見えないところで舵(かじ)とりができる、陰の実力者的なところがありますよ。状況判断能力が高く、賢いあなたは相談をされたり、アドバイスを求められることも多いでしょう。

仕事と才能

コミュニケーション力が高く、誰とでも分け隔てなく接することができ、職場では人気者。目標・目的や夢があると、そこに向かって一直線に突き進みます。もし、まだ夢が見つかっていないという人は、持ち前の行動力や情報収集力を活かし、思いきって旅に出てみましょう。いつもと違う場所に行くことで、あなたを刺激してくれる人、趣味が合う人、また今まで気づかなかった何かが見えるかもしれません。優れた感性や直感力が生きるような醸造家やパティシエ、画家、漫画家などにも向いています。

人間関係

サービス精神旺盛で、誰にでも自然と人に気を遣うことができ、分け隔てなく話すことができます。苦手なタイプでも、何となく話を合わせることも可能。そんなあなたが、最も気を許せるのは共通の趣味を持った人たちです。彼らはあなたの心がリラックスできる、希少な人でもありますから、特に大切にしましょう。

相性のいい人

あなたにぴったりなお相手は、あなたの知らない世界を見せてくれるような個性的な人です。猪突猛進な性格ゆえ、その人に夢中になりますが、いろいろな恋愛を経験したほうがもっと魅力が増していきますよ。

宇宙からのメッセージ

**すべてのことに感謝できるポイントがあります。
それを見つけるたびに、あなたの次元は上がります。**

October Fifth

10月 5日

✦日常の中にヒントを見出すアイディアマン✦

あなたについて

あなたはとても想像力が豊かな人。ことあるごとに楽しいアイディアが湯水のように湧いてきます。また人と話すことにより、その会話の中からヒントを見つけ、アイディアが勝手にどんどん膨(ふく)らんでいきます。思いついたアイディアは常にどこかにメモをしておくといいでしょう。いつか誰かの役に立つ時がきますし、それが大きな実(み)となる可能性を大いに秘めています。湧き出たアイディアは突拍子がなくても自信を持ちましょう。自分の思いつきは尊重し、できるだけすぐに言葉で表現してみてください。「言霊(ことだま)」はあなたにとって目標設定になり、実現しやすくなります。

あなたは明るく、人懐(ひとなつ)っこい性格。魅力的な声の持ち主で話し上手なので交友関係はどんどん広がることでしょう。そしてアイディアを出し合ってディスカッションするのが大好き。そうやって深く広く人間関係を築いていきます。天性の優れた直感力の持ち主ですので、人間関係を広げてもトラブルに巻き込まれることはほとんどありません。

加えて、周りから認められたい気持ちが強いので、リーダーシップをとって周りの人のお手本になろうと頑張ります。そうしていくうちに自立したしっかり者になっていき、幅広い分野で活躍することができるでしょう。

また、大きな変化が起こるターニングポイントで影響力のある人と出会う可能性が。それは非日常の場所で起こるので、頻繁(ひんぱん)に旅行に出かけるといいでしょう。

仕事と才能

新しいアイディアがどんどん出てくるあなた。それは仕事においても大いに役立つので、きちんと記録したり、周囲の人に伝えておくようにしましょう。また、天秤座の支配星は、美の天体である金星。アイディアを生み出す職人であるあなたの才能に、天秤座の持つ情報収集力、リーダーシップ力、さらに美的センスも加わるため、ファッション、デザイン関係などの仕事に向いています。

人間関係

人と話す時は、基本的に聞き役ですが、気心の知れた人が話し相手になると、自分のことを話すようになります。あなたとの会話は、沈黙が長く続いたり、テンポがもたついたりすることはありません。それは、あなたが自然に相手が話しやすい状況をつくり出しているからです。このテクニックはあなたの人脈拡大に貢献しています。

相性のいい人

相性がいいのは、あなたの話をきちんと整理してくれる人。知らないうちに話が脱線しがちなあなたの話をまとめて、本題に戻し、整理してくれます。相手が軌道修正してくれると、あなたも気が楽になるはず。

宇宙からのメッセージ

何もしなくても、流れに身を任せていれば、
どうにかなっちゃうことがあります。

October Sixth

10月 6日

✦きらめく知性と独立心で望みを叶える✦

あなたについて

あなたは知性のある人です。天秤座は、持ち前の情報収集力を活かし、行動する特徴を持っていますが、あなたの場合は、得た情報を頭の中でじっくり整理して分析し、独創的なアイディアを生み出すことでしょう。「あなたのアイディアは斬新！」と周りからの評価も高いでしょう。

子どもの頃から独立心が旺盛。自分の手で何かを成し遂げたいという願望を強く持っています。とはいえ、せっかちだったり、強気だったりするようなおおよそ成功者の雰囲気はなく、一見おっとりとした人に見られがち。けれども、芯がしっかりとして、ブレない生き方と目標達成への強い思いがあり、どんな困難があっても問題を解決していけるのがあなたの強み。多少時間はかかりますが、望み通り、なりたいものになれるでしょう。

人からの信頼度は抜群で、頼られることもしばしば。優しいあなたは喜んで人の力になろうとします。愛情深く、この日生まれの理想とすることは、すべての人が平和で過ごせること。ですので、積極的にボランティアに参加する人も多いでしょう。ただ、必要以上に人に干渉しすぎてしまうと、トラブルに巻き込まれることもあるので気をつけて。ここまでという境界線をきちんと決めておきましょう。

またリラックスタイムでは美しいものに囲まれていたい願望が強く、休日は美しい建物や美術館で過ごすと幸せを感じるでしょう。

仕事と才能

人や物事を観察して、物事の本質や奥底にあるものを見抜く力があります。天秤座は、コミュニケーションが上手な星座のため、場の空気を読むのが上手。あなたがいると、職場のコミュニケーションがもっと円滑になります。また、新しい情報を得ることが大好き。もし気になることがあれば、積極的に首を突っ込んで新しいことを深く追求してみてください。その中に、あなたにとってのチャンスが転がっていたり、新しい世界への扉が開かれていたりする可能性が大いにありますよ！Webライター、テレビのディレクター、動画クリエイターなどに向いています。

人間関係

相手の気持ちを理解しながら会話ができます。人はあなたと会話する機会が多ければ多いほど、あなたに心を開くようになります。しかし、相手の気持ちが理解できてしまうあまり、相手の悩みに感情移入しすぎてしまうこともあるようです。あなたの気持ちまでマイナスにならないように注意しましょう。

相性のいい人

あなたにぴったりな恋人は、あなたに元気を与えてくれる人です。そのようなお相手と一緒であれば、イヤなことがあっても、あなたはすぐに元気を取り戻し、もとの積極的な状態に戻れます。

宇宙からのメッセージ

目の前の人を大切にしていくと、
あなたの「宇宙貯金」がたまっていきます。

October Seventh

10月 7日

✦努力と創意工夫で成功への階段を上る✦

あなたについて

あなたは達成したい目標に向かってコツコツと努力を続けることが得意。しかし、その努力している姿を人に見せるのが好きではありません。それが格好悪いことだと思っている、自分なりの美学があるからです。そのため周囲からのあなたの評価は「努力をしなくても、何でもできる人」。でも実は、それほど要領がいいタイプではなく、自分でもそれがわかっているからこそ努力を惜しみません。まさに継続は力なり。毎日の積み重ねが功を奏し、運勢が上昇していくことでしょう。

また、好奇心が旺盛なので、自分の知らない世界を持っている人に惹かれることが多く、新しい情報はあなたの知識欲も満たしてくれます。人生の楽しみを司っている金星が支配星にあたるので、楽しめば楽しむほど輝きを増していくでしょう。あなたが好きなことは何ですか？　あなたがやりたいことは何ですか？　素直な気持ちでやりたいことを精一杯楽しんで続けてください。「塵も積もれば山となる」「継続はハッピーなり」があなたの合言葉です。

年齢を重ねるにつれてエネルギッシュで自信に満ちあふれた人になっていきます。困難にぶつかっても創意工夫をして目標を達成するのがあなたのやり方。全力を尽くして頑張り続け、自らの手で成功を掴み取るタイプです。

そんなあなたは大勢の人に慕われるので、自然とリーダー的存在に。誰に対しても愛情深いあなたは、人の上に立つ役目が適任ですよ。

仕事と才能

仕事においても、コツコツと日々小さな努力を重ねていけるあなた。この努力こそがあなたの運気を上昇させるキーワードです。もともと天秤座は、新しい情報を収集し、未知の世界を見ることが好きな星座です。ツラいことへの努力は苦しさしか残りませんが、楽しいこと、好きなことへの継続は楽しみでしかありません。美容、ファッション、エンタメ、ゲームなど、自分が本当にやりたいこと、好きなことをぜひ職業にしてください。毎日コツコツと努力をすることは、誰でも簡単にできることではありません。夢に向かって努力ができる――これは特別な才能と言っても過言ではないでしょう。

人間関係

情報収集が好きなあなたは、知識量が多い人と会話をすると、楽しい気持ちになります。その人の新しい世界があなたの好奇心を刺激するのでとてもイキイキするのです。常に深く新しい情報を伝えてくれる人と積極的に関わっていきましょう。あなたも成長でき、さらなる好奇心が湧き出します。

相性のいい人

あなたの要求を快く聞いてくれ、あなたに頼られることに喜びを感じる人がいいようです。多少のわがままを聞いてくれるなら、あなたも本心をさらけ出すことができ、心が穏やかになるでしょう。

宇宙からのメッセージ

一番勇気がいるのは最初の１歩だけ！
２歩目からは少しずつ楽になっていきます。

October Eighth

10月 8日

✦テレパシーのような共感力で人に寄り添う✦

あなたについて

あなたは共感しやすく、人の気持ちをしっかりと受け止められる人です。相手が悲しんでいると、テレパシーのように気持ちがシンクロして、一緒に泣き出してしまうことも……。天秤座は、客観的に冷静に物事や人を見る傾向が強いのですが、あなたは接近したくなり、歩み寄っていこうとします。なので、周りの人からも、「私の気持ちをよく理解してくれる人」と評価され、人気も高いでしょう。これは、天秤座の支配星である金星のホスピタリティが働いている証拠。これがあなたの本質であり、魅力になります。相手につられて泣いてしまう繊細な一面もありますが、相手のことをきちんと考えられるので、「泣いて終わり」ではなく、最後まで相手の心をケアすることができます。このように、周りの人の気持ちを真摯(しんし)に受け止められるあなたの頭の中は、人のために毎日フル回転状態。だからこそ、たまには瞑想(めいそう)などをして「無」の状態になることも必要です。無になることで、いろいろな問題が整理され、解決の糸口を見つけることもできそうです。

また、コミュニケーション力が高く、特にオープンマインドのあなたの周りには自然と人が集まってくるでしょう。しかし、人のために動いたり、人の感情に流されることも多いため、自分の意志は常に強く持っておくよう心がけて。本当は疲れているのに相談を持ちかけられるとつい話を聞いてしまうことも。適度にコントロールしないと、自己犠牲が強くなってしまうのでその点だけ気をつけましょう。

仕事と才能

あなたは人の心を理解し寄り添うことができる優しい人です。この優しさを活かし、「物事や社会の役に立つ」ことこそが、あなたの使命です。その優しさを、誰かや何かのために惜しみなく貸し出してあげましょう。それが、巡り巡って、やがてあなたを助けてくれることでしょう。心優しいあなたに助けてほしいと願う人はこの世にたくさんいます。ぜひ、多くの人を助けてください。あなたが誰かの味方になることであなた自身の運勢も上昇していきます。向いているのは、看護師、介護士、NPO 法人、幼稚園・保育園の先生など、人に尽くす仕事です。

人間関係

人と交流する時は、どんな人とでも楽しく話を盛り上げていくことができます。来る者を拒(こば)まないので、日に日に多くの人が集まるようになります。しかし、優しいあなたは人の気持ちを考えすぎて、どんなに疲れていても誰かの相談に乗ってしまいます。自分の意志を強く持って、たまには断る勇気も持ちましょう。

相性のいい人

あなたがピンチの時は、必ず駆けつけてケアをしてくれる人がいいでしょう。さらに、賢さも兼ね備えていると◎。悩んでいる時にしっかり支えてくれるので、すぐに立ち直ることができます。

宇宙からのメッセージ

**となりの芝生が青く見える時こそ、
灯台下(もと)暗しです!**

October Ninth

10月 9日

✦面倒見がよく「自分磨き」にも熱心な人✦

あなたについて

あなたはとても勘が鋭く、危険察知能力に優れ、いくつものピンチを乗り越えてきたことでしょう。さらに慎重な性格なので、大きな失敗を起こすことはありません。

人に対して真摯(しんし)に接するため、周りの人からすると、とても頼りたくなる存在。面倒見がよく、友人や後輩の悩みごとや相談などを引き受けて親身に相談に乗るので、多くの人から信頼されています。自分の意見をしっかりと持っていますが、それを押しつけることなく、人の話もよく聞く器の大きさもあなたの魅力。

親孝行をしている優しい人が多く、あなた自身も家族から大事にされてきたことでしょう。さらに人を助けたいという気持ちが強く、困っている人がいると放っておけず、たとえ自分が損をするとわかっていても進んで手を差し伸べるでしょう。

基本的な性格は努力家。大人になっても勉強に励んで自分自身を成長させることでしょう。そして美意識が高いこともあり、自分磨きが大好きなので、「いつも素敵ですね」と賞賛されることが多いですし、それを望んでいます。

観察力にも優れていて、人をよく観察し、その上で相手に合わせたコミュニケーションをとるので、人脈づくりが上手。常に目配りをしていて細かなことも見逃さないでしょう。周囲との調和を大切にしながら、仲間をまとめあげて、素晴らしい結果を出せる手腕を持っています。

仕事と才能

過去から未来を切り拓く能力をいかんなく発揮できます。幼少期に好きだったことの中に才能が隠れているので、ぜひ人生を振り返ってみてください。また、気の合わない人に笑顔を振りまけるタイプではなく、裏表のない素直な人。このようなあなたの才能・資質を活かすには、「唯一無二」の何かを見つけることです。芸術や音楽、ハンドメイド、スポーツ、料理など、それは何でもかまいません。あなたしか持っていないものを知ることで自信に繋（つな）がり、ひいてはそれが新たなアイデンティティを形成し、あなたの才能をさらに開花させてくれます。

人間関係

コミュニケーション力が優れていますが、苦手な人と話していると顔に出てしまうようです。一方で、人の気持ちを尊重するあまり、自分の気持ちを言えず、会話が終わってしまい、相手に理解されないことも。もともと素直で純粋なので、思いきって気持ちをストレートに伝えたほうが、結果として人間関係が上手くいきます。

相性のいい人

あなたの細部まで理解し、受け入れ、道を間違えそうになった時、指摘してくれるような人が運命の相手です。時には厳しいことを言われるかもしれませんが、すべてはあなたのため。より絆（きずな）を深めることができます。

宇宙からのメッセージ

どんな経験もあなたの魂を成長させてくれる宝物です！

October Tenth

10月10日

✦ブレない強さが強運を呼び込む✦

あなたについて

何かに迷った時、結論を出すまでとことん悩み抜き、どちらの道に進むべきかを考えます。最終的に「この道で間違いない」と腹をくくったら、そこからは誰が何と言おうと絶対にブレることはありません。全力で自分が決めた道に向かって歩き出します。誰かが「こっちの道のほうが楽だよ」とアドバイスをしても、一度決めた道を変えることはなく、そのまま突き進みます。また、自分の意見を否定する人が現われた場合は、納得するまで相手を説得することも。頑固といえば頑固ですが、信念の人でもあります。

天秤座の人は正義感が強く、誤りは誤りだとスパッと言える人。誰かの行く先に危険が潜んでいることがわかると、方向転換するよう説得を試みます。放っておけばいいのに、ということも見過ごすことができない、少しお節介なところもありますが、それがあなたのいいところなのです。

そして新しい情報を得たり、興味のある分野に関して積極的に勉強することが好き。情報収集に対しても貪欲で、あちこちに出向きます。それによって、あなたの心が満たされていきますし、運気も上昇！

どんどん動いていくほうが、あなたの性に合っています。叶えたい夢があるなら、積極的に行動してチャンスをぜひ引き寄せてください。また、精神的に大人の会話ができる者同士であれば、お互いを高め合えるいい情報交換ができ、あなたの夢や目標に繋がっていきます。

仕事と才能

あなたは、いろいろな物事や情報、人の様子や雰囲気から、「秘密」や「危険」などを察知する能力があります。この能力は、公私ともに活用していきましょう。探偵や防災アドバイザー、ネイチャーガイド、気象予報士などに向いています。誤りは誤りであると言え、そのブレない正義感もあなたの才能です。また、最新情報を収集する能力に長け、フットワークも軽いため、多くのチャンスに恵まれて運をたぐり寄せることができます。これらの才能を武器に新しい世界へ飛び込んでください。成功を掴(つか)み取る可能性大です。

人間関係

人に優しく、温かい心を持っているあなたは、円滑な人づき合いができる人です。しかし、相手の意見が明らかに間違っていると感じた時は、それを正そうとして、最終的には対立してしまうこともあるようです。時には、受け流すことが必要かも。精神的にも自立している人との交流は、あなたの知識欲を満たし、人間関係が充実していきます。

相性のいい人

あなたに安らぎを与えてくれ、一緒にいると心がなぜか落ち着く人と相性が◎。常にアグレッシブに動き回るあなたには、いつもあなたを待っていてくれるような、癒し系な人がぴったりですよ。

宇宙からのメッセージ

上手くいった後は、さらに上手くいくことが起こります！　どんどん簡単になるのです。

October Eleventh

10月 11日

✦「オリジナリティ」を極めて光り輝く人✦

あなたについて

みんなと同じは好きではなく、自分だけのオリジナリティを求める人です。「人とちょっと違う」「変わっている」ことに優越感を覚えるようです。周囲からも「協調性がない」「マイペース」なんて思われてしまうこともあるかもしれませんが、それでも自分だけのオリジナリティにこだわりを持ち続けたいのは、天秤座の支配星である金星が「もっと輝いて！」とあなたに訴えかけてくるからです。金星は、人生を楽しく、そして面白くさせる天体なので、あなたが楽しんで笑顔になることで、周囲の人たちも笑顔になります。

そして楽しいことがやってくるのを待つのではなく、ぜひ自分から見つけに行ってみてください。最初は気乗りしないことでも、あなたは形から入るのが得意なので、準備を整えて、はじめてしまえばどんどん楽しくなってくることでしょう。

またあなたは、自分を美しく演出する能力が秀逸。メイクのテクニックもファッションセンスも抜群。誰に遠慮することなく、あなただけのオリジナルを活かして、もっと輝き続けていきましょう。多くの人が、輝くあなたに魅了されて夢中になってしまいますから、流行の最先端をいくカリスマ的ポジションも狙えます。

いろいろなことに興味を持つと、人生をより楽しめる才能を持っているので、そんなあなたの姿を見て、周りの人も自然と幸せな気持ちになるようですよ。

仕事と才能

自分だけのオリジナリティを求めるため、周りから見れば「変わっている」と言われることもあるようですが、あなたにとってその特別な要素は、キラキラ輝く宝石なのです。変わっていることは、言い換えれば、誰もやったことがないということ。一般的ではないことを、あなたが先陣を切って実行し、それを当たり前のことに変換できてしまう才能を持っています。さらにあなたには、自分と同じにおいがする人、これから流行りそうな物事をいち早く発掘する才能も持ち合わせています。向いている仕事は、アパレル関連、マスコミ関連など。

人間関係

人と関わることが大好きなあなた。持ち前の嗅覚(きゅうかく)を活かして、本能的に相手に近づき、難なく友好を深められる才能があります。その上、面倒見がいいので、しっかりと信頼関係を築くことができます。情報通の人とは常に一緒に行動したいという思いに駆られますが、粘着質なコミュニケーションは相手のストレスになるのでご注意を。

相性のいい人

いつもあなたに力を貸してくれ、落ち込んでいる時に、そっとそばに寄り添ってくれる人。ただし、単にわがままを聞いてくれるのではなく、あなたのよくない行動を注意してくれる人を選びましょう。

宇宙からのメッセージ

何かを話題にした時に、虹が出たら、
それは大歓迎の印です!

October Twelfth

10月12日

✦コツコツ続けて大輪の花を咲かせる人✦

あなたについて

決めたことをコツコツ継続させることが得意です。しかも創意工夫をしながら楽しんで続けていける人。習慣化が得意なので、楽しく続けていたら予想をはるかに超えた実力がついていた……と、大きな力に変えられることでしょう。まだ何も見つけていない場合は、趣味でも勉強でも何でもいいので、コツコツ続けられることを見つけましょう。3年後、5年後、きっと自分でも予想していなかったような成果が表われるはずです。

一方、新鮮味を感じられなくなると、途端にやる気をなくす面があります。しかし、そこでやめてしまうと、あなたの成長もストップしてしまいます。天秤座は優れた行動力を持っているので、動き続けることこそが幸せであり、運気の上昇にも繋(つな)がります。後に大輪の花を咲かせる可能性大！

洞察力にも優れているので、人の長所を見つけるのが得意です。気づいた長所を相手に伝えると、その人の励みにもなり、結果的にあなたもハッピーになれちゃうので、積極的に人の長所を見つけにいきましょう。

もともと誰に対してもオープンマインドで接することができ、活発で愛らしいあなたは、どこに行っても人気者。

子どものようなピュアな心を持ち、少しわがままなところがありますが、それも魅力の一つ。なぜか憎めない愛嬌(あいきょう)があって、みんながあなたに魅了されることでしょう。

仕事と才能

人をよく観察する性質があります。人の才能や頑張りを見つけてあげることが大の得意！　躊躇(ちゅうちょ)せずに言葉に出して相手に伝えていくと、その人は「もっと頑張ろう」と前向きな気持ちになりますし、そこからプラスの波動が発生し、相乗効果が生まれます。職場でも、そういった体験が多くあったのではないでしょうか。そしてこれは、他人だけではなく、あなた自身に対しても同じ。まずは自分で自分のことを声に出して褒めてあげましょう。向いているのは、人事や人材マネジメント、組織コンサルタントなど、人と深く関わる仕事です。

人間関係

あなたの周りには自然と人が集まってきます。その流れに身を任せると、円滑な人間関係を育めるでしょう。ただし、あなたは依存し合うような関係はあまり得意ではありません。相手に頼られすぎたり、逆にあなたが相手に依存することもあまりいい結果にはなりません。つかず離れずの関係を保つと、円滑にいくでしょう。

相性のいい人

相性がいいのは、自分の意見をしっかり持っている人。また、何にも流されず、自分を偽ることなく考えを伝えられる人もいいでしょう。揺るぎない安心感が生まれ、公私ともに充実します。

宇宙からのメッセージ

あなたが惹(ひ)かれることは、
前世と何か関係があるのかもしれません。

October Thirteenth

10月13日

✦華やかなオーラで場の空気を明るくする✦

あなたについて

あなたは華やかなオーラに包まれています。意識しているわけではないのに、自然と周囲の注目を集め、人気者になってしまう――そんな星の下(もと)に生まれました。まるで磁石のように、人を惹(ひ)きつける上、老若男女、誰とでもソツなくおつき合いできる才能も持ち合わせています。そんなあなたと一緒にいると、みんな楽しくなってきて、「もっと一緒にいたい！」と、思うことでしょう。また、知らず知らずのうちに、みんなをまとめる立ち位置になっていたり、その場の中心人物になりやすいでしょう。そしてあなた自身も気づいていないうちに、エネルギーを人に分け与え、人を元気にすることができます。あなた自身も、人と関わることにより、プラスのエネルギーが充塡(じゅうてん)されていきます。元気が出ない、調子がよくない時こそ、積極的にいろいろな人と関わるといいでしょう。

また、情報収集が得意で、先見性が高く、明るくて行動力もあるので、とてもチャンスを掴(つか)みやすいです。あなたは周りの人から、引き立てられる運を持っていますから、目標ややりたいことがあれば、積極的に人に伝えていくことで、あなたの夢はどんどん叶っていくでしょう。

さらに頭の切り替えが早く、たとえ、失敗をしたとしても、それを糧として、バージョンアップさせていくことができます。ですので、様々なことにチャレンジしていくといつの間にか大成功に繋(つな)がっていきます。

仕事と才能

あなたは人に好かれ、人が幸運を運んできますから、人と関わる仕事が向いています。また、リーダー的な存在になりやすく、場の空気を明るくし、みんなをリードしていくので、周りの人を喜ばせながら、いい方向に引っ張っていくことができます。営業や交渉などで、いろいろ動き回ると、あなたの素敵な要素が活かされて、大成功を収めます。取引先やお客様から大変好かれますから、どこかのタイミングで、ヘッドハンティングやスカウトされることもあるでしょう。タレント性があって、いつも話題の中心であるあなたは、どんな仕事をしても、人より才能が抜きん出ていて、目立つ立場になりやすいです。

人間関係

基本的に、人気運があります。あなたは聞き上手で、相手が心地よくなるように、話を聞いてあげることができます。また、面倒見がよく、人の心の扉を開くことができるので、とても親しみを持たれますし、信頼関係を構築するのも上手でしょう。そして、どこにいてもあなたに好意を持っている人が存在するようですよ。

相性のいい人

あなたのことを見守り、たくさん褒めてくれる人との相性が抜群。一緒にいることであなたの心は癒され、疲れ知らずの日々を過ごせそうです。

宇宙からのメッセージ

相手に得をさせることは、実は、あなたが得することに繋がるのです。

October Fourteenth

10月14日

✦優しい人柄で人の心を開く天才✦

あなたについて

あなたは、いつも人の幸せを願う優しい心の持ち主です。相手が考えていることや悩み、求めているものが手に取るようにわかります。それゆえ、相手に十分すぎるほど気を遣い、全力で役に立とうとします。そんなあなたと関わる人は、みんな癒されていきます。公私ともに、人から頼られることが多いでしょう。

天秤座は、基本的に優しい人柄なのですが、特にあなたの場合は、優しさに加え、自分より先に相手を優先して考えます。「楽しんでほしい！」「常に幸せでいてほしい」という気持ちが人一倍強いのですね。相手のために行動していることが、結果的にあなた自身を楽しませる状況に繋(つな)がっていくことを自分でもわかっています。このように、自分の周りの環境を楽しく、そして豊かなものにしていくことにより、人間関係の輪を大きく、強いものにしていく才能を持っています。

また、あなたと対話することがとても心地よいため、相手はあなたにだけ本音を話すようになります。しかし、相手のことを思いすぎるあまり、自分のことを後回しにしたり、正直な気持ちを言えなくなってしまったり……。あなたが周囲に気を遣いすぎると、周囲もあなたに気を遣い、悪循環になるかもしれません……。ですので、課題は自分をさらけ出すこと。そうするともっと楽しいコミュニケーションに。自然体で人に接すると、相手もあなたもリラックスして良好な関係が築けるようになりますよ。

仕事と才能

仕事においても、常に人のために何ができるのかを考えて行動します。しかも、瞬時に相手の悩み、求めていることを察知できる能力もあります。そのため、職場ではあなたに相談しに来る人が後を絶たないでしょう。さらに、相談している本人も気づいていない課題すら見抜くことができるので、リピーターがどんどん増えていきます。これは、特別な才能です。あなたに向いているのは、ズバリ、相手に自分では気づいていないことを優しく気づかせてあげるカウンセラーのような仕事。何かのコーチや、ファシリテーターなども天職でしょう。

人間関係

あなたは人の心を開く天才です！　相手のちょっとした答えや会話の中で、どんな人なのかをすぐに理解することができます。また、聞き役に徹することができますので、相手からも「私を理解してくれる人」と信頼され、心を開いてもらいやすいのです。他の人に言えない秘密をあなただけに教えてくれることもありそうです。

相性のいい人

同じ趣味を持った人、あるいはあなたの興味をそそるような趣味を持っている人がいいでしょう。またあなたは恋愛にのめり込みやすいタイプなので、駆け引きするより、素直に感情を伝えたほうが上手くいきます。

宇宙からのメッセージ

あなたはある意味、大きな船に乗っているので、安心していろいろやっちゃって大丈夫なのです。

October Fifteenth

10月15日

✦相手の懐にスッと入り込むカリスマ✦

あなたについて

あなたには、人を惹きつける能力があります。気づいたら中心的・リーダー的な存在になっていた、ということが多いでしょう。ひと言でいえば、“とても目立つ人”なのです。天秤座の支配星は美と愛を司る金星。金星の華やかさの中でも、特に目を引く要素をあなたは自然と使いこなしています。ですから、あなたが意見をすれば、周りは注目せずにはいられませんし、自然と賛同も集められます。

とはいえあなたには、威圧感があるわけでも、怖いオーラがあるわけでもなく、ただそこにいるだけで、目立ってしまい、周囲への影響力が大きいのです。そんなあなただからこそ説得力が十分にあり、聞いてる人に安心感を与えます。「あなたがそう言うなら大丈夫だろう」と、そのままあなたの助言通りの行動をする人が多いことでしょう。いわゆるカリスマ的存在になりやすい人なのです。

また、天秤座は、情報収集能力に優れていますし、有益な情報を持つ人とのご縁が多くあります。仮に、目標を決めて進んでいる最中に全く関係のない方向に寄り道をしたとしても、それが思わぬ方向に働き、新しいビジネスに発展したり、偶然のような必然によって可能性が生まれ、思いもよらない展開になったりすることもあります。そのため、あまりきっちりと目標設定をしなくてもいいかもしれません。その時その時に柔軟に対応する臨機応変さが、あなたの人生をよき方向へと導いてくれるでしょう。

仕事と才能

早い段階で相手の心を開く才能があり、誰とでもすぐに打ち解けられます。しかしながら、あまり深入りするのは好きではなく、広く浅くの関係を好みます。これは悪いことではなくビジネスでは強みに。実に多彩な人脈ができるため、様々なチャンスをたぐり寄せることができます。テレビの制作スタッフや商社、広告代理店の社員などに向いていますが、あなたは、好きなことをすると、ハッピーオーラが放出され、周りの雰囲気もよくします。そのため、興味を持ったことにどんどんチャレンジしていくと、自然とビジネスチャンスも広がります。

人間関係

盛り上がりそうな話題を瞬時に見つけ、そこから楽しい会話をくり広げていくことを得意とします。また、誰に対しても、気さくに声をかけることができ、相手があなたを警戒する前に、相手の懐(ふところ)に入り込んでしまうという、スペシャルな才能があります。しかし、あなたと深い関係になれるのはごく一握り。その人たちを大切にしてください。

相性のいい人

普段見せている顔とは別に、あなたにしか見せない表情を持つ人がいいでしょう。親分肌なのに、あなたと二人でいると甘えてくるような人がよさそうです。そのギャップが心地よく、魅力的に感じるでしょう。

宇宙からのメッセージ

**人間関係がガラッと変わる時は、
あなたの次元が変化したお知らせです。**

October Sixteenth

10月16日

✦自分に嘘のない生き方で軽やかに進む人✦

あなたについて

あなたは嘘をつくのが苦手です。何か違和感があることに関しては、力が入らず、割り切って進めることができません。内心楽しくないと思っている時は、その気持ちが仕草や態度に出てしまい、周りにバレてしまいます。なので、常に自分にも人にも正直でいようと努めていることでしょう。嘘をつくということは、自分の気持ちに嘘をつくということになるので、相手に悪い、ということよりも、実は自分に負荷＝ストレスがかかっているということ。なので、嘘がつけないあなたは、ストレスをためこむことなく、軽やかに生きていくことができるでしょう。

周りの意見に左右されず、自分自身の気持ちに正直に向き合っていくことで、あなたは人生をさらに謳歌(おうか)していきます。「心の声に耳を傾ける」、これがあなたのキーワードになります。そして天秤座の支配星は楽しさを司る金星。自由で楽しいことが多ければ多いほど、あなたの人生は輝きを増し、充実していくことでしょう。

天性のクリエイティブ能力があり、妄想したものを形にするのが得意。たくさんのものを生み出し、世の中に新しい分野を提供する可能性もありますよ。さらに細やかな気配りで周りの人をほっとさせるのもあなたの得意とするところ。会話が上手で、話題も豊富。また、何をするにも丁寧で正確なので、目上の人からも家族からも信頼されます。あなたはどこに行っても褒められて優遇されることでしょう。

仕事と才能

あなたには、自分に合う人か、合わない人かを少し話しただけで判断できる才能があります。繊細な感性の持ち主なので合わない人とは我慢して仕事をしないほうがいいでしょう。また、心の底からやりたいと思うことには情熱を注ぐことができるので、まずは自分の心の声に耳を傾けてみてください。他人の意見を取り入れることも大切ですが、最終結論を下すのはあなたです。あなたが下した最終結論はあなたの才能を活かすことに繋(つな)がり、運勢を上昇させる結果をもたらすことでしょう。繊細さを活かせるITエンジニアや経理、動物や自然に関する仕事などが向いています。

人間関係

ある程度交流すると、すぐに誰とでも仲よくなれるあなた。直感がとても鋭いので、相性のよし悪しをすぐに見極めます。センシティブなあなたの場合、相性があまりよくないと感じた時は、適度な距離を置くことが得策。予(あらかじ)めトラブルやストレスから自分を守ることも、人間関係を円滑にする秘訣です。

相性のいい人

常に前向きな姿勢で進んでいき、野心家な一面がある人との相性が◎。一緒にいるとあなたも同じように前向きな気持ちになり、強くなることができます。さらに、互いを高め合える関係になれるでしょう。

宇宙からのメッセージ

あなたの心がときめくことは、
100％やってOK！

October Seventeenth

10月 17日

✦ 想像力を駆使して情報をフル活用する天才 ✦

あなたについて

情報を収集する能力に長けている天秤座。想像力が豊かなので、集めた情報をもとに、何パターンものトラブル予測ができ、致命傷を負うような失敗をすることなく、システムを構築していくのが得意。いろいろなことを知っているからこそ、視野が広く、問題解決能力が高いです。また、言葉に説得力があり、周りの人たちを惹(ひ)きつけることでしょう。必ず解決策を導き出す、頼りがいのある人です。

リーダーシップをとるのは少し苦手ですが、それは、他の星座に比べて周囲の反応を気にする天秤座の影響が色濃く出ているから。自分が何か言ったことに対して、批判的なことを言われると、ちょっと凹んでしまうことも……。でも、それはあくまで周りの意見であって、必ずしも正しいわけではありません。人が集まればそれだけいろいろな意見が集まります。人の意見はあまり気にせず、自信を持って、自分の考えをはっきりと伝え、あなたの個性をどんどん外に出していきましょう。

ユーモアのセンスもあり、人を楽しませるのも上手。いわゆるムードメーカーで、その場の空気を楽しくするのが得意。日本だけでなく、世界中の人と仲よくなれるほどコミュニケーション能力の高いあなたは、どこへ行っても大丈夫なタイプです。国境を越えて交友を広げていけるでしょう。そんなあなたは当然のごとく刺激や冒険が大好き。どんどん新しい世界へと飛び込んでいくことでしょう。

仕事と才能

あなたは膨大な情報をもとに、きっちりとチェックを行ない、正確な解答を導き出せる才能を持っています。ですから、あなたがつくった成果物はどれもパーフェクト。営業事務やデータサイエンティスト、通訳・翻訳家などに向いています。また、仕事で出した結論にはあなたの見解を追加するようにしてください。より素晴らしい仕上がりになり、評価がもっと上がることになります。また、老若男女問わず、いろいろなジャンルの職業の人と交流を持つといいでしょう。いろいろな刺激をもらうことができ、素晴らしい結果を生みますよ。

人間関係

友人が増えるにつれ、いろいろな情報をゲットしていきます。手に入った情報は、刺激となってあなたの心をくすぐるでしょう。しかし、同じジャンルの情報ばかり集めていると、いずれ飽きてしまい、せっかく仲よくなった人との関係も希薄になってしまいます。いろいろなタイプの人と交流を持ち、人脈の輪を広げていくようにしましょう。

相性のいい人

器が大きく、おおらかで包容力のある人が合っています。また、あなたを束縛しないことも必須条件。恋愛では情報の分析やじっくり考えることより、自分の気持ちに素直に動いたほうが上手くいきます。

宇宙からのメッセージ

あなたは、結局ツイているから大丈夫なんです。

October Eighteenth

10月18日

✦好奇心が旺盛で取捨選択の上手な人✦

あなたについて

あなたは、好奇心が旺盛で様々なことに興味を持ち、試していきます。しばらくすると大胆に取捨選択の作業をするのが習慣化しているようです。直感で自分にどれが必要なのかをチェックしていく、という選別の作業が大好き。その時々で一つに絞ったり、複数のことを同時進行したり……。そんなことをしながら、オリジナルの方法や素晴らしいアイディアを生み出す才能を持っています。

また、常識よりも非常識、無難よりも大胆、大多数よりニッチでコアな方向を選ぶことで、普段思いもつかないアイディアやヒントを得られるということを知っています。与えられた枠の中ではなく、枠を打ち破った外に面白いことが待っているようです。「人がやらない楽しいことをやってみる」こともあなたのテーマの一つでもあります。多くの情報から必ずいいものを選び取って、楽しめるというのもあなたの才能なのです。

さらに人を楽しませることが好きですし、誰に対しても平等で気配り上手。多くの人が惹(ひ)きつけられるでしょう。正直で率直、裏表がないのもあなたの魅力です。

また知識欲があるので、読書好きの人が多いでしょう。言葉のチョイスが素晴らしく、会話をしていても人に不快感を与えません。すぐに相手が納得する、素晴らしい言い回しができるので、カウンセラーやアドバイザーのように、人に寄り添うことができますよ。

仕事と才能

仕事においても、膨大な情報をもとに、自分に必要なものを正しく選択していきます。取捨選択するまでには、様々な過程を経ていくわけですが、そのノウハウをしっかり自分のものにしていくことで、あなたの輝きは増していきます。多種多様な情報をブレンドして、オリジナルのアイディアを生み出す才能もあります。新しい情報を収集するためにも、どんどん外に冒険に出ていきましょう！　また、何でもかまいませんので、人より抜きん出た特技などを習得しましょう。それがあなたの自信に繋(つな)がり、ゆくゆくは大輪の花を咲かせることになります。

人間関係

あなたは、誰とでもすぐに仲よくなれます。そして、周りにも自然と信頼できる人が集まってきます。しかし、つき合いの深さを、人によって変えているところがあるようです。仕事の話をする人、プライベートなことを話す人……など、自然とランクができ上がっています。これはあなたの「心の天秤」でつくったランクですので、そのまま、心の声に従ってOKです。

相性のいい人

あなたに絶対的な信頼を置いてくれ、あなたの話を理解し、しっかり理解してくれようとする人がオススメです。一途な人と結ばれることにより、あなたの心は豊かになり、愛も大きく育まれることでしょう。

宇宙からのメッセージ

眠くて仕方がない時は、ゆっくり眠りましょう。
宇宙からの充電が必要な時です！

October Nineteenth

10月19日

✦器が大きく、何があっても動じない人✦

あなたについて

常にどっしりと構えていて、何が起きてもブレたり、慌てふためいたりすることはありません。むしろ、何か大変なことがあってもそれを楽しさに変え、マイナスをプラスに変えていく能力も持ち合わせています。細かいことにもこだわらず、器が大きく、心も広い、そして何事も許せる優しさも持ち合わせている——それがあなたです。

今までの失敗経験や得てきた情報のおかげで、たいていのことは乗り切れる余裕があるからなんですね。落ち着いていられるのは、失敗してもいい、失敗するのが当たり前、という考え方と、今までに集めてきた経験や情報の賜物(たまもの)といってもいいでしょう。

そして、面倒見がいいので、人から頼まれたことは心よく引き受けて、断ることはほとんどありません。人の役に立ちたいという気持ちが強く、常に人のために忙しく動き回っていることでしょう。

もともと天秤座は物事をはじめる力があり、基本的に行動力が抜群。新しいことをはじめたい、でも自分の心が迷っているという状況に追い込まれたら、書籍から情報を集めると、すぐに心が落ち着き、安心できますよ。今いる環境を見直すことができて「楽しい!」と思えるようになるかもしれません。

また、目立ちたがりやなところもあり、注目されるとパワーチャージできるので、なるべく人前に出たり、SNSで発信するとよさそうですよ。

仕事と才能

仕事においても、常に広い心を持ち、何が起こってもどっしりと構えることができます。そのため、あなたがいることで、マイナスの雰囲気もプラスの平和な雰囲気に変えることができます。あなたは、その場の雰囲気をとても大切にするので、つまらなそうにしている人には話を振ったり、一人でいる人をご飯に誘ってあげたりと、周囲に気を配ることができ、とても優しく接します。常に素敵な仲間に囲まれ、楽しく仕事をすることができます。そんなあなたは、幼稚園の先生や保育士、学校の先生、カウンセラーなどが向いています。

人間関係

あなたは人とのご縁を大切にする人です。もし、友人が困っていたら見て見ぬふりなんてできません。すぐに駆け寄って相談に乗ったり元気づけたりと、あれこれ行動します。相手はあなたに安心感を抱き、強い信頼関係が生まれます。逆にあなたがピンチの時には、周りの人たちが助けてくれるでしょう。

相性のいい人

スター性があり、ひときわ輝く才能を持ち、多くの人から慕われている人——そんな人が、あなたにはぴったり。あなたは一生懸命その人を支えようと行動し、力になることで幸福感に満たされます。

宇宙からのメッセージ

気になる国がある場合は、その国に関連するものを見たり、食べたりするだけでも運が巡ります。

October Twentieth

10月20日

✦情報力＆洞察力で「先を見通す」人✦

あなたについて

あなたは先のことを予測できる才能があるようです。これは「情報収集が得意」な天秤座の特徴に、次の星座である蠍座の特徴「先を見通す力」が融合されているから。天秤座は場の空気を読んで穏便にまとめる性質を持っていますが、蠍座には洞察力があり、慎重に分析するという特徴も持ち合わせています。あなたは、その両方の才能を混ぜて同時に使いこなすことができるため、自分ならではの法則にのっとり、正確に物事の成り行きを予想することができてしまうのです。

ただ、弱気になると、あなたは人の目を気にしすぎるところがあるようです。そのため、その場しのぎで方向転換してしまうことも。人の意見を聞き入れることは大切なのですが、自分の才能を信じ、最初に感じたことを思い出して決断を下すようにすると、運気はますます向上するでしょう。

もともとは独創的で目立つ存在。自己表現が上手で、ファッションセンスも抜群。そして考え方も独特です。頭の回転が速く、言葉を巧みに操り、話し上手で議論も大好き。ユーモアのセンスもあるので、話をしている相手は、いつの間にかあなたのペースに巻き込まれてしまうことも。人から認められたい、褒められたいという気持ちを強く持っているので、サービス精神も旺盛。だから、いつもあなたの周りにいる人は笑顔になれますし、あなたもハッピーに。笑顔が絶えない人生を送ることができるでしょう。

仕事と才能

あなたは、先のことを予測するのが得意です。しかも、その精度もかなり高いので、周りの人はあなたの意見には自然と賛同するようになります。証券会社の社員や株のトレーダー、ファッションスタイリストやバイヤーなどに向いています。また、信頼関係を築き上げた人を、ずっと大切にするところがあります。社内のみならず、取引先からも絶大な信頼を得るでしょう。頑固な人に対しても、諦めずに時間をかけて説得できる能力を持っています。しかし、たまに人の目を気にして、これらの才能が影を潜（ひそ）めることも。これはもったいないこと。自分の道を信じて進む――これが成功するための秘訣です。

人間関係

一度仲よくなった人との縁を大切にするのがあなたの特徴です。ご無沙汰している人を思い出すと、様子を見るために急に会いたくなってしまうこともあるでしょう。そんなあなたの優しい心に相手も癒されます。たまに人と衝突することもありますが、心配しないで。あなたなら時間をかけて話し合い、またその人と仲よくなれますから。

相性のいい人

相性がいいのは、あなたの心を浄化してくれる人。会話をすると自然と心が躍ったり、気持ちが楽になれたりする人と一緒にいると、ストレスがスッと消えてなくなります。

宇宙からのメッセージ

悩んでしまうのは視野が狭くなっている印。
全体的に見ると、どうでもいいことだったりします。

October Twenty-first

10月 21日

✦鮮やかな手腕で問題を解決する必殺仕事人✦

あなたについて

落ち着いていて、人を安心させるオーラを漂わせています。あなたが無意識に放ったひと言が、相手の人生を豊かに変えてしまうカリスマ性も！

そんなあなただからこそ説得力があり、トラブルを仲裁する才能もあります。例えば、ケンカをしている人たちがいたら、それぞれの主張をしっかりと聞き、「なぜ、こうなったのか」と冷静にチェックし、スマートに解決していきます。このプロセスは人のためだけでなく、あなたの成長にもなりますし、その経験から今後の失敗を防ぐことにも繋(つな)がります。あなたの場合は、トラブルが起こっても、それを解決していく過程はとにかくスマート。サッカーでたとえるなら、的確なドリブルでゴールへと近づいていくFW（フォワード）のような見事なテクニックが、周りから一目置かれることでしょう。

「やると言ったらやる」のがあなた。斬新な発想で新たな分野を開拓していくことも多々あります。

やんちゃなところがあり、どこか憎めない愛らしさがある子どものような人。目上の人からはとても可愛がられる社交性があり、それがあなたの成功のカギであり、最大の魅力。

興味があることはとんでもない熱量で取り組みますが、興味がないことには無関心。嘘がないのはとてもいいことなので、それは貫いてもいいでしょう。無関心すぎて、その場は変な空気になってしまうこともありますが、それはそれでよし。それがあなたの性格であり、生き方なのです。

仕事と才能

解決能力に優れているため、職場の問題点や改善点をスムーズに見つけ出し、片っ端からサクサク解決していきます。まさに“必殺仕事人”みたいな感じです。この才能は、人の悩みを解決する際にも当てはまり、様々な人があなたに悩みを相談してくることでしょう。人の悩みを解決することは、人のためだけではなく、あなたの成長にも繋がります。そんなあなたに向いている仕事は、マーケティング、コンサルタント、経営企画、コーチなど。また生産管理などの、常に業務改善を行なう仕事も向いています。

人間関係

物事を深く追求することが好きなので、ただの噂話のような薄っぺらい会話はあまり好みません。気がついたら、何時間も経ってしまった……というくらい、ディスカッションができるような会話を好む傾向に。そのため、知識が豊富な知識人との交流が多くなるようです。ムリして人脈を広げずに、価値観の合う人とだけ交流するのでOKです。

相性のいい人

知識が豊富な人とご縁があります。いろいろなことを知っていて、あなたが質問すると快く何でも答えてくれるような人がオススメです。あなたは刺激を受け、毎日が楽しくて仕方なくなります。

宇宙からのメッセージ

あなたがいつも話題にしていることが
現実になっていきます。

October Twenty-second

10月22日

✦知識を貪欲に吸収して飛躍する人✦

あなたについて

好奇心が旺盛で、「情報」にとても敏感。そのため、気になることがあると、その答えを求めずにはいられないという性格です。あなたは、傍（はた）から見ると寄り道が多いように見えますが、貪欲に答えを探しているのです。ほどほどではなく、納得できる答えを見つけないと心が落ち着かないのです。ですので、本だけでなく、論文などを読むのも好きという人も多いでしょう。

あなたが得た知識は、どんどんみんなに伝えていきましょう。わかりやすく解説しながら情報をシェアすることで多くの人が喜んでくれますし、巡り巡ってあなたのもとにもいい波がやってきます。ブログや動画などで発信するのもいいでしょう。

情報収集力の高い天秤座の特徴と、次の星座である蠍座のプレゼン上手な特徴を併せ持つあなた。その武器をどんどん使っていくと、大きく稼ぐことも可能。あなたにはそんな潜在能力があるので、大胆な行動をとるようにしてみましょう。それには人と同じことをしていてはダメです。人と違うことをするように心がけてみてください。人生が思いがけない方向に大きく動いていき、奇跡のようなことが一つや二つではなく、どんどん起こる可能性が！

トラブルも楽しめる精神力の持ち主で、あまり考えすぎず、直感を信じて行動したほうがどんなこともスムーズにいくことでしょう。

仕事と才能

頭の回転が速く、情報収集能力も抜群のあなた。さらに、貪欲に答えを見つけにいくという才能は、営業、マーケティング、広報など、様々なビジネスシーンで発揮できます。“デキる人”と周りから思われ、評価も高いのですが、時々、自分の能力を過小評価してしまうことも。せっかくの素晴らしい頭脳や知識は、どんどん披露していきましょう。「私ならヒーローになれる」そう信じて突き進んでOK。自分の力を信じ、勇気を持つことで人生がもっと輝かしいものになります。スピード感が成功する秘訣です。

人間関係

人と会話する時、あなたはなかなか相手に本音を話すことができません。本当は言いたいことがあるのに、自分の胸の中に収めてしまうのです。我慢強いことは立派なことですが、あまりため込むと、いつかあなた自身が爆発してしまいます。少しずつでもいいので、本音をぶつけてみると、人間関係がもっと円滑になりますよ。

相性のいい人

いつも前向きで笑顔でいる人がいいでしょう。お互いに自信を持てますし、前へ前へと進んでいけるようになります。価値観が合えば、外国人の方とおつき合いすると刺激を受けていいかもしれませんよ。

宇宙からのメッセージ

一番運気を上げる方法は、
今をとことん楽しむことです！

October Twenty-third

10月23日

✦「達成感を共有する」ことで成長・発展する✦

あなたについて

何かを体験する時、一人よりも何人かで達成感を分かち合いたいと思っている人。喜びは分かち合うことで2倍、3倍にもなる、という考え方。ですので、一人が苦手。もし、一人旅に出て、ある出来事に感動したとしても、物足りなさを感じてしまうでしょう。「今度、あの人も連れてきて、この感動を一緒に味わいたい」そんなことが頭をよぎるかもしれません。あなたは喜びや苦労は人と分かち合うことに意味があると考えています。

天秤座と蠍座の境目に生まれたあなたは、蠍座の特徴である「一体感を好む」という要素をとても大事にしています。誰かと一緒に同じ気持ちになって体験することが楽しくて仕方がない、といった感じです。

一方、あなたには、天秤座の特徴である「コミュニケーションを得意とする」力も備わっています。天秤座は、いろいろな人と繋(つな)がって情報を交換することが得意です。あなたはそんな天秤座の社交性と蠍座の一体感を好むところがミックスされ、いろいろな人と深く繋がることができ、そして心が満たされていきます。

性格はとても前向き。困難があってもポジティブに乗り越える余裕があり、周りからは、とても精神的に安定しているように見られます。たとえピンチでも、テンション高く過ごしていれば、自分のモチベーションもアップして、さらに成長することができると本能的に知っている人なのです。

仕事と才能

あなたは、誰かと一緒に何かを成し遂げることで、喜びを感じるタイプ。チームで何かを成し遂げるようなプロジェクトになると、心が満たされるでしょう。リーダーというよりも陰の立役者という感じではありますが、その場の空気を読んだり、コミュニケーションが得意なので、職場環境をよくする才能あり。そのため、会社にとってなくてはならない存在として、どこに行っても大切にされるでしょう。Webエンジニアや映像ディレクター、広報・PRなどに向いています。

人間関係

たとえ知らない人でも、すぐに仲よくなれる話術を持っているあなた。特に似たような経験をした人や一緒に目標を達成した人との間に、より深い絆(きずな)をつくっていく傾向があります。もし、仲よくなりたい人がいるなら「一緒に何かをする」ことを目的に、イベントを計画してみましょう。

話し上手であり、聞き上手。人の気持ちをよく理解できるので、友人の数も多いことでしょう。

相性のいい人

あなたは、自分の体験や感動を共有したい気持ちが強いタイプ。そのため、感受性が豊かな人、喜びも悲しみも分かち合える人がベスト。そんな人となら、どんな困難も乗り越えていけるでしょう。

宇宙からのメッセージ

**何事も、それが感謝に変わった時に、
次の扉が開くようになっています。**

October Twenty-fourth

10月24日

✦"コツコツ&じっくり"の強みを体現する人✦

あなたについて

あなたは相手の懐（ふところ）にムリやり深く入ったり、自分の話ばかりするような強引なコミュニケーションをとるタイプではありません。相手の反応をよく見ながら徐々に距離を縮めていく人。というのも、いきなり相手の懐に入ろうとすることで、警戒されたり、拒絶されたりすることを非常に恐れているから。心が繊細で優しいからこそ、相手が迷惑に思うのではないかと心配してしまうのです。でも、そんな気遣いができるところこそあなたの「いいところ」なので、ムリに変える必要はありませんよ。

また、一度信用すると、疑うことなく相手を思いやり、長く信頼関係を保つことができます。ですので、多くはないですが「一生の親友」と呼べる人が存在するでしょう。ただ、最初は人の輪に入るのが苦手で、友達ができにくいかもしれません。でも人は大好きなはずですから、まずはお試しでいいので、軽い気持ちで交流してみましょう。数打ちゃ当たる作戦もありですよ。それが重要な人とのご縁を繋（つな）ぐきっかけになることも多くあります。

「苦手だな〜」と思う人でも、もしかすると、単なるボタンの掛け違いで、原因さえわかれば「信用できる人」に早変わりし、人生のキーパーソンになるかもしれません。

「ちょっとやってみる」というお試しは人間関係に限らず、あらゆることに有効で、それがあなたの人生をもっと豊かにするヒントを与えてくれることでしょう。

仕事と才能

あなたには、「小さなことをきっかけに少しずつ人との仲を深めていく」という才能があります。気づいたら人の懐に入っており、長くつき合える信頼関係を勝ち取ることができる才能があります。それが、仕事をしていく上での強みになります。コツコツとした研究職や、何かをつくり上げる製造にも向いていますが、営業、コンサルタントなどの信頼関係が重要となるような仕事が特に適しています。天秤座の影響で、情報を広げる才能もあります。「クチコミで拡散」するようなインフルエンサー的な役割を担(にな)うことも可能です。

人間関係

人には好奇心旺盛な姿を積極的に見せるといいでしょう。そうすると周囲も楽しい気持ちになるので、あなたに興味を抱く人が自然と増えていくでしょう。天秤座の「情報収集能力」が、あなたには備わっています。ですので、集めた情報をもとに人と関わっていってください。そうすると、さらに深いご縁を築いていくことができます。

相性のいい人

センスのいい人、映画や絵画など芸術作品に興味や関心のある人がいいでしょう。あなたの好奇心もどんどん広がり、キラキラと輝き、あなたがとても魅力的に映ることでしょう。

宇宙からのメッセージ

執着するのでなく、それ自体を
楽しんでしまうことが、嬉しい結果に繋がります。

October Twenty-fifth

10月25日

✦「適材適所」を采配できる眼力の持ち主✦

あなたについて

人と一緒に何かを成し遂げることが好きな人です。幼少の頃から仲間と一緒になって何かをつくり上げた経験も多いのではないでしょうか？

あなたは、マネジメント力に優れています。その人の得意不得意を見極めて、何をすることが向いているのか、何の役割が今求められているのかを判断し、その人の個性を伸ばし、強みを発掘してあげることができます。

また人のことだけではなく、自分の得意なことも創意工夫して研究するタイプでもあります。そのおかげで、自分の幅を広げ、仲間と成長し合える関係を築くことができます。人に対しても自分に対してもマネジメントするのが得意なのです。あなたは素敵な人たちに囲まれる星回りなので、周りの人を信用して、思いっきり頼っても大丈夫ですよ。

時には、仲間と意見が合わないこともありますが、そういう時は包み隠さず、自分の手の内を全て見せて、裏表のないことをしっかりと伝え、本音でコミュニケーションをとろうとします。熱意が伝わり、結果的に上手くいくことが多いでしょう。

ただ、自分が発する意見はストレートで嘘がないわりには、自分に向けられた言葉となると、褒められても素直に受け取れません。「どうせお世辞だろうな」というネガティブな感情が出てきてしまうことも。褒め言葉を素直に受け取ることも、コミュニケーションにおいては大事なことであると覚えておきましょう。

仕事と才能

あなたには、人それぞれに合った役割を与える才能があります。プロデューサーや人事担当に適任。これは蠍座特有の洞察力の賜物(たまもの)です。この才能を惜しみなく発揮すると、素晴らしいリーダーとなれるでしょう。このように、みんなと時間や経験を共有し努力するほど、あなたの仲間意識は強まっていきます。同時に、周りの仲間を成長させることにも繋(つな)がっていきます。あなたがリーダーとなれば、周りは安心してあなたについていくことができるでしょう。あなた自身も、一緒にいて心地がいいと思える仲間を探し、仲間を成長させ、自分自身の成長や成功に繋げていきましょう。

人間関係

趣味が多いほど、人脈が広がっていきます。アウトドアが趣味の仲間とはキャンプ、インドア派の仲間とは屋内で映画鑑賞、仕事仲間とは仕事を通しての交流……というように多様な人づき合いを楽しめます。あなたは、コミュニケーション能力にも長けているので、どんどん交友関係を広げていくと、さらに楽しく過ごせます。

相性のいい人

気配りができる人、あなたが求めていることを見抜いて手を貸してくれる人がオススメです。あなた自身にも心のゆとりが生まれて気持ちも安定し、相手にも優しくなれるでしょう。

宇宙からのメッセージ

**着る服の好みが変わる時は、
あなたの次元が変化したお知らせです。**

October Twenty-sixth

10月26日

✦「誠実さ」を大切にする感受性が豊かな人✦

あなたについて

一度信頼できると感じたら、信じ続けるあなた。だからこそ、自分も誰に対しても誠実でありたいと思っています。そんなあなたは、誰かとタッグを組んで新しいことを始めるのが得意。人と協力することで、あなたの才能はより発揮されていきます。それは、蠍座の「一体感を求める」という特徴が色濃く出ているからです。

そして、あなたは環境に強く左右されるところがあるので、「いい場所」に身を置くことが大事。多くの人や情報に触れながらその情報を選別し、自分で取捨選択することができるため、自分に合った環境を見つけることができます。ぜひ、あなた自身で、「ここは心地がいいな」としっくりくる環境を見つけ出してみてください。

感受性が強いため、相性がいい人、自分に合う環境を他の人よりも敏感に感じることができます。例えば新しい場所についた瞬間にその環境が、「心地よいか・心地よくないか」はすぐに判断がつくでしょう。ですので、住む場所やホテル選びは慎重になってしまう傾向があります。

また繊細なところがあるせいか、人の意見を気にしやすいのですが、それも感受性が豊かな証拠。吸収力が高いので、本を読んだり、講座を受けたりするなど、学ぶことに向いています。その知識の積み重ねは一生の宝に、そして武器になるので、学び続けることをライフワークにするといいでしょう。

仕事と才能

あなたは、一度ハマると、とことん突き詰めるため、その知識はかなり濃く深いものです。これはあなたが情報収集力、そして取捨選択する能力を発揮しながら、自分の中でオリジナルのものとして生み出すことができる才能があるからです。「天命」とも呼べる得意な道が見つかれば、その道のエキスパートになっていることも多々あります。また感受性が強く、吸収力も抜群。知識を身につけることに喜びを感じるタイプなので、研究職や開発職なども向いています。

人間関係

誰もが相手の出方次第で、心を開いたり、閉じたりしますが、あなたの場合、そのような心の動きが顕著です。全開か、完全閉鎖しかありません。仲のよい友人とは腹を割ってつき合いますが、信頼できない相手には自分の素顔を全く見せないでしょう。もし、打ち解けたいと思った人が現われたら、あなたから心を全開にするとよいでしょう。

相性のいい人

常に一緒にいてくれる人が◎。多忙で会う機会が少ない人との恋愛はあなたを不安にさせるのでオススメできません。常に一緒にいることにより、包み込まれるような安心感を得ることができます。

宇宙からのメッセージ

少しでも先に進んでみましょう。
行動がすべてを変えてくれます！

October Twenty-seventh

10月27日

✦窮地にあっても打開策がひらめく稀有な人✦

あなたについて

直感力が鋭く、洞察力のあるあなたは、窮地(きゅうち)に立つと思いがけないアイディアが浮かんできます。しかも、立ちはだかる壁が高ければ高いほど、追い詰められるせいか、素晴らしい発想ができることでしょう。無意識のうちに、難しく解決しにくい道を選択してしまうことが多いのも特徴です。「これはさすがにムリ！」と思っていても、突然何かをひらめいて解決策が出てきたりします。蠍座は、基本的に物事を深く追求していくという特徴があります。あなたには、不可能を可能にするという才能が与えられていますから、試行錯誤しながらでもたどり着くことができますよ！

目の前の問題は、あなたを成長させ、才能を開花させるために与えられたものなのです。

寛大で穏やかな性格なので、周りから好感を持たれます。親しみがある印象ですが、大事な局面では冷静にジャッジすることができます。動揺するようなことがあっても、ポーカーフェイスでそれを表に出すことはないでしょう。

また他人の能力を引き出す才能があり、特に同志と感じたら、率先して力になることでしょう。とはいえ、強引に引っ張っていくリーダータイプではなく、どちらかというと周りを盛り上げるサポータータイプ。でも、いざという時は前に出て、仲間を力強く牽引(けんいん)していきます。そのため、リーダータイプの人は、陰の立役者となるあなたをそばに置きたい、と特に優秀なリーダーからのラブコールを多く受けることでしょう。

仕事と才能

あなたは、窮地に立つと思いがけない解決策を思いつくので、職場でも「あの人に相談しよう」と頼られます。「もう後がない」と感じた時に、ふと打開策をひらめくのです。持ち前の観察眼を活かし、何事も深く追求して考えることが得意なので、仕事で八方ふさがりの時も、チームにあなたがいれば、「諦める」という選択肢がないほど。地道に模索し、何かしら打開策を考えつくでしょう。周りからも「困った時の○○さん」と頼もしい人と見られることが多いのではないでしょうか。人の悩みや課題を解決するような、メンタルトレーナー、生活相談員、カスタマーサポートなどにも向いています。

人間関係

とても頼りになるあなたですが、たまに頑固な一面が顔を出すことも。相手と意見が衝突してケンカになった経験もあるのではないでしょうか。とはいえ、ムリに折れる必要はありません。ただ、相手の意見を聞かずに一方的に気持ちをぶつけるだけでは解決しないので、相手の話に耳を傾けるだけでも円満にことが進みますよ。

相性のいい人

冷静沈着で、あなたを穏やかに見守り、フォローしてくれる人がオススメ。あなたは恋愛だけに没頭することがなくなり、安心して目標に向かっていけるでしょう。

宇宙からのメッセージ

いろいろなことを変えたくなる時は、
すごい開運の前兆です。

October Twenty-eighth

10月28日

✦「ブレない意志」の発動で大業を成し遂げる✦

あなたについて

あなたは意志が強く、少し頑固。やりたいことがあれば必ず成し遂げますし、ほしいものがあれば、何としても手に入れようとします。そして、実際に手に入れてしまいます。そのことを、周りの人から反対されたとしても、あなたは頑(かたく)なに自分の考えを譲りません。むしろ邪魔が入ったら、それを阻止する方法を考えて実行することも……。もし、周囲の反対で意志が揺らぐようなことがあれば、それは「自分にとって必要ではないこと」と自分の中でのバロメーターが明確になっている人なのです。

ですから、あなたがやりたいと思ったことには最大限に努力し、諦めることはまずありません。蠍座は、一度気持ちがセットされたら、絶対にブレない強さがあります。ただし、支配星である冥王星(めいおうせい)の「とことんやる」という力は、中途半端な気持ちの時には発動されません。けれども本気の場合は、冥王星の力が最後までおつき合いしてくれます。

そのように強気な態度で、とことん突き進むタイプではありますが、近しい人から否定的なことや批判的なことを言われると意外とダメージが大きく、自信を失ってしまうという弱い一面も。でも実は妬(ねた)みからくる反対意見であることも多いので、気にしなくても大丈夫。

あなたの才能は唯一無二の粘り強さ。強い心を持って、自分を信じて進んでいくことで、あなたの人生はより輝きを増していくことでしょう。

仕事と才能

あなたは、手に入れたいと思ったものは絶対に手に入れる意志の強さがあります。その過程において努力をいっさい惜しみません。ゴールにたどり着いた時のあなたは達成感に満ちあふれ、自信を持ち、さらに成長していきます。あなたの意志の強さ、諦めない姿は周りの人を驚かせるでしょう。同時にあなたに憧れてついてくる人も多くいます。あなた自身もモチベーションを維持することができ、最終的には大業を成し遂げるでしょう。機械エンジニアや校正者、マーケティングなど粘り強さを活かせる仕事が向いています。

人間関係

心を開くまでに、少し時間がかかるあなた。鋭い観察眼を持ち、その人が信頼できる人かどうかをじっくり考えます。調子のいい人や裏表がある人に対しては、あまり信用しないため、距離をとってしまうところも。あなたの直感は、大きく外れることはないので、自分を信じることが良好な人間関係を築くためのポイントになります。

相性のいい人

あなたの成長を一緒に喜んでくれる人がベストです。そして、あなたを見守り、献身的にケアしてくれる人がオススメです。愛する人に見守られているという安心感があるからこそ頑張ることができるでしょう。

宇宙からのメッセージ

**それが合わないということは、
他にあなたに合うものがあるということ!**

October Twenty-ninth

10月29日

✦深く探究するほど成長できる「冒険者」✦

あなたについて

「一度ハマれば没頭する」これがあなたの資質です。蠍座は、一度何かにハマってしまうと、他のことになかなか関心を向けることができません。もともと蠍座は探究心が強く、「楽しい」と思えることはしつこく続けて極めていこうとします。もっと知りたい、もっと体験してみないとわからない、という思いが強いのです。でもその経験は、あなたの才能の開花に繋(つな)がるので、突拍子もないことでも、何か興味を持ったことには、恐れずにトライしてみてください。それがあなたを成長させる「冒険」になることでしょう。

また、あなたは共感力が高く、周りにいる人や環境に影響されやすいタイプ。ですので、変化を起こしたい時はいつもと違う環境に身を置いて、いつもと違う人と関わると、思わぬ世界へ誘(いざな)われそうです。

ユニークな独特の感性の持ち主。常に新しい視点を持っているあなたから発せられる言葉は、周りの人たちを惹(ひ)きつけるでしょう。しかも年齢を重ねるごとに、あなたの発言は説得力を増し、周りから一目置かれ、大勢の中にいても不思議な魅力の存在感が。そうした魅力によって、権力のあるポジションにつく人も多くいることでしょう。

そして、自らが成長するための努力を怠(おこた)りません。常に忙しく動き回り、体験から学び続けようとする姿勢は、一目置かれて当然。特に年下の人からは強く慕われることでしょう。

仕事と才能

とにかくハマったらすごい才能を発揮します。努力を努力と感じず、寝食も忘れ、物事に没頭！　もし、クリエイティブな仕事をしている場合は、楽しみながら素敵な創作物を生み出します。また、カウンセラーなら、相手の心の奥を観察して理解し、癒すこととなるでしょう。好きなことにはとことん没頭することができるため、あなたの心も癒されます。また、周囲の環境によって、あなたの気分も変化しやすい傾向にあります。仕事では、あなたが落ち着くような場所、打ち合わせは行きつけのお店を選ぶと、落ち着いて話ができて、スムーズにことが運ぶでしょう。

人間関係

相手の土俵にばかり上がるのではなく、たまには自分の得意分野で交流しましょう。そのほうが自分を出せますし、短時間で相手と打ち解けられますよ。また、共感力に優れているため、会話量を増やすほど、より相手と強い絆（きずな）を育むことができます。新しく人脈を広げたい時は、「いつもと違うタイプの人」に声をかけてみてください。

相性のいい人

性格は冷静沈着で温厚な人が合います。さらにオシャレに敏感な人であれば、なおよしです。あなたをしっかりとサポートしてくれるので、安心感が得られてメンタルが安定します。

宇宙からのメッセージ

追いかけることをやめた時に、
それは手に入るようになっています。

October Thirtieth

10月30日

✦核心をつく「名言」で気づきを与える人✦

あなたについて

あなたは、口数が少ないものの、核心をついた発言が多く、みんなをドキッとさせることがあります。まるで名言製造機！ですので、周りの人は悩みごとがあれば、あなたに相談したいと思っています。そしてあなたの重みのある発言を聞きたいと、頼りにしている人が多いでしょう。あまり多くのことを語らないのを美徳と考えているあなたは、とてもミステリアス。だからこそ、ぽつりぽつり話す、核心をついた発言は貴重なもの、と思われています。そんなあなたは周りの人から感謝されていますよ。その結果として、素敵な幸運のサイクルが訪れることでしょう。

人と関わることはとても好きですし、裏表がない性格で、正直な気持ちをストレートに伝えられる人。そのせいか「信頼できる人」として認知されていて、あなたのことを尊敬する多くの人が集まってきます。

さらに直感力に優れているので、先見の明もあり、あなたが選んだ人、ものはほとんどハズレなし。そのため、周りの人はあなたが選ぶものを真似したくなったり、ついついアドバイスを求めたりしてしまうのです。

直感力に優れるということは感受性もかなり豊か。人の気持ちにも敏感なので、コミュニケーションをとる際も気を遣わせないような気配りをするのが得意。あなたといると心地がいいので、いつも一緒にいたい、と感じている人は多いことでしょう。

仕事と才能

聞き上手なので、老若男女問わず、多くの人から好かれます。しかも、その才能に甘んじることなく、聞き上手を極めていくので、いつどんな時も人間関係がスムーズです。そのため、多くの部署が関わる仕事や、社外の人と多く接する営業や広報、宣伝などの仕事がぴったりです。また、あなたは、直接何かをしなくても、ただその人の近くにいるだけで十分に力を与えることができる才能の持ち主。さらに、その人が進むべき道を一緒に探してあげることもできます。人助けをすることで、あなたにとっても運気の上昇に繋がります。

人間関係

落ち着いていて、柔らかい雰囲気が相手に安心感を与えます。あなたに話を聞いてもらった人は、その心地よさがやみつきになって、慕うようになります。もし、今、「聞くこと」よりも「話すこと」のほうが多い場合には、聞くことにシフトチェンジするのがオススメ。そのほうが、人間関係が上手くいく場合が多くなりそうです。

相性のいい人

あなたを頼りにしてくれる人、やや甘えん坊なところがある人がいいでしょう。恋人から頼られる優越感、一体感で、あなたの心も満たされていきます。二人の愛も絆も、自然と強くなっていくでしょう。

宇宙からのメッセージ

何をするわけでもなく、ただ移動をするだけでも運の流れがよくなります。

October Thirty-first

10月 31日

✦サポート上手で"すごいご縁"を引き寄せる✦

あなたについて

あなたは自分のことよりも、他人のために動く時のほうが一生懸命になれる、慈愛に満ちた人です。本気で誰かを助けようとする時は、とてつもない力を発揮し、手厚くサポートするので、多くの人から頼りにされます。そのパワーは助けた相手の環境や人生をガラリと変えてしまうほど。そして人を助けるのと同時に、あなたをぐんと成長させます。ただし、自己犠牲ばかり払わないように、たまには自分のためにそのパワーを使ってくださいね。

性格的には、何事においても、白黒をはっきりさせたいと思っています。曖昧(あいまい)なのが好きではなく、ジャッジも早いので、リーダー向き。そして自分が進むべき道をしっかりとわかっている人です。

くよくよ悩むことはほとんどなく、あっても自分の中で消化できてしまうので、グチはほとんど言わないですし、ネガティブ発言しないというのがあなたの美徳。誰に対しても温和に対応するので、周りからの好感度は抜群。多くの人から慕われるでしょう。

また、本当の意味での「人に対する気遣い」ができる人。礼儀やマナーなどをきちんと心得ているでしょう。それは人との繋(つな)がりをとても大事に思っているから。年上の人はもちろん、年下の人にもきちっと真面目に接するので、とても可愛がられますし、ご縁がご縁を呼んで、すごい人までたどり着くことができるでしょう。

仕事と才能

仕事においても、あなたは人のために自分の持っている技術、知識をシェアしようとします。もし手に職がある場合は、その技術を最大限に活かして人のために働きます。もともと、人のために何かをするのが好きなので、医療や福祉など、人の役に立てるような職業を選択すると、才能をいかんなく発揮でき、それと同時に充実感に満たされます。また計画を練り、予定通りに地道に実行していくことも得意。その計画の目的が人の役に立つものであれば頑張ることができますし、あなた自身の成長にも繋がり、夢の実現へと繋がっていきます。

人間関係

積極的に話を振るよりも、聞き手に回ることが多く、自分のことに関しては多くを語りません。自分のことを話そうとしたとしても、遠慮してタイミングを逃し、スッと誰かに話を持っていかれることも。そんな時は、あなたの豊富な知識と的確な意見を武器にして、会話に参加しましょう。するとあなたへの注目も高まり、人間関係も上手くいきますよ。

相性のいい人

見た目は底抜けに明るく、中身は真面目といった、ギャップがあるような人がよさそう。あなたは意外性のあるギャップをとても新鮮に感じ、強く惹(ひ)かれるので、いつもより積極的な自分になれるでしょう。

宇宙からのメッセージ

今まで心地よかったことに違和感を覚えた時は、あなたの次元が変化した印。

Know The Secrets of Your Life
Through Your Birthday

November First

11月 1日

✦"狭く深く"道を極めるエキスパート✦

あなたについて

あなたはとても友達思いの人です。どちらかというと新規開拓するよりもおなじみのメンバーで深く繋(つな)がるのが好きで、話題も芸能や流行ネタというより、ビジネスの話、人生観など濃い内容が心地よいと感じます。そうやって、お互いを深く知りながら、良好な関係性を育むことに喜びを感じることでしょう。これは蠍座の「狭く深く」という要素が色濃く出ているから。あなたには人徳がありますし、人と交流することで幸運を呼び寄せますので、どんどん人に会いにいくといいでしょう。

また、いろいろなことに手を出すよりも、一つのことに集中していきたいと思うタイプでもあります。あまり手を広げすぎると、集中力も分散してしまい、あなたの実力を思う存分発揮することができません。何か一つのことに集中すれば、「狭く深く」が持ち味のあなたですので、人を感動させるような、何かができ上がるはずです。

これ、と決めたもの1点に集中して力を注げば、あなたは、最速でその道のエキスパートになれるでしょう。一つのことを突き詰めるあまりに、「周りと比べて自分は変わっているのではないか？」と思うこともあるかもしれません。でも、一人ひとり個性があるのが当たり前。好きなことを徹底的に突き詰めることが、あなたの個性です。あなたの素敵な個性に、自信と誇りを持って大丈夫ですよ。

仕事と才能

一つのことを突き詰めていく才能があるあなた。多方面に手広くやることが多い仕事よりも、何かを極めることにより、技術も知識も習得していき、同時に、地位や信頼もついてきます。ですので、マルチタスクで動く仕事より、シングルタスクで専門家となるような仕事を選ぶといいでしょう。研究者、刑事、探偵、システムエンジニア、心理カウンセラーなどが向いています。また、相手の話をよく聞くタイプですが、お人よしのところがあります。仕事においては、断ることも仕事の一部。できないことは引き受けないようにしましょう。

人間関係

自分のことを話し、相手のことも深く知ろうとしながら、相手との絆(きずな)を深めていきます。そんなあなたと積極的に仲よくなろうとする人は、あなたの人のよさを十分に理解しています。しかし、時にはそんなあなたにつけ込んでくる人も。自分が心地よくないと思う人とは距離を置いて問題ありません。あなたを本当に信頼している人はそばにいます。

相性のいい人

ありのままの姿でいさせてくれる人、束縛せずに自由にさせてくれる人がオススメです。あなたの好奇心を満たしてくれ、多くの知識を吸収できるので、あなたの日常も色鮮やかになるでしょう。

宇宙からのメッセージ

心の目で見てみると、真実がわかります！

November Second

11月 2日

✦人との繋がりで劇的に人生が開ける人✦

あなたについて

あなたは人との繋(つな)がりをとても大切にする人ではありますが、誰でもウェルカムというわけではありません。つき合って心地よい人、心地よくない人、その線引きは自分の直感でスピーディに判断します。そして、あなたは人からの影響により人生がどんどん変化していくタイプ。ですので、たくさんの人と関われば、その分だけ人生をより楽しむことができます。

ちなみに蠍座は、ちょっと不思議な人に興味を示す傾向があって、それがあなたの人生を面白くしています。大胆な発想の持ち主や行動力のある人と仲よくなると、今までには考えられないような、劇的な人生を送ることになります。

また、あなたは持ち前の観察力や直感力で、自分が心地よい環境を整えていくのが得意。蠍座の直感力は、単なる勘ではなく、人をしっかり見極め、話し方、仕草、周りの人に対する態度などから、冷静に判断していますから、仲間選びは問題なし。自分の直感を信じてください。

一方で、少し感情表現が苦手なところがあります。もっと素(す)の自分を出したほうが人生は開けそうですよ。周囲の人たちは、あなたが何を考えているのか理解することはできないので、自分の考えを言葉にすることで、みんなに素敵なパワーを与えられます。あなたは人とのご縁が非常に重要になってきますので、心地よい環境を整えるためにも自分の考えや思いをどんどん表現していきましょう。

仕事と才能

あなたは人づき合いがとても上手な人です。ただし、心の中では「合う人・合わない人」といった線引きを明確にしているところがあります。その中で、あなたの人生の師となるような人に出会えれば、まさに“鬼に金棒”な状態です。いろいろなことを吸収し、技術、知識を得ていくと、仕事運が一気に上昇していきます。また、より多くの人と交流すればするほど「人脈」ができますので、周囲に味方も増えていきます。医療関係や保育士、製造業などチームで進めていくような仕事で、周りの人に恵まれた時のあなたは、自分の才能をいかんなく発揮することができるでしょう。

人間関係

人間関係で大切なカギとなるのは、あなた自身の心。「この人になら、何でも話せる。何でも頼れる」と思ったら、それはあなたがその人を信頼している証拠。その感覚を大切にして、気兼ねなく心をオープンにしてください。相手もあなたのことを信頼していき、あなたの運気もどんどん上昇していきます。

相性のいい人

頭の回転が速い人、あなたのことをしっかり理解してくれる人、また、フットワークの軽い人もオススメです。そのフットワークの軽さで、あなたの味方をどんどん集めてくれるかもしれません。

宇宙からのメッセージ

**どんなことも深刻になるのではなく、
ゲームのように楽しんでください。**

November Third

11月 3日

臨機応変に顔を使い分ける「俳優」

あなたについて

あなたは、どんな場所でも、場面においても、臨機応変に自分の行動パターンやキャラクターを変えることができます。人に合わせて自分を演じることができる俳優タイプ。でも、どちらかというと、自分自身をだまして染めていくことのほうが多いかもしれません。けれども“なりたい理想が実現している”かのように思い込めば、それが現実になる可能性大。ですので、思いっきり妄想し、演じ続けるのもいいでしょう。

ただ、日々、誰に対しても演技をし続けるのは疲れますので、演技者としてのあなたと、素(す)のあなたを上手く切り替えられるようになると、かなり楽になるでしょう。

加えてあなたの一番の才能は、どんな場所にも染まれること。自分がやりたいと思うことがあれば、その道のエキスパートと仲よくなり、その場に相応しい自分になって、その人たちのやり方に染まってしまえばいいのです。その柔軟性はあなたの才能。もし、尻込みをしていて、やりたい環境に飛び込めていない人は、勇気を持って飛び込んで「演じて」、染まってみてください。いつの間にかその道のエキスパートとなり、昔からいたかのようなレベルに到達し、その場所が心地よいものになっているはずです。

あなたは基本的に自分の行きたい道を選択するだけ。本能レベルで、その場にカメレオンのように同化できるのですから、その才能を活かして、やりたいことをレベルアップさせ続けて、運気をもっと上昇させてください。

仕事と才能

仕事においても、どんな場所、環境にいても自由自在にキャラクターを変え、その場に染まることができます。ですので、「やりたいこと」「なりたい将来像」が決まっていれば、そこに飛び込み、染まっていくだけです。また、飛び込む場所は一つとは限りませんので、いろいろな場所に染まってみてください。蠍座は、もともと人と深く関わり、情報収集をして、それを分析する力に長けていますので、その方向であればもっと才能を発揮できそうです。状況を見て最善策を提案するコンサルタントや、常に新しい情報を発信するWebライターも◎。

人間関係

自在にキャラクターを変えられるあなたは、基本的に誰とでも打ち解けることができます。ポイントは、「あなたが心地よいか？」「ムリしていないか？」です。心地よくないと思ったり、ムリしていると思う場合は、環境を変えてみてください。よくも悪くも、どこでも自在に演じ分けられるので、自分に合った環境はすぐに見つかるでしょう。

相性のいい人

おとなしそうに見えて実は積極的、といったギャップのある人がオススメ。そのような人なら、癒しを与えてくれて、あなたもその人を信じて自分の夢を追いかけることができるでしょう。

宇宙からのメッセージ

誰に何と言われようと、
あなたが本当に行きたい方向に進めばいいだけ！

November Fourth

11月 4日

✦洞察力に優れた「ご縁を繋ぐ」達人✦

あなたについて

蠍座特有の洞察力に優れているあなた。人を見極める能力に非常に長けています。「この人には、これが足りない。でもこの人にはこれがある。二人いれば上手くいく」なんてことがすぐにわかり、人と人を結びつけていい方向に進めることが簡単にできてしまうのです。人をよく観察し、人が求めることをいち早く察知できるため、マッチング的なことが大得意。「この能力が人の役に立つのはいいけれど、自分自身に恩恵はなさそう……」と思うかもしれませんが、そんなことはありません。あなたは「自分に必要な人を見つける」という才能に長けています。蠍座の支配星である冥王星(めいおうせい)の「徹底的」という要素と、その持ち前の洞察力を上手く使っていけば、公私ともに、自分にぴったりの人を嗅(か)ぎ分けることができます。そのためにも、いろいろな場所に出かけ、たくさんの人と会ってみてくださいね。きっとあなたの知識や経験を豊かにする出会いが待っているでしょう。

また、あなたは組織や他人からの期待に応えようと、ものすごく一生懸命に頑張る人でもあります。それは素晴らしいことなのですが、たまには自分のことを優先しましょう。相手の心が見えすぎてしまうあなたは、人につい合わせてしまうのですが、一時的に心地よく感じたとしても、それは自己満足であって幻想の世界にすぎないのです。むしろ、自分のために生きることで信頼できる人たちが集まってくるので、自分を優先することが幸せへの近道になりますよ。

仕事と才能

仕事においても、あなたの洞察力は活きてきます。例えば、職場や取引先、外部の人たちに対し、「誰と誰を繋(つな)げれば、1＋1＝2以上の成果を出せるか」ということも直感でわかってしまいます。また、組織の価値観に合わせ、期待に応えようと頑張れるため、組織人として非常に優秀でしょう。大勢の部下をまとめる管理職やプロデューサー向き。プライベートで出会った人から得た知識を仕事にも応用したり、人脈も利用できたりするのも強みです。そんなあなたは、基本的にはどんな環境でもいいパフォーマンスを発揮できるでしょう。

人間関係

大勢の中にいても、あなたは目立つ存在です。周りの人に支えられていることを忘れずに過ごせば、おおむね円滑に回ります。洞察力にも優れているので、人間関係の苦労はあまりないでしょう。むしろ、あなたは多くの人に囲まれれば囲まれるほど輝ける人です。あなたがイキイキすると、さらに多くの人が集まってきます。

相性のいい人

誰かに依存することなく、自分の足でしっかり立てて、たくましく生きている人がオススメ。自分の意志が強い人とは、あなたも息がぴったり合い、周りの人からも「お似合いのカップル」とうらやましがられるでしょう。

宇宙からのメッセージ

**今の「あなた」を知りたい時、
あなたの周りの人を見れば、大体わかるでしょう。**

November Fifth

11月 5日

✦頭の回転が速くテキパキと要領のいい人✦

あなたについて

頭の回転が速く、要領がいいあなたは、常に自分の環境をよい方向へ整えていくための行動がスピーディ。例えば人間関係であれば、よくないと思う人とはすぐにサヨナラして、自分の価値観と合う人を探しに行きます。そんなあなたは当然、整理整頓が上手で、部屋の片づけはもちろん、人間関係や恋愛においても、「何か違う……」と思った時から、テキパキと整理をしはじめます。また、余計な労力を使うのがイヤで、あくまでも合理的に物事を進めたいあなた。不要なものを順次捨ててしまわないと、あらゆることがごちゃごちゃになると思っています。そのため、何か新しいことをはじめる時、ムダな労力をかけないように徹底的に下準備を行ないます。周囲からは要領がよく見えるものの、その陰では綿密な計画を練る時間を費やし、努力は怠りません。ムダを省くためなら、他の人がイヤがるような地道な努力も厭わないでしょう。このあなたの性質のおかげで、物事を開始する時の瞬発力、スピード、そしてその後の展開がスムーズになります。

また、あなたは気遣いができる人ですので、たくさんの人が寄ってくるでしょう。洞察力にも優れており、すべての人に合わせるのは大変なので、その中から自分に合った人を自然と選んでいるところがあります。広く浅くよりも、狭く深くのほうが心も繋がりますし、あなたの場合は、そのほうがずっと人生が濃密で、楽しく過ごせますよ。

仕事と才能

環境を整える力があり、総務やマネジメント業務、マンション管理人や家事代行に向いています。行動力も備わっているため、居心地が悪いと思ったら、改善しようとすぐに行動します。何事にもソツがないように見えるため、仕事でも周囲からの評価が高いでしょう。準備、戦略を練るための努力も惜しみません。情報収集、洞察力は蠍座の得意分野です。何か新しいことをはじめる場合でも、あなたがチームに一人いると非常に心強い存在になります。転ばぬ先の杖。準備をいっさい怠らないあなたならきっと成功を掴(つか)み取るでしょう。

人間関係

多くの人から愛されるキャラクターなので、笑顔を浮かべているだけで自然と人が集まってきます。もともとあなたは誰にでも優しく接する人なので、気の合わない人とも同じように接することができます。蠍座は、はっきりと選択できる星座ですので、もし心地よくないと感じたら、すぐに対応したほうがよい方向に進みます。

相性のいい人

あなたを温かく包み込み、支えてくれる人がオススメです。あなたが持つ「環境を整える」という才能にもいい影響を及ぼし、愛をしっかり育むことが、さらにあなたの自信に繋がります。

宇宙からのメッセージ

なりたい未来をリアルにイメージできるならば、それは現実化します。

November Sixth

11月 6日

✦ オールマイティに何でもこなすリーダー ✦

あなたについて

あなたはとても器用な人です。オールマイティに何でもこなし、気づくとチームのリーダーになっていることが多いのではないでしょうか？　そんなあなたは、多くの人に囲まれながらキラキラと輝いています。

信頼も厚く、頼られることも少なくないでしょう。たくさんの人を惹きつけるあなた自身も目立って活躍することが嫌いではないはずです。むしろ、その状況を楽しんでいるところさえあります。

一方で、素の自分を出すことをためらっているところもあり、あまり自分の感情をはっきりと出すことがないでしょう。楽しいことや、周りからの援助に対しての言葉も心の中で思っているだけで、口に出していないことも多いのではないでしょうか。蠍座の特徴である、懐疑的な気持ちと謙虚さからきているのかもしれませんが、「楽しい！」「ありがとう」など、ポジティブな感情はどんどん口に出していきましょう。そのほうが親近感が湧き信頼も厚くなりますし、依頼心の強い人や暗い人を寄せつけることなく、ポジティブな人ばかりがあなたのもとに集まってきやすくなるので、より人生が楽しくなります。

そして、さらにコミュニケーションがとりやすくなるので、互いに尊重し合えるいい関係を築けますし、そのことによってプライベート、仕事ともに、生涯、素敵な仲間に恵まれ続けるでしょう。

仕事と才能

営業事務や秘書、マネージャー向き。仕事面でも、持ち前の器用さを活かしていきます。目の前にある仕事も難なくこなし、さらに量と質が求められる仕事が増え、仕事量に比例して地位も上がっていくでしょう。そして、高みに登ることに、あなたも快感を覚えるところがあります。また、あなたには、周りの意志を尊重しつつチームを結束させる才能があります。それは、洞察力が鋭く、何でも器用にこなせ、人徳のあるあなただからこそできること。そして、みんなの意志が一つになった時、あなたの才能はもっと輝くことになります。

人間関係

特別なことをしなくても、自然と人気者になれる人です。あなたが何かに夢中になっていると、それを楽しんでいる気持ちが周りにいる人たちにも伝わるのです。集まってくる人は、あなたを「何でもできる師」のように憧れの的(まと)として見ますが、師としてではなく、周りの人と同じ目線でコミュニケーションをとるといいでしょう。

相性のいい人

難しいことをわかりやすく解説してくれる知的な人がオススメ。あなたが理解できるまで、イヤな顔をせずに教えてくれる人であれば、あなたの進むべき道を明るく照らしてくれるでしょう。

宇宙からのメッセージ

誰かとのご縁が遠くなるということは、新しいご縁がやってくる印です。

November Seventh

11月 7日

✦アイディアや知識をシェアするほど運気上昇✦

あなたについて

知識や経験、ノウハウを人にシェアするのが上手。そして、あなたが素晴らしいのは、人から言われたことをするだけではなく、人が思いつかないような方法で応用するので、期待以上の成果を出すことができるところ。アイディアも豊富で、面白い企画も思いつくので、あなたと一緒にいるとみんな楽しいのです。

しかし、せっかくの素晴らしいアイディアを披露するのは身近なごく限られた人だけのようですね。それは、ちょっと人見知りなところがあるせいだと思いますが、とてももったいないこと。多くの人に伝えることができる大舞台で表現していきましょう。それはリアルの場だけでなく、SNSでもOK。でないと、あなたしか持っていないせっかくの才能が、宝の持ち腐れになってしまいます。「アイディアや情報を、誰かに教えるのは偉そうな気がする」「大勢の人の前で話すのは苦手」と思っているかもしれませんが、どんどん人に共有することにより、あなたを応援してくれる人が周りに増えていきます。時間はかかっても、あなたが誰かにしてあげたことは、倍になって返ってきます。惜しみなく、大舞台で披露していきましょう。

また、人を成長させることが、あなたの使命でもありますので、特に年下の方や、後輩、部下などにノウハウやアイディアも含めてどんどん開示していってください。それがきっかけで、相手もどんどん成長できますし、あなたの運気も上昇していきます。

仕事と才能

あなたはアイディアが豊富な上に、華もあり、人に好感を持たれやすい人です。人が思いつかないようなアイディアをどんどん出し、細かな実務、裏方的なものは他の人に任せたほうがいいでしょう。華があるため、とにかく表に出て、自分のアイディアをアピールしていくほうが上手くいきます。アートディレクターや広報・PR向き。あなたは、すべて自分でやろうとしてしまいますが、分業したほうがはるかに早く目標を達成します。人に仕事を任せることは、周りの成長にも繋(つな)がりますし、それが幸運としてあなたに返ってきます。

人間関係

人との交流では、多くの人から尊敬の念を集めます。あなたを信頼してくれる人が、きっと周りにたくさんいるのでしょう。ただ、あなたは頼まれるとノーと言えない一面もあり、本当はイヤなのに「その人のためなら」と動いてしまいます。甘えられたり、頼られたりすることが好きなところがあるので、できる範囲で助けてあげましょう。

相性のいい人

どんな時も、礼節をわきまえている人がオススメです。つき合いが長くなっても、変わらず心遣いをしてくれるようなお相手なら、二人の関係はいつまでも冷めず、熱いままでいられるはずです。

宇宙からのメッセージ

誰かになろうとするのではなく、
あなたは「あなた」になればいいのです。

November Eighth

11月 8日

✦「自分で出した答え」を羅針盤に進む✦

あなたについて

あなたは人から勧められたものがどんなに素晴らしいものでも、満足できないことが多いのではないでしょうか。全ての答えは自分の中に存在していると本能的にわかっているので、外に答えを求めたりすることがないのがあなたの性格。人からのアドバイスでは、なかなか腑に落ちるような答えは見つからないのです。

人に意見を聞いたり、相談したりすることなく、何でも自分で解決するのが心地いいあなたの場合、必要なのは、“自分軸”を持つことです。そのためには、自分の人生のゴールは？　そのためにどんな仕事をするのか？　恋愛は？　家族は？　どういう生き方をしていくのか？　といった方向性をある程度決めておくことが必要でしょう。

自分軸のある未来のビジョンさえ決めて人にオープンにしておけば、あなたの大胆な行動や、ちょっと自分勝手かもと思われるような行動も、周りに認めさせることができます。今よりグンと楽に生きることができますよ。今、ビジョンがないという人は、紙などに書き出して、自分がどう生きていきたいのかを確認することが何よりも先決。

一方で、繊細なあなたは過去を悔やんだり、未来に不安を抱いたりしがちな一面も。そのネガティブさは周りに気を配っている証拠なのですが、大事なのは今に集中して楽しむこと。今を楽しく生きることが、未来の幸せなあなたをつくっていくので、とにかく目の前のことに集中しましょう。

仕事と才能

心理カウンセラーや教師・講師、校正者、コンサルタント向き。持ち前の洞察力、審美眼、集中力で、細かな作業や他の人が気づかないところを拾っていく様は、もはや職人レベル。そんなあなたは、職場でも重宝される人材です。「○○さんに任せておけば、確実にやってくれる」と信頼度も高いでしょう。ただ、どことなくいつも自信がなく、自分を過小評価しているところも。繊細でもあるので、過去の失敗や未来への不安が勝ってしまい、今の自分が輝いていることになかなか気づかないのです。自己肯定感を自ら生み出すのは得意ではないので、褒め上手な人といるといいでしょう。

人間関係

ややおとなしめで、あまり多くを語らないので、周りの人たちからすると、何を考えているのかわからないと思われることがあるようです。実のところ、あなたは面倒見がよく、愛情深いので、自分の気持ちや考えをもう少し伝えていくといいでしょう。親しみやすさが増して、楽しい人間関係が築いていけそうですよ。

相性のいい人

恋愛は、躊躇(ちゅうちょ)するくらいなら、突き進んでしまいましょう！迷い出すとなかなか埒(らち)が明かなくなります。あなたと相性がいいのは、リーダータイプで若干プライドが高めの人です。

宇宙からのメッセージ

トラブルの後には、
必ず人生の宝物が用意されています。

運がよくなるアクション
オレンジ色のアイテムを身に着ける

November Ninth

11月 9日

✦いつも若々しくパワフルに進む直感力の人✦

あなたについて

あなたは、与えられたことに対して、一生懸命に頑張る人。頑張ることが好きなタイプです。そのためプライベートでも仕事でも、必ずいい結果を残すことでしょう。ただ、夢中になりすぎてフルパワーで行動し続けようとするので、時には息切れしてしまうことも。定期的に休息をとってリセットすることも忘れないようにしましょう。一方で、猪突猛進でぐっと入り込み、深く考えすぎる傾向にあるため、負のスパイラルに陥ると、なかなか脱出できなくなることも……。そういう時は、アファメーションなど、言霊(ことだま)のパワーを上手く活用して、ポジティブ発言を続けるようにすれば、メンタルもいい方向に転換していくのでオススメです。

また、ひらめきや直感を大事にする人なので、ジャッジが早いでしょう。トレンドを追いかけることが好きなので、年齢を重ねてもずっと若々しくパワフルでいられることでしょう。

そして、その感覚を磨き続けるためにピュアな自分でいることを心がけているところも。自分にも他人にも嘘はつかないことがポリシーです。そして、誰にでも気遣いができて、友達とわいわい過ごすことが大好き。なので、あなたの周りには明るい人が集まってきます。中でも目上の人に好かれることも多いようですよ。ただし、共感力が高いので、すぐに暗い気持ちや悲しい気持ちになってしまいそうな人には近づかないようにしたほうがよさそうです。

仕事と才能

仕事面でも全力投球なあなた。直感力も高いので、それが仕事選びにも活かされ、いい職場にも恵まれるでしょう。ひらめき力が活きるスタイリストや広告関連、マーケティングなどが向いています。特に、好きなこと、興味のあることには、時間を忘れて没頭するほどです。残業になろうが、休日出勤になろうがかまいません。そのため、「あの人に任せておけば安心だ」と周りからの信頼も絶大です。しかし、休みなく働き続けると疲弊してパフォーマンスは低下するので要注意。のめり込みすぎないように気をつけましょう。

人間関係

常に気の合う楽しい仲間に囲まれているのがあなたです。同じ価値観を持っている人との会話は楽しいですし、自分のことを認めてもらえるので、とても心地よく過ごせるでしょう。一方、あなたをコントロールしようとする人、自分のわがままを通そうとする強引な人とは合わないので、一線を引いても OK です。

相性のいい人

恋愛は、片思いの場合は恋が実るまで時間がかかることが多そうです。しかし、思いが叶う時は、とてもドラマティックな展開になります。相性がいいのは、自然を愛でる、心が豊かな人です。

宇宙からのメッセージ

宝物はいつもあなたの足もとにあります！

November Tenth

11月10日

✦記憶力が抜群でディスカッションが得意✦

あなたについて

どちらかというと個性的で、美意識もセンスも、人と比べて高いほうなので、どこにいても目立つ存在。自分が望んでいなくても、注目されてしまうスター性とオーラを持っているのがあなたです。やや大雑把で細かなことにはこだわらないですし、明るい性格なのでつき合いやすい人と思われていることでしょう。裏表がなく、思ったことはすぐに口に出します。感情も隠さない、わかりやすい人でしょう。

おしゃべりをすること、特に議論することが大好きで、気の合う人とは、ずっと話していたいと思っているタイプ。しかもあなたは、とても記憶力がよく、まるで話したことを脳にそのままインストールするかのように、正確に覚えることができるのです。それは、隠れた特技かもしれません。

「よく覚えているね」と言われることが多いでしょう。議論好き、というと自己主張の強い人のように思われがちですが、実は繊細なところも。言いすぎてしまったかな、と気にすることもありますが、あなたの場合、とても愛嬌(あいきょう)があるので、周りからは不快に思われることはないでしょう。だから、ほとんどのことは気にしなくても大丈夫です。

人からの大切な話を正確にインストールする才能があるということもそうですが、あなたは集中力も人並み外れてハイレベルです。何かをつくり上げたり、ビジネスでの提出物など、生み出したものは完成度が高く、常に一目置かれることでしょう。

仕事と才能

例えば美容師やマッサージ師として施術する際に、お客さんの情報を記憶して会話ができたり、営業トークに説得力が増したり、仕事においても、抜群の記憶力、吸収力が活かされます。責任感も強いため、どんな仕事も一生懸命に取り組むでしょう。蠍座は、人の感情を察知する能力に優れており、「これはすぐにやっておかないと迷惑がかかりそう」「これはきちんとやらないと怒られそう」など、周りの空気を人一倍読んで行動します。好きなこと、興味のあることにはすごいパワーを発揮しますが、それ以外でもそれなりにできちゃうのがすごいところです。

人間関係

聞く力があるので、周囲の人たちはいろいろなことをあなたに話したくなり、いつもあなたの周りにはたくさん人が集まってきます。しかし、あなたは思ったことをすぐに口に出したくなるタチなので、時には相手を傷つけてしまうことも……ひと呼吸おいてから発言するようにしましょう。

相性のいい人

恋愛は、会話がキーポイント。好きだけど、まだろくに話もできないというのでは、スタートラインにも立てていません。まずはトークできる関係を築いていきましょう。相性がいいのは、話し上手な人。

宇宙からのメッセージ

運気が変わる時に、暇になることがあります。暇というのも大事な時間です。

November Eleventh

11月 11日

✦頭のスイッチを自在に切り替えられる人✦

あなたについて

あなたはオンとオフの差が少し極端な人。それは集中したい時はすぐにオンにすることができるという才能でもあり、そういう時は、濃厚で中身のある時間を過ごせるでしょう。一方、すべてのスイッチをオンにしたまま行動すると、常にファイティングポーズをとっているような状態なので、疲れやすい上にすべてが中途半端になってしまうことも。あなたは、目の前のことに集中できるので、その才能を活かすほうに注力することをオススメいたします。またオフの時間もしっかりと確保することも大事。オン状態の集中力アップに繋(つな)がりますよ。

また、人に合わせて臨機応変に対応できるのもあなたの特技。これは、人によって態度を変えるずるい人、ということではなく、蠍座の優れた洞察力によって、相手が求めることを瞬時に察知し、その人が楽しく過ごせるように寄り添えるということ。

その才能があるので初対面の人であっても、少し話をしただけでもその人が心地いい返答や会話をすることができます。ビジネスや人間関係、プライベートにおいて、相手の真意を知るまで時間はかからないので、物事がスムーズにいきますよ。

それがあなたがステップアップできるカギとなるので、磨き続けるといいでしょう。さらに、あなたが投げかけた言葉が相手の力になり、輝かせることもありますので、ポジティブな言葉を積極的に声かけするといいでしょう。

仕事と才能

仕事においても、サクサクとオン・オフのモードを自由に切り替えていけるでしょう。「今からExcelを使って表作成するから事務モードオン！」「これから外回りだから営業モードオン！」といった感じで、頭の使い方を切り替えるのも上手です。上司と部下、先輩と後輩、社内の人と社外の人など、対人においても器用に使い分けていきます。そのため、外回りと社内会議のある営業や、外で取材をしてオフィスで記事を書くライター・記者など、業務にもメリハリのある仕事が向いています。

人間関係

あなたは、普段つき合いがいい分、断る時はビシッと断るので、それに周囲が戸惑うことがあります。しかし、ムリなものはムリ、ダメなものはダメと伝えることも時には大事。はっきり言ってもらえて嬉しいという人もいますし、他の人に対して「よくぞ、言ってくれた！」と感謝されることもあるので、スタンスはそのままでOKです。

相性のいい人

恋愛は、あなたの心が開くまでに時間がかかりますが、いざ心がオープンになった時は、全身全霊で愛を与え、そして受け取ることができるでしょう。ご縁があるのは、そよ風のように爽やかで優しい人です。

宇宙からのメッセージ

あなたのこの人生は、
宇宙からのギフトだということを忘れないように。

November Twelfth

11月12日

✦意志の強さと道徳心にあふれる人✦

あなたについて

あなたはとても意志が強く、心に決めたことを貫き通します。まるで、宮沢賢治の『雨ニモマケズ』のように「こうなりたい」と強く願う、確固たる意志の強さがあります。そんなあなたについていきたいと思う人も少なくありません。さらにあなたは、用心深いところがあり、「ちょっとおかしい!?」と思うことがあると、独自に調査をします。わからないから不安になるものなので、納得いくまで調べ上げますし、持って生まれた道徳心が幸いして、人にだまされたり、流されたりするようなことは、滅多にありません。もし、道徳心に反することを強制された場合、突っかかりたい気持ちでいっぱいになりますが、それをぐっとこらえていい解決方法を探ります。情熱もあるのですが、それをつまらないところでムダ遣いしないといった、実にクレバーな人なのです。

また、やると決めたことは何が何でも続ける耐久力があります。それは、蠍座の支配星である冥王星(めいおうせい)が、「とことん追求する」という性質を持っているためです。そして、スイッチがオンになったら、もう後戻りはしません。それはまるで、一度発射したら、目的を達成するまで地上には戻ってこないというロケットのよう。宇宙に行く時、ロケット開発者も宇宙飛行士も強い覚悟を持って臨みますよね。一見冷静なあなたにも情熱、熱い衝動がみなぎります。自分の信じる道をとことん突き進みましょう。

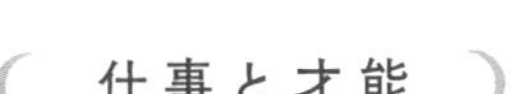

仕事と才能

とにかく意志が強いあなた。「これ！」と決めたら、とことん突き進みます。その姿勢は仕事でも変わりません。特に興味関心があることにはものすごくエネルギーを注ぎ、研究者や職人などの専門職に向いています。モラルがあるので、興味が持てなくても、多少イヤな仕事であっても、最低限のことはソツなくこなします。一方、時々自信がなくなると、軸がブレやすくなり、勤めている会社や収入、学歴などで人を判断するところがあり、本質を見誤ることも。本来、本質を見抜く目に長けているはずなので、常に自信を持つよう心がけてください。

人間関係

話が濃厚になればなるほど、衝突が起きやすくなります。あなたは、熱い一面も持っていて、時には言い合いになることがあるかもしれません。しかし、それはお互いを知るためのイントロダクションです。あなたの場合は、それを乗り越えることができますし、その後は強い絆が生まれますので、人と対峙することを恐れないで。

相性のいい人

途中まではイイ感じにいっていたとしても、最終的に「イイ人」止まりになりやすいようです。相手の思い通りの人を演じると、ただの優しい人になってしまうので、素の自分を出して。相性がいいのは心の広い人です。

宇宙からのメッセージ

どんどん周りに頼ってください。
人との深い繋がりが、人生を充実に導きます。

November Thirteenth

11月13日

✦自然体で親しみやすさが魅力の人✦

あなたについて

あなたは、裏表なく自然体でいるからこそ、魅力的。必要以上によく見せようとしたり、取り繕(つくろ)おうとしたりすればするほど、おかしなことになってしまいますので、そのままのあなたで人に接するのがベストです。難しいことは考えずに、感じたことを素直に表現すればいいのです。そんなあなたはとても信頼されているはずですし、何よりも自分自身がとても楽。「こう言ったらどう思われるだろうか」「これをしたら迷惑がかかるかな？」と人目を気にする必要がないというのは、ストレスがほぼゼロに近いということでしょう。

もともと蠍座はポーカーフェイスで、あまり本心を見せないところがあるのですが、あなたの場合は、意識して素(す)をどんどん見せていくとたくさんの人に愛されることでしょう。

また、あなたの特徴は、好きなこと、興味関心があるものにエネルギーを注ぐことに関しては天下一品です！　しかも楽しむことでビッグな幸運を引き寄せるタイプ。仕事も人間関係も、恋愛も、家族関係も、お金などの現実的なことより、楽しむことだけに注力すると、持ち前の集中力が存分に発揮され、いろいろなことが上手く回りはじめます。結果、お金も後からついてきますよ。

ですので、もしも「仕事がつまらないな……」「パートナーとの関係がちょっとマンネリ化してきて退屈かも……」と思ったら、大胆なチェンジを！　「楽しいだけ」を基準にシフトチェンジしていきましょう。

仕事と才能

仕事でも心をオープンにし、自分に素直に生きていくと、いろいろなチャンスに恵まれそうです。何事も一生懸命に取り組むあなたの姿や、違うことは違うとはっきり言う正義感の強さに感銘を受ける人は多いでしょう。とりわけ、目立つタイプでもなければ、自らアピールするわけでもないのですが、そんなあなたはいつの間にか周囲から羨望の眼差しで見られるような存在になっていることが多いのです。向いているのは、研究者、システムエンジニア、医療関係者など。ユニークなところで、探偵、占い師なども◎。

人間関係

あなたは、ただそこにいるだけで、周囲がほっとするような存在です。人と目が合った時に笑顔を見せると、相手に癒しの効果を提供できるでしょう。また、心の扉は、あなたから積極的に開いていってあげると、人気運がさらにアップします。もし、人間関係に行き詰まったら、思いきってリニューアルするのも手ですよ。

相性のいい人

恋愛は、あなたの素の状態を丸ごと見せるのがモテる秘訣です。さらに気軽に話しかけてもOKな雰囲気づくりを意識してみてください。あなたと相性がいいのは、人を見る目が鋭く、洞察力に長けた人です。

宇宙からのメッセージ

困難は、あなたが大きくステージアップする前のマストなアトラクションなのです!

November Fourteenth

11月14日

✦土壇場に追い込まれてこそ才能を発揮✦

あなたについて

あなたは、慈悲深く、親切で、誰からも愛されるタイプです。これといって、特別気を遣っているわけでもないのに、誰からも好かれるでしょう。さらに年齢を重ねるにつれ、その魅力をどんどん開花させていきます。周りからのサポートも確実ですし、若いうちは衝動に任せて行動してもOK。もちろん失敗することもありますが、一つひとつの経験が、あなたのメモリーに刻み込まれ、だんだんと人の役に立てる素晴らしい人に成長するのです。

蠍座は、起死回生の状況こそ、本来の才能を活かせるチャンスです。ギリギリまで自分を追い込んでこそ、底力を発揮できるという才能も、12星座の中で最も長けています。とにかく、「ギリギリ」「土壇場」「追い込み」などがあなたの才能を発揮させる機動力。普段、クールで冷静沈着に見られるので、そういう時は周りも驚きますが、あなた自身もその自分の才能に気づいていないことが多く、自分でビックリすることもあるでしょう。ですので、まずは常に自分を信じること。精神的にしんどい時もあるでしょうが、後々、輝く宝石のような称号となって、あなたを美しく輝かせてくれますよ。

性格はおとなしめで、腰が重いところがありますが、思いきっていろいろな国に行ったり、様々な人と交流したりしてみてください。実体験からしっかりと学ぶことができますし、あなたの価値観を覆すような新たな出会い、発見が得られ、人生が劇的に変わるでしょう。

仕事と才能

仕事面でも、土壇場に追い込まれるほど、底力を発揮します。土壇場まで追い込むというのは、もれなく気苦労もついてきますが、そんな時こそあなたの才能はいかんなく発揮されます。そして、それを越えた時、一回りも二回りも大きく成長できるでしょう。ですので、若いうちは、特に苦労を買って出てください。職場でも、「〇〇さんが頑張ってくれたから、この成功がある」といった感じで、評判も上々です。どんな職場でも上手くこなしていけますが、年齢を重ねることで知識や経験も活きる研究者や総務、人事担当などに向いています。

人間関係

あなたは基本的に平和主義です。自分だけでなく、周囲の人たち同士の間でも、波風が立たず、平穏に過ごしてほしいと願っています。平和であることが、あなたの精神状態を良好に保ってくれるのです。そのため、日々周囲の人たちに感謝する気持ちを忘れないで。もし問題が起きた時は、あなたが全力で解決しようとすると上手くいきます。

相性のいい人

自分から仕掛けていかなくても、相手からあれこれアプローチされることが多いようです。基本的にモテ体質ですが、「この人！」と思ったら自分からアプローチしましょう。相性がいいのは、世話好きの人。

宇宙からのメッセージ

あなたの人生の旅は、どの駅から乗っても、どこで乗り換えても、どこで降りてもいいのです。

November Fifteenth

11月15日

✦穏やかでスマートな優等生タイプ✦

あなたについて

落ち着きがあってスマートな、いわゆる優等生タイプ。人当たりがよく社交的なので、特に目上からの評価は高いでしょう。あなたは誰に対しても平等で、穏やか。そして自分にぴったりと合う人を見分けるのが上手で、親しくなった人とは長く交流を深めていくことでしょう。

また嬉しいこと、楽しいことを人と分かち合うことが大好きなので、自分が持っている技術や知識を積極的に人に教えたり、分かち合ったりすることでしょう。それもあって多くの人から慕われ、頼りにされています。

人のことを褒めるのは得意ですが、自分に自信がないところがあり、打たれ弱い繊細な一面も。けれどもサービス精神があることもあり、なるべく弱さを出さない、というちょっと強がりなところが。時にはメンタルが不安定になることもありますが、多少、強引にでも強がり続ければ、それが本当の強さとなって身についていくでしょう。あなたが弱い人の味方になれるのはそのため。周りをポジティブにする才能があるので、人を元気づけることができます。

もし感情の浮き沈みのある繊細な自分が出てきてしまったら、大好きなことや趣味に没頭できる時間を持つと心が落ち着いて穏やかさを取り戻せます。常に相手の立場に立って物事を考え、全てを包み込む優しい態度ができるようになれますよ。そして年齢を重ねるほど、多くの人を魅了していきます。

仕事と才能

仕事でも、自分で決めたことに責任をとることを重視すると、いろいろなことが上手く回ります。洞察力に優れているため、基本的に大きく外すことはなく、ソツなくこなしていきます。たとえピンチが訪れても、それを乗り越えるだけの機転を利かせる才能あり。たとえ失敗したとしても、そこから何かを必ず学び得て、次へ活かすことができるでしょう。そんなあなたに向いているのは、トライ&エラーをくり返しながら進めていくような研究者や商品開発、システムエンジニアなどです。

人間関係

あなたは面倒見がいいので、後輩や年下から慕われることが多いでしょう。仕事でもわからないことがあったら、すぐにあなたに助けを求めにやってきたり、中には、あなたを手伝いたいという人も集まってきます。その人たちを大切にしていくと、強い絆(きずな)が生まれて、良好な人間関係を築いていくことができます。

相性のいい人

蠍座には、「観察眼」があるため、ぜひいろいろな場所に出かけて、いろいろな人と接する機会を持ってください。その中から、特に社交的な人があなたの繊細な面を打ち消してくれ、ポジティブになれるのでオススメです。

宇宙からのメッセージ

自分を後回しにしていると、自分を見失います。
自分をしっかり構ってあげましょう。

November Sixteenth

11月 16日

✦何でも見通す「観察眼」の持ち主✦

あなたについて

「何でもお見通し！」というほど物事を深く読めるあなた。人の嘘は軽く見破ることができますし、洞察力や観察力が優れているので、何があっても一番上手くいく方法を見定めることができます。絡まった糸をいとも簡単にほどいてしまう視野の広さや、未来的な思考回路を使うことができます。そして、力を入れるところと、手を抜くところの要領がいいのも特徴。いつも楽しそうにのほほんと過ごしているように見えながらも、膨大な量の仕事をこなしていたり、すごい作品をつくったりするので、周りを驚かせるでしょう。

あなたは人の心の中まで見通す能力があるため、相手が求めるものを直感的に把握することができます。ですので、何事も先回りして対応するというすごい才能を持っています。また、あなたはとても愛が深く、表情や態度の節々に優しさがにじみ出ますから、周りの人は、その優しさに触れることで、あなたの虜になっていくでしょう。一方であなたのアドバイスは的確。若干、辛辣な傾向があり、刺激的な面を持っています。実はそれがいい意味で相手の心に刺さり、あなたと話をすることで、心がスッキリしたり、解決策を見つけたりすることが多いでしょう。つまり、あなたはストレートで正直な発言をしているだけで、人気者になる素質があります。

また、少し寂しがりな一面もあるようです。いつもの仲間に囲まれている時間を増やすことで、あなたの心は健康でいられますよ。

仕事と才能

あなたの洞察力と物事を見極める力は、かなりのもの。しかも、表面的なことではなく、蠍座は本質をどこまでも追求するところがあるので、様々な角度から、あらゆる深さまで物事を見抜くことができます。ですので、カウンセリングやコーチング、コンサルティングなどの仕事は非常に向いているといえるでしょう。また、説明が面白く人の心を惹(ひ)きつけますから、教員や予備校講師など、多くの人のフォローが必要な仕事も向いているといえます。

人間関係

あなたはいくつになっても少年少女のように、素直で明るいところがあり可愛らしくて人から好かれるでしょう。また、社交的なあなたは、誰とでも分け隔てなくつき合うことができます。ただ細かい部分が気になり、指摘したい欲求が湧いてくることがあるので、口に出すのであれば、いったんクールダウンしてから、言葉を選んで伝えるといいでしょう。よくも悪くも言葉のチョイスが秀逸なので、「鋭い刃(やいば)」を持っていることを忘れないで。

相性のいい人

あなたは自分の自由な時間を大切にしますから、程よい距離感を保ちつつ、気がついたらずっとそばにいるような、安心感のある相手がオススメです。

宇宙からのメッセージ

何かあった時は、一度深呼吸をすると、
ニュートラルに戻れます。

November Seventeenth

11月17日

✦才知に富んだサバイバル能力の高い人✦

あなたについて

あなたは、才知に富んでいて、物事をじっくり観察し、普通の人なら思いつかない視点で工夫していく能力があります。才能は、使う機会や場面があってこそ輝くもの。あなたには、ある程度自由な環境が必要です。誰かに保護された環境より、放っておかれるような環境のほうが知恵を働かせ、いいアイディアを生み出すことができます。その積み重ねで成長していき、どこでも生きていけるノウハウや技術を身につけていくでしょう。ですので、どんな職業についても、どこに住んでも、自分なりのやり方やパターンをつくり出し、要領よく生きていける……それがあなたの強み。

また才能を磨き続けるためにも、ずっと同じ場所にいるより、場所を頻繁(ひんぱん)に変えて新しくチャレンジすることをオススメします。

そんなあなたはサバイバルに強いタイプ。例えば、山で熊に遭遇しても、何とかして逃げることができるような、機転が利く人なのです。もう手の施(ほどこ)しようがないという状態でも、頭の奥の引き出しから、過去の経験に基づくいろいろな知識を引っ張り出し、ベストな解決策を見つけ出します。一方でとても優しい性格なので、相手に尽くしすぎるところも。自己犠牲になりすぎないように、セルフケアを最優先するようにしましょう。まずは自分を愛することで人に愛を与えることができます。本当の意味で愛される人になれることを体験すると、揺るぎない幸せを手に入れることができるでしょう。

仕事と才能

知性にあふれ、洞察力と集中力に優れ、またスイッチが入ると、とことん追究していく研究者向き。一方で、負けず嫌いな面もあって、どんな仕事を振られても、柔軟に対応していきますし、妥協することなく成果をあげ続けます。なのでどこにいても目覚ましい活躍ができるでしょう。ただし、興味があることとないことで、集中力の差が激しいので、ある程度ソツなくこなせることや、興味関心があることのほうがより能力を発揮できます。

人間関係

あなたは、とても明るいので、一見「軽い人」に見られることがありますが、実はとても思慮深く、思いやりにあふれている人です。そのギャップに萌えて、ファンになってくれる人も多いようです。ただあなたはマニアックな話が好きなので、つい夢中で語ってしまい、周りがついていけなくなることも……。たまには、自分を俯瞰(ふかん)して、空気を読み、周囲に歩調を合わせるといい関係を築きやすいですよ。

相性のいい人

あなたは、若干疑り深いところがあるようです。相手を信用しないことには、いずれ関係が上手くいかなくなってくるので、まずは人を信用することからはじめて。相性がいいのは、干渉したり、束縛したりしない人です。

宇宙からのメッセージ

誰かの都合のいい人になる必要なし！
あなたの主導権は完全にあなたが握っています！

November Eighteenth

11月 18日

✦ 人の心を動かす「伝える力」の持ち主 ✦

あなたについて

あなたは優秀な宣伝力のある人。伝えたいことを表現し、相手にしっかり届ける能力に長けています。人の心を動かすトーク力に優れた人でもあります。

ただし、蠍座は「相手にも自分と同じ気持ちになってもらいたい」という性質があり、さらに蠍座の支配星である冥王星(めいおうせい)は、いったんスイッチが入ると徹底的に突き進んでいく性質を持っています。そういう時はヒートアップしすぎてしまうことも……。そのあたりを意識しながら、自分の熱量を調整していくといいでしょう。あなたには洞察力、観察力に長けているという才能もありますから、きちんと空気が読める人。自分中心の押しつけがましい言葉ではなく、相手の気持ちや状況も考えながら伝える、ということを意識するといいでしょう。

またあなたの性格は、飾り気がなくさっぱりとしています。さらにとらえどころのない雰囲気を持ち、どこか人を惹(ひ)きつける魅力にあふれています。持ち前のトーク力、宣伝力もあるので営業をさせればピカイチ。フットワークが軽く、社交的なので多くのネットワークを持ち、たくさんの仲間にも恵まれるでしょう。あなた自身も人を楽しませることが好き。話術に優れているので、ユーモアのセンスも抜群。明るいあなたは、頼りになるコミュニティのリーダー的存在に。いつもあなたの周りには、あなたを慕う仲間がいるので、寂しさを感じることはないでしょう。

仕事と才能

あなたは、広報、宣伝、PR、マスメディアなど、人に何かを伝えていく、もしくはアピールしていく仕事が向いています。蠍座は、もともとそんなに感情が表に出るタイプではなく、わりとポーカーフェイスなのですが、あなたはとにかく洞察力に長け、スイッチが入ると、一つのことをとことん追究していくタイプ。その情熱的な部分が、人に何かを伝える時に、とても伝わりやすいのです。そのため感情の起伏が少なく、さほどパッションがない人よりも、圧倒的に伝わります。アピールする仕事が天職といえるかもしれません。

人間関係

あなたは、自分の気持ちをはっきりと言うので、合う人と合わない人が見事に分かれます。一見、キツイ印象を与えがちですが、裏表がなく、わかりやすいので、信用されやすいでしょう。また、はっきり伝えたことで、「言ってもらえてよかった！」と、感謝する人も中にはいるので、今のスタンスを変える必要はありません。

相性のいい人

あなたは、常に恋人がいそうな雰囲気を醸(かも)し出しているので、いない場合は「フリーです！」とアピールしましょう。でないと、せっかくのチャンスを逃すことも。相性がいいのは、聞き上手な人です。

宇宙からのメッセージ

**いつでも「ありのままのあなた」を表現していいんです。
それが最高の喜びになるでしょう。**

November Nineteenth

11月19日

✦ハイレベルな集中力と人気運に恵まれた人✦

あなたについて

あなたは明るく無邪気でとてもパワフルな精神の持ち主です。自己プロデュース能力が高く、どうすれば自分が一番魅力的に見えるか、面白くなるかなどを客観的に把握(はあく)することができるので、人気運に恵まれています。そして、流行に飲み込まれるよりも、流行の発信基地のようなエネルギッシュな要素を持っています。ですので常にあなたがやっていることや身につけているものに、周りの人は関心を向けるでしょう。人から真似されることが多いかもしれません。しかしながら、それは、知らず知らずのうちに、あなたに憧れている証拠ですから、喜ぶべきポイントでしょう。

また、あなたは、困ったことが起きるたびに、ものすごくグレードアップができる人です。困難に打ちひしがれるのではなく、どうすればいい状態になるのかを分析したり工夫したりと、行動に起こすことができます。そして何より決断力や度胸がありますから、困難が起こる前の状態よりも、困難後のほうが格段に素晴らしい状態に。

また、いつも心のどこかで、何かにどっぷりハマって一体化するほど没頭したいという気持ちがあります。あなたの集中力はハイレベルなので、あなたが覚悟を決めたら、ビックリするようなことを成し遂げられるでしょう。そして、あなたは自身が思っている以上に多才です。あなたが、人からよく頼られることは何でしょうか？　それがあなたの素晴らしい才能の一つです。

仕事と才能

蠍座の洞察力、集中力、観察力と共に、次の星座である射手座の影響を受け、向上心、枠にはまらないという要素があり、自由を好む傾向にあります。Webライターやブロガーとして、情報を発信するのにも向いているでしょう。一方で、まだまだ自信がないという部分もあり、本当はできる仕事なのに、遠慮してしまうことがあるようです。でも、実際には、あなたにはそれができる能力があり、追い込まれれば追い込まれるほど、才能を発揮する力を備えているため、どんどんアグレッシブに取り組むとよいでしょう。また、成功体験を積んでいくことで、より成長していけます。

人間関係

芸術的な人や、クリエイティブ能力に長けている人と交流すると刺激をもらい、あなたの発想もとても豊かになっていきます。ただ、仲よくなって慣れてくると、エゴが強くなってしまうところもあるので、予め（あらかじ）相手には「エゴが出すぎたら注意して！」と伝えておくと、良好な関係を長く築いていけそうです。

相性のいい人

遠くよりも近くを探したほうが素敵なパートナーが見つかる可能性大！“灯台下（もと）暗し”という言葉のごとく、身近な人の中にいそうです。あなたと相性がいいのは、年齢に関係なく、あなたよりも精神的に大人な人です。

宇宙からのメッセージ

それを今思い出したということは、
それは宇宙からのヒントです。

November Twentieth

11月20日

✦無償の愛を注げる共感力の持ち主✦

あなたについて

あなたは、一度関わっただけの人にも親切にできる慈悲深い人。蠍座の「一体感を求める」という性質が強く出ていて、相性のいい人とは「離れたくない」「ずっと一緒にいたい」と思う寂しがりやの性格がそうさせるのかもしれません。「好きな人とは一体感を味わいたい」と思っても、相手がそうでない場合は、とてつもなく寂しくなってしまいます。蠍座は共感力が高いというのも特徴ですし、相手に理解されたい気持ちが強く、自分と同じ思いを持っていてもらいたいという性質があるので、相手も同じ状態でないと、人一倍虚しさや寂しさを感じるのです。

でも、考え方は人それぞれ。同じものを求めても仕方のないことだと、頭の片隅に置いておきましょう。人の気持ちを自分の思い通りに変えることは難しいですし、たとえムリやり変えても不安は拭(ぬぐ)えず、自分にも相手にもメリットはないので、時には割り切ることも大事。人と自分の境界線を認めることも必要です。そのことをしっかりと理解していれば、あなたには関わった人をとてもいい方向へと導ける才能があります。互いに価値観も違えば考え方も違うと認め合った上で、建設的な話をしたり、関係を築いたりしていくと、強固な絆(きずな)ができてステージアップがしやすくなります。さらにあなたの愛情や思いやりの深さは、家族にはとっては嬉しいもの。なので家族の中心にはいつもあなたがいる状態ですし、人に恵まれ、幸せな人生を送ることができるでしょう。

仕事と才能

人と深く関わる教師や保育士、美容師、介護士などに向いています。一度関わった物事や人に対して、深く愛情を注ぐでしょう。人一倍情熱を注ぐので、誰かに引き継いでもずっと気にし続けます。あなたに聞けば、どんなことでも詳細に答えてくれるので、後任から頼られることも多々。情熱的なのはいいことなのですが、自分と同じレベルを周りの人たちにも求めてしまうと、あなたほどの人はなかなかいないでしょう。自分は自分、他人は他人と、時には割り切ることも大切です。

人間関係

あなたは、とても人当たりがよく、多くの人に慕われます。しかし、負けず嫌いなところがあり、自分より優れている人には嫉妬しがちです。その気持ちを、自分をレベルアップさせる方向にシフトさせると、嫉妬心も薄れて穏やかになれますし、仕事やプライベートでいいことが舞い込んでくるでしょう。

相性のいい人

あなたのふとした仕草や表情がきっかけで、あなたのことを好きになってくれる人がいます。特に、目の表情がポイントになるので、上目遣い、流し目など意識してみて。相性がいいのは、あなたの能力を認めてくれる人。

宇宙からのメッセージ

あなたはそれを続けてもいいし、変えてもいいし、
やめてもいいのです。

November Twenty-first

11月21日

✦深い洞察力と広い視野の持ち主✦

あなたについて

今起こっている出来事を、一歩引いて見ることができる、余裕のある雰囲気が漂(ただよ)うあなた。もともと視野が広いので何が起きても焦ったり慌てたりすることはありません。的確に状況や物事を把握(はあく)し、周囲を見渡せるという素晴らしい力があります。この問題解決のための思考をクリティカル・シンキングといいますが、その技術は自分の主張に説得力が生まれるので、チームをまとめたり、交渉相手の行動を有利な方向に動かしたりすることに役立ちます。リーダーの素質が十分にあるといえるでしょう。

加えて、発想力と想像力がズバ抜けているため、人が思いつかないようなことを次々と成し遂げていくでしょう。時々、大胆で無鉄砲な行動をとることもありますが、それも計算の上で、基本的には堅実です。しかも損得勘定で判断しない人なので、周りからは好感を持たれているでしょう。

一方で、意外と寂しがりやな面も。なるべく大勢の人から注目されたい欲求を持っています。自分の味方、仲間だと考える人には深い愛情で接しますし、精一杯助けることでしょう。そんなあなたは、場の空気をきちんと読める人。感情的にならない冷静さがあります。さらに、何かを生み出すことが好きで、それらを世の中に広く伝えていくこともできます。多くの人たちを幸せな気持ちにし、サポートすることも大好き。そんな自分の才能を信じることで、よりステージアップしていくことでしょう。

仕事と才能

あなたは、蠍座の才能に加え、次の星座である射手座の才能を使うことができます。蠍座の洞察力、集中力と、射手座の自由さ、マクロの視点……。これは大掛かりなビジネスになればなるほど、活かせます。例えば、商品企画をする際、国内や海外で何が流行っているのかといった世の中の動向をマクロの視点で見ながら着想を得ます。その後、持ち前の洞察力と集中力で、企画を具体化していき、最後に商品化していく、といった感じです。どちらかというと、本来蠍座は、緻密（ちみつ）な作業も得意なのですが、あなたは緻密な作業よりも、マクロな視点で取り組むような仕事が向いています。

人間関係

あなたは、人を楽しませようというサービス精神が旺盛です。ですから、人の顔色を無意識にチェックしているようですね。一人でもつまらなそうにしている人を見つけたら、気になって仕方ないでしょう。そして、その人に話を振り、笑顔にさせようと手を尽くします。そんなあなたは、一生、人間関係運に恵まれるでしょう。

相性のいい人

恋愛は、ロマンティックなことが好きなのに、いざそういう雰囲気になると、話を逸らすところがあります。できれば、その流れに乗っかりましょう。相性がいいのは、ノリのいい人。

宇宙からのメッセージ

人生の経験はもれなく
豊かさに変えることができます。

運がよくなるアクション
ヒューマンドラマの映画を観る

November Twenty-second

11月22日

✦競い合うことで才能を伸ばしていける人✦

あなたについて

あなた自身が「好きなこと」「楽しいと思うこと」を追求していくことが社会貢献に繋(つな)がります。さらに"競い合う"ことでエネルギーが生まれ、元気になっていく人です。普段の会話でも、スポーツでも、勉強でも、誰かと競うことで、自分のレベルや足りない部分を知り、補充強化をしていくことができます。競争の末、勝った時には自信がみなぎり、メンタルが整い、見た目にもわかりやすいほどイキイキして、さらなる高みを目指していくことでしょう。負けた場合は、悔しいと嘆くのではなく、次はどうやったら相手に勝てるか研究をすることで、気持ちがワクワクしてくるタイプです。勝っても負けても問題なし。ですので、あまり勝つ自信がなかったとしても、ライバルを見つけて競ってみましょう。そのほうがあなたの成長速度はどんどん高まっていきますから。

相手はレベルがものすごく上の人でもいいのですが、競い合うという意味では自分よりちょっと上ぐらいがベスト。手が届きそうで届かない歯がゆさがあると、頑張ってそこに到達しようとします。チャレンジしていくことが運気を好転させるポイントです。

蠍座と射手座の要素を併せ持つあなた。蠍座は物事を自分と一体化させ、しっかり落とし込んで自分のものにし、知識や技術などを習得する才能があります。射手座の強さと蠍座の深める力のミックス技を使えば、あなたはどんどん力をつけていけるでしょう。

仕事と才能

クリエイティブ能力に長けていて、知的好奇心が旺盛、フットワークが軽いため、仕事でも、いろいろな方面で活躍できそうです。また、常に前向きなことも素晴らしい才能の一つ。一方、蠍座の慎重なところもあり、洞察力にも優れ、いい意味で懐疑心を抱きやすいので、夢を描いて突き進む射手座の暴走に対してストッパー的な役割を果たしてくれます。なので、あなたは非常にバランスがよい人といえるでしょう。そんなあなたに向いているのは、海外に関する仕事や、様々な場所に足を運ぶ仕事です。

人間関係

あなたは、人を冷静な視点で見ることができます。言っていることがきちんとしている人に対しては誠意を持ってつき合い、適当そうな人には、それなりの対応をする傾向にあり、人によって使うエネルギーを変えるところがあるようです。ただ、適当そうに見える相手でも、実際は違う場合もあるので、じっくりつき合ってから判断しても遅くはありません。

相性のいい人

恋愛は、目立つことを意識するとモテ度がアップします。特に派手にする必要はなく、他の人たちよりもちょこっと目立てばOK。相性がいいのは、常にあなたを褒めて味方になってくれる人です。

宇宙からのメッセージ

**合わない人間と一緒にいる必要はありません。
好きな人間と一緒にいればいいのです!**

November Twenty-third

11月23日

"お祭り"が大好きな名プロデューサー

あなたについて

あなたは、一人よりも集団や大勢で何かをするほうが性に合っています。もちろん、一人の時間も好きなのですが、みんなで協力して大きなことに挑戦したり、大業を成し遂げた喜びを分かち合ったりすることで、とてつもない達成感を得ます。それは、仕事でもプライベートでも同様です。規模が大きいほど、お祭り的な盛り上がりがあるほど、「生きていてよかった！」と感じられるでしょう。もともとあなたには人を動かす力があり、しかもそれは少人数ではなく、大人数でもOK。たくさんの人の心を一つにまとめて動かせるので、イベントの総合プロデューサー的な役割が果たせるのです。積極的に行事参加するのもいいですし、自分が企画するのも向いていますよ。

射手座と蠍座の性質を併せ持つあなた。蠍座には集団を好む要素があり、まとまって一つになりたい本能が働くことでしょう。さらに全体を把握（はあく）することができ、集団をまとめて、全体を動かすことができます。人の心を動かすことが得意なあなたは、ぜひその稀有（けう）な才能を使って、いろいろな人を巻き込んで大きなことを成し遂げてください！　「奇跡の１回」で終わることなく、何回でも可能です。あなたは人の心を掴（つか）み、感動させることができる星の下（もと）に生まれたので、自分だけのためではなく、人のために使うことでより才能を発揮できます。そうすることで運気を味方につけることができるようになるのです。

仕事と才能

あなたは、仕事においても、リーダー的な役割を担(にな)う機会が多いでしょう。洞察力に優れていて、頭の回転が速いという蠍座の資質に加えて、全体を俯瞰(ふかん)することができ、なおかつ仲間と一緒に何かを成し遂げようとするエネルギーにあふれています。射手座の要素がうまい具合に作用し、人々を束ねることに長けているため、リーダーや管理職に抜擢(ばってき)されることがありそうです。仕事としては、起業して経営者になったり、はたまた生え抜きで社長になったり、同期たちよりも早く管理職になったりと、人の上に立つ仕事が向いています。

人間関係

コミュニケーションでは、気を遣ったり遣われたりせず、ストレートに意見を言い合える相手なら問題ないでしょう。遠回しな言い方をされたり、長い話をされたりするのは苦手ですが、こちらから話をまとめてあげればいいだけ。また、あなたが一生懸命に話をすると、協力者がどんどん現われてきます！

相性のいい人

恋愛は、興味がある相手にはちょっかいは出すものの、なかなかまとまらないことが多いでしょう。もう少しロマンティックに表現して伝えると上手くいきそうです。相性がいいのは、面倒見のいい人。

宇宙からのメッセージ

あなたが本来のあなたを生きはじめると、
いろいろなことがスムーズになっていきます。

November Twenty-fourth

11月24日

✦計画性と柔軟性を備えたプランナータイプ✦

あなたについて

何をするにおいても計画的なあなた。やるべきことをピックアップし、どうすれば上手くいくのかを予想しながら動きます。あなたにはプランナー的な要素があり、段取り上手であり先を見通す能力も高いという、優れた才能に恵まれています。人生は、何が起こるかわかりません。変更があったり、状況が変わったり、大変な事態に遭遇することもあります。あなたはその時々の対処法が的確。急な変更にもスムーズに対応できるので、周りから見てもとても頼りがいがあります。というのも射手座は視野が広く、考え方に柔軟性があり、相手の状況に応じて臨機応変に対応することが可能だから。大変なこと、ツライこと、悲しいことがあっても、上手く自分の気持ちをハンドリングしながら、きちんと進むべき道を見つけていくことができます。

また、上を目指すことで、生きている実感を得やすい性格。実は向上心がとても強いのです。向上心を持つことは素晴らしいのですが、先を見据えすぎたり、目標を高く持ちすぎたりすると、「今のままではまだまだ力不足」と自信が持てず、渇望感が止まらない……なんてことになりがち。あなたは今のままですごい才能や魅力的な部分はたくさんありますし、持っている知識や技術もありますから、まずはそれをどんどん周りにお披露目していきましょう。それによって舞い込んでくる人間関係があなたを成長させてくれますし、徐々にステップアップしていく人生のほうが楽しいかもしれませんよ。

仕事と才能

夢や目標を掲げ、それに向かって突き進んでいく行動力と向上心があります。あなたと一緒にいると、周りの人たちも夢を描くことができ、モチベーション高く、安心して進んでいけるでしょう。組織に一人、あなたがいるのといないとでは雰囲気が違いますし、求心力があるため、組織全体が活性化されるという非常に稀有(けう)な才能を持っています。段取り力が活きるツアーコンダクターやウエディングプランナーなどに向いています。時として、先を見すぎて目の前のことを疎(おろそ)かにしがち。少し遠回りになってもいいので、今すべきことに目を向けるようにすると、よりよい環境が整います。

人間関係

あなたはなぜか、面倒な人や苦手なタイプから懐(なつ)かれることがありますが、避けることなく温かく接すると、後であなたの助けになってくれるでしょう。また、人のよさから、行きたくないお誘いを断ることができない……ということも。気が乗らないお誘いは断って、自分の快適な時間を確保してください。

相性のいい人

スピード感が大切。好きな人ができたら、ぐずぐずしないで、自分から誘ってみましょう。相性がいいのは、細かいことにこだわらず、爽やかで、向上心のある人です。

宇宙からのメッセージ

あなたの人生はいつでも自由自在なのです！

November Twenty-fifth

11月25日

✦人の役に立つことで自身も成長する人✦

あなたについて

あなたは、人にいろいろなことを教えるのが上手な人です。

学んだことはすぐ人に教えたい、伝えたい、という気持ちが人一倍強いこともありますが、実はあなたにとってアウトプットすることが学びに繋（つな）がることを知っているからでしょう。さらに上を目指してステップアップしていこうとする時には、人材を育成することがあなたにとっていちばんの近道です。また、射手座の支配星は「増殖」する要素のある天体の木星なので、あなたの知性は計り知れません。知りたいことは我慢せずに、どんどん探究し、みんなに伝えていきましょう。

教えたい、伝えたいと思っている人ですから、知識欲も旺盛。たくさんの本を読むことはもちろん、その道に秀でた才能を持つ人の話を聞くことをライフワークにするのも楽しいでしょう。

さらに新しいものも大好き。興味の対象は目まぐるしく変わっていくため、周りからは落ち着かない人だと思われる可能性もあります。ですが、それを気にしていては行動が制限されてしまい、あなたの持ち前のフットワークのよさや好奇心旺盛さが影を潜（ひそ）めてしまいます。気にしなくていいでしょう。むしろ周りの意見を気にして行動を控えるのは、後悔することに……。興味が湧いたもの、好きなものに関しては自由に飛び込んでいきましょう！　他の誰でもない「自分の人生」を生きていくことに集中していきましょう。

仕事と才能

教師、ライター、記者、広報、宣伝、PRなど、人に物事を教えたり伝えたりしていく職業に向いています。好奇心が旺盛で、膨大な知識量と人脈を持つ人なので、自分の中だけにため込まず、惜しみなく周りにどんどん広めていくことが使命でもあります。話すこと、書くことに優れているので、表現するのに困ることはありません。人に分け与えるほど、後に自分に返ってくるという法則がありますから、どんどん放出していくとあなたの仕事の幅が広がるのはもちろん、いろいろなチャンスが舞い込んでくるようになります。

人間関係

あなたは、人に伝えるのが得意なだけでなく、話を聞くことも上手で、コミュニケーション能力が高いのですが、社交辞令はあまり好きではありません。価値観が近い人とじっくりと深い話をしたいと思っているタイプ。なので仲間は少なくてもいいので、感性が近い人を選んで、交流するのが快適でしょう。

相性のいい人

恋愛は、なかなか気持ちを出せない小心なところがあります。ためらっていると、他の人に先を越されかねませんから、タイミングを見計らって、早めに行動に起こしましょう。相性がいいのは、慎重に行動する人。

宇宙からのメッセージ

ボ〜ッとする時間をつくりましょう。
何もしない時間こそ宇宙と交信できます。

November Twenty-sixth

11月26日

✦面白いアイディアを次々くり出す戦略家✦

あなたについて

あなたは発想力に優れている人。面白い戦略を練ったり、あっと驚く企画を思いついたりするのが得意です。大衆向けのわかりやすさよりも、ちょっとひねった感じや、メジャーよりもマイナー、サブカルチャー的なことに惹(ひ)かれる傾向にあるようです。そのため、大勢の人が「いいね！」と言っている物事に関しては、あまり興味を示しません。既存のものならちょっと見方を変えて新鮮さを出したり、新たな機能を追加して進化させたりすることを好みます。

あなたの持ち前の才能でどんどんアレンジを効かせ、面白いものを生み出していくことでしょう。何かを仕掛けることが大好きで、これは仕事のみならず日常生活でも同様。単純な毎日を、ちょっとした工夫で楽しいものにしていくあなたは周りから見てもとても魅力的に映るでしょう。さらにあなたの使命は「出会う人を喜ばせること」なので、あなたのアイディアで、出会ってきた人、これから出会う人、あなたの周りの人たちをどんどん笑顔にしていくことでしょう。

自分の欠点を隠そうとしたり、直そうとしたりするよりも、長所を伸ばすことだけに尽力しましょう。そのほうがあなたはもっともっと輝けます。自分の長所がわからなかったら、親しい友人や知人に教えてもらってください。その際、相手のいいところも褒めるのがポイント。互いに気づきを得て成長できますし、自信がつくことで運気が好転していきます。

仕事と才能

あなたは、ワクワク、ドキドキすることが大好きです。また、射手座の支配星は木星で、増やしたり広げたりするのが得意な天体ですから、持ち前の好奇心で収集してきた知識や経験をよりたくさんの人に伝えたり、教えたりしていくことで、どんどん開運していきます。そのため、仕事は人に教えたりする教育関係だったり、不特定多数の人に物事を伝えるマスコミ関係などもよいでしょう。また、日本の製品を国内だけでなく海外に紹介するような輸出、貿易関連の仕事も向いています。他にも、ツアーコンダクターやバスガイドなども◎。

人間関係

話している間に、面白いこと、楽しいことがどんどん広がっていく……そんな人間関係に恵まれています。特に、ノリのいいメンバーで集まると、そのスピードがマッハになるので、下手すると暴走する羽目に！　そのため、落ち着きのある慎重な人を一人仲間に入れておくと、突っ走って失敗するようなことは少なくなりますよ。

相性のいい人

あの人もいいけど、この人も素敵……といった感じで、気が多いところがあります。決して悪いことではなく、素敵な恋愛をするための足がかりなので、いろいろ交流を図りましょう。相性がいいのは、アクティブな人。

宇宙からのメッセージ

ちょっとおかしいと思った時こそが、
軌道修正のタイミングです。

November Twenty-seventh

11月27日

✦真っ向勝負を挑む「武士」タイプ✦

あなたについて

あなたは、自分に自信があり、正々堂々としています。物事をストレートにとらえ、違うと思えばスパッと止めたり、周囲から見ていても、まるで竹を割ったような性格ともいえる、とても気持ちのよい人です。なので、ズルをする人や、嘘をつく人が許せないと思っています。性格は裏表がなく、注意をしなくてならない人がいれば注意し、いじめられている人や困っている人を見かけたら、放っておけず助けてあげたくなる、いわばスーパーマン的な要素があります。ケンカのみならず、競争相手に戦いを挑む時は、きちんと準備し、自分が納得できるまで戦います。けれども勝ち負けが問題なのではなく、あなたの心がスッキリと整うかどうかと、頑張ったプロセスやそこから得られる学びが重要なのです。誰に対しても、姑息な手段は使いません。気持ちがいいくらい、正々堂々としている潔い武士といえます。

また12星座のうち、射手座は一番ポジティブで、ツラいことこそチャンスだとわかっているので、その強靭（きょうじん）なメンタルは素晴らしい才能です。性格は情熱的であり、加えて楽観的なところも。自分の夢や理想を仲間に語るのが大好きで、さらに自分のプランの達成のために仲間を巻き込むことも。行動力があるので、そのプランの成功確率は高めですが、突拍子もないプランもあるので、到達するには時間がかかる場合も……。でも、その道のりも楽しくできるのがあなたの才能。仲間もあなたを見放すことなく、常に力になってくれるでしょう。

仕事と才能

仕事においても、正々堂々としています。上司でも先輩でも、違うと思えば指摘し、何か違和感があったらスパッと止めたり、時には戦ったりします。裏表がなく、陰口を叩くこともなく、正面から真っ向勝負していくタイプです。物事をこねくり回すのではなく、ストレートにとらえていく姿に好感を持つ人も少なくないでしょう。何か対立したとしても、後味が悪くなるようなことはなく、必ずお互いが爽やかな気持ちになるようなケアを欠かしません。そんなあなたに向いているのは、ゲーム、スポーツ、エンターテインメント業界です。

人間関係

あなたは、分け隔てなく、いろいろな人と交流することができます。若干クールに見られがちで、話しかけづらいと思われることもありますが、話していくうちに、みんな、あなたが気さくな人だということに気づきます。また、本心や言うべきことを口にするのを迷う時もありますが、最終的にはきちんと伝えたほうが円滑にいきます。

相性のいい人

恋愛は、ちょっとしたきっかけで恋に落ちます。また、相手に気があるのかないのか、つき合えるのかどうなのか、そんな不安定な状態を楽しむところがあります。相性がいいのは、少し甘えん坊で可愛い人。

宇宙からのメッセージ

**あの人にできるということは、
あなたにもできるということなのです。**

November Twenty-eighth

11月28日

✦要領のよさで「抜け道」を見つけるプロ✦

あなたについて

あなたは、「やらないほうがいいよ」と言われると、逆にワクワクしてきてしまうタイプです。失敗する確率が高いことであっても、衝動的にしてしまうんですね。でも、その思いきりのよさこそが、あなたを新しくし、いろいろな気づきを与えてくれます。また、とても頭がよく、要領もいいので、みんながルールに沿ってまっすぐ進んでいても、近道を見つけてきたり、1から10まですべてやらなくても済む方法を編み出したりします。

たとえ、驚くような強引で大胆な行動でも、結果よければすべてよし！　という感じで、とにかく要領よく進めるのが大好きです。傍（はた）から見ると、危なっかしくてヒヤヒヤすることもあるのですが、あなたはおかまいなしで進めていける強靭（きょうじん）なメンタルの持ち主。ですので問題はありませんよ。むしろ周りの目を気にしてやめてしまうと、せっかくのチャンスを逃しかねません。それは、あなただからこそ気づくトレンドであったり、ビッグチャンスだったりする可能性が高いから。とにかく人の意見は聞かずに、まずはあなたが動いてみること。最初はみんなに驚かれるかもしれませんが、時間が経つと、きちんと理解してもらえます。そして、それがいつの間にか当たり前になったりして、あなたは「一歩先を行く人」として認識され、一目置かれるようになります。当然リーダーにも向いていますし、ポジティブさは12星座の中で一番！　スタンスを崩さずにこのまま突き進んでいくといいでしょう。

仕事と才能

あなたの使命は、試して体感して、人に伝えることです。たとえ、新しいことを発見しても、最初に行動する人がいなければその先に進めません。インフルエンサーやYouTuber、美容ライター、スタイリスト、料理研究家向き。多少リスクが伴うと思ったとしても、自ら率先して動くと運気がどんどんよくなっていきますし、仕事運もアップします。誰もやったことがないことでも、あなたが真っ先に試して検証するので、みんながあなたの意見を参考にすることでしょう。

人間関係

言いたいことがあっても、自分の心にしまっておくことが多いあなた。面倒だったり、遠慮していたりするのですが、言わないとわかってもらえませんから、きちんと言葉にしたほうがいいでしょう。また、頼られやすく、いろいろ引き受けてしまい、自分の時間がなくなりやすい傾向にあるので、自分のことを大切にするよう心がけてください。

相性のいい人

恋愛は、自らどんどんアピールしていきましょう。当たって砕けろ！　な勢いが大事です。もしダメだとしても、もっと素敵な人との出会いを期待していてください。ご縁があるのは、リーダーシップのある人です。

宇宙からのメッセージ

すべてはベストタイミングなのです。

November Twenty-ninth

11月29日

✦自ら長所を見つけて追い風に乗る✦

あなたについて

あなたは、「本当の自分」を解放することで追い風に乗ることができるタイプ。さらに、向上心にあふれ、レベルを高めていくのがとても好きなので、思う存分追い風に乗って、どんどん上昇していくでしょう！　自分を高めるには、ワクワクすることや楽しさが活動源となります。褒められてテンションが上がるとさらに頑張ることができ、それに伴い、実力を伸ばすことができます。他人に褒めてもらうのではなく、自分で気に入っている部分を見つけ出し、それをどんどん磨いていくことがいっそう効果的です。

この日生まれの人は、知的で大人びた雰囲気の人が多いので、派手さはなく、どちらかというとおとなしめな印象。ですが、時には突然大胆なことをはじめたりするので、周りから見るとちょっと掴(つか)めない、変わっていると思われることも。何を考えているのかわからない、どこかミステリアスで掴みどころがない人という印象を持たれるでしょう。

働き者ではあるのですが、真面目すぎるゆえにちょっと頑固な一面も。年齢を重ねるごとに、視野が狭くなりやすいので、その点は気をつけて。人の意見や心理学の本など、視野を広げるための学びを続けると心が柔軟になり、幸せを感じやすくなりますよ。また、信頼できる人にしか、本音を話すことができないタイプなので、ストレスをため込む傾向に。体調に支障が出ないように、こまめに解消するようにしましょう。

仕事と才能

誰かの指示や命令ではなく、自分が動きたいように動くことで、特に才能を発揮することができます。自分が行きたいところ、見たいものを追い求めていきましょう。フットワークがとても軽く、好奇心が旺盛で、向上心が半端ないので、どこに行っても大丈夫。ですが、できれば持ち前の高揚感をパワーに変えられる才能を発揮するため、好きなことや興味関心のあることに携わりましょう。そのため、マスコミ関係やゲーム、スポーツ、エンターテインメントなど、あなたの好奇心を刺激してくれそうな業界が向いています。

人間関係

一緒にいると安心できるオーラを放っているあなたの周辺には、人が集まってくるでしょう。一人だけと深くつき合うのではなく、ある程度大勢の人とまんべんなく親しくしましょう。特定の誰かとずっと一緒にいると、よくも悪くも影響を受けやすく、自由なところが素敵なあなたの魅力が減ってしまいます。

相性のいい人

まずは、自分に自信を持つことです。もし自信がなかったら、自分磨きに力を入れてください。自分が素敵になってこそ、いい人とのご縁が増えますよ。相性がいいのは、褒め上手な人です。

宇宙からのメッセージ

誰かに何かを言われても気にする必要なし！
取り入れるも取り入れないも、完全にあなたの自由です。

November Thirtieth

11月30日

✦幅広い交友関係は前向きな性格の賜物✦

あなたについて

好奇心が旺盛な人で、さらに「出会い運」「人間関係運」などに恵まれていますから、積極的に表舞台に出ていきましょう。コミュニケーション能力が高く、さっぱりとしているので、年齢を問わず幅広い交友関係を築いていきます。そしてトレンドやニュースなど常に新しい情報をゲットしたいと思っているので、初対面の人でも積極的に交流しようとします。知らない人の輪に入っていくことも抵抗がなく、しかもあなたは愛嬌（あいきょう）があるので、すんなり受け入れてもらえますよ。そして、あなたの前向きな雰囲気に惹（ひ）かれた人たちに囲まれ、楽しいコミュニティづくりができるでしょう。

一方で、あなたはクリエイティブな才能のある人。そのため考え方のユニークさで評価されることに喜びを感じます。さらに自分のやりたいことがはっきりしている上に、表現力にも優れているので、プレゼンも上手。自分がやりたいことをきちんと説明して貫き通せる人です。そんな才能のあるあなたは、リーダー的なポジションを任されることもあるでしょう。普段から人脈をどんどん広げているので、新しいことをはじめるとなると協力者が後を絶ちません。そしてプレゼンの才能もあるので、人を巻き込むことも上手。ストレスフリーで何をやっても楽しくできて、まるで遊んでいるかのように、どんどん新しいものをつくり出すことができます。充実した人生を送ることができるでしょう。

仕事と才能

文筆業や研究職、職人向き。射手座は、何かを極めたいという気持ちが根底にあります。完璧主義なところがあるため、一生懸命取り組むのですが、すべてを完璧にこなせる人は存在しません。できるところや得意な部分を伸ばし、自分が弱い部分は人に助けてもらうようにしましょう。あなたは、誰が何を得意なのかということを見極める力があり、適材適所の判断に優れていますから、チームづくりも上手。自分一人では到底成し遂げられない大きな目標であっても、あなたがつくったチームなら、まるで奇跡が起きたようなすごいことを達成できますよ。

人間関係

教えてもらったり、教えたりする関係が築けると、自然と仲よくなっていきます。また、親しみやすさもあり、和気あいあいとした雰囲気を持っているので、あなたとお近づきになりたいという人も少なくないでしょう。ただ、人がよすぎるので、いささか強引な人とは距離を置いたほうがよさそうです。

相性のいい人

恋愛において、あなたに必要なのは、「受け入れること」です。心を開いて、相手を信じ、聞き手になって相手の話をきちんと聞いてあげることで、距離が近づいていき、やがてその恋が成就するでしょう。

宇宙からのメッセージ

**ちょっとやり方を変えるだけで
上手くいくことがあります！**

Column

12星座に対応するタロットカードとその性質

タロットカードには、12星座に対応するカードがあります。カードの性質は、そのまま12星座の性質にも当てはまります。

♈ 牡羊座　4番の皇帝のカード

皇帝は現実世界のリーダーでありパイオニアで勇気のある存在です。後に続く人が安心して通れる道をつくる人です。牡羊座さんの言動は、みんなを勇気づける力があるといえるでしょう。

♉ 牡牛座　5番の法王のカード

法王は精神世界のリーダーで、人から信頼されています。また、周りの人と協力し合うといろいろなことが上手くいくカード。よって、牡牛座さんはみんなに安心感や信頼感を与える人でしょう。

♊ 双子座 6番の恋人のカード

エデンの園にアダムとイヴがいます。何の心配もなく、ただ今にときめいて楽しく過ごしているカード。よって、双子座さんは、みんなの心を楽にしたり、楽しい気持ちにさせる人でしょう。

♋ 蟹座 7番の戦車のカード

今までいたところから自立し、自分の道を進んでいくカード。帰ってくるところがあるからこそ発進できることを意味します。蟹座さんは、みんなにとって憩(いこ)いの場そのものなのかもしれません。

♌ 獅子座 8番の力のカード

描かれているライオンは、欲望や困難など、一筋縄ではいかないことの象徴です。獅子座さんは、上手くいかないことを試行錯誤するのではなく、抵抗をやめてすべてを受け入れた時に、ライオンキングのパワーを発揮できるのです。

♍ 乙女座 9番の隠者のカード

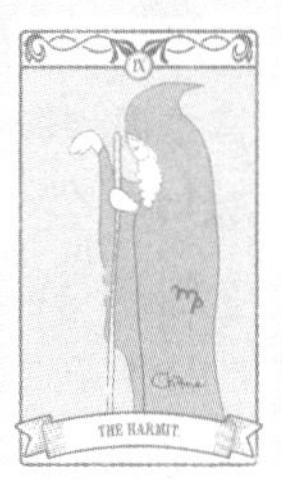

グレーのマントを着たおじいさんが、人里離れたところで、キラキラとした星を見つめています。この星はおじいさんが大好きな何かです。ですので、乙女座さんは、何かにとても一途だったり、研究や分析が得意だったりするのでしょう。

♎ 天秤座 11番の正義のカード

裁判の女神が客観的かつ冷静に判断をしているカード。ですので、天秤座さんは、人や物事を多角的な視点でよく観察し、誰かの意見に引っ張られず、公平に判断することができます。

♏ 蠍座 13番の死神のカード

どんな人も、どんな状況も、やがて終わりを迎えます。ですが、終わりがあれば、必ずはじまりがあるのです。蠍座さんは、いざという時に、陰を陽に変えるような、ものすごい火事場の馬鹿力を発揮できます。

♐ 射手座 14番の節制のカード

大天使がカップとカップの中身を混ぜて、新しい化学変化を楽しんでいます。射手座さんは、やったことがないことを試してみて、どんなことも面白がれるプロです。人生のマジシャンともいえるでしょう。

♑ 山羊座 15番の悪魔のカード

悪魔に取り憑（つ）かれたアダムとイヴ。しかし首輪はゆるく、いつでも脱出可能です。山羊座さんは、「逃げられない」という思い込みがあった時、いつでもそこから自由になれるということを覚えておきましょう。

♒ 水瓶座 17番の星のカード

裸の女性が水瓶から浄化の涙を出し切っている絵のカードです。水瓶座さんは、もっている情報やモノなど、惜しみなく出していくことで、一番の願いが叶っちゃうという流れを持っています。

♓ 魚座 18番の月のカード

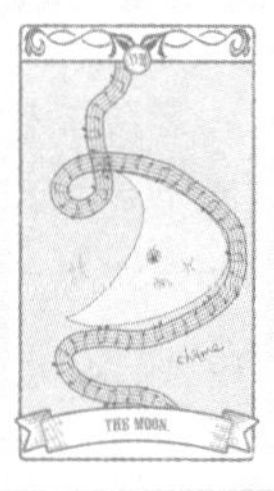

「この世」と「あの世」の境目が曖昧（あいまい）になっている月のカード。魚座さんは、こっちの世界とあっちの世界を自由に行き来し、いろいろな情報を持ってくることができます。それを様々なことに活かせるでしょう。

画像:『キャメレオン竹田のすごいタロットカード』(キャメレオン竹田、日本文芸社)より

Know The Secrets of Your Life
Through Your Birthday

12月 1日

✦「感動」をパワーに成長していく人✦

あなたについて

あなたは、知らないことや体験していないことを追い求めていくのが好き。新発見をした時は人一倍感動し、さらにこの気持ちを伝えたい、といろいろな人に話しまくります。射手座の支配星は木星で、物事を増やしたり、広げたりしていくのが得意ですし、あなたの感動ストーリーを披露すると仲間が増えたり、さらに知識が深まったり、はたまたプレゼン上手になったりと、あなたにとって大きなメリットになります。ですから新発見をした時は、どんどん話すといいでしょう。何度も話すうちにあなたのトーク術は磨き上げられて、ぐいぐい引き込まれると評判になるかもしれませんよ。

また、あなたの性格からして、目的に向かってまっすぐ突き進んでいくことに迷いはありません。それは射手座が属するエレメントの「火」が、上に向かって燃え盛っていくこと、つまり目的に向かってまっしぐらになれる資質があり、その影響を強く受けているからです。時々進みすぎて、一緒に走っていた仲間を置いてけぼりに、なんてこともあるかもしれないので、その点だけ気をつけましょう。あなたの場合、目的を通り越して、その先の新境地を開拓するパワーを秘めていますし、ちょっと怪しいことも好きなので、周囲からは「大丈夫？」「なんだか遠いところに行っちゃった気が……」などと心配されるかもしれません。でも、あなたは未知なるものに遭遇することでテンションが上がり行動力もアップし、面白い経験がたくさんできる運勢にありますから、ぜひ楽しんじゃってください！

仕事と才能

仕事においても、その好奇心の旺盛さで、いろいろな面白い経験を積んでいけそうです。他の人がやりたがらない業務に興味を持って担当したり、自ら新しいものを見つけてきて提案したり。ルーティンや長年誰かが続けてきた単純作業は好まないでしょう。また、出張や取引先を回るなどの、移動が多いものだと、ワクワクしてきて、テンションが上がるところがあるので、率先して出かけるといいですよ。あなたに向いている職種は、営業、マスコミ関連、ファッションやインテリアのバイヤー、ツアーコンダクターなど。

人間関係

あなたは協調性があるので、いろいろな人とフランクにつき合っていけます。しかし、時々頑固になることがあり、何かのきっかけで、途端に融通が利かなくなるなんてことも……。射手座の支配星の木星には、自由になるとイキイキしてくるという資質がありますので、あなたの思考も少し自由にして、人を許容する努力をしてみてください。

相性のいい人

あなたは、自分にないものを持っている人に、惹(ひ)かれることが多いようです。でも、意外と自分と同じ感性の人も面白いですよ！　相性がいいのは、ちょっとわがままなくらいの人です。

宇宙からのメッセージ

あなたの次元が上昇すると、
出会う人がいい人ばかりになっていきます。

12月 2日

✦ためらわず前へ進む「勇者」タイプ✦

あなたについて

あなたは危険や困難を恐れずに行動する勇気のある人。平和で何事も起こらない日常を過ごすよりも、ちょっと危険でも大きな目標、輝くゴールに向かって突き進んでいくでしょう。そして、いったんスイッチが入ったら、誰もあなたを止めることはできません。止められれば止められるほど、あなたの衝動は激しくなるという、ちょっと天邪鬼(あまのじゃく)なところが。加えて障害が大きければ大きいほど乗り越えたくなる、という、かなりの負けず嫌いな性格なのです。エネルギーが高く熱い性格なので、怖い人と誤解されやすいですが、持ち前の優しさがあるので、きちんとつき合えば好かれる人です。伝える時の言い方に気をつけると、すぐにいい関係をつくることができます。

また、あなたの人生は、アドベンチャーゲームのように、障害をクリアしていくごとに難易度の高いものになっていきます。でも、ゲームを攻略していくうちにあなたの腕が上がっていくので、何度も挑戦しているうちにクリアできます。きちんと最終ステージにたどり着き、当初の目的・目標を成し遂げるのです。現実世界では、物理的な障害よりも精神的な障害があるほうが、あなたをより強くし、成長させてくれますから、たとえツラいこと、大変なことに遭遇しても、「この先に次の楽しいステージが待っている」と思って乗り越えていくといいでしょう。多くの困難を乗り越えてきたあなたは、アドバイザーとしても優秀。体験談を伝えることで、周りの困っている人を助けることができるでしょう。

仕事と才能

あなたは、障害があればあるほど、乗り越えなければいけない壁が高ければ高いほど、燃えて力を発揮していける人です。また、射手座は自由でいることで実力を発揮できるのですが、自分でできないことに関しては、周囲の人の協力を積極的に得るようにしていきましょう。そうすることで、より大きな仕事に従事でき、これまでにしたことのない経験ができるはず。ワクワクがあなたのテンションを上げ、よりよい成果を生み出すことに繋(つな)がっていきます。向いているのは、ゲーム関連、スポーツ関連、マスコミ関連などです。

人間関係

落ち着いてしっかりした意見を述べられるので、人に信用されることが多いようです。交渉ごとや人を上手く説得する才能に恵まれていて、それは仕事でも活かせるでしょう。ただ、あなたは感性が豊かすぎて、時々感情的になってしまうところがありますので、言い方に気をつけましょう。それを意識しておくだけでも、だいぶ言動は変わりますよ。

相性のいい人

様々な人とおつき合いすることで、あなたは魅力をアップさせていくことができます。同時に、恋愛そのもののクオリティも上がっていくでしょう。相性がいいのは、あなたを先導してくれるような人。

宇宙からのメッセージ

**周りを優先させていませんか？
あなたの人生の優先順位１位はあなたです！**

December Third

12月 3日

✦ワクワクからアイディアを生み出す天才✦

あなたについて

あなたの中には、アイディアがどんどん湧き出てくる“泉”があります。普段はあまり自覚していないかもしれませんが、「ガチャン！」と何かとマッチングした時、アイディアがどんどん湧き出てきます。あなたが興奮してワクワクした時に、否応なしにあふれ出すんですね。そうなると、普通の人なら思いつかないような素晴らしいアイディアが生まれるでしょう。その素晴らしいアイディアを枯らさないためには、日常的に刺激を受けることが必要です。もともと冒険心が強く、常に自分の視野を広げたいという願望もあります。たとえお金をかけなくても、図書館で本を読む、美術館、博物館に行くなど、積極的に知識や芸術に触れておくといいでしょう。また、行ったことのない場所への旅行など、アクティブに動くことで、さらにワンランク上のアイディアがあふれ出てくるでしょう。

いくつになっても子ども心を忘れず、ユーモアやサプライズで周りの人たちを楽しませるのが大好き。裏表のないあなたのところには多くの人が集まりますし、いつも笑顔にあふれることでしょう。とにかく目の前のことを全力で楽しんでいるので、あまり先のことは考えません。でもそれはそれで、人生を謳歌(おうか)しているともいえるので、楽しいならこのままでOKです。活発でバイタリティあふれるあなたは、じっとしていられません。冒険心が強く自分の視野を広げたいという願望が強いので、絶えず動いていますが、それがあなたの運気を高めるので、どんどん動き回るといいでしょう。

仕事と才能

仕事においても、その"泉"を活かしたものが向いています。特に、知識を増やしたり、広げたりすることも得意なので、その泉から湧いてきたアイディアをいろいろな人に伝えていくといいでしょう。職種としては、教育関係の仕事やマスコミ、通訳・翻訳などが向いています。また、公的な仕事や大企業に勤務すると、世の中への影響力は大きいですから、あなたの才能は存分に発揮されるでしょう。あなたは、ドキドキ、ワクワクするとさらに力を発揮できるので、自分の心のときめき具合もチェックしていきましょう。

人間関係

あなたは、自分が言ったことやしたことに対して責任をきちんと果たすので、周りからはとても信用されます。また、親しみやすく、和気あいあいとした雰囲気があるので、あなたに近づきたいと思ってる人も少なくないでしょう。ただ、ノリがよすぎるところがあり、気の合わない人も引き寄せるので、その点だけご注意を。

相性のいい人

恋愛は、大人になっても、少年・少女のような初々しいおつき合いができそうです。そのためには、思ったことを素直に表現していくのがポイント。相性がいいのは、人よりも頭一つ抜きん出ている才能のある人です。

宇宙からのメッセージ

あなたにご縁がある人には、
必ず出会うことになっています。お楽しみに！

December Fourth

12月 4日

✦研究熱心で交渉力に優れたしっかり者✦

あなたについて

とても研究熱心なあなた。先のことを予測する時も、過去の検証データを分析し参考にします。過去の情報や経験から探っていくと、その中に判断材料が見つかることがわかっているからです。なので、自分のルーツを調べるのも好きですし、そのことで人生の方向性を決めるヒントを得ることもできます。自分には何が向いているのか、人生の岐路に立った時には、両親、祖父母、さらにはひいおばあちゃん、ひいおじいちゃん、さらには、そのもっと古いご先祖さままで、どんな人がいたのか調べてみるといいでしょう。

また、人に悩みを相談された場合も、解決の糸口を探るために、相手のバックグラウンドを聞き出し、的確な答えを導き出すことができるでしょう。

性格はあまり人に甘えることはないしっかり者で、自分が正しいと思うことは貫き通す、芯が通った人です。それが頑固な人と見られることもありますが、交渉力に優れた話術の持ち主なので、嫌われることはありません。人間関係を上手く整える才能の持ち主なのです。この天性の資質を活かし、人と人を繋(つな)げたり、チームワークを強化したり、信頼できる人たちのために活動すると、さらに幸運が舞い込みやすくなるでしょう。その行動力と責任感の強さは、周りから一目置かれ、信頼を得ています。そんなふうに人前では強さを印象づけていますが、実は寂しがりやな一面も。素直に甘えてみると、そのギャップに、周りの人がさらに好意を持ってくれますよ。

仕事と才能

仕事でも、自分のルーツを紐解いていくと、得意な業界や職種が見えてくるでしょう。そこに準じると外すことはありませんが、もし、あなたがワクワクしないのであれば、やめておいたほうがいいでしょう。というのも、あなたは、自分が好きなこと、興味のあることでないとエネルギーを発揮できないから。情熱はあるし、才能も豊かですが、それを活かすかどうかは、あなたのやる気次第。歴史ライターや考古学者、伝統技術に関するものなど、過去と今を繋ぐような仕事を選ぶのもいいですね。

人間関係

あなたはとても頭の回転が速い人。自分のペースで話してしまうと、周りの人たちがついてこられなくなってしまうことがあります。そのため、相手と歩調が合うよう意識しながら会話をしていくと、いいコミュニケーションがとれます。また、博識のあなたは、周りから見るととても興味深い存在なので、自分の知っていることをたくさん話してあげてください。

相性のいい人

あなたの魅力を引き出してくれる、包容力のある人がいいでしょう。発言もポジティブで、あなたを常に褒めてくれると、なおよしです。さらに相性がいいのは、悩みを真剣に聞いてくれる、カウンセリング能力の高い人。

宇宙からのメッセージ

一度にやろうとせず、誰かに頼んだり、何回かに分けたりするだけで、意外とスムーズに進みます！

December Fifth

12月 5日

✦競争心が成長のパワーになる熱い人✦

あなたについて

あなたにとって競争相手がいることはとても大切で、強力なライバルであればあるほど燃え上がり、それがあなたを成長させてくれます。一人で努力して成長することもできるのですが、競争相手がいると成長スピードも速いので、あえてライバルを探すのも物事を加速させるためには有効な手段です。ものに執着することは少ないのですが、負けず嫌いの性格によって、地位や名誉は勝ち取りたい、と思うことは多いようです。例えば「こんな大変なこと、できないよね」と誰かが言っているのを聞くと、かえって燃え上がり、何が何でもスピーディに成し遂げてみせる、という気持ちになることでしょう。

好奇心が旺盛なので、興味の対象となるものは多いでしょう。さらに納得できるまで調べ尽くすという勤勉さもある、実は努力家タイプ。吸収力があり理解が早いので、人並み以上に知識や技術を身につけやすく、なかなかのマルチプレーヤーに成長していけそうです。

ポジティブ思考なので、大変な状況でも楽しむことができるのが、あなたのいいところ。さらに周りも巻き込み、その場の空気も楽しくできるので、多くの人から慕われ、頼りにされることでしょう。しかも、あまり選り好みはしないのでどんなタイプの人でもウェルカム！　すぐに受け入れる人懐(ひとなつ)っこさがあり、安心感を与えます。あなたの周りにはどんどん人が集まってくるので、寂しいと思うことはこれから先もなさそうですよ。

仕事と才能

物事を俯瞰（ふかん）でき、ロジカルに考えることができるという、ビジネスにおいて有利な能力を持っています。大抵の人は集中している時は視野が狭くなりやすく、余裕がある時は視野が広がるのですが、あなたは、自分の意志で集中力や視野の広がりをコントロールできる力を持ち、問題解決能力も高いでしょう。そのため、職場でも貴重な人材として頼られることが多くなります。それから、ライバルがいると急成長できるので、出現したら「待ってました！」という感じで迎えましょう。コンサルティングやプロデュース、営業などの仕事に向いています。

人間関係

堂々とした雰囲気で、周囲の人に安心感を与えます。みんな、あなたと一緒にいれば、何があっても大丈夫という気分になり、落ち着くようです。また、あなたは熱心なタイプなので、いったんハマってしまうと、何時間でも同じテーマでトークをし続けることがあります。話をする時は、周囲の反応を見ながらするといいでしょう。

相性のいい人

恋愛は、すぐに両思いになれそうな人には気持ちが向かないようです。難しい恋愛ほど一生懸命に頑張ってしまうところがあります。何があってもブレない自分を持っている、芯の強い人との相性がいいでしょう。

宇宙からのメッセージ

同じイヤなことがくり返される時、あなたの潜在意識はそれを楽しんでいる可能性が高いです。

December Sixth

12月 6日

✦いつも"ベストタイミング"で波に乗れる人✦

あなたについて

あなたは、タイミングを図るのが上手。直感で「今だ！」という時を見事にキャッチすることができます。遅すぎず、早すぎず、ベストな瞬間。何かにチャレンジする、はじめる時はもちろん、何かを買いに行く時など、日常生活でもベストなタイミングを嗅(か)ぎ分ける能力があります。イメージは、サーフィンでいい波が来た時にパッと乗ってそのままスイスイと進んでいく感じ。しかし、何も考えていないわけではなく、日頃からきちんと準備しているからこそ、「そろそろ来そうだな！」というのを察知できるので、実は努力の賜物(たまもの)。いつも意識をしているからであり、準備をしているからこそタイミングを掴(つか)めるのです。そして、せっかく来た絶好の波に乗り遅れないよう、いつでもフットワークを軽くしている、というのも功を奏しています。

一見、お気楽な人のように見えて、性格はとても真面目。事前に資格を取得したり、下調べをして知識を得たり、という努力も欠かさないから、もはや最強。なので、自分が波に乗るだけでなく、目的のものが飛んできたら、「エイッ！」とキャッチもできるのです。これは、仕事でもプライベートでも同じです。そして、波に乗る、キャッチする、というのは、あなたに備わった才能です。たくさん努力している分、自分のやり方に強い自信を持っています。悪いことではないのですが、周りの意見に耳を貸さない頑固なところが。たまには周りのアドバイスも受け入れるといいでしょう。

仕事と才能

仕事でもビッグウェーブに乗る嗅覚(きゅうかく)に優れています。普通の人が見過ごすものでも、あなたは、持ち前の直感力と嗅覚で、上手くキャッチしていきます。「なんでわかったの!?」と周りが驚くようなこともしばしば。それは、単に直感だけでなく、普段からあなたが鋭い洞察力を持って観察していたり、いつでも動けるように準備していたりするからなんですね。見えないところで、しっかり努力もしているのです。営業や販売・サービス業などに向いていますが、基本的にどんなところでもやっていけます。ただ、好きなこと、興味のあることにワクワクするので、それを基準に選ぶのもいいでしょう。

人間関係

あなたは楽しいことが大好きで、小さいことにはこだわらないため、周りからはつき合いやすいキャラだと思われるでしょう。しかし、実は人づき合いには繊細な一面が。面倒くさい人や人間関係に巻き込まれそうになると、そっと姿をくらますことも……。でもそれは、自分を守るために必要なことなので、そのままでOKです。

相性のいい人

優しいあなたに好意を寄せている人は少なくありません。もし、モテないと悩んでいたら、気づいていないだけ。自信を持って！　相性がいいのは、段取り上手で手際のいい人です。

宇宙からのメッセージ

いい気分になることをすると、あなたの波動が上がり、「いいこと」がたくさん起きるようになります！

December Seventh

12月 7日

✦瞬発力を生かして成功と富を手にする人✦

あなたについて

あなたは、のびのびと自由にしているように見せつつも、地に足をつけて、しっかり生きている人です。例えば会社員をしながら、趣味を副業にして思いっきり楽しんでいる……そんなイメージです。本業の仕事も全力でやるので、いつの間にか重要な役割を任されていることも多いでしょう。「趣味の副業のような好きなことに全力投球してもいいの？」と思うかもしれませんが、ちょっとした「縛り」があるほうが、あなたは能力を発揮しやすいし、メンタルも安定します。あなたには会社員としての安定した部分があるほうが安心するでしょう。射手座の支配星は、増殖や広がりの要素がある木星ですから、思いっきり楽しいことをしてOK。ただし、きちんと地に足を着けられるような部分があることが前提になります。

また、支配星の木星はとても寛大で、射手座は12星座のうちでもっとも器が大きく、ちょっとイヤなことがあったり、苦手な人がいたりしても、上手く流すことができます。そして、その器は、人生経験を積むことで、さらに大きくすることが可能。器は大きければ大きいほど、それに見合った量や大きさのものが引き寄せられて、大きな成功や富をもたらしてくれるでしょう。

もう一つ重要なキーワードが瞬発力です。思い立ったらすぐ行動することで、素晴らしい出会いや大きなチャンスを掴(つか)むことができます。もともと決断力のある人なので、スピーディに動くことは簡単。もし今動けていなくても、意識さえしていればすぐに瞬発力が取り戻せるはずです。

仕事と才能

仕事においても、自分の器を大きくしていくことに注力してみてください。大きな仕事、重要な仕事が舞い込んでくるようになります。器を大きくするためには、目の前の仕事をまずは一生懸命こなし、わらしべ長者のように、徐々に大きなものに携わっていくこと。そして、器が大きくなるほど、あなたの仕事運、人生運もアップしていきます。そんなあなたに向いている仕事は、人と深く関わるもの。単独でできる仕事だけをやるよりも、チームで動くものがよいでしょう。徐々にステップアップしていける料理人や製造業なども◎。

人間関係

あなたはちょっと変わった独創的な発言が多く、同じような感性を持った人となら、とても楽しい会話ができます。ですが、関係性の薄い人に、あなたの不思議な発言は受け入れづらいと思いますので、当たり障りのない会話で終了しておきましょう。自分はちょっと「不思議ちゃん」である自覚を持っていれば大丈夫です。

相性のいい人

人生には3回モテ期があるといわれていますが、キャッチ能力の高いあなたの場合、これをコントロールできちゃいます。モテようと思えば、すぐにモテ期到来ですよ！　そして、甘えてくれる人との相性は抜群です。

宇宙からのメッセージ

**あなたが自分に集中してただ楽しんでいれば、
“イヤな人”は自動的に変わるか、いなくなります。**

December Eighth

12月 8日

✦「求心力」に優れた勢いのあるリーダー✦

あなたについて

あなたはリーダーの資質と集客力が備わっている人。何かを立ち上げたり、はじめたりする時、どこからともなく人が大勢集まってきます。集まってくる人は、何かに打ち込みたいと思っていながらも、行動に移せない人。なので勢いのあるあなたと行動したいのです。そしてあなたも、大勢の人たちから反応があると、それがまたモチベーションになり、やる気がみなぎってきて、気力や威力が増していきます。射手座は、ノリがよく、テンションが高くいられるのですが、空気を読むのが苦手。でも、それでいいのです。人に合わせておとなしくしていると、本来の素晴らしいあなたらしさが出ないですし、あなたのストレスもマックスに！　ですので、感情もエネルギーも抑え込まずに解放し、自由に行動していきましょう。

また、射手座は、静かに黙々と行なう単純作業は得意ではなく、どちらかというとあちこち動き回り、次のステージを常に求めて、レベルアップをし続けるほうが合っています。

とはいえ、自分一人で突き進んでいくというよりも、周囲の人たちの強いバックアップがあってこそ輝くタイプ。

協力してくれる人があなたの背中をグーッと押してくれてこそ、あなたはそれを原動力にして前に進むため、一人ではなく、仲間を集めながら、夢や目標に向かって進んでいくようにしましょう。それが、大きな成功を掴(つか)むための秘訣です。そうすれば周囲の人たちが幸せな気持ちになりますし、巡り巡って、あなたも幸せになれます。

仕事と才能

あなたはエネルギッシュで、かつ器用なので、基本的には何でも一人で切り拓いていくことができます。ですが、どんなに完璧そうな人でも弱点はありますから、自分に足りないものは、他の人に補ってもらうようにしましょう。苦手な部分は、積極的に得意な人に頼んでみてください。あなたには求心力があるので、多くの人があなたのもとに集まってくるでしょう。それぞれの長所や才能を出し合いながら物事を進めていくと素晴らしいものが完成します。あなたに向いているのは、イベント運営や建設業といった、何か大きなものを制作するなど、チームで動くことが必須な仕事です。

人間関係

面白くて爽やかなあなたは、どこに行っても人気者になれる才能があります。ただ、自分の気持ちに嘘がつけないため、頭にきたら顔に出やすいですし、怒り心頭になった時は言葉で攻めてしまう一面も。そのことで相手もあなたの気持ちにすぐに気づくのでいい時もありますが、ひと呼吸おいてから、相手に伝えると言いすぎずにすみますよ。

相性のいい人

恋愛は、意外とロマンティストで夢見がちなタイプ。あまり相手を美化しすぎると、実際につき合った時に幻滅しちゃうかもしれません。相性がいいのは、芸術的で感性が豊かな人。

宇宙からのメッセージ

上手くいかない時は、
「上手くいかないほうがいい時」です。

December Ninth

12月 9日

✦冷静かつ前向きな性格で幸運を引き寄せる✦

あなたについて

冷静沈着な人ですが、厳しい目を持つというよりも、冷静に見つめてポジティブな要素を引き出す、というタイプなので、何事も前向きにとらえることができます。そのため、困難な状況でも、実に上手く乗り越えていけるのです。どんな時も前向きで明るく振る舞うので、誰からも好かれますし、そうした姿勢がハッピーな展開を引き寄せているようです。

目立つことは好きではないので、表舞台に立つことはあまりないのですが、ジャッジが冷静で的確なので、気がつくと周りからリーダーに抜擢(ばってき)されてしまう……なんてことも。幼少期から大人びていたあなたは、同世代の人から頼られることも多かったでしょう。でも実は内面には熱いものを持っていて、理不尽なことがあれば、強い口調で主張することも。

熱い思いと冷静さ、静と動、大人と子どもなどといった、二面性があるのも、この日生まれの特徴です。だからといって二重人格というわけではなく、自分の中の二面性を上手にコントロールできることでしょう。

人に頼られたい気持ちが強いので、周りの人に役立つ知識は身につけておきたいと、大人になっても学び続けている人が多いでしょう。感情に左右されることがないので、基本的には楽観的ですし、流れに身を任せることで幸運を引き寄せるタイプ。人間関係においては、争うことが好きではない穏やかな性格。信頼できる人づき合いを地道に構築していきます。友人関係にはとても恵まれ、幸せな日々を送ることでしょう。

仕事と才能

目的、目標、夢に向かってまっしぐらなタイプ。けれども力を発揮できる時とそうではない時のムラがあるようです。どういう時に調子がよくなるのか、どういう時に気力が衰えるのか、自分の状態を把握（はあく）しておくことが必要ですね。努力で克服する、というよりも、自分を快適な環境に置くことが最優先すべき課題のようです。もともと安心、安全であることを好む心配性な一面があります。時々見せる思いきりのよさも射手座のウリでもあるのですが、あなたの場合は、慎重さもあり、どんな仕事でもそのバランスの妙で上手くやっていけます。向いている仕事は営業職や教師、出版関係など。

人間関係

比較的守りに入りやすいタイプなので、気がつくと新しい出会いが全くない……ということがあります。本来、射手座は多くの人に出会うことでイキイキしてきますから、多少面倒でも、思いきって人が集まる場に出かけましょう。思いもよらぬ出会いや、人脈が広がりそうですよ。

相性のいい人

恋愛は、燃え上がるというよりも、家族のように時にはケンカもするけれどすぐに仲直りでき、温かく応援し合えるような関係が心地いいでしょう。お相手は、癒し系のタイプと上手くいきます。

宇宙からのメッセージ

あなたの次元が上がると、あまり感情に振り回されることがなくなります。

December Tenth

12月 10日

✦"環境の変化"を成長の原動力にする人✦

あなたについて

あなたはよくも悪くも環境に大きく影響される人。「上手くいかない」と感じる時は、転職したり、引っ越しをしたりと環境を変えるのはとてもいい選択です。居場所を変えるだけで、大きくジャンプアップする可能性があるからです。また、旅をして気分を変えるのも有効。一人旅をするのも平気なタイプですし、感受性が豊かなので、メンタルに大きな影響を与えることでしょう。価値観がガラリと変わって、楽しくなる可能性大！　なので、旅することをライフワークにするのはいいかもしれませんね。そもそも射手座は、行動力が備わっていますし、動いていることで安心するタイプ。さらに、新たに出会ったものから影響を受けて、新しいものを生み出す能力にも長けています。いうなれば、あなたは「一生、進化し続けていく人」なので、旅行に限らず、新しい体験は全て自分の成長に繋(つな)げていけるのです。どんどん積極的に出かけ、多くのものを見て、人と交流して、自分をレベルアップさせていきましょう。

正直でまっすぐな性格で、嘘や隠しごとは苦手。子どものように自由奔放なところがある人ですが、理性がきっちり働くので自己抑制ができるでしょう。オンとオフの切り替えが上手だし、計画的に物事を進めることができる人です。小さなことはあまり気にしない寛大な心の持ち主で、どんな人に対しても平等。そんなあなたのフラットな態度は、平和と安定を生むので、人望を集めますよ。

仕事と才能

一つのことをコツコツやるような単純作業だとすぐに飽きてしまいますし、苦手。あなたは常に、「楽しいことはないか？」と変化を求めています。つまり、新しい体験があなたの原動力。周りには変化を嫌う人も多いので、あなたが進んでやってくれると、救世主のように感謝されることも！　フットワークが軽く、なおかつ広く浅くではなく、深く入り込めるといった才能もあります。向いてる仕事は、マスコミ、スポーツ、ゲーム、アミューズメント関連のものがいいでしょう。

人間関係

何かあっても深く悩まないほうが、結果的に上手くいきます。根に持たず、昔の話をぶり返したりもせず、さらっと受け流してしまいましょう。あなたの場合、周りの影響を受けやすく環境がとても大事なので、メンタルが安定している人とつき合うようにすれば、ハッピーに過ごせますよ。もし、きちんと話し合わないと解決しないようなことは、人に任せてしまいましょう。

相性のいい人

恋愛は、若いうちは楽しんでいろいろなことを経験するといいでしょう。しかし、この人！　とビビビッとくる人に出会ったら、ずっと一途に長くつき合っていくようになります。相性がいいのは、融通の利く人。

宇宙からのメッセージ

いちいち深刻にならないこと！
すべてはただ、あなたを通り過ぎていきます。

December Eleventh

12月 11日

✦頭の回転が速く、思慮深くて器用な人✦

あなたについて

あなたはどんなことも人並み以上にこなすことができる器用な人。頭の回転が速く、賢くて思慮深さもあり、周囲からとても才能のある人として認知されています。ただ、目標を達成することよりも、そのプロセスに楽しみを見出すため、時には成し遂げる前に飽きてしまったり、もしくは他人から都合よく使われてしまったり……。方向性を間違えると器用貧乏になってしまうことも。あれこれ興味が湧いてしまうかもしれませんが、自分が「これ！」と思ったことに全力投球して、素晴らしい才能を有意義に使いましょう。直感力に優れていて、ひらめきを大事にする人ですし、できれば常識に縛られることなく、我が道をいくと発想力も高まります。ユニークで個性的な生き方を心がければ、大きなことを成し遂げることができるでしょう。

また、癒しの力があり、明るく優しい性格。初対面の人でもすぐに警戒心を解くことができる不思議な才能の持ち主です。そして人を疑わない純粋な心を持ち続けており、裏表のない性格。澄んだ心でものを見るので、本当に価値があるものを見極める力があります。加えて他の人が無価値だと思っていることもあなたの手にかかれば、とても価値のあるものに変えることができる、という才能も持ち合わせています。そんなあなたのところには自分のことを知ってほしいと願う才能にあふれた人が集まってきます。協力し合えれば素晴らしいものをつくっていくことができるでしょう。

仕事と才能

マルチタスクをサクサクとこなしていくあなた。何を頼まれても快く引き受けるところがあり、職場では人気者なのですが、あなた自身はそれで満足できていますか？　何事にも寛容で、頼られたら断れない性格のため、気づいたらいっぱいいっぱいに……。射手座は本来、ワクワク、ドキドキがあり、そこから情熱が生まれ、目標に向かって突っ走る性質を持っています。自分は本当は何をやりたいのか、成し遂げたいのかを自分と対話する時間を確保して、都度考えていくといいでしょう。得意を活かすなら、アロマセラピストやマッサージ師、カウンセラーなどの人を癒す仕事が合っています。

人間関係

あなたは、時々思いついたことをそのまま言葉にするところがあるので、後から、「えっ!?　そんなこと言ったっけ？」ということが多いのが特徴です。その楽天的で軽い感じが好感度をアップさせる要素でもあります。ただ、相手によっては、落ち着いてから発言したほうがいいでしょう。

相性のいい人

恋愛は、あなたの人生を最高に素敵にします。出会いは意外に近場にあったりもしますので、よ～く見渡してみてください。相性がいいのは、決断力があって、いろいろなことをサクサク決めてくれる人です。

宇宙からのメッセージ

**あなたにとっては当たり前のことでも、
みんなにとってはすごいことなのです！**

December Twelfth

12月 12日

✦ストイックに目標を達成する強運の持ち主✦

あなたについて

あなたはとてもストイックな人。パーフェクトを目指そうとして他の人よりも頑張りすぎてしまうところがあります。目標達成に向かって猛スピードで突き進み、人の何倍もの集中力を発揮するのはよいのですが、やりすぎて最後にバタンと倒れてしまうことも……。ですので、頑張りすぎてしまうあなたの大事な課題は自己管理です。心と体の健康に注意すれば、素晴らしいことをたくさん達成できるでしょう。

アドバイスとしては目的を一つに絞ること。射手座は弓矢を目的の方向に射るポーズをしており、広く浅くというよりも、一つの方向に向かってエネルギーを放出していくことを意味します。的(まと)を絞って、がっつりと取り組んでいったほうが、本来あなたが持っている資質が活き、成功への近道になるでしょう。

いつもストイックなあなたは、周りの人にとって憧れの存在。優れたパフォーマーとして認知されていることでしょう。なぜなら、あなたほど何かに情熱をかけ、物事に取り組むことはなかなかできない、と思っている人が多いから。もともとあなたは強運の持ち主。そして情熱を注げば注ぐほど、どんなに高い目標であったとしても、きちんと現実化させる能力が備わっています。ワンマンでも達成することは可能ですが、それよりもチームワークで成功させるほうが得意です。あなたのもとには、優秀な人も集まってきますので、成果が出やすいことでしょう。

仕事と才能

仕事においては腹八分目を意識しましょう。あなたは情熱的なので、「これ！」と決めたら、そこに向かってまっしぐらに突き進みます。集中力も半端なくあるので、没頭しすぎてしまい休憩を忘れてしまいます。それはそれでとても素晴らしいことなのですが、才能豊かなあなたは、重要な仕事を任されていることが多いでしょうから、ムリして心身を害してしまうと、あなたのみならず、周囲の人たちにも迷惑ですし、大きな損失となります。向いているのは、看護師や薬剤師、金融業、保険業など緊張感のある仕事。または大企業など、じっくり腰を据えて働ける職場です。

人間関係

あなたは、優しくて心が広いので、多くの人から好かれるでしょう。ただ、あまりにも人と接してばかりいると、あなた自身が疲れてきてしまいますので、交流モードのオン・オフを切り替えることが大切です。あなたがオフにして、愛想がなくなっても、人当たりのよさから相手に冷たい印象を与えることはないのでご安心を！

相性のいい人

意外な人からアプローチを受けることが多そうです。少し仲よくなると展開はスピーディ。すぐに絆(きずな)が深くなるでしょう。相性がいいのは、知識が豊富な人。

宇宙からのメッセージ

あなたが今、心地よく感じる色が、
あなたの今の開運カラーです。

December Thirteenth

12月13日

✦現実的でリスクヘッジができる人✦

あなたについて

あなたは先を見通す力に優れた人。これからどんなことが起きるか予想し、今できる事前準備は怠（おこた）りません。最悪の事態を想定し、リスクヘッジがきちんととれる人です。

常に変化を求める一方で、未来に過度な期待はせず、誰よりも現実的。行く先は「安全」と「安心」を求めているようです。

たとえ周りから見ると大胆で無謀なことをしているように見えたとしても、あなたの中では計算ずくであり、滅多に致命傷は負いません。限界に向かって策略を練るのが好きなものの、絶対にムリなことはしませんし、手も出さないタイプです。また、冒険することは大好きだけれど、それにはきちんと装備を整えることはとても大事だと思っており、足元をしっかり見て、着実に進むことを求めています。常に挑戦していきたい性格ではありますが、きちんとデッドラインは決めているので、ムリは絶対にしません。そんな堅実なあなたのことを、周りの人たちは安心して見ていられますし、信頼を寄せています。

人に対してはとても誠実です。そして明るく穏やかですし、頼まれごとをされることも多く、頼られたらイヤと断ることができない性格でしょう。この素晴らしい奉仕の精神は、多くの人から認められることではありますが、自分の健康や生活までも犠牲にしてしまうことも。人のために動いている時間のほうが長い時があります。それは悪いことではないのですが、必要以上に自己犠牲にならないように注意が必要です。

仕事と才能

仕事においても、周りから見たら無謀だと思われる目標を立てます。しかし、その道筋には、無謀なところはいっさいなく、とても緻密(ちみつ)に計算し尽くされています。ゴールまでの膨大なシナリオをしっかりつくっているのがあなた。たとえ話ですが、現代の感覚からすると、日本列島一周を徒歩で行なうなんて無謀ですよね？　でも伊能忠敬(いのうただたか)は自分の足で歩いて地図をつくり上げました。果たしてこれは無謀なことでしょうか？　あなたは周りに何と言われようと、自分の道を突き進んでください。例えば建設業界や映画の製作スタッフ、心理カウンセラー、理学療法士など長期に渡って取り組む仕事が向いています。

人間関係

言いたいことが言い合える仲間がいることで、充実した毎日を過ごせます。たとえ自分と違う意見の持ち主だとしても、本音で話し合うことを楽しんでみると、新たな発見がありますよ。射手座はワクワク感が好きなので、いろいろなところに顔を出し、人脈を広げていくこともオススメいたします。

相性のいい人

持ち前の華やかな雰囲気で、初対面では恋人がいそうと思われがちです。ですので、募集中の人は、パートナーがいないことをアピールしておきましょう。相性がいいのは、精神的に大人で包容力のある人です。

宇宙からのメッセージ

あれもこれも手一杯になる時は、目の前のことだけに集中すれば、流れがよくなります！

December Fourteenth

12月14日

✦裏表がなく適応能力の高い人✦

あなたについて

適応力がズバ抜けて高い人なので、どんな環境にいても、花を咲かせることができます。特に「素(す)の自分が出せる」環境であれば、あなたの能力は最大限に活かせることでしょう。そして火のエレメントを持つ射手座は、自分に嘘がつけず、裏表がないのが魅力。自分を偽ったり、我慢したりしなくてよい自由な環境にいれば、感性が鋭くなり、直感が働きやすく、いいひらめきが降りてくることでしょう。それは反対に、自由が制限される環境であれば、あなたの豊かな感性は活かされないということを意味します。

あなたは誰かに管理されなくても、自分のペースをキチッと守り、自分の力で目標を達成しようと努力するところがあります。そして、いざという時には即決できるスピーディさも持ち合わせているでしょう。その瞬発力のせいか、大胆な行動ができるパワフルな自由人に見えますが、実は計画的。階段を登っていくように、一つずつ実行していける人です。だから長期スパンでコツコツやっていくことも続きますし、大きな成果を出し、きちんと成功を掴(つか)むこともできるでしょう。

知的好奇心が強いですし、学ぶことが好き。社会に出ても働きながら、学校に通う人もいるでしょう。学ぶことは、心理学や哲学、文学などの精神性を高めるもののほうが性に合っているようです。そのほうが、活躍を広げるいいきっかけを掴むチャンスが増えます。

仕事と才能

自分をムリに抑えて環境に合わせるよりも、自由に、素の自分を出すことで、成功を掴むことができます。何もわがままに好き勝手していいというわけではありません。営業でも、販売でも、事務でもOK。あなたが、テンションが上がったり、やる気がみなぎったり、笑顔になれる——そういう本当の自分で働ける環境が大事なのです。特定の業界、職種で向き不向きがあるというよりは、素を出せるかどうかが一番大事。そういう環境であれば、どんな業界、職種でも活躍できます。

人間関係

あなたは、多くの人とつき合わなくても、信頼し合えて、何でも話せる仲間や親友が少人数いれば満足できるタイプです。ただ、刺激を求める面はあるので、時々、新しく知り合った向上心の強い人と話をしたくなるようです。そういう人と関わることで、いい影響がもらえるので、新しい場に出かけて積極的に関わってみてください。

相性のいい人

恋愛は“引きずらない”がカギ。過去の恋が、次の恋のストッパーになりやすいタイプ。せっかくのご縁がもったいないので、ぜひ気持ちを切り替える努力を。相性がいいのは、お金や仕事などの管理能力に長けている人。

宇宙からのメッセージ

あなたを邪魔する人の登場は、
あなたがこれから飛躍する印です！

December Fifteenth

12月15日

✦傾聴力、柔軟性のある素直な人✦

あなたについて

臨機応変に対応できる、柔軟な心の持ち主。自分の考えに自信がないわけではありませんが、人の意見をしっかりと聞いて「そういう考え方もあるんだ」とすんなり受け入れることができますし、多角的なものの見方ができるでしょう。

簡単にいえばとても素直な人。人の意見を否定することはありませんし、人の話をきちんと最後まで聞くため、とても傾聴力が高いといえます。そんなあなたに対して誰もが心を開き、あなたに話を聞いてほしいと集まってきます。

さらに頼まれごとも多いタイプ。時にはあなただから受け入れてくれる、と厄介なことを頼んでくる人もいるかもしれません。優しいあなたは、ついそれを受け入れてしまいがちですが、自己犠牲にならないように受け入れるか、受け入れないか、冷静に判断することを忘れないでください。

一方で好奇心が旺盛であり、その対象は「人」です。人とのコミュニケーションをとるのが大好きですし、仲間意識が強く、誰かが困っていたら助けたいと思っています。そして正義感が強いところがあり、パワハラをする人、自分勝手に行動する人には、厳しく立ち向かっていくところがあります。そのようにして信頼を得て構築した友人関係は、あなたが社会で成功する、もしくは幸福な人生を送るために大きな力になることでしょう。また昔の恩を忘れることなく、きちんと恩返しをする義理堅い人。さらに人懐っこいところがあるあなたは、特に目上の人から好かれることでしょう。

仕事と才能

あなたは柔軟性があり、なおかつ意志の強さや自主性もあり、非常にバランス感覚に優れた人です。それは職場でもいかんなく発揮され、いろいろな人があなたに相談をもちかけてくるので、いつの間にか、カウンセラーのような状態になっていることでしょう。NPO法人などの相談スタッフ、ファイナンシャルプランナー、占い師といった仕事に向いています。高い傾聴力と寛容さは長所でもあるのですが、一方で、何でもかんでも受けてしまうと、本来のエネルギッシュな働きができなくなるので、イヤなものは断ったほうがよさそうですよ。

人間関係

あなたは人づき合いが上手なので、人の悩みを聞いて気持ちを楽にさせたり、ユーモアのある話をして人をほっこりさせたりというのが、自然とできるでしょう。落ち着いた雰囲気もあるので、周囲の人たちに安心感を与えます。ただし、気を遣ってばかりいると疲れがたまるので、適度に自分を癒してあげましょう。

相性のいい人

友達としてのコミュニケーションは問題ないのですが、恋愛となると若干ガードが堅く見られているようです。少し隙をつくるようにするとお誘いが増えます。相性がいいのは、一見おとなしそうで芯の強い人。あなたと意見が合うでしょう。

宇宙からのメッセージ

いろいろ妄想するのではなく、
実際に確認すれば、意外と早く解決します！

December Sixteenth

12月16日

✦時代を先取りする美的センス抜群の人✦

あなたについて

美的センスがあり、時代を先取りする能力のある人です。今、世の中の人が何を求めているのか、素早く察知して、それに応えるための努力を惜しみません。コツコツと取り組み、知識を深める研究熱心なところがあるので、専門性を極める仕事に向いています。自分の趣味だけを極めるオタク気質というわけではなく、世の中の動向を見極めながら進めていくので、キャッチーでトレンドを掴(つか)んだものをつくり上げていくことができます。また、センスを磨くためにも、積極的に新しいものを取り入れることが、幸運を引き寄せるコツ。新しい体験のためには、お金と労力を惜しまないようにするといいでしょう。旅に出かけ、視野を広げて発想のための新しい体験を得ることで、とても豊かな人生を送ることができます。

あなたの発想は独特。しかもセンスがよいので、周りの人を感動させ、素晴らしいものを生み出していくことでしょう。とはいえアート性が強いわけではなく、多くの人のニーズに応える実用的なものが多いでしょう。

行動力があるので自由奔放に見えるあなたですが、意外と計画性があり、思いつきだけで行動するということはあまりなく、実はとても安定志向の持ち主。石橋を叩いて渡るような慎重なところがあります。

そんなあなただからこそ、信頼されて多くの人から協力を得ることができるでしょう。ビジネスで大きく成功するタイプでもあります。

仕事と才能

持ち前の行動力で、知識や経験を蓄えていくあなた。それらを、同僚や後輩、はたまた上司や先輩などにも教えたり、分け与えたりしていくことで、どんどん運気が上がり、成長していけるでしょう。職場では、「○○さんに聞けば、何か知っているかも！」「○○さんなら、やったことがあるんじゃない？」といった感じで、あなたに教えを乞う人が多いのではないでしょうか。もちろん知識や経験が豊富なこともありますが、あなたはトーク力に長け、特に熱気を帯びて話すので、みんなが引き込まれるのです。営業やコンサルタント、さらには経営者としての才能もあります。

人間関係

誰に対しても親しみを持って接することができるため、どこに行っても人気者です。あなたを独占しようとする人がいると、そのことに嫉妬する人もいるほど！　また、向上心があるので、自分が知りたい分野で優れている人との接点をつくると、日々刺激を受けることができ、人生がより楽しくなるでしょう。

相性のいい人

距離感をとても大事にしているので、精神的に成熟した、余裕のある人がベスト。また、あなたは新しい体験をすること、旅に出かけることが幸運を招くので、一緒に旅に出かけてくれる人がよさそうです。

宇宙からのメッセージ

「いいこと」をしてもらったら、倍返しをしていくと、
宇宙はあなたにご褒美を与えてくれます。

December Seventeenth

12月17日

✦飛び抜けて要領がいいパワフルなリーダー✦

あなたについて

他を圧倒するようなパワーとエネルギーの持ち主で、チームを引っ張っていくリーダー的存在です。そんなあなたの姿に、周囲の人たちが影響を受けるため、とても優秀なチームができ上がることでしょう。さらに目標が高ければ高いほど、応援してくれる人が増え、団結力も強まります。現状に満足する気持ちはほぼ皆無。理想は高く常に先を見続け、自分が信じる道をしっかりと、着実に歩んでいきます。とはいえガツガツしているところはなく、見た目は温和で穏やかな人が多いです。表立ってわかりやすく戦うタイプではなく、どちらかというと平和主義者。先々のことまでシミュレーションをしているため、作業にムダがなく、とてもスマート。飛び抜けて要領がよい賢い人です。

知識が豊富でトーク力もあるので、目上の人でも、年下でも、誰とでもコミュニケーションをとるのが上手です。ただ、本当に親しい人以外に本心を見せることは、あまりないでしょう。というのも、好き嫌いが激しいところがありますし、意味も目的もない集まりは時間のムダと考える、効率重視の人であるから。けれども本当に親しい心を許せる友人にはとことん尽くしますし、たっぷりと時間を割いて楽しい時間を過ごしたいと思っています。友人は決して多くないかもしれませんが、本当に信頼ができる素晴らしい人に囲まれます。実は豊かで濃密な人生を送ることができるのは、この日生まれの人の特徴なのかもしれません。

仕事と才能

個人よりもチームで取り組む仕事のほうが、あなたの才能が活かせて、イキイキと働くことに繋(つな)がります。射手座は火のエレメントに属し、燃え盛る炎のごとく、あなたの思いも上へ上へ上がろうとします。つまり、向上心が常にある状態なのですね。安定して穏かに暮らしたい人もいるわけですから、これはあなたの特筆すべき性質であり、才能でもあります。そのため、ライバルが多い中で勝ち抜いて出世したり、競合他社をしのぐ売り上げを立てたりします。そんなあなたに向いている職種は、海外を相手にする商社やメーカーの営業、経営企画、商品開発など。

人間関係

あなたは、周りにいる人によって、テンションの度合いややる気が左右されるタイプです。もっと上にいきたい、もっと輝きたいと思うのなら、向上心のある人たちと交流する機会を増やすといいでしょう。一方、依存体質の人やネガティブな人との関わりは、足を引っ張られますので、注意が必要そうです。

相性のいい人

好意の伝え方が上手くなかったり、タイミングが掴(つか)めなかったりして、せっかくのチャンスを逃してしまうことがあるので、考えすぎないようにしましょう。相性がいいのは、話しかけやすい愛嬌(あいきょう)のある人です。

宇宙からのメッセージ

周りについて悩む必要はありません。
あなたが変われば、周りは簡単に変わっていきます！

December Eighteenth

12月 18日

✦的確で説得力のある言葉で人を動かす✦

あなたについて

ユーモアのセンスとトーク力が抜群です。いつもコミュニティの中心にいて、周りの人を楽しませていることでしょう。知的で判断力があり、しっかり者。周りの人から相談されることが多いのは、あなたのアドバイスが的確であるからです。コミュニケーション能力が高く、誰とでも仲よくなれますし、1対1のトークだけでなく、大人数のチームをまとめることもできるカリスマ性を備えています。

一方で、その場の空気を読むのが得意なだけあって、いろいろな人の意見を聞き、気を遣いすぎて疲弊してしまうことも。

時には人の意見を聞かなくても、あなたは周りの人から信頼されているので嫌われることはありません。しかもあなたは、自分が本当にいいと思ったことに関しては、持ち前の説得力を発揮しますから、誰もがあなたの意見に賛同することでしょう。

基本的にはエネルギッシュな人なので、自分がやりたいと思ったことを貫き通し、前へ進んでいきます。しかも強引に進めるのではなく、周りのことも考えながら計算し進めていく、冷静で賢いタイプ。だからこそ周りから一目置かれますし、信頼できる仲間も多いことでしょう。

とても現実的な考えの持ち主ですが、人の痛みもきちんと理解することができる優れたリーダー。持ち前の勘の鋭さを発揮し、人との繋(つな)がりを大事にしていれば、力を最大限に活かすことができ、大きく成功することでしょう。

仕事と才能

好きなものや興味のあるものに携わる時に、持ち前の情熱や意欲を発揮します。特に、火のエレメントを持つ射手座は、一つのことに向かうエネルギーがすさまじく、エネルギッシュで生命力にあふれています。あなたは好奇心が旺盛で博識でもあるので、蓄積してきた知識も活かすとなおGOOD！　マスコミ、研究職、商品開発、料理人、管理栄養士など、分野が明確な業界や職種が向いています。ただ、あまりに夢中になると周りが見えなくなってしまうので、それだけは注意しましょう。

人間関係

あなたは、人に恵まれる運を持っています。何かあったら周りの人が手助けしてくれるでしょう。そのせいか、全面的に人を信用しすぎるところがあるので要注意。中にはあなたの人脈に嫉妬して意地悪をする人もいるかもしれません。とはいえあなたは直感力にも優れているので、そうした嫉妬をかわすことは可能でしょう。ちょっとでも違和感がある場合は、勇気を出して距離を置くようにして。

相性のいい人

恋愛は、手応えがありそうなら突き進むことができますが、自信が持てないと様子見で終わってしまいます。周囲の人から客観的な意見も聞きましょう。相性がいいのは、あなたの自由を尊重してくれる人です。

宇宙からのメッセージ

そこにどんな意味を与えるかで、
見える世界がまるで変わっていきます。

December Nineteenth

12月19日

✦想像力と創意工夫で価値を生み出す人✦

あなたについて

あなたは直感で「適材適所に振り分ける」という才能があります。使わなくなった物を有効活用する方法を編み出すという日常のこともそうですが、仕事でも人の才能を見抜き、適した場所に配置するということも大得意。そのような、まるでパズルを組み合わせるような作業が楽しくて仕方がなく、いわゆるプロデューサー的な仕事が向いているといえるでしょう。そもそも射手座は好奇心が旺盛な星座なので、情報収集が得意です。その才能を活用して、仕事でも人間関係でも、他の人が思いつかないような意外な組み合わせを考案して最高の状態に持っていくことができます。

また想像力が豊かで、人の気持ちを理解する力に優れています。強いリーダーシップがあるわけではないのですが、あなたのその才能と誠実な態度で信頼を勝ち取っていく、人心掌握（しょうあく）力に優れたタイプといえるでしょう。

一方で負けず嫌いの一面も。とはいえ、それは悪いことではなく、自分が信じた道を突き進み、その道中でライバルを見つけ、ちょっと争うくらいのほうが大きく成長していくことでしょう。判断するのも行動するのもとてもスピーディーなので、ともするとちょっと雑に見られがちですが、実はそんなことはなく計画的。ですので成功率は高いです。あなたのもとに集まってくる人とは強固な絆（きずな）で結ばれます。家族、親戚、仲のよい友人、志を共にする仲間……その人たちを巻き込んで楽しいことを成し遂げ、素晴らしい人生を送っていくことでしょう。

仕事と才能

好奇心が旺盛で知識がある上に、ひらめきや直感にも長けているので、瞬時にあれこれ繋（つな）ぎ合わせて新しいものを生み出したり、隙間をサクッと埋めたりと、物事が円滑になるよう尽力していきます。あなたが一人いるとあらゆる物事がスムーズに行なわれるため、職場でも欠かせない人材となっているようです。あなたに向いている職種は、雑誌や書籍の編集者、広告やCMなどのプランナー、料理人、リフォームアドバイザー、インテリアコーディネーターなど、クリエイティブ力が必要なものです。

人間関係

議論するのが大好きで、ついつい熱く討論し、語ってしまうのですが、終わってみれば議論した相手との絆が深まっていて、素晴らしいものが生み出されている、ということが多いのではないでしょうか。最初は意見が合わなかったとしても、最終的にはいい方向に落ち着かせる才能があるのですね。なので、合う合わないにこだわらず、いろいろな人と交流してみましょう。

相性のいい人

情熱的な恋愛を好む傾向にあり、この人と決めたら、一途に思い、積極的にアピールしていきます。相性がいいのは、生活感があまりないようなミステリアスな人です。

宇宙からのメッセージ

それもこれもあれも、あなたにとって
完璧なタイミングで起きています。

December Twentieth

12月20日

✦先祖のパワーや徳を受け継いだ強運な人✦

あなたについて

あなたは、いつも物事を大きな視点で見ているので、何があっても、焦って目の前のことにとらわれることなく、物事を冷静に判断していく才能があります。はじめての出来事でも、何となく対処法がわかったり、運よく抜け道を発見できたりします。また、機転もよく利きます。

また、前世での経験を活かしたり、あるいは陰陽師(おんみょうじ)のような不思議なことができたり、といったことがあります。ご先祖さまから受け継いだ不思議なパワーや人徳があり、ご先祖さまがためた運をそのままあなたが使えるので強運です。歳が離れた人に好かれる傾向にあるでしょう。

すごい人ほど、立場や経歴を強調しないで、普通の人としてあなたの目の前に登場するものですが、あなたは、人を職業や経歴などで判断せず、その人の人柄をしっかり見抜くことができるので、素敵な人とご縁が繋(つな)がりやすいでしょう。何気なく話をして仲よくなったら、すごい人だったということもあるのではないでしょうか。

いつも楽観的で、物事を深刻にとらえません。ただ、理不尽な人がいたら、どんな偉い人であろうと、しっかり伝えることができるので、そこもまた人から尊敬されるポイントです。あなたに指摘された相手からも好かれてしまいます。

あなたは、知らず知らずのうちに、体がムリをしているところがあり、それが首や肩、腰の痛みになります。そんな時は、睡眠時間が不足しているので、思う存分寝てください。

仕事と才能

あなたはとても向上心があり、「もっと知りたい！」「もっとよくしたい！」というワクワクが生じるのなら、どんな仕事でも楽しく成功していくでしょう。ただ、組織にはあまり向いていないかもしれません。それは、あなたは根っからの自由人ですし、独自の世界観がとてもユニークだからです。若い頃は、組織で働いても、いずれ自分の仕事を確立させてマイペースに楽しく趣味のような仕事をしていきそうです。PRプランナーや動画クリエイターなども◎。また、あなたが楽しく仕事をしていると仲間になりたい人が集まってくるので、まるでサークル活動のようなワイワイとした感じになりそうです。

人間関係

あなたは、とても人徳があり、どんな人にも好かれます。ある意味、人から嫌われてしまうような相手であっても、その相手はあなたのことが大好きになります。人を自然や動物のようなかけがえのないものだと感じるあなたの人柄を感じとるのかもしれません。あなたは人と人を繋げることも得意なので、いろいろな人から感謝されます。また、あなたに必要な人は、素晴らしいタイミングで目の前に登場するようになっています。

相性のいい人

何事にも動じない寛大な心の持ち主で、器の大きい人と相性がいいでしょう。割と小柄な相手がオススメです。

宇宙からのメッセージ

誰かを愛するということは、その人が幸せなら、
それがあなたの幸せということ！

December Twenty-first

12月21日

✦「0」から「1」を生み出すことができる人✦

あなたについて

考え方がとても独創的です。人と違う感性を持っているため、オリジナルのものを生み出しやすいタイプ。「0」から「1」を生み出せる人です。その感性を磨くために、知識を吸収したり、新しい体験をするのがあなたのライフワークになっているはず。さらに生み出すだけでなく、自分が感じたものを人に伝え、その思想を広めたいと思っているところがあります。

自分に自信があり、方向性がしっかりと定まっているので多少のトラブルがあっても動じることはありません。そんなあなたは、人に頼られることが多く、アドバイスが的確。あなたに相談したいと集まってくる人が絶えないでしょう。

オリジナリティにあふれ、才能が豊かなあなたのもとには次々とチャンスが舞い込みますし、あなたの持ち前の冷静さで着実にそのチャンスを掴(つか)むので、大きなことを成し遂げる人も多いでしょう。内面はとても熱いものを持っている人ですが、見た目は穏やかで楽観的、そして余裕がある印象です。そして発想が柔軟。どんなことでも受け入れる器の大きさがあります。常に面白いことを探し続けて行動しているので、たまに落ち着きのない人と思われてしまうこともあるかもしれませんが、気にしなくて大丈夫。明るく天真爛漫(てんしんらんまん)なあなたは、多くの人から慕われるでしょう。人見知りすることなく、新しく知り合う人にもどんどん自分から話しかけて親しくなります。人の心を和(なご)ませる、天性の才能があるので、目上の人とも年下の人とも、上手くつき合っていくことでしょう。

仕事と才能

オリジナルなものを生み出す力があるあなたは、どこに行っても重宝されるでしょう。なるべく目標は高いところに設定しておくべきですし、一流のものが見られる環境に身を置くと個性にセンスが加わり、素晴らしいものを生み出すことができるでしょう。また、几帳面さ、ひたむきに努力する姿勢などの要素も持っているため、高く掲げた目標を達成する才能も。難易度が高いほど、あなたは確実に成長していきますので、むしろ低めの目標設定はご法度（はっと）。ぜひ高めに設定してください。向いているのは、教育、マスコミ、スポーツ、ゲーム関連など。

人間関係

あなたには教える、伝えるという才能があり、高いトークスキルで相手を納得させます。なのであなたの周りにはいつもたくさんの人があなたの話を聞きたいと集まってくることでしょう。ただ、話している途中で、割って入ってくる、空気を読まない人に対しては、イラッとしてしまうようで、顔に出やすいので気をつけて。

相性のいい人

あなたの気持ちが伝われば、駆け引きをしなくても自然な形でおつき合いが始まります。また相手から好意を持たれて、自分も相手を好きになるところがあるようです。相性がいいのは、愛情表現をきちんとしてくれる人。

宇宙からのメッセージ

みんながやっているからやるのではなく、
あなたが本当にやりたいかどうかが大事です。

December Twenty-second

12月22日

✦言葉で人の心を掴むスペシャリスト✦

あなたについて

あなたの言葉には力があります。一つひとつの言葉を大切にするあなたは、発する言葉も文章にする言葉もとてもパワーが強く、人の心に大きな影響を与えていくことができます。ぜひ、心で思ったことも伝えていってください。あなたの言葉が知らず知らずのうちに、多くの人を成長させたり、救っていったり、何かしらのヒントを与えたりすることができるでしょう。また、何かを立ち上げる時に、周りを巻き込んで行動することができる人。あなたが本気を出せば出すほど、仲間も本気で協力してくれるようになりますし、あなたを支えてくれるでしょう。

自由に生きたい射手座と、責任感がある山羊座の境目に生まれたあなたは、集団をつくって引っ張っていくリーダーの才能がありながらも、割と一人で何でもやってしまう傾向があります。一人のほうが効率がいいという思いもあり、一匹狼になりがちです。けれども、周りの人を巻き込むことで、一人ではできない大きな案件に取り組むことができます。また、仲間と嬉しさや苦しみを分かち合いながら物事をつくり上げる素晴らしい経験が、あなたの人生の財産となっていくでしょう。ぜひ、チーム戦でやってみてください。仲間と思いきったチャレンジをすることで、より大きな世界を堪能(たんのう)できるようになります。そして、行き詰まった時は、仲間を頼ると、あなたにはできなかったことを代わりにやってくれたり、目からウロコの意外な方法で問題をスルッと解決してくれることがあるでしょう。

仕事と才能

視野がとても広く、スケールの大きいことを成し遂げることができるタイプです。あなたの大胆な行動に周りの人はついていけなくなることもありますが、それはあなたが世界を視野に入れているからなのでしょう。ワールドワイドな考えを持っている人が多く、実際に海外で活躍している人もいるのではないでしょうか。また、トークスキルが高いので指導力もあり、よい上司にもなれる資質を持っていますから、管理職にも向いています。

人間関係

話すことも聞くことも上手で、相手の気分をよくする会話ができる人です。ですから、なかなか相手があなたを帰してくれないということもあるかもしれません。また、あなたは中身がとてもしっかりしていて、地に足の着いた考え方ができる人ですから、コミュニケーションをとればとるほど、信頼を獲得していきます。人の様子をよく観察していて面倒見もいいので、老若男女問わず、様々なタイプの人から慕われるでしょう。若干、気疲れしやすいところがありますから、自分を癒すことは忘れずに。

相性のいい人

どんな状況下でも感情的にならずに、物事を冷静に判断できる人と相性がいいでしょう。

宇宙からのメッセージ

誰かにどう思われるかで生きると、自分を生きられなくなります。「自分はどうしたいか」で生きましょう。

December Twenty-third

12月23日

✦フットワーク軽く新たな風を吹き込む✦

あなたについて

あなたは、既存のルールややり方などに、風穴を開けて新しい風をもたらす、という大胆な行動ができる人。周りの人が、今のままでも十分だと思っていても、よりよい案を思いついたらすぐにアクションを起こし、バージョンアップさせていこうとします。周りの人は最初はあなたの大胆な行動に驚いて、動揺することもありますが、後になって「あなたの言うことをきちんと聞いておいてよかった！」などと、感謝することも多いはず。あなたがよいと思ったことは、周りから何と言われようと押し通したほうがいいでしょう。また実際に行動に起こすことが難しい場合であっても、言葉に出して誰かに伝えてみるとよいでしょう。それがベストな解決策になることがあるはずです。

時にはあなたのストレートな発言で、周囲が動揺したり、心配したりすることがあるかもしれませんが、結果的に、それがいい方向にいく可能性大なので、自分の発言に自信を持つようにしましょう。そんなあなたは当然、リーダーになれる資質も持っていますから、多くの人を引っ張っていく存在になれるでしょう。

あまり感情に左右されることなく冷静なので、一見、内向的な人のように思われますが、しばらく一緒にいると、実は懐(ふところ)が深くスケールが大きい人ということが伝わります。ですので、あなたがリーダーシップをとれば、しっかりと周りの人はついてきて、あなたと共に高みを目指そうとしてくれますよ。

仕事と才能

頭の回転が速く、様々なことを同時進行できる能力があるあなた。常に妥協することなく、頭をフル稼働させて、よりよいものを生み出そうとします。あなたの手にかかると、いろいろなものがバージョンアップしていくでしょう。周囲が一目を置くほど、フットワークが軽く、国籍・年齢・性別問わず人と交流することが苦にならず、人脈を広げるのも大得意。貿易関係や通訳、留学カウンセラー、語学学校の講師などが適任。一企業で仕事をしても活躍できますが、起業したり、ヘッドハンティングでそれなりのポジションを用意してもらい、大きな仕事を担当するのにも向いています。

人間関係

基本的に、あなたは誰とでも仲よくなれてしまう人です。話も上手で、ユーモアのセンスがあり、多くの人があなたのもとに寄ってきます。もしも、仲よくなりたいのに、心の距離を感じる人がいる場合は、あなたがその距離をつくっている可能性大。まずは自分の心を開いて接していくことで、親しくなれますよ。

相性のいい人

好きになったら一途になるタイプです。寂しがりやなところがあり、なるべく一緒にいたいと考えているので、同じ温度感で、あなたの話をしっかり聞いてくれる人がいいでしょう。

宇宙からのメッセージ

**きちんとしていることが偉いというのは幻想です。
あなたの心の喜びを基準にしましょう。**

December Twenty-fourth

12月24日

✦ 誠実で精神性が深く根拠を大切にする人 ✦

あなたについて

あなたは嘘が大嫌い。そして信頼性のない噂話、根拠のない迷信もあまり好きではありません。明確な根拠、証拠があって、はじめてあなたは信じることができます。

また、あなたは、世間体、常識、ルールなど、形式的なことを先に考えてしまう生真面目さがあり、つい人の目が気になり、他人軸で行動してしまいがちです。性格は内向的で、見た目は落ち着いた雰囲気。きちんとした考え方を大事にしていますが、もう少し自由な発想を持ってもよさそうですよ。できれば、他人軸ではなく自分軸で考えて、本当に自分がやりたいこと、楽しいと思えることに忠実になってみると、より人生を楽しむことができるでしょう。

忍耐強く、精神的に大人びているので、相手に合わせて、わがままも受け入れ、自分を押し殺してしまうところがあります。それは特別に我慢をしているわけではなく、人に合わせるほうが楽と感じているからなのです。そもそも、相手に合わせたいと思うのは人に対する愛情が深いから。自分よりも立場が弱い人を気にかけるし、争うことは嫌いな平和主義者。険悪な空気になった時は自分を犠牲にしてでも空気を変えます。そんなあなたは、親しい友人とは強い絆(きずな)で結ばれ、長い期間にわたり信頼し合うことができるでしょう。ただ、時に人に合わせることに疲れてしまい、一人になりたいと思うことがあるでしょう。そういう時は、自分が行きたい場所、やりたいことに忠実に行動してください。それがあなたのストレス解消法なのです。

仕事と才能

あなたは、根拠や証拠を集めるのがとても得意で、それをベースに、人に説明したり、話したりするタイプ。そのため、あなたの話は誰が聞いても非常にわかりやすく、説得力があります。

そんなあなたに適した仕事は、根拠を明確にしなければいけない研究者や開発者、マーケティング、コンサルティング、弁護士、弁理士などです。いろいろな証拠やデータを集めて、きちんと説得力をもって人に説明したり、論破したり……といったことが求められる仕事が向いています。

人間関係

人見知りはしないので、初対面の人でもすぐに仲よくなれるタイプ。特に好き嫌いが激しいわけではないので、誰でもウェルカムです。面倒見がよいので、頼られたら自分事のように親身になって助けてあげることでしょう。人が好きなので、仲間は多ければ多いほどいいと考えています。ですから、あなたの周りにはいつもたくさんの人が集まっていることでしょう。

相性のいい人

会話上手なので、モテるタイプです。ただ、なかなか自分の本心を見せることがないので、あなたに強く興味を持って積極的にアピールしてくる人がよさそう。性格的には、向上心のある明るい人との相性が抜群です。

宇宙からのメッセージ

**宇宙は常にあなたの味方！
だから、あなたの人生はまるっと大丈夫なのです。**

December Twenty-fifth

12月25日

✦仲間と繋がることで大きな成果を出す人✦

あなたについて

あなたは、自分の周りにどんな人がいるかによって、未来が大きく左右される運勢を持ってます。自分に足りないことを得意とする人や、自分では気がつかないことを率先して教えてくれる人など、互いに補い合える人間が必要です。あなたはとても器用なので、一人で何でもできるから大丈夫！　と思うことがあるでしょう。でも、仲間と一緒に何かを成し遂げようとする時こそ、あなたは素晴らしい能力を発揮でき、さらに周りの人たちの手助けが追い風となって、成功を手に入れることができるのです。

あなたは、非常にマメで丁寧、そして努力家。ですから、大きな失敗をすることはありませんし、大抵のことは一人でほぼ完璧にできてしまうタイプ。だから、一人でも全く困らないのですが、それでは人との繋(つな)がりが不足し、孤独感を覚えてしまうかもしれません。というのも、自分一人でできることだけでは心が満たされず、大勢の人を巻き込んで大きな成果を手に入れることで、はじめてあなたの心が満たされるからなのです。

何でもできてしまう優秀なあなたは、周りから見るとちょっと近寄りがたい雰囲気を持っています。でもコミュニケーションをとれば、周りの人たちはあなたの優しい性格を理解し、徐々にファンが増えていくことでしょう。どんなことも真面目に取り組むので、周りの人から信頼されていますよ。

仕事と才能

仕事においても、周りの人たちの手助けが追い風となる運勢にあります。もともと山羊座は、集団をまとめたり、人や組織を引っ張っていく才能に長けています。また、時間がかかっても最終的に形にできる性質も。そのため、何か困ったことが起きても、焦らずどっしりと構えながら対策を練りましょう。あなたがどっしりとしていれば、周りの人たちも迷ったりはしません。それだけ影響力が大きいのです。多くの人から頼りにされるあなたは組織の中で欠かせない人材です。経営者や店長、プロジェクトマネージャーなどの責任者に向いています。

人間関係

広く浅い関係を築くことが多いですが、いろいろな分野の人とコミュニケーションをとっていくうちに、自分を成長させる素晴らしい出会いがあるでしょう。誰にでも優しく接するあなたとは、多くの人が友人になりたいと思っています。中には距離が近づくにつれ、違和感が生じたり、あなたの地雷を踏む人が現われたりしますが、気にせずスルーしてください。そういう人は、あなたの人生の中で関わらなくてもよい人なのですから。

相性のいい人

恋愛に関してはシャイなところがあるので、自分からは滅多にアプローチをしません。でも、つき合うと交際期間が長いタイプ。精神的に強くしっかりした人と相性がよいでしょう。

宇宙からのメッセージ

なかなか動けない時は、動かなくていい時です。
魂から望んでいる時は、勝手に動いてしまいます。

December Twenty-sixth

12月26日

✦リーダーの資質に恵まれた戦略家✦

あなたについて

あなたは、どこか「人生は戦いだ」と思っているところがあります。それは悪い意味ではなく、自ら競争心を煽(あお)ることでやる気に満ちたり、精神的に盛り上がったりして、イキイキしたり、スカッとしたりするのです。それがあなたのエネルギー源となるのでしょう。戦国武士たちは、目的のために仲間と結束し、戦闘モードになり、気持ちを高揚させて攻めていきます。そのチーム戦のようなものが、あなたの才能にぴったりとマッチします。仲間を集めてチームをつくり、成し遂げたい目標に向かって突き進むために、周りを鼓舞していく……それがあなたの才能です。大きな目標であるほど、あなたの気持ちは高まり、周りの人を上手に巻き込んでいきます。山羊座のあなたは、みんなを引っ張っていくリーダーの資質を持っていますので、もしもちょっと足が遅い人がいたら手を差し延べてあげて。みんなで一緒に目標を成し遂げていきましょう。その先には素晴らしい世界が待っています。

性格はいつも明るくほがらかです。ちょっとやんちゃなガキ大将のような雰囲気で、みんなの中心にいます。人たらしなところがあり、周りの人はあなたに魅了されます。あなたも人の役に立ちたいという思いが強く、弱い人を放って置けない正義感の強い人。ただ、常識や体裁をあまり気にせず大胆に行動するため、トラブルが起きることも。それも経験としてとらえ、成長の糧(かて)にしていきましょう。信頼できる仲間がサポートしてくれるので、大きな問題に見舞われることは少ないでしょう。

仕事と才能

あなたは、スケジュール管理、タスク管理、健康管理など、何かを管理することが得意です。そのため、納期に合わせてきっちり成果物を上げ、職場の人たちからはとても信頼されています。また、戦略を練ることが好きなので、ちょっとした壁……例えば、「納期が厳しそうだ」というものがあったとしても、計画を練り直して、問題解決に全力を注ぎます。向いている仕事は、システムエンジニア、会計士、税理士、編集者、新聞記者など、納期が重要とされている職業です。

人間関係

あなたは人を惹(ひ)きつける魅力を持っています。心を開けば開くほどその魅力は増していき、人に伝わります。そのため、常にオープンマインドでいることを意識するといいでしょう。好き嫌いを表に出さない人なので、表面上は誰とでも上手くいっているようにも見えますが、イヤな人とつき合っていると、ストレスがたまるのでほどほどに！

相性のいい人

好きな人に対して、自分の気持ちをストレートに伝えることができます。それができない場合は、まだ好きな気持ちが満タンではないということ。軽率な行動はしないようにしましょう。ご縁があるのは、よきアドバイスをくれる賢い人。

宇宙からのメッセージ

「あなたの存在が、私を幸せにしてくれました！」
そう言われる人生を送りましょう。

December Twenty-seventh

12月 27日

✦高いクオリティの成果を生み出す努力家✦

あなたについて

自分の任務や役割を一生懸命こなす、真面目すぎるところがあるあなた。あまりにも一生懸命すぎて、勤務後、職場を出てから家にたどり着く頃には、疲れすぎて抜け殻のようになってしまうこともあるようです。大切なのは、自分の心と体ですよ。それが生きていく上での資本ですから、疎(おろそ)かにしないよう、きちんとケアすることが課題かもしれません。

あなたの場合、心も体も環境によって大きく左右されるところがあります。もしあなたが、今、全然頑張れないとか、やる気が起きないということがあれば、環境が合っていない可能性が大。あなたは本来、何事においても一生懸命に取り組み、努力できる人ですから。その才能が発揮できないということは、環境が合っていないので、別の環境にスパッと移動することをオススメいたします。控えめで内向的に見られがちですが、実は気性が激しく、人にも自分にも厳しい現実的な思考の持ち主です。自分の考えをしっかり持っているので人と合わせるのが苦手、そして中途半端な状態が好きではありません。真面目で努力家なだけあってパーフェクトを求めてしまうので、少し周りを疲れさせてしまうかもしれません。何事も白黒はっきりつけたいと思うかもしれませんが、「グレーでもよい」と思っている人もいるということを認識して。少し曖昧(あいまい)なことも受け入れるようにするともっと気楽に楽しめることが増えるはずです。周りにも寛容になれれば、人とのコミュニケーションももっととりやすくなることでしょう。

仕事と才能

とてもストイックで、実直なあなた。自分の任務や役割を遂行することに非常に長けています。そのため、職場ではいろいろな仕事を任されて活躍する機会も多いでしょう。あなたが一人いるかいないかで、職場の安定感は大きく変わります。いざとなったら、あなたがやってくれるからです。しかも、その成果物が非常にクオリティが高いので、会社からも絶大な信頼を寄せられています。そんなあなたに向いている仕事は、管理能力の高さを活かした人事、財務、生産管理など。また、業務改善のコンサルタントなども向いているでしょう。

人間関係

あなたは、人と合わせることが苦手な上に我慢するところがあります。言いたいことがあっても、内に秘めて笑顔で過ごしてしまうことも。そんなふうに抑え込んだエネルギーは、どこかで発散しないと体調に表われてくることもありますから、我慢せずに、言いたいことは適度に小出しにしていくのが◎。

相性のいい人

あなたは、異性が好むような服装や仕草を研究したり、好きな相手に合わせたりするようなことはせず、自然体でいたほうが断然、魅力的です。相性がいいのは、場の空気を読める人。

宇宙からのメッセージ

いちいち誰かに許可をもらっていませんか？
あなたがあなたに許可を出せばいいだけなのです！

December Twenty-eighth

12月28日

✦手放し上手で「少し先の未来」が見える人✦

あなたについて

あなたは、とても優しく、いろいろな人の気持ちや状態をまるで自分のことのように受け止めることができる人です。鋭い洞察力や目に見えない不思議な力が使えるので、まるで少し未来からやってきた人のように、あなたの予感の的中率は高いといえるでしょう。自ら野心的に動くということはあまりないのですが、目の前のことを淡々とこなしているうちに、気がつくとリーダーシップをとっていたり、面白いことを成し遂げていたり、いろいろな人に感謝されていたりと、まるで未来に導かれていくかのようです。

また、あなたは何かしらの生きづらさを感じると、それを解決するべく、様々な情報を収集して、よりよいものを見出したり、生み出したりする才能があります。ですので、あなたの目の前に立ちはだかる壁が高ければ高いほど、発明家のようにいろいろなことが降りてきて、気がつくとそれを乗り越える方法を生み出しているようなことになるでしょう。とても現実的で、何かを夢見るとしても、妄想だけにとどまらず、「最悪の事態」まで予測するところがあります。慎重で、安全志向なあなたのような人がいてくれるからこそ、物事がきちんと形になったり、多くの危険を回避できたりするのです。あなたの役割はとても重要で、人が共存していく上で、必要不可欠でしょう。また、あまり人やモノ、状況に執着することはなく、いい意味で手放し上手。それがあなたの幸運の秘訣かもしれません。

仕事と才能

とてもマイペースですが、目的が明確になると、時間を忘れて没頭する性質があります。気がつくとすごいものができているというタイプです。そして、あなたの真面目さ、実直さ、緻密さは、山羊座の中でも群を抜いています。そのため、他の人たちが手を出した、未解決のものがたくさんあったとしても、あなたはきちんとそれらを回収して、着実に進めることができます。プログラマーやデータアナリスト、空間コーディネーター、ゲームクリエイターなどに向いています。また、人をよく観察しているので、誰にどの仕事が向いているのかがわかり、チームを上手に動かすことができるでしょう。

人間関係

とっつきにくそうな雰囲気を醸し出しているようです。そのため、壁を感じる人も少なくないでしょう。でも、一度心を許してしまえば、楽しんでコミュニケーションをとるので、もう少しだけ、あなたからオープンマインドになると、人間関係がもっと楽しく広がっていきます。

相性のいい人

ワンダフルな魅力を持っているあなたは、ただそこに存在しているだけで出会いはもれなくついてきます。相性がいいのは、知的で、博識で、頭の回転が速い人。そして、あなたの自由を尊重してくれる人です。

宇宙からのメッセージ

すべてはあなたにとって、心地いいならOK！
心地よくないのならNG！

December Twenty-ninth

12月29日

✦様々な場所に溶け込み成長していく人✦

あなたについて

あなたは、環境やその場の空気に合わせて自分を変えていくことがスムーズにできる人です。そのため、新しい土地や環境に飛び込むことにためらいはなく、いろいろな地域に出かけたい、と常々思っています。その土地や人々に、すぐに溶け込むことができるのもあなたの優れた才能です。新しく出会う人との交流で視野が広がることで、さらにステージアップしていくことでしょう。

本来の山羊座は、枠やルール、規則、制約がある中に身を置いているほうが安心感が得られるのですが、あなたの場合はちょっと違うようです。遠くに出かけるほどメンタルが安定して、楽しい体験をすることができるでしょう。

どちらかというと優等生タイプ。揉めごとの仲裁役を買って出ることも多いはず。問題解決に積極的に取り組んでくれるあなたを頼っていくる人は後を絶たないでしょう。また、人とのコミニュケーションも得意です。おちゃめな部分も持っていて、人を楽しませ、リラックスさせることもできます。

あなたは物怖じしないので、オープンマインドになり、初対面の人でも安心感を与えることができます。すぐに信頼関係を構築することができるでしょう。さらに、山羊座の支配星は、維持・継続という意味がある土星。そのため、この日生まれの人が構築した素晴らしい人間関係は、長く続きます。老後も楽しく幸せな関係性が続くことでしょう。

仕事と才能

あなたは頑張りやさんなので、与えられた任務や仕事などは、きちんと責任を持って進めようとします。ただ真面目すぎるあまり、一人で頑張りすぎてしまい、へとへとになることも。そんな時は、周りの人に感謝の気持ちを言葉で伝えながら、協力してもらいましょう。仕事も人間関係も上手く回り出しますよ。感謝する対象は、職場の人に限らず、会社そのものに対してでもいいでしょう。安定した会社、社会的に認められているような事業を展開する会社が向いています。

人間関係

あなたは、努力家で、真面目で、人からはとても信頼されます。そして、一見物静かなのですが、実はリーダーシップがあります。賢くて冷静なので、少々とっつきにくいリーダーになりやすいところも。あえておちゃめな一面を見せて、親しみを演出しましょう。そのギャップで、ぐっと距離が縮まるでしょう。

相性のいい人

恋愛は、冷静すぎるとせっかくのチャンスが流れてしまうことがあります。時には、情熱的に本能の赴(おもむ)くままに行動するのも大事ですよ。相性がいいのは、笑いのセンスがある人。

宇宙からのメッセージ

何事も執着せず、今を心地よく過ごしていれば、一番必要なものが自動的にやって来ます。

December Thirtieth

12月30日

✦「居心地のよさ」をつくる天才✦

あなたについて

あなたはとてもマイペース。社会的な安定や成功よりも、まずは自分の生活やプライベートを充実させることが大事なようです。その土台があってこそ、しっかりとした道を歩んでいけるので、それを特に重視する傾向にあります。人生に、厳しいことやツラいことは必要なし、と思っているので、我慢することはありません。

楽しいことが大好きですし、気さくで人づき合いはとても上手です。子どものように無邪気なところがあり、また自分の考えや気持ちを素直に表現することが得意なので、愛情表現も恥ずかしがらずに、ストレートにできてしまうでしょう。

これが楽しい、これがやりたい、と思ったら、ひたすらそのことに集中をして成し遂げるところがあります。なので、仕事に関しては本当にやりたいことでないと続けることができず、飽きてしまいます。ある意味、自分にとても正直で、自分を心地よい状態にする天才でもあります。直感に優れているので、自分に合うもの、合わないものをすぐに見抜く力があります。選択を間違えることはあまりないでしょう。

一方で純粋なところがある分、他人の嘘やごまかしを見抜く才能があり、自分をだまそうとした人に対しては徹底的にやり込めようとします。そんな正義感の強いあなたのことを尊敬し、あなたのように楽しく正直に心地よく生きていきたいと憧れている人はたくさんいるでしょう。

仕事と才能

あなたはズバリ、仕事よりもプライベートを充実させたいと考えています。でも、仕事のベースをつくるのには、プライベートの充実が大きく影響してくるので、決して悪いことではないのです。むしろ、真面目すぎる山羊座の中ではとてもレアなタイプ。もし、あなたが今、ずっと働き続けているのであれば、少し休みましょう。休むと、新しいアイディアが生まれる可能性もありますし、仕事や人間関係も上手くいくかもしれません。あなたは、労働環境が整っていて、残業が少ないような職場・会社・職種を選ぶといいでしょう。

人間関係

人と人とを繋(つな)いだり、人と人との会話をよりわかりやすくすることができます。特に、リラックスしながら話すと、頭の回転がスムーズになります。仕事の打ち合わせなどは、場所選びも重要ですので、居心地のいいカフェや喫茶店、レストラン、ホテルのラウンジなどを活用してみてください。

相性のいい人

恋愛は、よい香りがご縁を運んできてくれます。香水をつけるのでもいいですし、ルームフレグランスなどで生活空間によい香りを取り入れるのもオススメ。相性がいいのは笑顔が可愛い人です。

宇宙からのメッセージ

人は自分にしか興味がありません。ですから、
どう思われるかを気にする必要はないのです。

December Thirty-first

12月 31日

✦トーク力と行動力で慕われる「親分」✦

あなたについて

あなたはトークスキルに優れ、人の心を掴(つか)む能力の高い人です。ですので人間関係の悩みは少ないタイプ。

もともと派手なことや目立つことが大好き。人から注目されることが、あなたのパワーの源でもあります。そして自分がやりたいこと、新しいアイディアを上手にプレゼンして注目を集めることがあなたの日常でしょう。とはいえ、ただの目立ちたがりやなだけではなく、周りからの信頼を勝ち取りたいという思いがあって、大胆な行動に出ることが多いでしょう。豪快ではありますが有言実行のあなたは、周りから一目置かれ、カリスマ性もあり。あなたの行動力に憧れて多くの人が惹(ひ)きつけられることでしょう。さっぱりとした性格で裏表がないあなたは、親分的な存在です。礼儀をわきまえているので目上の人からも愛され、可愛がられることでしょう。そのため幅広い人脈をつくり上げることができますし、チームビルディングも得意です。

何をやるのにもスマートでセンスがよく、常に新しいことを取り入れていく努力をしています。美意識が高く、ファッションセンスもよいので、ちょっと真似できないような個性的なファッションをする人も多いでしょう。それもカリスマ性に磨きをかけていますね。そんなあなたは直感力に優れ、先見の明があり、トラブルも事前に予測する勘のよさが。致命的な失敗をすることはなく、大抵のことは成功させてしまうでしょう。

仕事と才能

あなたは、人の心を掴むのがとても上手なので、職場の人間関係や取引先、営業先など多くの人の信頼を集めていきます。そのため、人と多く関わる仕事が向いています。山羊座は、管理能力が高く、事務処理能力も高いので、コツコツとやる仕事が向いている人が多いのですが、あなたの場合は、営業や接客業、サービス業など、人と関わる仕事をしていきましょう。ただ、とても気遣いやさんなので、朝から晩まで人と接すると疲れてきます。できるだけオフの時は、一人になれる時間をつくることをオススメいたします。

人間関係

苦手だと思う人に限って、後々仲よくなったりすることがあります。そのため、第一印象で決めないほうがいいでしょう。あなたはどちらかというと、直感よりも細かく見極める能力があるので、少し時間をかけたほうがよさそうです。また、「今の敵」は「未来の味方」かもしれないということを頭の片隅に置いておくと、よい人脈づくりができます。

相性のいい人

恋愛では、好きな人がいるだけで幸せな気分に浸れてしまう、わりとお得な性格。相性がいいのは、いつもあなたがやりたいことをやれるよう、好きなことをさせてくれるような包容力のある人。

宇宙からのメッセージ

あなたが何かに夢中になる時、「宇宙そのもの」になります。夢中になれば勝利なのです。

宇宙との直通電話 誕生日占い

著　者――キャメレオン竹田（きゃめれおん・たけだ）

発行者――押鐘太陽

発行所――株式会社三笠書房

〒102-0072 東京都千代田区飯田橋3-3-1
電話：(03)5226-5734（営業部）
　　：(03)5226-5731（編集部）
https://www.mikasashobo.co.jp

印　刷――誠宏印刷

製　本――若林製本工場

ISBN978-4-8379-2967-3 C0030

The Sun Shines
on Everybody

キャメレオン竹田謹製

大開運！「太陽の絵」カード

キャメレオン竹田が
宇宙と会話をしながら描いた「太陽の絵」です。
運気が爆上がりする最高のお守りになります！

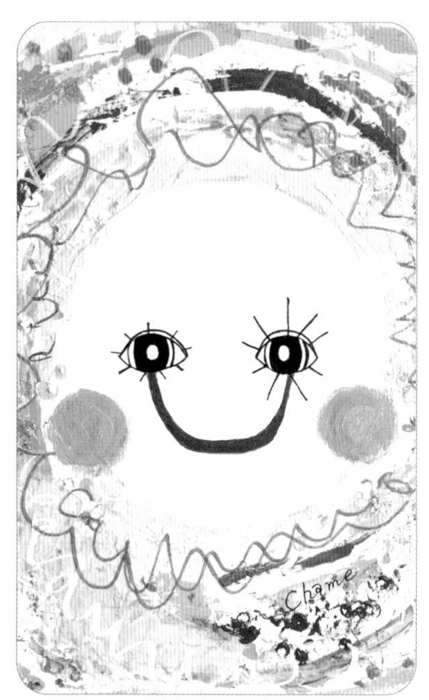

このカードについて

誕生日占いでは、西洋占星術で最も存在感のある太陽を重要視します。私たちは「本来の自分」で生きる時に太陽のように輝き、自分もみんなも笑顔にすることができるのです。

切り取ってよく目にするところに貼ったり、持ち歩いたりすれば、あなたの中の太陽が起動し、様々な可能性の針が振り切れて大爆発を起こすでしょう。それはもう大変ですよ！